대원불교
학술총서
18

대원불교
학술총서
18

인도불교 사원 생활과 가족 관계

· · ·

Family Matters in Indian Buddhist Monasticisms

· · ·

쉐인 클라크(Shayne Clarke) 지음
임은정 옮김

· · ·

운주사

Original Title : Family Matters in Indian Buddhist Monasticisms
Copyright © 2013 by Shayne Clarke
All rights reserved.
Original English edition published by University of Hawaii Press

The Korean Language edition © 2024 UNJUSA
The Korean translation rights arranged with University of Hawaii Press through Enters Korea Co., Ltd.

이 책의 한국어판 저작권은 (주)엔터스코리아를 통한 저작권사와의 독점 계약으로 운주사가 소유합니다. 저작권법에 의하여 한국 내에서 보호를 받는 저작물이므로 무단전재와 무단복제를 금합니다.

발간사

오늘날 인류 사회는 4차 산업혁명을 통해 완전히 새로운 세상을 맞이하고 있습니다. 전통적인 인간관과 세계관이 크게 흔들리면서, 종교계에도 새로운 변혁이 불가피하게 되었습니다. 이런 상황에서 대한불교진흥원은 다음과 같은 취지로 대원불교총서를 발간하려고 합니다.

첫째로, 현대 과학의 발전을 토대로 불교를 현대적으로 재해석할 필요가 있습니다. 불교는 어느 종교보다도 과학과 가장 잘 조화될 수 있는 종교입니다. 이런 평가에 걸맞게 불교를 현대적 용어로 새롭게 이해할 수 있도록 하려고 합니다.

둘째로, 현대 생활에 맞게 불교를 이해할 필요가 있습니다. 불교가 형성되던 시대 상황과 오늘날의 상황은 너무나 많이 변했습니다. 이런 변화된 상황에서 부처님의 가르침을 제대로 이해할 수 있도록 하려고 합니다.

셋째로, 불교의 발전과정을 종합적으로 이해할 필요가 있습니다. 북방불교, 남방불교, 티베트불교, 현대 서구불교 등은 같은 뿌리에서 다른 꽃들을 피웠습니다. 세계화 시대에 부응하여 이들 발전을 한데 묶어 불교에 대한 총체적 이해가 가능하도록 하려고 합니다.

대원불교총서는 대한불교진흥원의 장기 프로젝트의 하나로서 두 종류로 출간될 예정입니다. 하나는 대원불교학술총서이고 다른 하나는 대원불교문화총서입니다. 학술총서는 학술성과 대중성 양 측면을 모두 갖추려고 하며, 문화총서는 젊은 세대의 관심과 감각에 맞추려고 합니다.

본 총서 발간이 한국불교 중흥에 조금이나마 기여할 수 있기를 바랍니다.

불기 2568년(서기 2024년) 6월

(재)대한불교진흥원

감사한 마음을 전하는 글

이 책은 여러 해 동안 많은 분이 보내주신 친절과 너그러움으로 구체화시킨 것이지만, 여기서 모든 분을 언급할 수가 없습니다. 하지만 특별히 한 분은 언급해야 합니다. 저는 그레고리 쇼펜(Gregory Schopen) 교수님께 저와 제 학문과 관련해 많은 빚을 졌습니다. (무수히 많은 것 중에서도 그가 훌륭한 것은, 결국 성공하지는 못했지만, 제게 농구에 필요한 기본을 가르쳐주려 한 시도였습니다.) 1998년, 저는 크라이스트처치(Christchurch)에 있는 캔터베리 대학교(University of Canterbury)에서 많은 훌륭한 스승 가운데 한 분인 폴 해리슨(Paul Harrison) 교수님 밑에서 공부하고 있었습니다. 폴 교수님은 쇼펜 교수님을 초청해 '비구와 금전(Monks and their Money)'이라는 주제로 강연을 개최했습니다. 이 강연은 제가 승가와 관련해 갖고 있던 모든 생각을 산산조각 냈고, 제가 연구하려던 궤도까지 바꾸게 했습니다. 이 책이 나오게 된 씨앗은 의심할 필요 없이 이때 심었겠지만, 어떤 확실한 형태를 갖추기까지는 몇 년이 더 필요했습니다. 우선, 세계 최고 율장 연구자들 밑에서 공부하는 것이 필요했습니다: 교토(Kyoto)에 있는 사사키 시즈카(佐々木閑) 교수와 야마기와 노부유키(山極伸之) 교수, 로스앤젤레스(Los Angeles) 캘리포니아 대학교(University of California)에 있는 쇼펜(Schopen) 교수.

쇼펜 교수님은 항상 인도불교 전반, 특히 『근본설일체유부율』과 관련해 시간을 내주셨고 백과사전적 지식도 많이 전해 주셨습니다. 『근본설일체유부율』과 관련한 미공개 선집은 이 작업 초기에 매우 소중했습니다. 그의 학문은 여전히 도달할 수 없는 것처럼 보이지만 계속 노력해야 할 영감과 이상도 갖게 해줍니다. 이것은 어쩌면 당연합니다: 무소의 뿔(Rhinoceros Horn)과 같은 이상은 아마도 도달할 수 없을 때 가장 잘 작용할지 모릅니다. 지금은 아주 가끔 대화를 통해 많은 것을 배우고 있습니다. 사실, 좋은 생각이 떠올랐다고 생각할 때마다 이 생각 자체는 아니더라도 이런 생각을 할 수 있었던 씨앗은 쇼펜 교수님이 심어준 것이 아닐까 생각합니다.

이 연구를 진행했던 초기부터 윌리엄 보디포드(William Bodiford), 로버트 버스웰(Robert Buswell), 조나단 실크(Jonathan Silk) 등 많은 분이 다양한 의견, 비판, 제안을 주셨습니다. 또한 출판부에 있는 두 평론가에게도 감사한 마음을 전합니다: 존 스트롱(John Strong)과 다니엘 바우처(Daniel Boucher)입니다. 두 평론가는 원고를 개선하기 위해 중요한 조언과 비판을 해주었습니다. 특히 다니엘이 해준 많은 비판에 버둥거렸지만, 이 책은 이 버둥거림으로 헤아릴 수 없이 많이 개선되었습니다.

맥마스터 대학교(McMaster University) 종교학과 전·현직 동료들은 원고를 읽어주었습니다. 이 가운데 몇 명은 두 번씩이나 읽었고 율장 연구와는 거리가 먼 분야인데도 건전한 격려와 조언을 주었습니다: 제임스 A. 벤(James A. Benn), 아네트 Y. 리드(Annette Y. Reed), 마크 로우(Mark Rowe), 피터 위디콤(Peter Widdicombe)입니다; 여러 해에

걸친 우정, 예리한 통찰력과 훌륭한 조언에 감사한 마음을 전합니다. 독자들은 저와 함께 가독성이 많이 좋아진 이 책에 감사할 것입니다. 저는 주의 깊은 많은 독자가 보내준 의견과 제안에서도 도움을 받았습니다: 아날라요(Ven. Anālayo), 오스카 본 히누버(Oskar von Hinüber), 우테 휘스켄(Ute Hüsken), 페트라 키에페-풀즈(Petra Kieffer-Pülz), 그레고리 쇼펜(Gregory Schopen), 피터 스킬링(Peter Skilling), 스티븐 샤프(Stephen Sharp), 팀 워드(Tim Ward)입니다. 특히 페트라(Petra)는 원고를 여러 단계에서 검토해주고, 참고문헌을 추가해주고, 귀중한 조언을 해주면서 제가 즐거운 기분을 갖도록 도와주었습니다. 제 학생 가운데 크리스 엠스(Chris Emms)와 크리스 핸디(Chris Handy)는 참고문헌 수집과 확인을 도와주었고, 여러 오류도 찾아주었습니다. 스테파니 발크윌(Stephanie Balkwill)은 초고를 읽고 유용한 의견을 주었습니다. 많은 분으로부터 훌륭한 조언을 받았지만, 본 연구가 가진 모든 오류에 대한 책임은 저에게 있습니다.

이 책은 맥마스터 대학교에 오기 전부터 연구하던 것이지만, 최종 연구는 맥마스터 예술연구위원회(McMaster's Arts Research Board)와 캐나다 사회과학과 인문학 연구위원회(Canada's Social Sciences and Humanities Research Council) 지원을 받았습니다. 이 책 색인 작업을 위해 예술연구위원회(Arts Research Board)와 사회과학부(Faculty of Social Sciences) 샬롯 예이츠(Charlotte Yates) 학장에게서 받은 재정 지원에도 감사한 마음을 전합니다.

하와이 대학교(University of Hawai'i) 출판부 패트리샤 크로스비(Patricia Crosby)는 처음부터 이 연구에 열성적이었습니다. 그녀가 보내준 격려, 특히 인내심에 감사한 마음을 전합니다. 앤 루드먼(Ann Ludeman)은 이 책을 제작하는 총괄을 맡았습니다. 스튜어트 키앙(Stuart Kiang)은 탁월한 편집자로 의무를 뛰어넘어 전자 편집하는 모험을 즐겁게, 확실히 교육적이게, 최소한만 신경 쓰도록 도와주었습니다; 문장을 매끄럽게 수정해준 것과 Mac과 PC 세계에 존재하는 블랙홀 속에서 잃어버린 줄 알았던 각주를 찾아준 것에도 큰 빚을 졌습니다.

이 책이 가족이 소중하다는 것을 다루었기에 제 가족을 소개하는 것도 어울릴 것 같습니다. 오랜 사랑과 격려, 지지, 특히 제가 원하던 곳이었던 미국과 지금 있는 캐나다처럼 이국적인 먼 나라로 떠날 수 있게 허락해주신 어머니 린(Lyn)에게 감사한 마음을 전합니다. 가끔 집을 방문할 때마다 항상 시간을 내어준 가족 리사(Lisa)와 그레이엄(Graham)에게도 고마움을 전합니다. 마지막으로 제 일상을 미소와 기쁨으로 채워준 아내 마사미(Masami)와 딸 키라(Kira)에게도 고마운 마음을 전합니다. 제가 이 책과 다른 연구에 집중하는 동안 마사미와 키라는 더할 수 없는 인내심을 갖고 많은 것을 희생해주었습니다. 이들이 사랑과 지원을 해주지 않았다면 이 책이 나오기까지는 더 오랜 시간이 필요했을 것입니다; 이들에게서 받은 따뜻함은 날지 못하는 이 키위(無翼鳥; 뉴질랜드 사람)가 북쪽에서 혹독한 추위를 견딜 수 있게 해준 큰 힘이었습니다. 가족이 중요하다는 것을 율장이 할 수 없는 방식으로 저에게 가르쳐준 가족에게 감사한 마음을 전합니다.

약어

BD *The Book of the Discipline*(Horner 〔1938~1966〕 1996~1997)

BHSD *Buddhist Hybrid Sanskrit Dictionary* (Edgerton 〔1953〕 1998)

Chi. Chinese

GMs *Gilgit Manuscripts* (Nalinaksha Dutt 〔1942~1950〕 1984)

Mahāvyutpatti *Bon-zō-kan-wa shiyaku taikō hon'yaku myōgi taishū* 梵藏漢和四譯對校飜譯名義大集 (Sakaki 〔1916〕 1998)

Skt. Sanskrit

Sp *Samantapāsādikā* (Takakusu and Nagai 〔1924〕 1975~1976)

T. *Taishō shinshū daizōkyō* 大正新脩大藏經 (Takakusu and Watanabe 1924~1935)

Tib. Tibetan

sTog *The Tog Palace Manuscript of the Tibetan Kanjur*. 109 vols. Leh, Ladakh: C. Namgyal Tarusergar, 1975~1980.

Vin *The Vinaya Piṭakaṃ* (Oldenberg 〔1879~1883〕 1969~1982)

VSPVSG Vinayasūtra's Pravrajyāvastu Study Group

VSSMSB *Vinayasūtravṛttyabhidhānasvavyākhyāna*. Guṇaprabha's autocommentary to his *Vinayasūtra*. Sanskrit manuscript preserved in dBu med script, published by VSPVSG at Taishō University.

일러두기

- 별표(*)는 별도로 언급하지 않는 한 산스크리트 형식을 재구성한 것이다.
- 대괄호는 인용문이나 번역에 추가한 내용을 표시하기 위해 사용했다. 별도로 언급하지 않는 한 모든 번역은 필자가 한 것이다.
- 로마자 표기나 기타 이런 관례는 해당 문제에 관심이 있는 사람들에게는 명확하지만 다른 사람들과는 관련이 없다.
- Taishō에서 행 번호를 인용할 때, 인용한 행 앞에 특정 표기(a, b, c)가 불규칙한 간격(29행 미만)을 포함하는 경우는, 마지막 행부터 역으로 숫자를 세어 29행으로 잡았다.
- 불변화사가 포함된 성은 색인과 참고문헌 목록 가운데 성에서 첫 번째 대문자 아래에 알파벳순으로 표기했다(예: van Buitenen은 B 아래에 있다).

발간사 • 5
감사한 마음을 전하는 글 • 7

제1장 방 안에 있는 무소: 비구·비구니와 그 가족 17

1. 인도 승가 • 19
2. 이상적 비구에게 갖는 상반된 시각 • 40
3. 인도 율장 • 53
4. 가족 • 62
5. 질문 미리보기 • 75
6. 율장 읽기 • 77
7. 연구 범위와 관련한 참고사항 • 88

제2장 가족 관계 90

1. 석조에 새긴 가족 관계 • 92
2. 집에서 길 위의 삶으로 • 104
3. 아슬아슬한 상황에 놓인 비구와 관련한 가설 • 127
4. 함께 식사한 가족 • 130
5. 함께 거주한 가족 • 138
6. 아버지와 같이, 아들과 같이 • 141
7. 호전적인 부모와 우연히 일어난 사건 • 149

8. 다른 길을 간 가족 • 155

9. 결론 • 159

제3장 전생에서 전처 164

1. 아내가 가진 성性을 교육한 승가 • 168

2. 자녀를 위해 혼인을 주선한 비구 • 181

3. 공식적인 혼인 관계를 정리하는 절차 • 191

4. 혼인한 비구와 가족 관계 • 203

5. 가족: 우다인과 굽따, 아들 꾸마라까샤빠 • 208

6. 마하까샤빠와 아내: 금욕적 가치 • 223

7. 인도를 넘어 혼인한 비구들 • 240

8. 결론 • 247

제4장 임신한 비구니들 251

1. 비구니가 되는 어머니 • 253

2. 수유모 비구니 • 260

3. 승가에서 볼 수 있는 모성애 • 269

4. 어머니가 된 비구니 • 278

5. 유모와 육아를 하는 비구니 • 297

6. 결론 • 303

제5장 재검토해 보는 출가: 가족과 사이가 좋은 승가 308

1. 자료와 관련한 생각 • 309
2. 가족과 사이가 좋은 승가 • 311
3. 경쟁이 치열한 종교 시장에서 가족과 사이가 좋은 불교 • 316
4. 기존 학문이 했던 오해 • 327
5. 상대적인 승가 • 330
6. 인도불교 연구에서 율장이 갖는 유용성 • 333

참고문헌 • 341
찾아보기 • 389

제1장 방 안에 있는 무소

비구·비구니와 그 가족

한 비구니가 아들을 낳았다. 비구니가 어쩔 줄 몰라 이 일을 세존께 말씀드렸다. 세존께서는 "출산한 비구니를 도와줄 동행 비구니를 임명하는 백이갈마를 해야 한다"라고 말씀하셨다. … 두 비구니는 아이를 안고 〔그들이 죄를 지은 것인지〕 의심했다. 세존께서는 "범한 것이 아니다"라고 말씀하셨다. 두 비구니는 아이와 함께 자는 것을 의심했다. 세존께서는 "역시 범한 것이 아니다"라고 말씀하셨다. 〔이 비구니들은〕 아이를 치장한 후 〔아이를 즐겁게 해주려고 했다.〕 세존께서는 "그렇게 하면 안 된다. 너희가 아이를 목욕시키고 돌보는 것을 허락한다. 아이가 품을 떠날 〔나이가 되면〕 아이를 비구에게 보내 아이가 〔출가〕하도록 해야 한다. 아이가 〔출가를〕 원하지 않으면 친척에게 보내야 한다."라고 말씀하셨다.[1]

---

1 T.1421〔xxii〕 189c19-190a1(권29).

여기서 볼 수 있는 4가지 계는 비구니승가에서 아들을 출산한 비구니를 도와주려고 승가에서 제정한 것이다. 이 이야기는 5세기에 한역한 『오분율(Mahiśāsaka-vinaya)』에 있는 것으로 '비구니(bhikṣu-ṇī)'[2]가 아들을 낳은 내용이다. 승가가 인정한 율장을 기록했거나 편찬한 율사들은 비구니가 출산한 사실을 은연중에라도, 드러내놓고도 비판하지 않으면서 갓 출산한 비구니를 도와줄 동행 비구니까지 임명하는 계를 붓다가 제정하게 했다.[3]

위 내용과 비슷한 이야기들은 승가와 관련해 학계와 대중이 지금까지 일반적으로 받아들여 왔던 견해를 복잡하게 만들었다. 지금까지 학계에서 합의한 그림은 비구나 비구니가 출가하면 가족과 모든 유대관계를 정리했다는 것이었다; 비구나 비구니가 독신을 지키겠다는 '수계'를 망설이면 뒤도 돌아볼 수 없게 즉시 추방했다.

하지만 계율이 담고 있는 '내면'을 자세히 살펴보고 승가와 관련해

---

2 편의를 위해 산스크리트 'bhikṣu·bhikṣuṇī'에 '비구·비구니'를 사용했다. 여기서 사용하는 비구나 비구니에 신입자는 제외했다. 사미(śrāmaṇera), 사미니(śrāmaṇerī), 식차마나(śikṣamāṇā), 비구나 비구니는 '승가'에 포함했다. 불자와 불자는 아니지만, 종교적인 도보 수행자들을 아우르는 폭넓은 용어인 '사문(śramaṇa)'으로는 '탁발승'을 사용했다. 비구나 비구니라는 용어에 문제가 없는 것은 아니다: 여기에는 안정된 주거, 청빈, 독신에 대한 가정假定을 수반한다. Schopen 2007a 참조. 인도불교에서 포기(출가)를 설명하기 위해 '사원생활'을 사용한 것은 쇼펜 2010d 참조.

3 현존하는 율장은 부처님 말씀(buddhavacana)이라고 전해져 왔는데 누가 이 글을 썼고 얼마나 수정했는지는 모른다. 율장을 쓴 저자/편찬자가 (비구니나 평신도와는 대조적으로) 비구라는 것에는 논쟁할 여지가 없다; 이것 이외에는 아는 것이 거의 없다.

이런 상상을 하는 것은 지금까지 승가를 보아왔던 모습과 비구나 비구니가 된다는 의미에서 가장 기본이 되었던 것과 학문과 관련된 개념에까지 도전하는 것이었다. 율장에는 비구나 비구니가 가족과 만난 이야기가 있다. 비구나 비구니는 가족을 포기하지 않았다. 오히려 자녀와 같이 출가했다. 우리는 비구나 비구니가 혼인 생활을 유지했을까? 라는 물음에 익숙하지 않다. 하지만 인도 승가에서는 출가할 때 배우자와 혼인 생활을 정리하라고 말하지 않았다. 율장에는 부부가 출가[4]하는 상황을 묘사한 이야기가 있다. 율장을 기록한 저자/편찬자들—문자 그대로 계를 제정한 비구들, 승가에서 인정한 저자들—은 임신한 비구니를 허락했고, 육아도 허락했다. 특정 상황에서 독신 생활을 하지 않은 비구나 비구니도 허락하는 계를 제정했다.

1. 인도 승가

현대 서양에서는 크게 2가지 인상에 기초해 인도 승가를 이해했다: 첫째는 중세 기독교 수도회와 관련해 유럽에서 생각했던 개념으로 승가를 이해했다. 둘째는 현대, 특히 남방상좌부(Theravāda) 불교로 전해져온 전통과 규범적인 문헌에서 보았던 이상적 비구에 대한 환상으로 승가를 이해했다. 현대 서양에서는 이런 개념과 환상으로 승가와 관련한 학문적 흐름을 주도했고 이것을 선별해서 선택했다.

현대 유럽에서 비구를 언급했던 가장 초기 단어 가운데 일부는

4 그러나 Lingat는 1937년 동남아시아에 주목했다.

아시아를 탐험한 탐험가들과 선교사들로부터 시작했다.[5] 초기 여행자들과 이후 연구자들은 전업 종교 전문가인 비구(bhikṣu)를 구호 받으며 생활하는 사람, 비구, 성직자, 탁발하는 수사, 수사, 사제, 탤라포인(talapoin)[6]이라고 다양하게 언급했다. 오늘날 가장 널리 사용하는 산스크리트 빅슈(bhikṣu; P. bhikkhu; lit. 구걸하는 사람)는 '비구'이다. 이 용어는 적어도 브라이언 호튼 호지슨(Brian Houghton Hodgson, 1828)이 언급한 부분까지 거슬러 올라갈 수 있다.[7] 불교 연구 창시자 가운데 한 사람인 호지슨은 기독교에서 이와 같은 자격을 가진 사람과

---

5 알렉산드리아 신학자 Clement가 지은 『Stromata(2세기 후반)』 같은 그리스 초기 문학에서 사문(Samaneans; śramaṇas)을 언급한 논의는 여기서 배제했다.

6 '구호 받으며 생활하는 사람'은 Horner〔1930〕 1999 참조. '비구'는 Costelloe가 번역한 『The Letters and Instructions of Francis Xavier』(1992, 299, 색인, q.v.) 참조. '탁발하는 수사'는 Hopkins 1906, 455, 457, 460; Barnett 1924, 281; 1930, 698, 699. 참조. '탤라포인/탤라포이(후자인 경우 Phongyies, Rahans)'는 Kaempfer〔1727〕 1998, 69; Bigandet〔1879〕 1979, 2:241 참조. '형제', '종교적 탁발', '유행자'는 Coomaraswamy〔1916〕 1956, 147 참조.

7 Hodgson[1828] 1972, 30: "붓다를 따르는 사람들은 출가자와 재가 신도로 나눌 수 있다-이는 힌두교에서 말하는 재가 생활 주기(Grihastha Asrama)와 은둔기(Vairágí) 또는 은둔 주기(Sannyásí Asrama)와 정확히 일치한다- 하지만, 출가자와 재가 신도는 다르다. 출가자는 모두 승가에서 … 모두 비구이고, 충실한 지지자들이고, 집회를 구성하는 비할 바 없는 진정한 불자들이다; 재가 신도는 항상 이교도보다 조금 나은 존재라고 생각했다."(원문에서 강조) Hodgson이 말한 '재가 신도'는 금강아사리들(Vajrācāryas)을 언급한 것이다. Gellner 1992 참조. 생활 주기(Āśrama)에 대해서는 Olivelle 1993 참조. Hodgson과 관련해서는 Lopez 2004 참조. 초기 '비구'와 관련한 언급은 Francis Buchanan이 연구한 미얀마(Burmese, 1799, 274)에서 볼 수 있다.

비구를 동일시했다; "승가는 놀랍게도 기독교와 일치한다. …"[8]

19세기 서양 '수도사'나 '수도원'에 대한 학문적 이해는 중세 베네딕트수도회가 만든 이상을 관념화해서 형성한 것이다. 수잔나 엘름(Susanna Elm)은 최근까지도 "수도원 생활을 역사적으로 서술할 때 전체적으로 베네딕트를 전후로 베네딕트수도회 생활과 관련 있는 이해관계가 범례가 되어 많은 영향을 끼쳤다"라고 말했다.[9]

특히 서양 고대 후기 기독교 수도원 생활과 관련해 자유가 없는 획일적인 모습은 베네딕트수도회에서 볼 수 있는 대표적인 규칙이었다. 최근 연구에서는 이것이 기독교 수도원 생활에서 이상이었다거나 규범이었다는 개념을 넘어서기 시작했다.[10] 불교 연구 분야에서는 종교 생활과 관련해 자신들이 세운 가설을 재평가해 보는 것에 오랜 시간이 필요했다. 그렇다고 불교 사학자들이 베네딕트(Benedict)까지 떠올릴 필요는 없다. 하지만 종교인으로 사는 비구와 관련해 많은 연구자가 전제하는 조건에는 서양 수도원 생활에서 보았던 이상적 이미지가 깊이 스며들어 있을 것이다.[11]

---

8 Hodgson[1828] 1972, 71 각주 4. 비구와 서양 수도사를 비교한 정도는 이후 연구에서 볼 수 있다. R. Spence Hardy ([1850] 1989) 동방에 있는 승가: 수습, 수계, 독신, 청빈, 탁발, 음식, 수면, 삭발, 승복, 거주, 복종. Oldenberg 1896, 104-105 참조.

9 Elm 1994, 8.

10 Elm 1994.

11 Sukumar Dutt[1924] 1996, 90. 베네딕트가 수도자를 4종류(함께 거주하는 수도자, 은둔하는 수도자, 소규모 공동체에서 제멋대로 사는 수도자, 방랑하는 수도자)로 분류한 것에 따라 방랑하는 수도자(Gyrovagi)는 유랑 공동체에서 시작했다고 본다.

고대 후기 기독교를 연구하는 학자는, '4세기 이집트나 비잔티움 수도사들이 가족과 계속 만났을까?'라고 질문하는 것이 타당하다고 생각할 것이다.[12] 많은 불교학자는 이런 질문이 좋지 않다고 생각할 것이다. 불교는 가족을 포기했거나 지혜를 얻으려고 출가했다고 생각하기 때문이다.[13] 불교학자들은 '비구나 비구니는 가족과 관계를 단절했거나 포기했다면서 왜 가족과 계속 만났을까?'를 생각해 보아야 한다. 지금까지 묻지 않았던 이 질문이 지금 이 연구에서 중요한 가설이다. 승가와 가족이 계속 만났을 것이라는 이 가설은 유리한 전근대적인 자료로도 지지해 줄 수 없는 인도불교 연구 분야나 대중을 중심으로 새로운 시각이 필요할 때 도움을 줄 것이다.

초기불교를 연구하는 학자들이 승가와 관련해 어떤 고정관념으로 경전을 볼 때, '비구나 비구니'에게서 이런 고정관념을 확인했을 것이다. 초기불교를 연구하는 학자들이 승가에서 보았던 대표적인 모습은 매우 낭만적이고 아름다운 것이었다. 이와 관련한 중요한 예는 불교 문헌 초기 층에서 볼 수 있다:[14] 리처드 살로몬(Salomon)은[15] 「무소의

그러나 베네딕트는 소규모 공동체에서 제멋대로 사는 수도자와 방랑하는 수도자를 부정적으로 보았다. 특히 후자를 부정적으로 보았다(St. Benedict 규칙 1.6-.11〔Fry 1981, 169-171〕 참조). Gyrovagi 어원은 알 수 없다(Caner 2002, 9 각주 27). Gyrovagi는 Dietz 2005, 78-81, 88-90 참조. 불교와 베네딕트수도회를 비교한 연구는 Don Peter 1990 참조. 중세 가톨릭 수도원 생활과 남방상좌부 승가 생활과 관련한 Weberian 연구는 Silber 1995 참조.

12 Rousseau 〔1985〕 1999, 153. "가족이 공동체를 둘러싼 벽으로 완전히 단절되지는 않았다"라고 말했다. Talbot 1990; Krawiec 2002 참조.

13 아래 논의 참조. 2장 각주 20-27에 있는 본문 내용 참조.

뿔경」을 자작나무 껍질 두루마리에 보존된 간다하리판(Gāndhārī版)으로 기원전 1세기 즈음 제작했다고 본다. 「무소의 뿔경」에서 찬미한 은둔자가 품은 이상이 상징하는 내용을 살펴보면:[16]

> 아들, 부인, 돈, 재산, 친척들을 포기한 채… (*무소의 뿔처럼 홀로 가라).[17]
> 나뭇잎이 떨어진 산흑단나무처럼 가장이라는 이름을 버리고, (*집을 떠나 입을 수 있는) 황색 옷, (*무소의 뿔처럼 홀로 가라).
> 단단한 그물을 찢는 새처럼, 가장이라는 구속을 끊고, 돌아오지 않는, (*불길이 타오르는 곳으로 〔돌아가지 말고〕, *무소의 뿔처럼 홀로 가라).[18]

「무소의 뿔경」에는 일가친척과 관계를 포기하라는 솔직하고 간곡한 권유가 있고, 부와 물질적 이익을 버리고 무소처럼 홀로 가라는

---

14 「무소의 뿔경」이 있는 팔리어본 모음집인 『숫타니파타』 시대는, Fausböll 1881, xi-xii; Chalmers 1932, xiv-xvi; Norman〔1992〕 2001, xxxi-xxxiii; and Cousins 1985, 219. von Hinüber 1996, 48-50 참조.

15 Salomon 2000, 23. 이것은 현존하는 필사본 연대이지 책을 만든 연대가 아니다. 이 구분은 다음 3절 참조.

16 「무소의 뿔경」 사상은 주로 팔리어 자료들을 통해 알려졌다. Norman〔1984〕 1996 참조. 『숫타니파타』가 받은 학문적 관심은 인상적이다. 다양한 번역과 판본은 Norman〔1992〕 2001, x 참조.

17 여기와 아래에 있는 별표는 Salomon이 했다. 일반적으로 '반복되는 후렴구'를 재구성했다. Salomon 2000, 115 참조. 여기서는 구두점을 약간 수정했다.

18 같은 책, 106-108; 대괄호와 괄호는 원본. 1절과 2절은 연속되지 않는다.

권유도 있다.[19] 이런 이상과 비슷한 무엇이 인도 승가와 관련해 현대 학문이 이해하게 된 밑바탕을 형성했을 것이다.[20] 인도 승가가 가졌던 이상을 학술 문헌으로 살펴볼 때는 이런 모습에서 볼 수 있는 타당성이 필요한 것이 아니다. 오히려 중심을 확립할 수 있는 몇 가지 다른 예가 필요하다.[21]

파우스뵐(V. Fausböll)은 남방상좌부에서 팔리어본으로 전해온 경전 모음집인 『숫타니파타(Sutta-nipata)』를 번역한 1881년 서문에서, "우리가 가지고 있는 『숫타니파타』는 원시불교를 올바르게 이해할 때 큰 공헌을 했다. 이것은 인도 승가에서 비구나 비구니가 생활했던 삶을 묘사한 것이 아니다. 이들이 수행자로 첫출발했던 삶을 묘사한

---

19 이 의미는 논쟁할 여지가 있다; 고전에 대한 요약과 견해는 같은 책, 10-14 참조.

20 일부 연구자는 이 이미지에서 볼 수 있는 일부만 받아들인다. 가족을 포기하는 것은 받아들이지만 고독한 이상은 받아들이지 않는다.

21 아주 초기 참고문헌으로, Porphyry of Tyre's 『On Abstinence from Killing Animals(3세기 후반)』(Gillian Clark 2000, 113, 각주 645; 연대는 p.1 참조), '단다니스(Dandanis)와 함께 황제에게 보낸 인도 사절단을 만난 바빌론 사람'인 바르데사네스(Bardesanes; Bardaisan, 154~222년)가 작성한 보고서 참조. 사문(Samanean)과 관련해 논의하면서 바르데사네스는 그들이 수도원에 와서 수행자가 되었을 때 "그들은 아내와 자녀들이 있는데도 자신들이 보살필 일이 아니라고 생각해 다른 어떤 행동이나 말을 하지 않았다. 왕은 아이들에게 생활필수품을 주어 보살폈고 친척들은 아내를 보살폈다." 이 내용은 최근 Reed 2009, 67에서 논의하였다. Stoneman(1995, 108)이 Derrett에게 주장한 것과 비슷한 사례가 여기에 있다. '알렉산더(Alexander)가 만난 현자들이 가진 정체성'은, '브라만들이 알렉산더에게 말한 것은 인도 고행자가 현대 서양 정치인에게 말해 줄 수 있는 것처럼 상식적인 견해'였을 것이다.

것이다"라고 말했다.[22] 하지만 우리는 '원시불교를 올바르게 이해'하는 것이 무엇인지 모른다. 파우스뵐이 번역한 「무소의 뿔경」은:

> 가족이나 타인과 만나는 것을 피해야 한다. 모든 나쁜 것이 사회에서 생기기 때문이다. 그러므로 타락한 사회를 벗어나 수행자로 살아야 한다.[23]

필자는 여기서 가족과 사회 전체를 포기한 '수행자 삶'에서 파우스뵐이 – 그리고 후대 세대들이 – 이해한 '원시불교에 대한 정확한 이해', 즉 '승가 생활'과 확연히 구별할 수 있는 불교를 보았다. 파우스뵐은 불교를 2종류로 가정했다: 무소의 뿔이 가진 이상적인 불교로 순수하거나 독창적인 형태를 가진 불교와 아마 후대에 타락한 승가를 가진 불교.

파우스뵐은, 모니에르 윌리엄스(Monier-Williams)가 1889년에 '진정한 불교는 … 삐따까(Piṭaka)나 팔리어 문헌 불교'라고 말했던 「무소의 뿔경」을 불교 이해 창구로 삼았고,[24] 모니에르 윌리엄스가 '인도에

---

22 Fausböll 1881, xii.

23 같은 책, 6.

24 Monier-Williams 1889, vii. 산스크리트와 팔리어 경전(〔1844〕 1876, 11-12; 2010, 64-65)을 연구해야 한다고 주장한 Burnouf와는 다르게, Oldenberg, Rhys Davids, Müller, Monier-Williams는 팔리어 문헌으로 연구한 것이 불교라고 본 것 같다. Monier-Williams(1889, 9)는 "불교와 신성한 언어인 팔리어와 관련 있는 연구, 브라만교와 신성한 언어인 산스크리트에 대한 평생 예비 연구를 해왔다"라고 말했다. 산스크리트에서 팔리어를 강조하는 변화가 있었기에 팔리

서 불교가 멸망하기 전에 겪었던 변화들'과 함께 '인도와 접해 있는 일부 국가와 동북아시아에서 발생한 부패한 불교'라고 언급한, 확실히 대조적인 불교를 취했다.[25] 반세기 이상 지난 후 고칼레(B. G. Gokhale)는 파우스뵐이 가졌던 초기 견해를 반복했다. '초기불교가 가진 정신'을 「무소의 뿔경」에서 찾아야 한다고 말했다.

> 팔리어 문헌에서 초기불교가 가진 정신을 반영한 문헌이 하나 있다면 이것은 「무소의 뿔경(Khaggavisāṇa Sutta)」이다. … 경에서 묘사한 이상은 … 세상을 완전히 등지고 '무소의 뿔'처럼 홀로 가는 외로운 아라한(arhat)이 가진 이상이다.[26]

1970년 미얀마에서 남방상좌부 불교를 연구했던 문화인류학자 멜포드 스피로(Melford Spiro)도 「무소의 뿔경」에서 볼 수 있는 이상에서 얻은 지혜를 추상적으로 반복했다. 스피로에게 이 이상은 단순히 '원시불교'나 '초기불교'가 아니라 범불교였을 것이다.

> 불교에서 세상을 포기한다는 것은—부모, 가족, 배우자, 친구, 재산—

어 경전 대부분을 영어로 번역했다. 어떤 경전은 번역물이 여러 판본으로 나왔다. 당연히 산스크리트 불교 문헌 연구는 좋은 성과를 내지 못했다. de Jong(1997, 27)은 불교 연구 '중기'(1877~1942)에서 "1852년 Burnouf가 사망한 이후 산스크리트 불교 문헌 분야는 거의 연구되지 않았다"라고 말했다.

25 Monier-Williams 1889, 147.

26 B. G. Gokhale 1965, 354. Radhakrishnan〔1929〕 1971, 1:587 참조: "「무소의 뿔경」에서는 가정생활과 사회적 교제를 엄격히 금지했다."

모든 유대 관계를 끊고 '무소처럼 홀로 가는 것'이다.[27]

1975년 리처드 곰브리치(Richard Gombrich)는 업(karma)에 대한 불교식 이해와 관련한 글에서 「무소의 뿔경」을 인용하여 "불교 초기 수행자는 비사교적이었는데 심지어 반사회적이기까지 했다"[28]라는 점을 강조하려고 불교에서 말하는 '출가'를 다음과 같이 언급했다:[29]

---

27 Spiro〔1970〕 1982, 279; Spiro 1969, 346;〔1984〕 1986, 49-50 참조.

28 Gombrich(1975, 216)는 약간 미묘한 차이는 있지만, "최초 비구들은 비사교적이었는데 심지어 반사회적"이라고 말했다. Bailey와 Mabbett(2003, 162)은 초기불교가 가진 사회적 성격을 설명하려고 Gombrich를 인용했다. Gombrich는 '사회학 맥락에서 이 주장에 대한 고전 자취'로 Dumont(1960)를 인용했다. Dumont는 '출가'를 '사회로부터 분리한 적절한 사회적 신분'(1960, 44)이라고 언급했고, J. F. Staal(Dumont 1960, 44 각주 18)에서 출가자는 "사회적 세계(saṃsāra)를 포기한 것이지 물질적 우주(jagat)를 포기한 것은 아니다"라고 분명히 했다. 다른 사람들은 평가에 더 관대하지 않았다; Hume〔1924〕 1942, 69. "불교 윤리에서 주된 경향은 평온하지만 억누르고, 소극적이고, 개인적이고, 비사회적"이라며 「무소의 뿔경」을 인용했다. Sukumar Dutt〔1924〕 1996, 93. '사회적이지 않은 삶'인 불교를 강조하려고 『숫타니파타』와 『담마빠다』를 인용했다.

29 Sukumar Dutt〔1924〕 1996, 31. 인도 출가자들을 다음과 같이 설명했다. "그들은 모두 종교인이라고 공언된, 친족이나 사회적 유대가 없는, 집을 떠난 방랑자라는 한 가지 본질적인 특징을 갖고 있다." Heesterman(1985, 199)은 '세상을 포기하는 것은 … 사회를 분열시키는 위협'이라고 말했다; Silber(1981, 164)도 이와 비슷하게 말했다: "남방상좌부 불교 국가에서는 명백하게 비사회적이거나 반사회적 의미를 지닌 속세를 떠나는 교리를 중심 사상으로 숭배한다." 그러나 Olivelle이 말한 인도 금욕주의에 담긴 반사회적 미사여구와 관련해서는 1장 각주 42-47에 있는 본문 내용 참조.

일단 부처님 말씀을 따르겠다고 진지하게 받아들이면 모든 사회적 관계를 온 마음으로 끊고, 가능한 한 작은 승가에서 비구들과 함께 지낸다. –'무소처럼 홀로 가라.'[30]

우리는 1880년대 후반이거나 심지어 1970년대 있었던 견해까지도 오래되었을 뿐 아니라, 시대에 뒤떨어져 어떤 견해도 더는 굳게 유지할 수 없다고 반박당할 수 있다. 오래된 것일 수도 있지만, 최근 학계에서도 비슷한 정서가 계속 등장했다. 무소의 뿔 이미지가 한쪽으로 치우쳐 있는 것은 동남아시아 관련 인류학자들, 동아시아불교 선문가들, 인도 종교학자들이 보여 준 학문적 견해에서 다양하게 볼 수 있다.[31] 2002년 가나나트 오베예세케레(Gananath Obeyesekere)는 "불교에서 비구는 '무소의 뿔처럼 홀로 가야 한다'"라고 주장했다"[32]라고 설명했다. 2003년 베르나르 포르(Bernard Faure)는 불교와 성性에서 "불교 초기에 고행하거나 수행하는 태도는 … '보살은 무소처럼 홀로 가야 한다'라고 단정했다."[33]라고 설명했다. 그레그 베일리(Greg Bailey)와 이언 마벳(Ian Mabbett)은 2003년 초기불교 사회학 저서에서 다른

---

30 Gombrich(1975, 216) Sukumar Dutt는 무소가 가진 이상을 '비구가 사는 삶과 관련 있는 고대 헌장'(1957, 68)이라고 언급했지만, 율장이 묘사한 수행은 이미 이 초기 이상에서 벗어나 있었다고 보았다(같은 책, 67-69).

31 "홀로 가는 무소를 닮으라는 말은 출가자(pabbajita)가 되라고 촉구하는 비유적인 말이다. 팔리어 경전에서는 '길 위의 삶으로 나아가는 사람'이라고 정의했다."(원본은 〔굵은 활자체로〕 강조)

32 Gananath Obeyesekere 2002, 114.

33 Faure 2003, 9.

불교가 존재했었다는 것을 인정하면서도, "가장 초기에 하신 말씀을 들은 비구들은 사회와 모든 관계를 끊고 유행하는 탁발승으로 지내려고 했다"라고 설명했다.[34] 베일리(Bailey)와 마벳(Mabbett)도 『숫타니파타』 가운데 특히 「무소의 뿔경」을 '불교 초기에 비구가 수행자로 산 삶을 살펴볼 수 있는 유력한 경전'으로 인용했다.[35] 개빈 플르드(Gavin Flood)는 2004년, "이상적 비구는 속세와 가족과 관계를 끊었다. 가정이 주는 안정된 삶을 포기했고 자신을 해방하려고 유랑했다. … 『숫타니파타』에서 고독하게 고행하는 수행자를 무소의 뿔과 대조해 보면"이라고 말했다.[36] 2012년 레이코(Reiko Ohnuma)는, 인도불교와 육아 이미지를 설명한 '비구와 가족'에서, '길 위'의 삶이 훨씬 더 복잡하다는 것을 분명하게 인식했으면서도 "유명한 무소의 뿔 담론 같은 초기불교 담론 … 불교에서 이상적 수행자는 반드시 가족과 유대 관계를 단절했다"라면서 이 이상을 옹호했다.[37]

대체로 위에서 인용한 연구자들은 승가에서 사용했던 규범적 권고나 수행자들이 했었던 일을 서술적으로 설명할 때 혼동하지 않도록 조심했다.[38] 그러나 다른 이들은 이 권고를 인도불교에서 실제로 수행

---

34 Bailey and Mabbett 2003, 1.

35 같은 책, 166-167.

36 Flood 2004, 127.

37 Ohnuma 2012, 182.

38 그러나 일부 연구자에게는 무소의 뿔이 가진 이미지가 단순한 이상을 넘어선 것일 수도 있었다. B. G. Gokhale에게 이 이상은 '원시불교가 가진 사회적이지 않은 정신을 반영한 본바탕'이었고(1965, 354), 곰브리치에게는 진지하게 헌신한 비구들이 '모든 사회적 유대를 버린' 사람들이었고(1975, 216), Gananath

했던 증거로 이해했다.[39] 이 이상이 불교 이전부터 있었는지, 불교 초기에 생겨났는지, 원시적이었는지, 독창적이었는지, 기원이 달랐었는지와 관련해 학술적 논쟁[40]이 있기는 했다. 하지만 위에서 인용한 주장들은 「무소의 뿔경」을 해석하기 시작한 초기부터 뿐 아니라 수행자가 이상으로 삼았던 내용을 학문적으로 이해해야 할 부분에서 최근까지도 특권적 지위를 누려왔다.[41]

Obeyesekere에게는 '불교가 종교 생활과 관련해 이런 시각을 주장한' 것이었다(2002, 114).

39 Bronkhorst(1986, 121): "「무소의 뿔경」에는 불교 초기에 비구들이 종종 혼자 살았던 흔적이 있다"라고 말했다.

40 일부 연구자들은, 이 이상은 비구가 보여준 이상이 아니라 정착한 승가가 불교로 편입되기 이전부터 널리 퍼져 있던 원시 상태에서 이상이라고 말했다. 하지만 Salomon(2000, 15)은 "다소 단순하고 심지어는 순진하다. … 어떤 의미에서든 불교에 '승가 이전 시대'가 있었다는 명확한 증거는 없다"라며 앞에서 한 주장에 반대 의견을 냈다. 또 이 이상이 고행인지, 수행인지 논쟁도 있다. Collins(1992, 273)는 "사실 여기서 말한 고독은 사회적인 측면에서 수행자가 육체적으로 금욕할 때 생기는 고독이라기보다는 승가에서 혼인하지 않은 '독신'이라고 보아야 한다. 이런 의미에서 이 이상은 모든 비구와 비구니가 마음에 새겨야 할 내용으로 작용했을 것이다." Salomon(2000, 15)과 각주 14: "… 「무소의 뿔경」이나 『숫타니파타』 같은 문헌에서 숲에 사는 비구가 금욕하는 전통을 분명하게 볼 수 있다. … 필자는 규범은 … 승가 생활이라고 해석하는 Collins까지 가지 않을 것이다." 그러나 연구자들이 말한 것은 대체로 Salomon과 Collins가 말한 것처럼 미묘하지 않다. 금욕하는 전통과 수행하는 전통은 일반적으로 구별할 수 없기에 결과는 불교가 도달하려는 이상이거나 이상과 관련 있는 단순한 이야기일 것이다(위 각주 33번에서 인용한 Faure 논평 참조).

41 '근대 관행과 제도에 대한 새로운 형이상학'이 가진 특권에 대한 논의는 Masuzawa 2005, 125-131, 특히 127 참조. Max Müller가 쓴 『Sacred Books of the East』에서

그러나 무소의 뿔은 완전히 붉은 청어로 밝혀질 것이다: 「무소의 뿔경」에서 수행자가 꿈꾸었던 이상은 율장에서 볼 수 있는 주류 승가가 꿈꾸었던 이상이 아니었다. 5세기에 「무소의 뿔경」 주석서 『빠라맛타조띠까(Paramatthajotikā)』를 쓴 붓다고사(Buddhaghosa)는, 일가친척과 관계를 단절하고 홀로 수행했다는 비구를 한마디로 정의할 때 어려움을 겪었던 것 같다. 이 보수적인 주석가는 이런 형태로 종교생활을 하는 비구는 일반적인 비구가 아니라 고독한 붓다들(paccekabuddhas; Skt. pratyekabuddhas)이라고 불러야만 이해할 수 있다고 보았다.[42] 루퍼트 게틴(Rupert Gethin)이 언급했듯, 무소의 뿔이 갖는 이미지

불교를 '세계 종교'(같은 책, 259-265)로 발전시키는 데 끼친 영향을 고려하라는 Masuzawa가 한 조언에 따라, 이 시리즈 10권에 「무소의 뿔경」을 넣은 것은 주목할 필요가 있다. 우리는 또한 1882~1885년에 출판된 같은 시리즈이지만, 아직 완성하지 못한 율장(17-19권)이 왜 비슷하게 관심을 끌지 못했는지는 생각해야 봐야 한다. Brobjer(2004, 10, 각주 34)는 "니체는 이 중에서 가장 좋아하는 말을 찾아냈다: '그래서 나는 방황한다, 무소처럼 홀로'라는 말을 사용했다"라고 말했다.

42 이 본문에서 붓다고사(Buddhaghosa)와 관련한 문제에 대한 설명은 von Hinüber 1996, 129-130 참조. 고독한 붓다(pratyekabuddha)에 대한 연구와 『Paramatthajotikā(무소의 뿔경 주석서)』와 관련 있는 부분 번역은 Kloppenborg 1974, 특히 78-125 참조; Norman 1983a도 참조. 전체 번역은Murakami村上眞完와 Oikawa 及川眞介 1985, 127-319 참조. Murakami와 Oikawa에 따르면, 비슷한 설명을 『숫타니파타』 주석인 『Cullaniddesa』에서도 볼 수 있기에 「무소의 뿔경」이 말하는 이상도 다른 종교가 그랬던 것처럼 팔리어 경전 저자/편찬자들에게 영향을 주었을 것이라고 보았다(같은 책, 289 각주 1). 이들 역시 이것을 붓다가 아니라 고독한 붓다들에게 돌리도록 강요받았다는 것이다. 또한 Norman 1983b, 65에서 "Niddesa(해설)는 … 이것〔이 문장들〕은 고독한 붓다들(paccekabuddhas)이 말했

는 인도불교 수행자들보다 인도불교를 연구하는 연구자들에게 더 매력적이었다.[43]

학문적 논의에서 무소의 뿔이 보여주었던 이상에 빠져든 것은 미사여구가 가진 기능을 인식하지 못했기 때문이다. 패트릭 올리벨(Patrick Olivelle)은 '고행 생활 체화'를 설명하면서, "인도에서 고행했던 전통은 … 사회와 함께했던 것이지 사회와 단절했던 것이 아니다. … 하지만 … 이들이 사용했던 미사여구, 이미지, 의식은 〔이들에게〕 가족과 사회를 단절하라고 강조했던 경향을 볼 수 있다"[44]라고 말했다. 이런 강조는 불교 경전에서 볼 수 있는 내용과 정확히 일치한다. 하지만 오직 승가 '내부용'으로만 기록했던 율장은 재가와 관계가 없기에 이 내용을 생략했던 것 같다.[45] 무소의 뿔이 추구한 이상은 고행을 미화했던 미사여구라고 이해하면 가장 잘 이해하는 것이다. 이 미사여구는 욕망을 억제해야 할 불교에서 가장 중요한 역할을 했다. 숲속에서 고행하는 수행자 이미지는 인도불교사에서 가장 중심적인 모습이었다. '후대 수행자들이 잘 알고 있듯 개인이나 집단이 위기를 맞는 순간 돌아가야 할 완벽한 출가로 독특한 이상'을 제공했다.[46] 그러나 고행을 수행했던 전통에서 볼 수 있는 이상과 여기서

다"라고 설명했다. Bronkhorst 1986, 120-121; Coomára Swámy 1874, 11 참조.

43 Gethin 1998, 95. '불교가 세계에 관여하는 부분을 무시한 서구 학문 연구 경향' 요약은 Scott 2009, 19-28(p.20 인용) 참조.

44 Olivelle 1995a, 12-13.

45 율장과 경전에서 볼 수 있는 차이점은 1장 각주 63-68에 있는 본문 내용 참조. 율장은 청중을 승가만으로 제한했다 Clarke 2009a, 18 각주 55 참조.

46 Ray 1994, vii. Gethin 1998, 99 참조. 숲속에 살았던 비구와 대승불교와의

지금 연구할 주제인 정착했던 승가에서 볼 수 있는 이상은 분명 다르게 구별해야 한다. 마치 이상이 하나만 있는 것처럼 '수행자가 도달해야 할 이상'이라고 말하는 것은 의미가 없다.

최근 수십 년 동안 인도 승가를 연구하면서 무소의 뿔처럼 홀로 가라는 이미지는, 비구가 승가 재정이나 사업에 관여했던 상반된 이미지 때문에 의문이 제기되어 왔다.[47] 게다가 비구들이 가족과 관계를 단절하지 않았다는 인식도 생겨났다.[48] 우마 차크라바르티(Uma Chakravarti)는, 붓다는 기본적으로 가족과 유대 관계를 형성했기에 '많은 계에 예외 사항'을 제정했고, '비구가 가족과 만나는 것도 허락했다'라고 보았다.[49] 그러나 예전에 세웠던 가설들이 항상 변한다면 아무런 소용이 없다. 세리니티 영(Serinity Young)은 "계는 … 〔승가는〕 가족과 관련된 모든 생활을 포기하길 요구했다"[50]라고 보았다. 악셀 마이클스(Axel Michaels)도 "붓다는 …－예수처럼－ 가족과 과감히 단절하라고 요구했다"[51]라고 보았다. 가족을 포기한 것과 가정생활을

관계는 Boucher 2008 참조. 숲속에 살았던 일부 비구의 중요성에 대한 현대적 예는 Tambiah 1984 참조; Tiyavanich 1997.

47 Schopen 2004a에서 비구와 재산권 연구 참조. 현대 태국 불교에서 볼 수 있는 부와 번영은 Scott 2009 참조.

48 Tyagi 2007, 277. 비구는 '출생에 따라 결정된 혈연관계를 유지할 수 있었다'라고 인정했다. Liz Wilson 1996, 29: "승가에서 볼 수 있는 이상적 가족과 가족 관계가 닮도록 재구성해본다면, 출가자는 가족과 관계를 완전히 단절할 필요가 없었다."

49 Chakravarti 1987, 30.

50 Young 2004, 37, 어떤 율장도 언급하지 않았다.

51 Michaels 2006, 161-162. 비슷한 진술은 Kellogg 1885, 316-317. 초기 논평

단절한 것을 혼동할 수 있는데 이 연구자들은 이것을 구별하지 않았다. 이런 구별은 가끔 모호하다. 이것은 모한 위자야라트나(Môhan Wijaya-ratna)가 남방상좌부 승가를 설명한 글에서 뚜렷하게 알 수 있다:

> 비구나 비구니가 되는 첫 출발은 가족을 떠나는 것이었다. 재가자로 사는 것을 포기하는 것이었다. 승가는 많은 기혼자가 아내나 남편과 관계를 끊도록 만들었다; 독신 남성과 여성은 혼인 가능성을 포기해야 했다.[52]

위에서 위자야라트나(Wijayaratna)가 설명한 '가족 포기'는 파우스뵐(Fausböll)이나 모니에르 윌리엄스(Monier-Williams)나[53] 에티엔 라모뜨(Étienne Lamotte)나[54] 기타 주요 저명인사들이 말했던 의견과 대부분 비슷하게 일치한다.[55] 위자야라트나(Wijayaratna)는 남방상좌

참조.

52 Wijayaratna 1990, 89.

53 Monier-Williams(1889, 44-45)는 "… '올바른 결심'을 하기 위한 가장 좋은 방법은 아내와 가족을 포기하고 정열이라는 불을 끄는 것이다"라고 붓다가 처음 설법한 것을 언급했다. pp.125, 253, 561 참조.

54 Lamotte[1958] 1988, 65: "… 세존께서는 아주 순수한 출가라는 이상을 가지셨기에 수행자가 되어 가족을 포기한 사람들에게 자비를 베푸셨다. …"

55 다른 예는 Hopkins 1918, 189 참조. "탁발하는 수행자에게 사랑이나 애정은 열정만큼 위험했다. 그는 가족과 모든 관계를 끊어야 했다; 여자에 대한 사랑보다 가족에 대한 사랑에 더 얽매여서는 안 되었다. 붓다는 자신을 사랑하는 가족을 포기하는 모범을 보였다."

부 『팔리율』만을 기초로 연구했기에 이 출처만으로 이런 결론을 내리면 안 된다. 이를 주장하려고 선택한 『팔리율』에는 위자야라트나가 제시한 승가와 정반대인 것을 암시한 내용도 많이 있기 때문이다.[56] 여기서는 위자야라트나도 승가라는 본질과 관련해 이미 있던 가설에 사로잡힌 것이라고 결론 내려야 한다.[57]

승가를 연구할 때 기본으로 사용하는 가족에 근거한 가설을 하나 더 소개해 보겠다. 1996년 리즈 윌슨(Liz Wilson)은 인도불교 성인전기 문학에서 끔찍하게 묘사했던 여성과 관련해 설명했다.[58]

> 불교 초기 승가에서 비구들에게 길 위의 삶은 철저히 아내가 없는 삶이었다. 오늘날 동남아시아와 남아시아 승가 대부분도 그러하다. … 승가에서 수준이 높은 수계(upasampadā)는 가족과

---

56 아래 각주 90 참조.

57 Gombrich는 Wijayaratna가 쓴 '비구나 비구니가 생활하는 방식에 관한 연구'를 검토하면서 설명했다: "이상하게도, 이런 설명은 이전에 출판된 적이 없다. 승가와 관련해 글을 쓴 저자 대부분은 불교 초기 비구나 비구니 생활에 초점을 맞추었다기보다는 … 내면에 자부심을 부여하면서 붓다가 말한 교리와 수행에 관심을 기울였다."(1986, 387-388)

58 Liz Wilson 1996, 19에서 「무소의 뿔경」을 '재가자를 얽매는 효도와 사회에 갖는 의무에 경고하는 독신 생활을 찬양한 시'로 인용했다. 그녀는(19-20) "토지, 재산, 가족을 포기한 수행자 관점에서 볼 때, 가계를 이어나갈 아들이 많은 부유한 재가자는 사회적 의무를 다해야 하는 그물에 걸리게 된다"라고 설명했다. 그러나 '이 수행자'가 실제로 불교 수행자라는 것은 어디에도 드러나지 않는다; 무소의 뿔은 주류 비구가 아닌 고독한 붓다들이 가신 이상이다. 각주 42-47에 있는 본문 내용 참조.

> 부부 사이를 해체했다. 수계 때 혼인한 상태였다면 이 관계는 해체되었고 배우자는 '전前' 배우자라고 불렸다. 정식 수계 때 혼인하지 않은 상태였다면 이제 혼인 가능성은 없다.[59]

윌슨이 말한 승가는 현대 남방상좌부 승가에서 실천하고 있는 일부 불교와 관련해 적절한 설명일 수 있다. 하지만 약 2,000년 전 인도 승가에서 이렇게 행동했다고 설명하면 비약이 심한 것이다. 파우스뵐(Fausböll), 모니에르 윌리엄스(Monier-Williams), 위자야라트나(Wijayaratna), 윌슨(Wilson)이 말한 것은 논쟁거리도 아니다; 이것은 기존 연구자들이 특정 연구를 할 때 기본 '사실'이라고 제시했던 것을 단순하게 받아들인 것뿐이다.

'불교에서 권유한 포기'라는 이상으로 무소의 뿔과 관련한 이미지를 아무런 비판 없이 채택해서[60]—어쩌면 최고일 수도 있지만— 현대 학문이

---

59 Liz Wilson 1996, 20.

60 Hume(〔1924〕 1942, 69)은 『장로니게경』 301을 인용했다: '포기한 〔그들의〕 자녀들, 부와 친족'. Spiro(〔1984〕 1986, 49)는 수행자들이 아내와 자녀를 포기했다는 주장을 지지할 근거로 『Vessantara jātaka』를 중심 고전으로 인용했다. Gombrich(Cone and Gombrich 1977, xv)는 "모든 것, 심지어 아내와 자녀까지 포기한 베싼따라(Vessantara)가 보인 이타적 관대함은 불교계에서 가장 유명한 이야기인데 … 붓다 전기도 이보다 많이 알려지지는 않았다"라고 말했다. 그는 또 "진지한 수행자는—거의 베싼따라와 같이— 소유했던 재산과 가족을 포기하고 비구나 비구니가 되었다(xxv)"라고 말했다. "불교 국가에서 부모는 죽음만으로 자녀를 잃는 것이 아니다. 이들 가운데 많은 사람이 아들을 노예가 아니라 수행자로 승가에 내주었다. … 부모는 그들과 정서가 단절되었고 많은 경우는 물리적 접근성도 잃게 되었다(xxii)." 필자가 보기에 베싼따라 이야기는 자녀를

가진 지식으로만 승가를 설명할 수 있는 유일한 방법은 아닐 것이다. 위 연구자들이 승가라는 본질에 대한 뿌리 깊은 가설들을 반영했겠지만, 분명한 용어로 이 가설들을 설명하지 않아 확인이 어렵다. 하지만 이것을 승가가 가졌던 '본질'이라거나 '정신'이라고 논할 때 확인할 수 있는 연구자들이 있다. 이 가설들은 다음과 같다: 승가는 가족과 관련이 없었다; 비구나 비구니와—또는 이상적으로 끊어 내야 하는—가족과 관련 있는 모든 관계: 부모, 배우자, 자녀; 승가는—있다면—전前 가족과 만나지 않았을 것이다; '출가'는 어떻게든 혼인을 단념시켰다. 비구나 비구니는 배우자와 혼인 관계를 지속할 수 없었을 것이다; 임신부와 수유모는 비구니가 될 자격이 없었다; 비구니는 자녀를 가질 수 없었다. 승가에서는 자녀를 키울 수 없었다. 비구나 비구니는 반드시—아마도— 독신이어야 했다; 독신이어야 한다는 계를 어긴 사람은 구제받을 수 있다는 희망 없이 추방되었다.[61]

단념하거나 포기한 것이 아니다. 이것은 Gombrich가 말한 것처럼 '주는 것과 관련해 완벽한 예'일 뿐이었다(xvii). Gombrich가 말한 것처럼(xv) 베싼따라는 아내만 아니라 자녀도 되샀다(p.160 참조): "베싼따라는 가족을 다시 만났고 왕이 되어 모두 행복하게 살았다(xvi)." 전체 이야기에는 여러 면에서 붓다가 살아온 생애와 관련 있는 이야기가 반영되어 있다. Gombrich가 언급했듯 보살이 살았던 전생 이야기이다(xviii).

61 Edkins 1881, 72: "그러므로 수행자가 될 때 가족을 포기하는 것이 첫 번째 단계이다." Lingat 1937, 415: "출가할 때 처음으로 하는 것이 '집을 떠나는 것(출가)'이고 가족과 재산도 포기하는 것이다. 이 포기는 사회적 유대를 일방적으로 끝내는 것이다." Singh 1954, 151: "가정생활을 해체〔원문 그대로〕하고 세상을 포기하겠다는 목표를 세운 모든 제도는 …" Lancaster〔1984〕 1986, 139: "가족을 포기하고 독신으로 살겠다고 구족계를 받은 수행자들이 모여 지내는

만약 이런 가설들이 기본적으로 인도 승가에서 '사실'이었다면 우리는 비구나 비구니 삶과 관련해 중요한 질문을 할 수 없다. 불교 초기 승가에서는 붓다와 아들, 아내, 이모, 계모, 사촌들이 출가했다고 말한다. 승가에 생물학적 가족이 있었을까? 아내도 종교 생활을 하려고 같이 출가했을까? 자녀도 같이 출가했을까? 비구니가 임신하면 어떻게 되었을까? 비구니는 아이를 낳고도 비구니로 남았을까? 비구니가 아이를 낳았다면 비구니가 낳은 아이는 어떤 환경에서 자랐을까? 아이는 누가 돌보았을까? 아이는 자라서 어떻게 되었을까? 비구나 비구니가 독신이라는 이상에서 벗어났다면 어떻게 되었을까?[62]

이것은 불교 연구 분야에서 많이 묻지 않았던 질문들이다.[63] 하지만

승가보다 더 큰 영향력을 가진 불교 단체는 없다." p.145 참조: "동아시아불교는 가족과 협력하는 관계를 맺었다. 비구와 비구니는 재가자처럼 효도해야 하는 책임에서 벗어났지만, 구족계를 받은 수행자들은 혈연관계가 존재하지 않는 승가에서 책임을 다했다." Frances Wilson 1985, 82: "승가는 여성들에게 출가하기 전 가족과 관계를 끊으라고 강요했다." p.79 참조: "남성은 종교 때문에 궁극적으로 가족을 포기해야 했다. 남성에게 가족과 종교는 서로 배척하는 경향이 있었다." Paul 1985, 6: "남성 수행자는 출가하려고 아내와 가족을 떠났다." p.10 참조: "공동체를 보존하고 안정시키려 할 때 승가가 갖는 실용적인 관심사는 특히 아내에게 가족으로서 책임지는 것을 제외하라고 요구했다." Gombrich and Obeyesekere 1988, 233: "대다수 신불교도들은 출가하여도 가정생활을 포기하지 않았다." Wickremeratne 2006, 181: "비구가 생활하는 방식은 재가자와 다르다. … 출가해서 비구가 되면 가족과 사회와 거리를 둔다." Ohnuma 2012, 192: "승가에서 수계 후 임신하면 바라이(pārājika)를 범한 것이기에 즉시 추방되었다."(원문 강조)

62 이 마지막 질문은 Clarke 1999, 2000, 2009a, 2009b 참조.

63 흥미로운 프로젝트가 많이 진행 중이며 완성되고 있다. 불교에서 어린이와

이것은 물어볼 가치가 있고 어느 정도는 답도 해야 한다. 이에 답하려면 무소의 뿔에서 받은 이미지는 버리고 승가가 기록한 율장 문헌에서 답을 찾아야 한다. 이렇게 하려면, 불교가 가진 본래 개념이 무엇이었다는 것도 버려야 한다. 초기불교 자료가 부족한 것을 염두에 두더라도[64] 붓다 열반 후 한동안은 비구가 된다는 것이 무엇을 의미했던 것인지는 거의 알 수 없다. 「무소의 뿔경」에 나오는 비구와 관련해 아는 것이 있다면 이것은 아마도 비구들이 실패했다는 것이다. 세상과 모든 인연을 끊고 무소처럼 홀로 가는 비구라면 누구라도, 역사라는 모래 속에 무소 같은 흔적만 남겼을 것이다. 만약 우리가 실제로-그리고 알 수 있는 것은- 인도 비구에 관한 모든 것, 우리가 합리적으로 말할 수 있는 이 비구는 방황하는 무소가 아니었다; 만약 이들이 어떤 것을 남겼다면 이 흔적은 가려져 있을 것이다. 이렇기에 율장을 기록한 저자/편찬자들이 설명했던 것으로 비구와 비구니가 승가에서 어떻게 생활했는지 살펴보아야 한다.[65] 게다가 우리는 후기 중앙아시

유년기는 Sasson 2013과 불교에서 가족을 다룬 Liz Wilson 2013(알려지지 않은) 참조.

64 특히 북미 학계에서는 '원시불교'에 대한 이런 탐구를 어느 정도 포기하였다. Ray(1994, 9)가 말한 것처럼, "붓다 자신이나 붓다가 세운 불교와 관련해 결정적인 어떤 것도 알 수 없다고 널리 합의하였다." 그러나 보편적으로 동의한 것은 아니었다. Gombrich 2009 참조.

65 Schopen(2000a) 2004a, 2. "이제 우리는 승가가 원래 어떠했는지 드러내거나 드러내지 않고 관심을 가질 필요가 없다. 우리는 승가가 특정 시점에 특정 장소에서 무엇을 했는지 똑같이-어쩌면 더 생산적인-관심을 가질 필요가 있다"라고 말했다.

아, 중국, 일본, 몽골, 네와르, 스리랑카, 티베트에서 볼 수 있는 승가를 인도불교에서 이상이라고 인식했던 것과 다르다고 평가한다. 승가를 확장해서 볼 때, 우리는 승가에서 했던 말을 듣고 기록한 율사들이 설명했던 말을 고려해서 학문적 서사를 광범위하게 변형시켜 보아야 한다.[66]

2. 이상적 비구에게 갖는 상반된 시각

인도불교에는 경전과 논서, 율장이라는 2가지 문헌 유형이 있다.[67] 경전과 논서는 수행자와 재가자가 어떤 형태로든 같이 접근했다. 하지만 율장은 수행자의 눈과 귀로만 엄격히 통제했다.[68] 율장은 경전과 달리 '내부' 기록이었기 때문이다. 율장이 가진 중요성은 비구나 비구니가 수행자가 해야 할 일이 무엇이라고 생각했는지, 행동은 어떻게 했는지 '내부' 시각으로 전달했다는 것에 있다. 그렇다고 실제로 비구나 비구니가 했던 일과 일을 했던 방법이나 형식을 혼동해서는 안 된다. 율장은 비구가 재가자에게 말한 것이 아니다. 비구가 비구와 비구니에게 말한 것이다. 율장은 비구와 비구니에게 승가제도와 전통

---

66 Mills 2003, 69 참조: "그렇다면 티베트 비구들이–출가자(anagarika)나 '길 위의 삶'–과 관련해 전통적인 남아시아 정의를 따르지 않았다면, 우리는 티베트 비구들이 해왔던 사회적·종교적 역할을 어떻게 이해해야 할까?"(원문 강조)

67 삼장(tripiṭaka)이나 불교에서 3번째 '광주리'인 아비달마(abhidharma)를 거부한 부파는 Lamotte〔1958〕 1988, 181 참조.

68 위 각주 45 참조.

을 전한 것이기에 승가가 종교성을 어떻게 이해했는지를 반영한 것이다. 경전은 추상적이며, 정신적이며, 철학적인 내용을 다루었다; 율장은 구체적이며, 제도적이며, 기업적이며, 종교적인 관심사를 다루었다; 승가를 성공적으로 운영할 수 있는 가장 좋은 핵심과 방법을 다룬 것이다. 율장을 기록한 저자/편찬자들은 윤리·도덕에 관심이 없었고[69] 승가가 보여줄 대중적 이미지를 잘 보존하는 것에 관심이 있었다.[70] 쇼펜(Gregory Schopen)이 관찰한 것처럼, "율장은 사회가 비난할 수 있는 일은 피하고 어떤 대가를 치르더라도 현재 상황을 유지하는 데 ―집착하지는 않더라도― 몰두했다."[71]

율사들이 승가가 보여 줄 공적 이미지를 보존하는 것에 관심을 기울였다는 것은 율장이 담고 있는 거의 모든 이야기에서 확인할 수 있다. 전부는 아니어도, 대체로 계율은 특정 비구나 비구니가 특정 행동을 했기에 일어났던 비난에 대응하려고 제정한 것이다. 승가는 여러 방면에서 사회적 비난을 받았다: 동행 비구나 비구니들이 비난했고, 다른 종교를 믿는 순례자들과 왕들도 비난했지만, 재가자들이 가장 신랄하고 두드러지게 비난했다.[72] 쇼펜이 번역한 부분에서

69 우리가 종종 잘못 주장하는 것처럼, 적어도 우리에게 전해진 율장에는 불교 윤리나 도덕을 말하는 내용이 거의 없다. Skilton〔1994〕 1997, 78, Prebish 2003, 58에서 이것을 정확하게 언급했다.

70 Schopen(1996b) 2004a, 329; Schmithausen 2003, 43.

71 Schopen(1995a) 2004a,96.

72 겸손한 비구가 비난한 예는 『별주사』 GMs iii 3:96.12-.15; 비구니가 비구를 비난한 예는 『잡사』 sTog, *'Dul ba*, THA 261a6 참조. 여기서 비난은 벼락 치듯 쏟아졌다(아래 각주 75 참조). 외도(tīrthikas)는 『근본설일체유부약사』 GMs

재가자와 브라만이 '경멸하고 비난하며 불평했다'라는 표현을 볼 수 있다.[73] 이렇게 요약해 승가를 비난한 말은 많은 사례에 구체화 되어 있다. 아마도 가장 대표적인 표현은 『근본설일체유부율(Mūlasarvāstivāda-vinaya)』에서 재가자와 브라만이 비난한 것이다. "탁발승은 탁발도 불태우고; 거룩한 삶도 불태운다."[74] 이런 비난에 붓다가 곧바로 반응했던 것을 보면 율장 편찬자들이 이런 비난에 심각하게 반응했다는 것을 알 수 있다: 계를 제정하기 전에는 "이 결과로(de lta bas na) 재가자와 브라만에게서 비난이 벼락 치듯 쏟아졌다"[75]라고 반응했다. 붓다는 계를 제정하면서 10가지 이익이 있다고 말했다. 이런 이익 가운데 2가지는 사회적 비난과 관련 있다. 특히 기부를 받는 측면에서 승가가 받게 될 잠재적 악영향을 생각할 수밖에 없었다.[76] 특정 행동을 금지하는 계를 제정한 것은 '믿지 않는 사람들을 믿게 하고', '이미 믿는 사람들이 가진 믿음을 증대시키기 위해서'였다.

율장을 기록한 저자/편찬자들이 추문이나 소문으로부터 승가 이미

iii 1:236.9-.13 참조. 왕은 『잡사』 sTog, *'Dul ba*, THA 51a7-b1; 재가자와 브라만은 『근본설일체유부약사』 GMs iii 1:44.10-.17 참조.

73 Schopen 2004c, 167.

74 『출가사』 Eimer 1983, 2:201.24-202.1; 2:205.15-.18; 『근본설일체유부비나야』 T.1442〔xxiii〕 691a14(권12). 비슷한 율장은 『마하승기율』 T.1425〔xxii〕 308a5-6(권9) 참조. 『오분율』 T.1421〔xxii〕 5c23-24(권1); 『팔리율』 Vin 3:44.22-.25; BD 1:70; 『십송율』 T.1435〔xxiii〕 109a15-16(권15).

75 『잡사』 sTog, *'Dul ba*, TA 339a1; 339a4-5; 341a3-4; 344b5-6; THA 54b1-2 참조.

76 10가지 이익은 Hirakawa平川彰 1993~1995, 1:148-154 참조.

지를 보호하는데 너무 몰두한 나머지 그들이 협상하려 했던 다음 문제를 놓쳤다는 인상도 든다. 3장에서 만날, 우다인(Udāyin)이라고도 하는 깔로다인(Kālodāyin) 비구가 우바이에게 다르마(Dharma)를 설했던 것과 관련 있다. 『사분율(Dharmaguptaka-vinaya)』에 따르면,[77] 깔로다인은 탁발하려고 장자가 사는 집으로 갔다. 깔로다인은 시어머니가 보는 앞에서 며느리에게 가까이 다가가 귀에 대고 다르마를 속삭였다. 시어머니는 무슨 일인가 싶어 비구가 무슨 말을 했느냐고 며느리에게 물었다. 며느리는 비구가 다르마를 가르쳐 주었다고 대답했다. 시어머니는 모든 사람이 다르마를 들을 수 있게 큰 소리로 가르쳐야지 남에게 다가가 귀에 대고 은밀히 속삭이면 안 된다고 말했다. 어떤 비구가 우연히 이 말을 듣고 승가로 돌아가 다른 비구에게 말했고, 붓다도 알게 되었다.[78] 우리는 이에 대한 반응으로, 시어머니가 제안한 대로 비구는 큰 소리로 다르마를 가르쳐야 한다거나 적어도 우바이에게 다가가 달콤한 말처럼 귀에 속삭이면 안 된다고 계를 제정했을 것으로 예상할 것이다. 하지만 율장 편찬자들은 비구가 우바이에게 다르마를 가르치면 죄를 짓는 것이라고 붓다가 계를 제정하게 했다.[79] 이렇게 제정한 계는 우바이가 다르마를 듣고 싶을 때 문제가 되었다.[80] 붓다는 이 계를 몇 번 수정했는데 지혜로운 남자, 옳고 그름을 아는 남자가 없는 곳에서 다섯 마디에서 여섯 마디

77 T.1428〔xxii〕 640a14-641a10(권11).

78 T.1428〔xxii〕 640a14-27(권11).

79 T.1428〔xxii〕 640b7-8(권11).

80 T.1428〔xxii〕 640b8-11(권11).

이상이 되는 다르마를 우바이에게 가르치면 계를 범하는 것이라고 수정했다.[81]

율장 편찬자들(일부에서는 붓다라고 주장할 것이다)이 부단히 경계했던 눈에는, 제정해야 할 계가 재가자가 멸시하지 않을 정도로만, 서로 영향을 주고받을 정도로만 필요했다. 비구나 비구니가 가족과 관계를 지속하거나 부부가 어느 정도 만나는 상황에 승가는 거의 위협을 느끼지 않았다. 율장에는 어떤 비구가 가족과 같이 출가한 후 재가자 가족을 방문한 이야기가 있다. 여기에는 재가자가 비난한 내용이 없다. 이런 상황에서는 계를 제정할 필요가 없었다. 그러나 임신한 비구니 문제와 비구나 비구니가 지녀야 할 독신 문제는 율장 편찬자들이 신중해야 할 곤란한 상황이었다. 4장에서 자세히 살펴보겠지만, 율장에는 임신한 비구니를 받아들여야 할 필요성과 사회적 비난으로부터 승가 이미지를 보호해야 한다는 욕망을, 율사들이 기술적으로 잘 처리한 내용이 있다. 승가 '내부' 율장은 사회에서 비난하는 것을 피하려고 율사들이 제정한 계율 정신을 담아 놓은 것이다. 불교 경전은 종교인으로 생활하는 삶을 담아 놓은 것이다. 이 두 관점은 확연히 다르다.

필자는 승가를 연구하면서 율장이 가진 가치를 더 강조하고 싶다. 이렇기에 「무소의 뿔경」 관련 자료와 균형을 이루는 3가지 자료를 살펴볼 것이다. 이런 자료와 관련한 더 자세한 논의는 2~4장에서 다룰 것이다. 불교 경전이 인도 승가와 관련해 어떻게 다른 견해를

---

81 T.1428〔xxii〕 640b18-19(권11).

갖게 되었는지 간단하게 설명하는 것이 목적이다. 이 연구에서 사용하는 실험 방법은 '내부' 율장에 담긴 이야기만을 근거로 그 당시 승가가 가졌던 관점을 고려해 보는 것이다. 이런 내용만으로 승가를 이해하는 판단 기준을 어떻게 발전시킬 수 있을까? 그렇다면 호지슨(Hodgson)이 연구했던 불교 이전으로 돌아가 보는 것이다. 불교와 관련해 아무것도 모르는 신임 연구자가 주로 율장을 기초로 종교적 실천 목표를 설명하거나 재구성한다고 상상해보는 것이다.[82]

한역본으로만 남아 있는 『사분율』에서는 아침 식사를 하려고 혼자 탁발하러 나간 아버지 비구를 젊은 아들 비구가 찾으러 다녔다.[83] 비구들이 어색하게 아버지를 기다리자 갈등이 생겼다. 아버지가 아들을 붙잡자 아들은 아버지를 밀쳤다; 실수로 아버지를 죽게 했다. 이 내용에서는 아들은 죄가 없지만, 아버지를 밀쳐서는 안 된다고 말했다. 이 이야기는 아버지와 아들을 다룬 내용이 아니다; 승가가 어떤 곳인지, 아들이 살인죄를 저지른 것인지 아닌지만 다루었다.

---

82 『근본설일체유부율』을 포함해 티베트 문헌을 읽으라는 매우 다양한 초기 요청과 관련해 Nagendra Singh 1999, 2206-2225에서 A. Braustein이 출판해서 출처를 밝힌 익명〔1890〕 1957 참조. Ralston이 von Schiefner가 정리한 『Tibetan Tales』를 영어로 번역한 판본에 C. A. F. Rhys Davids가 쓴 서문도 참조. Rhys Davids는 티베트어에서 번역한 이 이야기 가운데 절반이 인도에서 기원한 것이 아니라고 주장하면서 "이야기들이 너무 부도덕하거나 비도덕적이어서 불전 편집자들이 거부했을 수도 있다"라고 말했다(von Schiefner 1882, ii). 지금은 전체는 아닐지라도 대부분이 표준이거나 인도가 기원이라고 밝혀졌다; 이것은 『근본설일체유부율』에서 왔다.

83 이야기는 2장 7절 참조.

하지만 이야기를 소개하는 방식이 흥미롭다:

> 그때 〔수행자가 되려고〕 늦은 나이에 출가한 비구가 있었다. 그는 아들을 데리고 출가했다 〔수행자가 되려고(將兒出家)〕. 비구는 아침 식사 시간에 우바새 집으로 갔다. 한 비구가 아들에게 물었다. "네 아버지는 어디 갔느냐?"[84]

자세한 이야기는 2장 7절에서 다룰 것이다. 여기서는 이 비구가 아들과 함께 '세상과 관계를 끊었다는 것'을 어디서도 암시하거나 드러내놓고 말한 부분이 없다는 것만 말하면 충분하다. 아버지는 아들과 함께 출가해 수행자가 되는 것을 당연하게 생각했다. 이것은 평범한 일이었다.

지적인 선배가 이 이야기를 처음 접한 후 상상한다면, 승가라는 본질이 어떤 것이라고 결론 내릴 것인가? 물론 신중한 독자는 이 단 한 가지 내용만으로 결론 내리는 것을 경계할 것이다. 그래도 우리는 어딘가부터 시작해야 한다. 우리는 비구가 아들과 함께 출가했다고 추론할 수 있다. 하지만 율장에는 아들과 함께 출가하라고 요구한 내용이 없다. 이 내용에서는 비구가 아들을 버렸다고 결론 내리는 것이 불가능하다.

이 내용이 호기심을 자극했기에 우리는 비구와 가족을 언급한 많은 이야기를 다른 율장에서도 찾아볼 것이다. 지금은 한역으로만

---

84 T.1428〔xxii〕 982b13-15(권56).

남아 있는 『오분율(Mahīśāsaka-vinaya)』에서 다른 내용을 살펴볼 것이다.[85] 질투심이 많은 한 비구니는 남편 비구가 재가자일 때 부적절한 관계였다는 말이 돌고 있는 비구니를 보면서 웃자, 물병으로 남편 비구의 머리를 내리쳤다. 이때 붓다는 비구니는 물병과 부채를 들고 비구를 시중들면 안 된다는 계를 제정했다. 다음은 남편과 아내, 비구와 비구니가 나오는 내용이다:

> 옛날에 남편과 아내(夫婦)가 있었다. 두 사람은 같이 〔수행자로〕 출가했다(二人俱時出家). 이 남편 비구(夫比丘)는 탁발한 것을 아내(婦比丘尼) 비구니가 거주하는 곳으로 가져와 먹었다.[86]

여기서 신임 연구자가 오로지 이 내용만을 토대로 승가에 대한 시각을 형성한다면, 몇몇 비구는 혼인했는데 아내와 함께 출가해 수행자가 되었다고 보수적으로 결론 내릴 수 있다. 이것만으로는 비구가 출가하려면 혼인 상태여야 했는지 알 수 없다.[87] 지금 살펴본 아들과 함께 출가한 비구와 부인과 함께 출가한 비구에게서, 주인공 비구가 '세상과 단절할 때'가 만약 있었다면 가끔은 자녀와 함께, 가끔은 아내와 함께 출가했을 것이라고 추론할 수 있다.

마지막으로, 상상 속에 있는 신임 연구자는 비구니가 임신한 것을

85 3장 4절에서 자세하게 논의할 것이다.

86 T.1421〔xxii〕 94c14-15(권14).

87 진보적 보살은 반드시 혼인해야 한다는 뜻으로 Dayal이 언급한 내용은 3장 각주 271 참조.

암시하는 『근본설일체유부율』에 있는 이야기도 생각해 볼 수 있다.[88] 다른 율장과 마찬가지로 『근본설일체유부율』도 비구니가 출산한 것을 다루었다. 비구니에게는 남성과 같은 방에서 잠을 자면 안 된다는 계가 있다. 어떤 비구니가 아들을 낳았다. 밤이 되자 이 계를 범할까 두려워 아기를 밖에 두었다. 아기가 우는 소리로 소란을 일으키자 승가에서는 이 비구니를 위해 계를 제정했다. 티베트어본과 한역본에는 이 비구니가 아기와 같은 방에서 밤을 보낼 수 있도록 공식적으로 허락받는 갈마도 있다.

> 세존께서는 "그러므로 비구니 굽따(Guptā)는 허락을 받아 비구니가 아들과 함께 같은 방에서 잠을 잘 수 있도록 요청하는 갈마를 해야 한다(與子同室宿羯磨; bu dang lhan cig tu khang pa gcig tu nyal bar dge slong ma'i dge 'dun las sdom pa). 요청은 다음과 같이 해야 한다: … '대덕들은 들으십시오! 저, 비구니 굽따는 아들을 낳았습니다(我笈多苾芻尼生男; bdag gub ta las bu khye'u zhig btsas te).' …"라고 말씀하셨다.[89]

신임 연구자가 이 이야기를 일반화한다면 비구니는 아이를 가질 수 있었고, 아이를 돌볼 수 있었고, 비구니가 아이와 함께 주거 공간에서 같이 잠도 잘 수 있는 권한을 붓다로부터 받는 모습을 그려볼 수 있다. 이렇게 허락을 요청하는 상황이 문제가 아니었을 수도 있다.

---

88 4장 4절에서 살펴볼 것이다.

89 『잡사』 sTog, *'Dul ba*, THA 215a1-4; T.1451〔xxiv〕 360c3-7(권31).

비구니가 어떻게 허락을 구해야 하는지 자세하게 설명하는 갈마까지 제시했던 것을 보면 이것이 전혀 특별하지 않았을 것이다. 계를 제정할 정도로 흔한 일이었을 수 있다. 여기서 신임 연구자는 비구니가 특정 상황에서는 자녀를 키울 수 있는 권한을 받았다고 결론 내릴 수 있다.

이런 가설을 세운 신임 연구자는 이 이야기를 여러 방면으로 정리할 수 있다. 법장부(Dharmaguptaka) 비구는 자녀가 있었고, 화지부(Mahī-śāsaka) 비구는 아내가 있었고, 근본설일체유부(Mūlasarvā-stivāda) 비구니는 자녀가 있었다. 여기서 화지부 비구가 아내와 자녀가 있었다고 추론하기는 어렵다. 그러나 이 3부파 율장에서 비슷한 이야기들을 찾는다면 불교 전체는 아니어도 적어도 법장부, 화지부, 근본설일체유부 승가에서 볼 수 있는 가족 관계와 관련한 결론은 내릴 수 있다.

여기서 신임 연구자는 완전 허구 인물이기에, 율장에 있는 이런 이야기로 승가에 대한 가장 기본 개념을 공식화할 수 있는 것은 고려하지 않았다.[90] 불교학을 창시한 기존 연구자들은 「무소의 뿔경」이나 다른 불교 경전에서 신봉한 것처럼 이상적인 비구에 대한 환상을 갖고 출발했다.[91] 이런 문헌은 이 분야에서 주요 참고 지점이자 출발점이다.

---

90 위에 제시한 3가지 내용은 『팔리율』과 유사한 부분이 있다. 아들과 함께 출가한 아버지는 『팔리율』 BD 1:138-139 참조; 아내 비구니가 남편 비구에게 부채질해 주는 이야기는 BD 3:252-253 참조; 비구니가 아들을 낳았으니 아들과 같은 방에서 잘 수 있게 해달라고 허락을 구하는 내용은 BD 5:385-386 참조.

91 위 각주 6-30이 있는 본문 내용과 각주 60 참조.

필자를 오해하면 안 되기에, 필자는 인도 승가와 관련해 우리가 알고 있는 지식을 단지 앞에서 살펴본 율장 내용 가운데 하나나 전체에 근거하는 것을 옹호하지 않는다고 분명히 밝혀 둔다. 오히려 필자는 인도 승가와 관련해 균형 잡힌 연구를 하려면 이런 내용과 문헌 기록에서 볼 수 있는 다른 유사한 목소리들을 계속 무시하면 안 된다고 제안하는 것이다. 우리는 이용할 수 있는 모든 자료를 살펴보아야 한다. 학문적 가설에 이런 자료들을 적용해 보아야 한다. 앞에서 율장이 말한 비구와 자녀나 비구와 배우자를 우연히 목격한 것은, 아마도 얀 낫티어(Jan Nattier)가 신약 연구에서 가져온 부적절성의 원칙이라고 말한 것을 참고하면 가장 잘 이해할 수 있을 것이다: "우리는 규범적 문헌에서 찾아낸 자료들로 어느 정도 확신에 찬 그림을 그릴 수 있다. … 저자가 말한 주요 의제와 무관한 항목을 부수적으로 언급한 부분에서."[92]

불교 경전 편찬자들이 비구와 자녀, 비구와 배우자가 계속 만나지 않았다고 말했던 것은, 이들이 어떤 사건을 만들 필요가 없었기 때문이다. 비구나 비구니는 배우자나 자녀를 포기하지 않았다. 이들이 수행자가 되려고 출가했던 것은 경전 편찬자들도 널리 알고 있던 것처럼

---

92 Nattier 2003, 66. 『욱가라월문보살행경(Ugraparipṛcchā)』과 관련한 논의에서 Nattier는 다음과 같이 말했다. "욱가라(Ugra)를 쓴 저자는 우리에게 보살이 소유한 세속적인 재산을 어떻게 사용할 것인지를 논의할 때, 보살이 남녀 노예(dāsa, dāsī)에게 재산을 나누어 주라고 했다고 해서 노예제도를 찬성했거나 반대했던 것은 아니다. 단지 노예제도가 존재했던 것을 드러냈을 뿐이다. 또한 '보살'이라는 범주에 많은 재산을 가진 사람들이 있었다는 것도 우리에게 무심코 알려주었을 뿐이다."(같은 책, 66-67)

'불교적 포기' 가운데 일부였을 뿐이다. 그러나 승가에서 비구니가 임신했다면 독신 수계를 지키지 못했다고 비난받을 가능성이 있다. 이것은 신중하게 협상해 계로 제정해야 해야 했다. 율사들은 비구니가 임신한 상황을 인정하고 옹호하는 의견을 계로 제정했다.

율장은 승가를 하나로 통일해 한 시각만으로 담지 않았다. 하지만 경전은 비구나 비구니가 가족이나 재산 등 모든 소유권을 포기했다는 단 한 가지 이상만을 담았다. 쇼펜은 율장이 계약, 부채, 이자, 대출, 금전, 재산, 상속권 등을 아주 자세히 설명해 놓은 부분을 설득력 있게 보여주었다.[93] 율장에는 비구나 비구니가 속세에 관심을 보이는 모습도 있고, 비구에게 명상 수행에 참여하면 '당신이 바보가 되는 것'이라고 심각하게 경고하는 모습도 있다. 하지만 경전에는 명상하는 가치를 길게 논하는 모습이 있다고 설명했다; 율장에서는 '고행하며 명상하는 비구들은 … 거의 항상 조롱하는 대상, 비웃는 대상이었다. −드물게는− 성적 일탈자라고 묘사했다. 이들은 무책임하며 승가 질서에 먹칠하는 유형이었다.'[94]

「무소의 뿔경」에서 말했던 이미지는 율장을 기록한 저자/편찬자들이 상상했던 수행자 모습과는 정반대 이미지였다는 것을 우리는 다음 장에서 보게 될 것이다. 율장에는 '출가'를 다룬 많은 이야기가 있다. 정확히 이렇게 해석할 수 있을지라도, 율장에서는 가족과 관계를 단절하라고 훨씬 덜 요구했거나 요구하지 않았다.[95] 그렇다면 수행자

---

93 Schopen 2004a.

94 Schopen 2004b, 26. 율장을 기록한 저자/편찬자들이 불교 주류 가운데 하나라고 여긴 명상에 관심이 없어 보이는 것은 같은 책 참조. Bronkhorst 2006 참조.

를 바라보는 이 두 시각을 어떻게 이해해야 할까? 이것을 오래된 것이라거나 새로운 것이라거나 이상적이라거나 현실적이라거나(또는 아마도 실용적인 것), 외부적이라거나 '내부'적이라거나, 단순히 다른 것이라거나 양립할 수 없다거나, 일관성이 없다고 분류해야 할까?[96] 이들을 포괄하는 답변은 추가 연구를 기다릴 수밖에 없다. 하지만 이미 많은 것이 명확해졌다. 지금까지 불교 연구—더 광범위하게는 종교와 관련한 연구—는 일반적으로 사회역사나 그 시대 현실이 아닌 교리, 윤리, 철학에 중점을 두어 왔다.[97] 이렇게 중점을 두어 왔던 주제들이 승가 이미지로 굳어져 현대 학계에 한 요소가 되었고, 경전 문헌이 가진 특권을 설명하는 데도 도움을 주었다. 게다가 최근까지도 계율이나 율장을 논할 때 현존하는 5부 율장은 거의 제외하고 『팔리율』만을 선택했다.[98]

---

95 위 각주 50에서 인용한 Young 2004, 37에서 논평 참조. "율장에서는 … 〔승가가〕 모든 가족생활을 포기할 것을 요구했다."

96 차이가 있다는 사실은 자주 언급하지 않았다. Oldenberg(〔1879~1883〕 1969~1982, 1:xiii)는, "논(Dhamma)과 율(Vinaya)이 가진 차이는 명확하게 정의할 수 없고 광범위하게 구분하는 선을 긋기도 어렵다. 율장에 있는 많은 내용을 논(Dhamma)에서도 볼 수 있는데 한 마디씩 반복되는 것이 드물지 않다"라고 말했다.

97 Wijayaratna(1983)가 쓴 『Le moine bouddhiste selon les textes du Theravāda』(1986, 387-388)에서 이런 효과와 관련해 Gombrich가 언급한 부분 참조. Gombrich가 관찰한 것은 Collins(1990)가 Wijayaratna 1983 영문본 서문과 관련해 자세히 논의했다. 이런 견해는 1972~1997, 미국 현장 상황을 Reynolds가 검토한 것에도 언급이 있다(2000, 120).

98 Holt〔1981〕 1995; Wijayaratna 1983, 1990. 비구니는 Horner〔1930〕 1999;

우리가 승가와 가족이 완전히 단절했다고 널리 알고 있는 원인이 서구에서 현대 시각으로 이해한 '출가' 때문일 수는 없다. 어떤 한 문헌을 다른 한 문헌보다 특별하게 취급했기 때문이거나(경전을 율장보다 우선시한 것), 한 부파(남방상좌부)에 의존해서 다른 부파들을 희생시켰기 때문도 아니다. 오히려 특권이 된 부파와 여기에 있는 고전만 선택해서 연구해 왔기 때문이다. 승가가 가진 어떤 면을 좋아해야 한다는 선입견으로 이것들을 선택했기 때문이다. 현대 불교학계가 이것들을 어떻게 실천해 왔는지도 원인일 수 있다.

3. 인도 율장

인도불교에는 대체로 18-20부파(Nikāya)가 있었을 것이다.[99] 이 부파는 고유한 율장을 전승했겠지만,[100] 지금은 6부파 율장만이 완전한 형태로 남아 있다: 법장부, 대중부, 화지부, 설일체유부, 근본설일체유부, 남방상좌부 율장.[101]

Wijayaratna 1991, 2001; Hüsken 1997.

99 Lamotte〔1958〕 1988, 517-548 참조; 부파(nikāya) 형성에 대해서는 Bechert 1973, 1993 참조. Nalinaksha Dutt 1978 참조. 니까야는 때때로 '학파'나 '부파'라고 부른다. 필자는 전체에 걸쳐 인도 용어를 사용했다.

100 문헌 자료에서 찾을 수 있는 소수 부파보다 금석문에서 더 많은 부파를 찾아낼 수 있다. Lamotte〔1958〕 1988, 523-529, 529-548 참조. Bareau 1955도 참조. 두 자료는 최신 정보로 수정해야 한다. 최근 참고문헌 목록은 von Hinüber 2008b, 34-35 참조.

101 대중부-설출세부(Mahāsāṅghika-Lokottaravādin) 산스크리트본이 있기는 하

6부파 율장 가운데 『팔리율』만이 인도어(Pāli)로 전해졌고, 오랫동안 이것만을 번역서로 인정해 왔다. 이 율장만이 유일하게 완전한 율장일까?[102] 6부파 율장 가운데 『팔리율』만이 현대어로 번역한 율장이다.[103] 지금까지 다른 율장은 거의 현대어로 번역하지 못했고, 표준 양식을 갖춘 편집본도 아니기에 전문가들만 이용할 수 있다.[104] 이런 상황이기에 특히 서양과 영어 사용자들은 최근까지지도[105] 인도불교나

지만(예: Roth 1970) 완전한 율장 판본은 아니다.

102 Norman은 "팔리어 경전이 초기 전통을 번역한 것이지만, 이것을 주요 출처라고 말할 수는 없다"라고 말했다(1984, 37). '인위적인 언어'인 팔리어는 von Hinüber 1982 참조. 여러 연구자가 인도불교를 연구하면서 그동안 『팔리율』에 부여했던 유용성에 여러 차례 의문을 제기했다. 가장 최근에는 Clarke 2009a, 31-35(Schopen이 한 연구에서 각주 6번 참고문헌과 팔리어 문헌 연구자들이 한 반론 참조). Lamotte는 이것을 '싱할라 남방상좌부에 속한 저작물'이라고 언급하면서 "실론섬에서 유포했지만, 본토에서는 사용한 적이 없는 것 같다"라고 말했다(〔1958〕 1988, 167-168). 『사만따빠사디까(Samantapāsādikā)』에 있는 남인도 주석(Andhaka-aṭṭhakathā) 인용문은 Kieffer-Pülz 1993, 2010a 주석 참조.

103 『팔리율』 3권은 『Sacred Books of the East series』(Rhys Davids and Oldenberg〔1882~1885〕 1996)로 영어 번역했지만, Horner가 완역할 때까지 전체 번역은 없었다(〔1938~1966〕 1996-1997; Horner가 번역하지 않은 내용은 Kieffer-Pülz 2001 참조). 『팔리율』 일어 번역은 1936~1940년 완성하였다(Takakusu高楠順次郎〔1936~1940〕 1970).

104 판본과 번역본을 포함한 율장 관련 서지 조사는 Yuyama 1979, Yamagiwa山極伸之 2007b가 보완한 것 참조. Prebish 1994는 제한적으로 유용하다. 인도 승가 연구에서 바라제목차가 가진 한계는 1장 각주 191-196이 있는 본문 내용 참조, 4장 5절 논의 참조.

105 『근본설일체유부율』을 연구하는 Schopen(1997, 2004a) 참조.

승가를 논의할 때 거의 팔리어나 남방상좌부 자료를 사용했다.[106]

우리가 인도 승가를 이해할 때 6부파 율장 가운데 1부파 율장만을 선택한다면 다양한 종교 전통이 존재했을 가능성을 하나로만 축소하는 위험이 따를 것이다. 6부파 가운데 1부파만이 인도 승가를 대표한다고 생각해, 다른 5부파가 가진 고전 문헌—읽기, 편집, 번역, 다시 읽기—을 연구하지 않는 것은 너무 성급하게 내린 결정이다. 가족을 살펴보는 지금 이 연구에서는 우리가 보게 될 관점이, 한 부파에서만 가졌던 고립된 관점이 아니라 율장을 기록한 율사 자신들이 속했던 각 부파 전통을 광범위하게 대표했다는 것을 확실하게 해두려고 한역본, 팔리어본, 산스크리트본, 티베트어본을 사용했다. 이렇게 6부 율장을 다루면 우리가 가족과 관련해 찾은 자료가 부파를 초월했다거나 인도 전체에 걸쳐 두루 퍼져 있었다는 논거를 구축할 수 있다.

모든 율장이 연대 문제를 갖고 있는데도 지금 이 연구에서 6부파 율장을 모두 사용한 것은, 승가가 꿈꾸어왔던 이상이 불교 후기에서나 볼 수 있는 '타락한' 모습이 아니라 아주 오래전부터 승가가 가졌던 시각을 담은 모습이라고 생각하기 때문이다. 현존하는 자료들에 대한 연대와 관련해 의견은 다르지만, 붓다 열반 후 초기 몇 세기 동안

---

106 Gombrich(2000, 179-180)는 1972~1997년까지 이 분야 현황을 설명하면서 "불교 공동체와 관련한 인류학적 (그리고 덜하지만 사회학적) 연구에서 … 의심할 여지 없이 영국과 전 세계에서 이 분야를 이끈 것이 남방상좌부 불교 연구였다"라고 말했다. 문헌 연구 관점에서 Gombrich(같은 책, 183)는 "영국 연구자들은 남방상좌부 외 성문승(Srāvakayāna)과 관련한 연구는 거의 발표하지 않았다"라고 말했다.

인도에서 있었던 큰 분열은,[107] 불교를 연구할 때 언급하는 다소 문제가 되는 부파로 분열했던 결과이다:[108] 상좌부(Sthavira)-대중부(Mahāsāṅghika)로 분열한 것. 상좌부(법장부, 화지부, 설일체유부, 근본설일체유부, 남방상좌부) 율장에서 볼 수 있는 것과 같거나 비슷한 계를 대중부에서도 볼 수 있다면, 일반적인 통념과 고등비평원리를 대중부도 따랐다는 것이고, 부파 이전부터 내려온 아주 오래된 전통도 존재했다고 볼 수 있는 것이다.[109]

율장 기록 연대를 확정할 때는 특정 문제가 있다. 율장이나 저자나 편찬이나 번역과 관련해 무언가를 알게 될 때는 특히 연대 구별에 더 신경을 써야 한다. 율장이 담고 있는 내용과 관련 있는 연대(저작/편찬/번역)와 현존하는 원고가 담고 있는 연대는 구분해야 한다.

율장을 한역한 목록이나 간기에는 번역자와 번역한 연대 기록이 있다. 만약 이 기록이 정확하다면 현존하는 한역 인쇄본 연대나 필사본 연대보다 더 수 세기 이전으로 거슬러 올라갈 수도 있다. 현존하는 『사분율』, 『마하승기율』, 『오분율』, 『십송율』은 주로 한역으로만 존재한다.[110] 여기에는 기원후 5세기 전반에 번역했다는 의미가 있

---

107 Boucher 2008, 201 각주 59.

108 부파는 Lamotte〔1958〕 1988, 286-292, 517-518에서 인용한 참고문헌 참조. 상좌부(Sthaviras)를 남방상좌부(Theravāda)와 혼동해서는 안 된다. 혼동은 Skilton〔1994〕 1997, 66-67 참조.

109 고등비평원리高等批評原理에 대한 비판은 Schopen 1985. Clarke 2009a, 25-26.

110 『십송율(Sarvāstivāda-vinaya)』에서는 중요하지만, 단편적인 산스크리트 필사본에 대한 논의는 예외로 한다. 유용한 조사를 위해 비슷한 한역본 식별에 주의하며 Chung 2002 참조.

다.[111] 의정(義淨; 635~713)이 『근본설일체유부율』을 완본으로 한역하지 못했지만, 일부는 8세기 초(700~712)에 한역했다.[112] 이것은 저작 연대가 아니라 번역 연대이다. 초기 율장 한역 사본은 5~8세기경 둔황에서 필사했던 사본일 것이다.[113] 일본 쇼고조聖語藏 필사본은 8세기에 이루어졌을 것이다.[114] 더 완전한 사본이나 인쇄본을 발견한 것은 그리 오래되지 않았다:[115] 나나츠테라(七寺) 경전은 1175~1180년에 필사했을 것이다.[116] 고려대장경 2번째 판본은 1251년에 완성했

---

111 Lamotte〔1958〕 1988, 167-171; Wang 1994, 168-170.

112 Wang 1994, 182. 그러나 『근본설일체유부비나야송』은 의정이 날란다(Nālandā)에 있을 때 조금 더 일찍 번역했다는 점에 유의해야 한다. T.1459〔xxiv〕 657b20-22(권c)에서 간기刊記 참조.

113 둔황에서 한역본으로 보존한 여러 경전 문헌을 기록한 연대는 Giles 1957, 118-121 참조. 연대를 표시한 간기는 Ikeda池田温 1990, Giles 1935에서 Stein Collection 5~6세기 사본 참조.

114 일본 쇼고조聖語藏 필사본에 수록되어 있어 율장 자료가 가진 범위를 잘 알 수 있으며, 황실에서 보관하고 있는 불완전한 컬렉션인 国际佛教学大学院大学·学术フロンティア实行委员会 2006, 223-243에서 얻을 수 있다.

115 한역 경전과 인쇄판에 대한 최근 논의는 Zacchetti 2005, 74-142 참조; Deleanu 2006, 1:110-132, 2007. 한역 경전 연대순 목록은 Deleanu 2006, 1:113-115 참조.

116 나나츠테라七寺 컬렉션은 천천히 디지털화하고 있지만, 여전히 접근이 어렵다. 이 컬렉션은 Makita牧田諦亮 and Ochiai落合俊典 1994~2001 참조; Ochiai 1991. 일본 나라시대奈良時代 사본으로 알려진 문헌은 Ishida石田茂作〔1930〕 1966 참조. 그러나 헤이안平安 중기(901~1085)부터 후기 가마쿠라鎌倉(1222~1287) 때까지 필사한 사본인 콩고지金剛寺 컬렉션에 대한 Ochiai 2004 최근 작업도 주목해야 한다. 일본에서 필사하는 전통과 관련한 개요는 国际佛教学大学院大学·学术フロンティア实行委员会(2006)가 편집한 8개 경전 목록 참조. Ochiai

다.[117] 오늘날 연구자들이 사용하는 표준판은 1924~1935년 일본에서 편찬한 다이쇼(大正) 판본인데, 고려대장경 2번째 판본을 근거로 다른 여러 인쇄판본과 필사본 소장품을 대조해서 만든 것이다.[118]

『근본설일체유부율』은 약 4분의 1이[119] 6~7세기경에 필사한 불완전한 산스크리트 길기트(Gilgit) 사본으로 남아 있고,[120] 9세기에 거의 완전히 티베트어로 번역한 『근본설일체유부율』이 있다.[121] 10세기

2007, vol. 2, 콩고지金剛寺 자료 목록 참조.

117 일본 다이조카이大藏會 1964, 36-39. Buswell 2004 참조. '2번째 경판'에 대한 출처는 Ochiai 2012, 39 각주 2 참조.

118 다이쇼大正 경전을 편찬한 정확한 연대와 관련해서는 약간 다른 의견도 있다. Demiéville(1978, 1), Vita(2003, 235), Zacchetti(2005, 74)는 1924~1932년. Deleanu(2006, 1:114)는 1922~1933년. Sueki(Sueki, Yasuhiro2008, 212)는 1924~1934년.

119 1/4 계산은 Clarke 2010b, 1-2 각주 2 참조.

120 Sander 1968, 159-161. 가장 최근에 『근본설일체유부율』(Gilgit/Bāmiyan으로 다양하게 알고 있는, Type II, Proto-Śāradā; 실담문자(Siddhamātṛkā)-같은 책, 129 참조) 사본 필사는 Sander 2007, 131 참조. Sander는 길기트에서 2가지 필사본을 사용했던 것 같다고 말했다; 화려한 필체인 Gilgit/Bāmiyan Type I은 주로 대승경전에 사용하였고, 실담문자는 주로 근본설일체유부 문헌에서 사용하였다(같은 책, 130 각주 62). 필사본을 왜 이렇게 만들었는지는 아직 설명할 수 없지만, 최근 몇 년 동안 많은 단편으로 남아 있는 『근본설일체유부율』을 통해 밝혀냈다. Wille는 Gilgit/Bamiyan Type II에서 『율사』는 3가지 필사본이 있다고 말했다; 최근 이 필사본을 발견한 개요에 대해서는 Hartmann과 Wille가 출간 예정이니 참조.

121 Hirakawa平川彰〔1960〕 1999~2000, 1:77. 9세기 초 lHan (lDan) kar ma 번역 목록에서 티베트어 율장 목록은 Herrmann-Pfandt 2008, 277-292〔목록 483-513〕 참조. 동시대인 'Phang thang ma 목록은 Kawagoe川越英信 2005,

이후 타보(Tabo)에서 티베트어본을 손으로 필사했을 초기 단편 사본이 몇 편 있고,[122] 동시대일 수 있는 둔황 단편도 있다.[123] 현존하는 가장 오래된 완전한 인쇄판인 『근본설일체유부율』은 15세기 티베트어본으로 있다. 이 판본은 접근할 수 없다.[124] 현재 연구자들이 사용할 수 있는 가장 초기 판본은 17세기에 만든 것이다.[125]

『팔리율』은 2가지 연대와 관련 있다. 어느 쪽도 저작 연대가 아니다. 가장 오래된 것은 스리랑카에서 밧따가마니 압하야(Vaṭṭagāmaṇī Abhaya, 기원전 29~17년)가 통치하던 알루비하라(Aluvihāra)에서 편찬한 것이다.[126] 그러나 네팔에서 발견한 이 초기 4장 필사본만으로는 경전이 어떻게 생겼는지 확인할 방법이 없다. 고문서학을 근거로

23-24〔452-470〕, 33-34 〔687-691〕 참조. 티베트어 번역이 완전한지와 관련해서는 Clarke 2002a 참조. 몽골어판이나 서역(Xixia)판은 일반적으로 각각 티베트어본과 한역본에서 번역한 2차 번역본이기에 여기서는 논외로 한다.

122 Steinkellner 1994, 117, "아마 11~17·18세기에 기록한 것"이라고 보았다; Scherrer-Schaub 2000, 116, "아마 10~11·12세기까지일 것"이라고 보았다.

123 둔황 티베트어본 율장과 관련해서는 La Vallée Poussin 1962, 1-21(nos.1-47), Yamaguchi山口瑞鳳 et al. 1977, 1-51, Stein Collection, Lalou 1939~1961, Pelliot Collection 참조. 개요는 Okimoto沖本克己 1985 참조. 둔황과 타보(Tabo)에서 발견한 티베트어본 율장 자료를 체계적으로 조사하는 것이 필요하다.

124 용레 간주르(Yongle Kanjur)는 Silk 1996 참조. Silk는 율장 13권을 Sakai Shinten(Shirō)酒井眞典 비교표로 만들었다(p.181).

125 리탕 간주르(Lithang Kanjur)는 1608~1621년에 만들었을 것이다. Harrison 1992, 80 참고문헌 참조. 푹들그 간주르(Phug brag Kanjur) 필사본은 1696~1706년에 만들었을 것이다. Samten 1992, iv 참조.

126 von Hinüber 1978, 49.

9세기 정도로 보고 있다.[127] 『팔리율』을 가장 초기에 필사한 사본은 15세기 후반으로 본다. 오스카 본 히뉘버(Oskar von Hinüber)는 "이것은 완벽한 문헌인데 오랫동안 필사해 온 전통에서 시작한 것이다"라고 말했다.[128]

『팔리율』과 관련된 다른 연대는 5세기이다. 이 『팔리율』은 『사만따빠사디까(Samantapāsādikā)』에서 면밀하게 주석한 것에만 갇혀 있다.[129] 주석도 후기에 필사한 같은 사본에만 존재한다. 만약 『팔리율』 필사본이 5세기가 가장 오래된 것이라면 5세기에 한역한 『사분율』, 『마하승기율』, 『오분율』, 『십송율』과도 대략 일치한다.

위에서 검토한 연대는 주로 번역한 연대와 전파된 연대이다. 저작 연대가 아니다. 쇼펜과 이전 시대 연구자들이 문헌이 아닌 다른 분야 자료에서 발전시킨 것들을 따라가며 힘들게 작업한 끝에 '1세기나 2세기경', 인도 북서부 지역에서 『근본설일체유부율』을 만들었을 것이라고 특정했다.[130] 쇼펜이 말했듯, 모든 율장은 내구 소비재와

127 von Hinüber 1991.

128 von Hinüber 1996, 4. 18세기 시암(Siam)에서 율장을 재수입한 것과 관련해서는 Clarke 2009a, 24 각주 75에서 인용한 참고문헌 참조.

129 간기刊記로 5세기(429/430년)를 제시하지만, 4세기(369/370년)일 수도 있다; von Hinüber 1996, 104 참조; 여기서는 붓다고사(Buddhaghosa)가 작성했을 것으로 추측한다. 성립 연대에는 논쟁이 있다; von Hinüber 1996, 103-109, 특히 109 참조. 가장 최근 연구인 von Hinüber 2006, 19에서, '알려지지 않은 『사만따빠사디까』 저자(들)' 참조. 붓다고사와 관련해서는 Pind 1992 참조. 『사만따빠사디까』에 초기 주석을 인용한 내용이 있는 것을 주목해야 한다; von Hinüber 1996, 104-105, Kieffer-Pülz 1993 참조.

130 Schopen(1999) 2005a, 76, Lamotte 1966을 인용하여 Lamotte가 수정한 초기

주거지, 고도로 조직된 기반 시설을 갖춘 완성된 승가를 가지고 있었다.[131] 율장에는 문, 열쇠, 자물쇠, 경비원, 토지 취득, 영구 기부금, 금고, 사우나, 소작농과 계약, 노예, 농노가 기록되어 있다.[132] 그러나 이런 승가를 볼 수 있는 자료는 서력기원이 시작될 무렵까지 고고학 기록에서 찾아볼 수 없다.[133] 율장에서 당연하게 생각했던 승가는 붓다와 초기 몇 세대 제자들과 동시대 승가일 만큼 그렇게 초기에 형성된 승가가 아니다. 고고학 기록에서 볼 수 있듯 모든 율장이 후기에 발전했다면 쇼펜이 말한 것처럼 모든 율장은 후기에 만들었을 것이다.[134]

『사분율』, 『마하승기율』, 『오분율』, 『십송율』을 편찬한 연대를 측정하는 작업은 거의 이루어지지 않았다. 한역하기 직전인 5세기 초에 이 율장을 만들었을 수도 있다. 현재는 이 편찬을 『근본설일체유부율』보다 더 후기거나 (또는 더 초기로) 배치할 이유가 없다. 그렇다고 더 수 세기라는 간격이 있을 것 같지도 않다. 그렇다면 연구 가설로 모든 율장이 서력기원 초기 몇 세기 즈음이라는 것을 받아들여야 한다. 이 두 연대는 어느 쪽이든 관리 가능한 오차 범위에 있다.[135]

연대를 제시했다. Schopen 2004a(『근본설일체유부율』 색인 항목[p.420]: 유래한 연대와 위치 참조)에서 논의한 것과 여기서 인용한 참고문헌 주목. Schopen 2004b, 20 참조, Schopen 2010b, 885, 각주 9 참조, 그는 Falk가 까니쉬까(Kaniṣka) 연대를 측정한 것에 근거해 '2세기'로 수정했다.

131 Schopen(1994a) 2004a, 74;(2000a) 2004a, 1-2.

132 Schopen(1994a) 2004a, 74.

133 같은 책, Schopen(2000a) 2004a, 1-2.

134 Schopen(l985) 1997, 26-27.

율장을 만든 연대는 지금 이 연구에서 거의 중요하지 않다. 율장을 편찬한 연대가 더 초기거나 더 후기라면 시대만 이동하는 것이지 율장에서 보게 될 가족 관계가 가진 중요성을 살펴보는 일반적 관찰에는 거의 영향을 미치지 않기 때문이다.

4. 가족

이 연구에서 핵심 질문은 비구나 비구니가 되었어도 가족과 관계를 계속 유지했는가? 이다. 이 연구로 들어가기 전, 지금부터는 승가에서 언급했던 가족 관계를 간단하게 살펴볼 것인데 먼저 붓다가 승가에서 가족과 맺은 유대 관계를 살펴볼 것이다.

석가족(Śākya)인 고타마 싯다르타(Siddhārtha Gautama)는 깨달음을 얻은 직후, 속세를 떠난 도보 순례자든 재가자든 상관없이 친구들과 가족들에게 둘러싸여 있었다. 처음에는 몇몇 고행자들이 깨달음을 얻으려고 붓다를 따랐다. 붓다 친구들과 가족들로 구성한 비구들(후에는 비구니들까지)이 차츰 승가를 형성하기 시작했고 점차 조직적인 승가로 발전했다. 이것은 불교에서 인정한 경전, 전기, 성인전기 문학, 설화문학에서 볼 수 있다.

자세한 내용은 출처마다 다르지만, 근본설일체유부(Mūlasarvāstivādins)는 붓다와 이복형제인 난다(Nanda) 이야기와 같은 다양한 세부 내용을 기록해 놓았다. 사랑하는 아내를 남겨두고 형제인 붓다를

135 본 연구에서는 율장 구성 연대를 정확하게 다루지 않는다. 중요한 문제이지만 여기서 다룰 수는 없다.

따르려고 고군분투한 난다는 수행자인데도 명상이나 암송할 때 바위에 점을 찍으며 아내를 그리다 곤경에 빠졌다.[136] 붓다와 사촌인 아난다(Ānanda), 아니룻다(Aniruddha), 바드리까(Bhadrika), 데바닷타(Devadatta)도 승가로 출가했다는 내용이 있다.[137] 어머니인[138] 마하마야(Mahāmāyā)[139] 이야기도 있고, 이모이자 계모인 마하쁘라자빠띠 고따미(Mahāprajapatī Gautamī)가 여성들도 비구니가 되어 거룩한 삶에 참여할 수 있게 해달라고 붓다에게 간청하고 조카 아난다에게 도움을 요청한 이야기도 있다.[140] 우루빌바(Urubilvā) 마을에 있던 까샤빠(Kāśyapa) 형제가 제자 1,000명을 데리고 온 이야기도 있다;[141] 아버지인 슛도다나(Śuddohdana)왕이 내린 칙령에 따라 석가족 아들

136 출가한 난다(Nanda)와 마음 깊이 새긴 기억은 『불설포태경』(de Jong 1977, Kritzer 2012 참조), 『잡사』 T.1451〔xxiv〕 251a15-262a19(권11-12) 참조; sTog, *'Dul ba*, TA 181a4-240a4. 난다가 그린 그림은 『잡사』 T.1451〔xxiv〕 252a15-22; sTog, *'Dul ba*, TA 18561-7 참조. 이 이야기가 가장 잘 알려진 판본은 의심할 필요 없이 아슈바고샤(Aśvaghoṣa, 「Saundarananda」)가 기록한 것이다; 영어 번역은 Johnston 1932, Covill 2007 참조. 일어 번역 연구는 Matsunami松濤誠廉 1981 참조. 이 문헌에 대한 중요한 초기 연구 참고문헌은 Shastri 1939, 11-13 참조. Panglung 1981, 175-176에서 추가 참고문헌도 참조. 『근본설일체유부율』 판본은 별도로 연구할 가치가 있다; Formigatti 2009 참조.

137 편의를 위해 Rockhill〔1884a〕 2007, 54, 57-58 참조. 『근본설일체유부율』은 영어 번역이 부족하기에 Rockhill이 놀랍게 번역한 책에 의존해야 한다.

138 전생에 붓다의 어머니였던 한 여성 이야기는 Durt 2005, Muldoon-Hules 2009 참조.

139 Rockhill〔1884a〕 2007, 14; Durt 2002, 2003, 2004.

140 Rockhill〔1884a〕 2007, 58-62.

141 같은 책, 40-41.

들은 승가로 출가해야 했다;[142] 우빨리(Upāli)에게 머리를 밀고 구족계를 받은 씨족 구성원 500명;[143] 숫도다나왕 소속 사제(purohita)의 아들이며 붓다와 놀이 친구인 우다인(Udāyin)이 했던 개종;[144] 붓다 삼촌인 암르또다나(Amṛtodana)와 드로노다나(Droṇodana)와 각각 약 7만 명 정도인 친척이 깨달음에서 첫 열매인 수다원과를 얻었다.[145] 3명이었던 아내 가운데 2명—고삐까(Gopika)와 므르가자(Mṛgajā)—도 이런 흐름에 진입했다. 또 다른 부인 야쇼다라(Yaśodhara)도 비구니가 되어 종교적 이상을 얻었다;[146] 심지어는 아들 라훌라(Rāhula)도 비구가 되어 아버지를 따랐다. 고따미 출신 가운데 가족 대부분은 아닐지라도 많은 사람이 아버지와 어머니가 달성했던 종교적 목표인 아라한을 이루었다.[147] 이런 이야기들에서 승가는 석가족을 중요시했다고 볼 수 있다. 인도불교 작가들도 비슷한 이야기에 이들을 많이 등장시켰다.

붓다 일대기를 자세히 설명한 많은 문헌은 창시자와 관련 있는 가족을 부인할 수 없을 정도로 강조했다.[148] 하지만 기존 연구자들은

---

142 같은 책, 53. 숫도다나(Śuddhodana)에 대한 자세한 연구는 Minori Nishimura西村實則 2003a, 2003b, 2004 참조.

143 Rockhill[1884a] 2007, 55-56.

144 같은 책, 51.

145 같은 책, 52.

146 같은 책, 56-57.

147 같은 책, 56; Strong 1997.

148 붓다 가족에 대한 강조는 Henry S. Olcott이 일찍이 『Buddhist Catechism』에서 인정했다. Olcott[1881] 1982, 22-24 참조.

붓다 가족이 그를 따라 승가에서 생활했다는 사실을 무시한 채 붓다가 최초로 포기한 행위만을 강조했다. 혼인한 여성이 맞이한 운명과 관련해 영(Young)은, "붓다는 아버지, 아들, 아내에 대한 의무를 다하지 않았다. 그는 수행자가 되려고 속세를 거부하고 그들을 버렸다. 불교 창시 후 몇 달 동안 비구승가에 합류한 60여 명 남성 대부분도 아내와 가족을 버렸다"[149]라고 말했다. 오누마(Ohnuma)도, "붓다 일대기에서 붓다가 '나아간' 것은 아내, 아들, 부모를 극적으로 포기한 것이었고 남편, 아버지, 아들이라는 사회적 역할도 영원히 포기한 것이었다."[150] "붓다를 라훌라의 '아버지'라고 언급했지만, 승가에서는 모든 비구와 비구니에게 똑같이 '아버지'라고 묘사했다.[151] 붓다는 전前 가족 관계를 인식하면서 … 가족 구성원 가운데 한 명이 아닌 불교 창시자 붓다로서 가족과 관계를 지속했던 것이 분명하다"[152]라고 말했다.

여기서도 오해하면 안 되므로, 석가족이 붓다를 따라 출가하는 것을 선택했다 하더라도 붓다가 가족을 최초로 '포기'한 것이 극적이라는 것에는 의심할 여지가 없다. 붓다가 '부처님'으로서가 아니라 가족 구성원 가운데 한 명으로 가족과 관계를 맺었다고 주장하고 싶지는 않다. 그러나 위에서 오누마(Ohnuma)가 한 설명에서, 붓다의 아들인 라훌라(Rāhula)와 다른 많은 가족 구성원도 비구나 비구니가 되었는데

149 Young 2004, 86.

150 Ohnuma 2012, 182.

151 출처가 인용되지 않았으나 Horner p.25 견해 참조.

152 Ohnuma 2012, 182; 원본 강조.

이 사실을 거의 드러내지 않은 것이 문제라고 생각한다. 필자가 잘못 생각하지 않는 한, 연구자들은 이야기에서 절반만 강조하는 경향이 있다.

위에서 인용한 것과 비슷한 설명을 보면, 불교는 집을 떠나 길 위의 삶으로 나아갔기에 붓다와―만약 붓다가 포기한 것이 본보기라면―이 뒤를 따른 비구나 비구니들도 더는 가족과 만나지 않았을 것이라는 인상을 받는다. 더 나아가 모든 의도와 목적에서 비구나 비구니가 사회적으로 죽었다고 말할 수도 있을 것이다. 윌슨(Wilson)은 바로 이 출가를 '슬픔에 잠긴 친척들을 남겨둔 사회와 관계 맺는 것은 죽는 것'이라고 설명했다.[153]

승가 관련 연구를 뒷받침해 줄 것이라고 볼 수 있는 이런 가설들을 보면서, 많은 연구자가 이런 지식을 단순하게 받아들이기만 하고 의문을 제기하지 않았다는 것에 놀랄 필요는 없다.[154] 스피로(Spiro)는 『동아시아 종교와 가족』에서 승가를 다음과 같이 설명했다: "붓다를 시작으로 '출가'하는 것은 부모뿐 아니라 아내와 자녀도 포기하는 것을 의미했다."[155] "'앞으로 나아가는' 사람이 '출가'를 거부한 가

---

153 Liz Wilson 1994, 9, "사랑하는 사람들에게 남겨진 슬픔"과 관련한 논평은 p.11; 1996, 22, 24 참조. 또한 Bond 1980 참조. 이 모든 것들은 "수계식"을 진행하는 동안 수행자에게 요구하는 고행과 관련된 일을 설명한 것이다. "죽음을 상징하는 것으로 출가자가 세상에서 죽는 것이다."(pp.250, 252)

154 승가에 대한 뿌리 깊은 가설은 Chen 2002에서도 볼 수 있다. "많은 연구자가 … 비구나 비구니가 가족 관계를 영구적으로 자연스럽게 단절했다고 가정했다(p.51)", 이런 문제가 있는 가설을 알고 있음에도 Chen이 말한 가족 배경에 대한 초점은 이런 빈약한 일반화를 지지했다.

족 구조 속에서 사는 것이 아니라 오히려 자신이 속한 생물학적 가족 속에서 사는 것이다. 이것을 실수하면 안 된다. 비구들이 '출가'를 합리화하려는 시도에도 불구하고 후자인 가족을 거부한 것이다"라고 말했다.[156] 오누마(Ohnuma)는 최근에 스피로(Spiro)와 미묘한 차이가 있지만, "이런 행위〔출가〕는－적어도 이상적으로는－ 내가 속했던 가족을 거부한 것이고 평범했던 가족과 관계를 끊은 것이다"[157]라고 말했다.

이런 주장과는 대조적으로, 필자는 인도불교 승가에서 생물학적 혈연들이 함께 출가할 수 있는 상황을 율장을 기록한 저자/편찬자들은 당연하게 생각했을 것이라고 본다. 이것은 단순하게 허락했거나 묵인했던 것이 아니다. 오히려 가족과 또는 가족으로서 출가하는 것이, 율장을 기록한 저자/편찬자들이 구상한 대로 출가는 인도불교 승가 구조 자체와 긴밀하게 연결되어 있었다고 주장한다. 게다가 율장을 기록한 저자/편찬자들은 승가가 꿈꾸었던 이상을 말할 때도, '이상적으로 말하면'이라고 표현하지 않았다. 만약 이런 표현이 있다 해도 수행자가 되려고 출가할 때 가족을 거부하거나 가족과 단절할 것을 기대하고 말한 것은 아니다.[158] 제3장 6절에서 살펴볼 것이지만,

---

155 Spiro〔1984〕 1986, 49.

156 같은 책, 50; 원본 강조. 가족이 승가에서도 공동체를 공유했는지는 알 수 없다. 비구니가 출산한 아들과 같이 지낼 수 있게 허락한 것과 관련해서는 4장 참조.

157 Ohnuma 2012, 182; 원본 강조.

158 Ohnuma가 p.6에서 인용한 내용 참조.

『근본설일체유부율』에는 마하까샤빠(Mahākāśyapa) 이야기가 있다. 불교에서 가장 엄격한 고행자인 마하까샤빠에게도 '전前' 아내를 철저히 차단하라고, 만나면 안 된다고 말하지 않았다. 오히려 전 아내가 곤란에 처하자 마하까샤빠에게 그가 받은 보시를 나누어 주라고 말했다.

이런 견해가 얼마나 널리 퍼져 있었는지는 『불교백과사전』에 나와 있는 알란 콜(Alan Cole)이 설명한 불교와 가족에서 확인할 수 있다:

> 불교가 일반적으로 비구나 비구니가 되는 것을 뜻하는 전문 용어인 '가족을 떠나는 것(pravrazyā)'을 승가 운동으로 이해한다는 점을 고려하면, 불교와 가족 관계를 묻는 것이 이상하게 보일 수도 있다. 결국, 출가하는 종교인 불교가 가정생활과 관련 있는 이유는 무엇일까? 그러나 불교에서 찬미하는 구조와 불교가 가진 다양한 사회적 역할을 자세히 살펴보면 불교와 가족, 가족이 갖는 가치와 관계에 예상치 못한 여러 층이 있음을 알 수 있다.[159]

불행히도 콜(Cole)은 일반적으로 종교사 연구에서, 특히 불교 연구에서 흔히 볼 수 있는 문제로 많은 가설을 반복했다.[160] 콜(Cole)이

---

159 Cole 2004, 280. Cole 2006은 이 글을 확장한 것이지만 기본 전제는 같다: '가정생활은 극복하고 남겨두어야 할 것(p.304)'; '수행자가 되려면 공식적으로 가족과 유대 관계를 끊어야 한다.'(p.307)

160 2장에서 살펴보겠지만, 산스크리트 pravrazyā는 '가족을 떠난다'라는 의미가 아니다. '비구나 비구니가 된다는 뜻을 가진 전문 용어'도 아니다. '나아간' 사람은 비구나 비구니가 아니다; 여기에는 수계(upasaṃpadā)가 필요하다.

이렇게 주장한 것은 논외로 하지만 불교에서 가족이 하는 역할을 설명한 부분에는 관심을 가질 필요가 있다:

> 아마도 가족 문제에 초점을 맞춘 불교 담론에는 적어도 4가지 기본 범주가 있다: (1) 포기하는 언어로 가정생활에서 발생하는 부정적 측면에 대한 담론; (2) 승가 환경 내에서 정체성이 일종의 가부장적 가족을 복제하는, 일종의 기업적 가족주의로 이해할 수 있는 상징적 언어; (3) 가정에서 올바르게 행동해야 할 지침으로, 불교계가 하는 종교적 조언; (4) 기업 가족주의보다 더 전문화한 형태로 승가 내에서 엘리트 가문을 확립하려는 특정 계보를 주장.[161]

콜(Cole)이 제안한 3, 4번째 범주는 승가와 가족 자체를 다루지 않았기에 지금 이 연구에서는 논의 밖으로 둘 것이다. 비구나 비구니가 재가자에게 하는 불교적 조언은 불교 문헌 가운데 특정 분야에서 볼 수 있다. 혈통과 관련한 주장은 일부 승가(특히 중국, 일본, 티베트)에서 볼 수 있다. 그러나 이 3, 4번째 범주는 가족과 관련하여 생물학적

---

pravrazyā는 보통 집에서 나가는 것을 의미하기에 '집'이나 '가족'은 이 용어 자체로는 전달이 안 된다; 예를 들면, 팔리어 경전 전체를 통해 볼 수 있는 기본은 agārasmā anagāriyaṃ pabbajati이다: '그는 집에서 길 위의 삶으로 나아갔다.' 이에 대한 논의는 2장 2절 참조. 콜(Cole)은 아마도 한역 출가와 관련해 율장 영향을 받지 않은 것 같다. Cole 2005, 25에서 "불교는 '가족을 떠나는' 행위를 중심으로 구성되어 있다"라고 말했다.

161 Cole 2004, 280.

이든 혼인에 의해서든 인도 승가와 관련이 없다. 콜(Cole)은 1번째 범주인 포기하는 언어가 담고 있는 '부정적 측면'이, '가정생활에 만족하지 못하고 심지어는 위험하기까지 한 측면'에 초점을 맞춘 것이라고 설명했다.[162] 확실히 '불교 담론' 가운데 한 측면은 가정생활이 가진 '부정적 측면'에 초점을 맞추고 있다; 우리는 콜(Cole)이 『세계 종교와 성, 결혼, 가족』을 주제로 한 글에서 길게 인용한 것을 「무소의 뿔경」에서 이미 보았다.[163] 『근본설일체유부율』에서 비구가 출가한 동기를 자주 소개하는 기본 내용 가운데 일부를 인용하면, "나는 이제 늙어 부를 추구할 수 없다. 세다가 친척은 모두 사망했다. 나는 재가자가 아니라 〔수행자가 되려고〕 이 집을 떠났다"[164]라는 내용이 있다. 『팔리율』에는 '마가다라는 훌륭한 가문에 태어난 매우 뛰어난 젊은이들'이 계를 받을 때 붓다에게 불만을 토로했다. "이 출가는 가족을 갈라놓는다. (우리가) 자녀를 가질 수 없게 만들고 … (우리를) 과부로 만들고 …"[165]라는 내용이 있다. 그러나 베일리(Bailey)와 마벳(Mabbett)에 따르면 이 불만은 율장에서 단 한 번 볼 수 있다.[166]

콜(Cole)이 말한 2번째 범주는 승가가 '가족'을 구성할 때 사용한 상징 언어이다. 승가 연구에서 흔히 볼 수 있는 비유를 사용하기는 했지만,[167] 율장을 보면 승가에서는 다른 구성원을 가리킬 때 가족적인

---

162 같은 책.

163 Cole 2006, 313-316.

164 2장 각주 4가 있는 본문 내용 참조.

165 BD 4:56.

166 Bailey and Mabbett 2003, 165 각주 14.

언어를 사용했던 습관이 거의 없다.[168] 이것은 호너(I. B. Horner)가 남방상좌부 승가와 관련해 오래전 확립한 것이다: "어느 승가도, 어떤 누구도, 그 어떤 존재도 '아버지'나 '어머니'로 인정하지 않았다."[169] 호너(Horner)는 팔리어 bhikkhu(Skt. bhikṣu)를 번역하면서, "현재도 '형제'라는 뜻으로 bhātar를 사용하지만, 비구와 동의어로 사용하지 않았고 승가 구성원들과도 관련이 없다."[170]라고 말했다.

---

167 중세시대 도교와 관련해 Kohn은 다음과 같이 말했다. "모든 사원은 지도자를 아버지로 묘사하고; 수도자는 형제, 자매가 된다."(2003, 59) 이집트 수도원에서도 마찬가지였다: Krawiec은 셰누테(Shenoute)가 수도원에서 가족을 구성할 때 '가족 이미지'와 '가상인 친척'을 사용한 것에 주목했다. "남편들과 아내들은 서로를 '형제'와 '자매'라고 불렀고, '아버지', '어머니', '아들', '딸'은 더 먼 친척에게 사용했다."(2002, 146) p.136에서 '가족 언어'를 검토한 것 참조. Krawiec은 화이트(White) 수도원에 생물학적 친족이 있었던 것에도 주목했다.

168 왜 그랬는지는 충분히 설명하지 않았다. 그러나 우리가 비구니승가에서 실재하는 생물학적 친족을 받아들여야 했다면 왜 그래야 했는지는 어느 정도 이해할 수 있다. 위 각주 12 참조. (은유로) 어머니로서 붓다는 Liz Wilson 1996, 29-32, 위 각주 48 참조.

169 BD 1:xlii. 그러나 이것은 비구가 스승을 생물학적 아버지로 대하면 안 된다는 의미는 아니다. 분명히 그들은(BD 4:58-59 참조): "스승이여, 비구들이여, 자신이 사는 방에 함께 있는 사람에게 아들이 가진 태도를 가질 수 있도록 해야 한다; 자신과 방을 공유하는 사람은 스승이 아버지가 가진 태도를 가질 수 있도록 해야 한다." 그러나 이런 서술이 얼마나 드문지는 『팔리율(Vinaya-piṭaka)』 색인(Ousaka et al. 1996)을 보면 알 수 있다. 여기서 Horner가 말한 '아버지가 가진 태도(pitucittaṃ)'는 다음 두 곳에서만 볼 수 있다. VSS$_{MSB}$ Sūtra no.64(VSPVSG 2005, 60-61).

170 BD 1:xliii. 팔리 비구를 위한 "비구"에 대한 pp.xl-l, l-lv 참조. 『근본설일체유부율』에서 다르마 형제(dharmabhrātṛ)는 Schopen(2001) 2004a, 165 각주 41

또한 '자매'라는 용어와 관련해서도, "종교 생활에서 bhātar라는 용어를 사용하지 않았는데 비구와 반대되는 말로 bhaginī(자매)라는 용어를 사용했던 것은 이상하다. 그러나 승가에서 비구니만이 아니라 우바이도 자매라고 불렀다는 것에 유의한다면, 자매라는 용어는 독특하게 비구니만을 언급한 것 아님을 알 수 있다"[171]라고 말했다.

콜(Cole)은 승가라는 본질과 출가에 대한 현대 가설로 학문 탐구를 어느 정도 구성하고, 어느 정도 제한할 수 있는지와 관련해 또 다른 훌륭한 예를 제시했다. 하지만 우리는 승가에 있던 가족인 비구와 아내, 비구니와 자녀에 대해 실문한 적이 없다. 이유는 콜처럼 이들에게 기대한 것이 없었기 때문이다.[172] 지금 이 연구도 콜처럼 '가족 문제에 초점을 맞춘 불교 담론을 4가지 기본 범주'로 범위를 한정한다면, 비구나 비구니가 교류한 가족과 관련해서는 거의 할 말이 없을 것이다. 콜과는 달리 이 연구에서는 비구나 비구니가 배우자와 생물학적 혼인 관계를 지속했던 이야기를 다룰 것이다. 수행자가 되려고 함께 출가했던 가족이든 그렇지 않았던 가족이든 이런 가족은, 비구나 비구니가 수행자가 되려고 '포기'했던 가족 구성원들이기 때문이다.

모든 연구자가 승가에서 가족이 중요했던 것과 친족 관계가 지속되었던 것을 대충 보아 넘긴 것은 아니다; 가족과 관련 있는 특정 주제로 연구한 연구자가 있다. 율장에는 비구나 비구니의 자녀, 부모, 형제자매, 배우자를 자주 언급한 내용이 있다. 이렇게 깊숙한 곳을 진지하게

참조. 다르마 자매(dharmabhaginī)는 Schopen 2008b 참조.

171 BD 1:xliii.

172 Crosby 2005, 164.

탐구했던 연구자들이 귀중한 공헌을 했다. 앙드레 바로(André Bareau)는 비구가 구족계를 받을 때 가족이 반응했던 것을 다루었다.[173] 쇼펜은 가족이 소유한 재산을 상속받을 권리가 있었던 비구,[174] 부모를 부양할 의무가 있었던 비구,[175] 인도인이 생각했던 효도라는 개념을 연구했다.[176] 존 스트롱(John Strong)은 붓다와 가족, 특히 아내 야쇼다라(Yaśodhara)와 아들 라훌라(Rāhula)가 깨달음을 향해 '가족 수행修行'한 내용을 연구했다.[177]

서유럽보다 율장을 많이 연구한 일본에서는 야마기와 노부유키(山極伸之)가 비구들이 자신들과 관련 있고, 상호작용할 때 죄를 범할 수 있는 우바새나 우바이와 다양한 방식으로 교류를 허용한 여러 계율을 연구했고,[178] 아픈 부모를 위해 약을 처방받아야 할 의무가 있는 비구도 연구했다.[179] 사사키 시즈카(佐々木閑)는 승가를 연구한 저서, '속세를 떠난 사람과 가족'에서 '속세를 떠난 사람'과[180] 이 가족이 계속 만났다는 것을 언급하며, "불교는 이런 가족애를 부정하지 않았

---

173 Bareau 1976.

174 Schopen 1995b.

175 Schopen 2007a. 비구와 부모를 간략하게 연구한 Wayman〔1966~1968〕 1997 참조.

176 Schopen 1984.

177 Strong 1997. Namikawa竝川孝義 1997 참조; Tatelman 1998. 야쇼다라(Yaśodhara)는 Devee 1989 참조; Tatelman 1999; Ranjini Obeyesekere 2009.

178 Yamagiwa山極伸之 2004.

179 Yamagiwa山極伸之 2007a.

180 Sasaki佐々木閑 1999, 156-158.

으며", 승가에서 "전前 친척들과 관계를 단절하라고 요구했다는 것은 결코 사실이 아니다"라고 말했다.[181]

그러나 쇼펜이 연구한 것을 제외하면 이런 특정 주제를 연구한 것은 방대한 불교학이나 종교학 분야에 한정된 영향을 미쳤을 뿐이다. 쇼펜이 연구한 주제는 널리 읽히고 인용되고 있지만, 쇼펜이 주로 강조한 것은 인도 승가에서 볼 수 있는 법과 재정적인 부분이다. 또한 쇼펜은 『팔리율』에서 제시한 승가와 『근본설일체유부율』에서 제시한 승가를 비교 연구하면서 현대 논문집에서 볼 수 있는 부파들이 가진 차이점을 강조했다.[182] 쇼펜이 『근본설일체유부율』에 중점을 둔 것을 고려하더라도, 필자는 이 율장에서 묘사한 근본설일체유부가 보여주는 기이하고 엉뚱한 세계가 인도불교를 대표한다고 주장하지는 않을 것이다. 쇼펜이 연구한 것과 대조적으로, 지금 이 연구에서는 근본설일체유부와 남방상좌부와 다른 부파가 가진 유사점들을 강조할 것이다. 특히 『팔리율』에서 볼 수 있는 가족 이야기도 다른 율장과 비교하며 읽어보아도 크게 다르지 않다; 가끔 서사 내용이 더 풍부할 뿐이다. 필자는 『근본설일체유부율』이 정도를 벗어나기는커녕, 서력 기원 초 몇 세기 동안 존재했던 인도 승가를 아주 많이 대표할 것이라고 주장한다.[183] 우리는 모든 율장에서 비구나 비구니가 가족과 계속

181 "불교는 이런 가족이 갖는 정情을 부정하지 않았다(같은 책, 156)"; "원原 가족과 단절하라고 강요하지 않았다."(같은 책)

182 남방상좌부와 근본설일체유부 승가 차이점은 Schopen 1989, 1992 참조. 인도 승가에서 볼 수 있는 법과 재정 연구는 Schopen 1997, 2004a 참조. '남방상좌부 불교'에 대한 새롭고 중요한 연구는 Skilling et al. 2012 참조.

만났던 것을 볼 수 있다. 율장 연구자들은 대체로 이것을 알고 있지만, 인도불교와 그밖에 다른 지역에 있는 불교가 가진 종교적, 사회적 의미는 아직 모르고 있다. 지금 이 연구에서는 이것을 시도해 볼 것이다.

5. 질문 미리보기

'가족 관계'를 다룰 2장에서는 승가가 가족과 교류했던 측면에서 비구, 비구니, 재가자가 새겨져 있는 인도 초기라고 볼 수 있는 금석문을 소개할 것이다: 어떤 비구 Y나 비구니 Z의 어머니이다. 또한 누구의 어머니인 비구니 X, 또는 딸(들)과 함께하는 비구니 Y, 수행자의 아들이나 딸이라고 확인할 수 있는 재가자를 언급한 금석문을 살펴볼 것이다. 이 금석문은 부모가 '출가할 때' 이 부모가 포기했던 자녀들을 기록한 것이라고 설명할 수 있다. 그러나 율장에는 어린 자녀와 함께 '출가한' 아버지와 출가 후에도 어린 자녀가 비구를 '아버지'라고 부른 이야기가 있으며, 어머니와 딸이 출가한 이야기도 있다. 여기서는 금석문 자료를 이용해 율장을 새롭게 해석하는 시도를 해볼 것이다.

'길 위의 삶으로 나아가다'라는 표현을 율장으로 해석할 때는 문제를 제기할 수 있다. 우리는 이 표현을 문자 그대로 이해했지만, 율장은 상징적으로 이해했다고 생각한다. 율장을 기록한 저자들은 비구나 비구니가 가족과 함께 길 위의 삶으로 나아갈 수 있다는 것을 의심하지

---

183 위 각주 65와 비교.

않았다. 일반적으로 우리가 이용하는 가장 초기 불교 문헌 계층에 속한 문헌에서 우리는 승가가 생물학적으로 서로 관련 있는 비구나 비구니가 같이 있다는 것을 전제로 하고 있었던 것을 볼 수 있다. 이것은 승가가 비구나 비구니에게 가족을 포기하라고 요구했다는 학문적 가설에 의문을 제기해 볼 수 있는 것이다.

제3장인 '전생에서 전처' 편에서는 비구와 '전前' 아내 이야기를 살펴볼 것이다. 일반적인 연구에서 이 여성들을 대충 보아 넘긴 것은 이 여성들을 당연히 모르는 여성들이라고 생각했기 때문이다.[184] 그러나 이런 이야기에서 비구에게 부인이 등장하는 자료는 충분히 있다. 어떤 이야기에서는 이 '버림받은' 여성이 남편을 적대시하고 있는 모습으로 묘사했다; 또 어떤 이야기에서는 부인이 비구를 아주 많이 애착하는 모습으로 묘사했다. 비구가 아내를 찾아가는 (때로는 유혹당하는) 모습을 볼 수 있고 이렇게 '버림받은 여성'이 가졌던 재정 상황도 볼 수 있다. 어떤 이야기에서는 비구들이 자녀들을 위해 혼인을 주선한 중매 역할을 하는 것도 볼 수 있다. 이 3장에서는 출가하는 상황에서는 부부였던 관계를 살펴볼 것이다. 율장을 기록한 저자/편찬자들이 가정을 해체할 수 있는 다양한 형태를 알고 있었어도, 비구

---

184 Young, "불교 문헌은 이렇게 버림받은 여성들이 비구인 남편에게 다가가려고 용기를 낸 경우를 제외하고는 이 여성들과 관련한 삶에 완전히 침묵했다(2004, 87)." 비구의 아내로 사는 삶이 '인도에서 불교도가 아니면서 혼자된 여성이 사는 삶을 우리가 알고 있는 상식으로 상상해 볼 것'을 제안한다. 이것은 주로 『Dharmaśāstra』와 같은 규범적인 법전–불교 율장에 대한 서술적 묘사가 부족한 계율–을 어떻게든 역사적 현실을 반영한 것으로 받아들이기에는 문제가 있다는 것을 전제로 한다.

나 비구니는 가정을 해체할 필요가 없었다; '전前' 아내를 이혼한 아내와 혼동하면 안 된다. 이들이 항상, 반드시 아내를 포기하지는 않았기에 율장을 기록한 저자/편찬자들도 부부는 같이 출가할 수 있다고 생각했다.

제4장 '임신한 비구니들'에서는 승가가 육아를 허락했던 상황을 구체적으로 살펴볼 것이다. 금석문 기록을 보면 일부 비구니는 자녀가 있었다; 그러나 어머니가 비구니가 된 것인지, 비구니가 어머니가 된 것인지는 구체적으로 알 수 없다. 율장에서는 임신부가 비구니로 출가할 가능성을 예상했기에 ―공동체가 가진 많은 이미지를 통제하려고 비밀로 했더라도― 비구니승가를 육아 공간으로 제공한다는 계를 제정했다. 임신한 비구니가 다르마(Dharma)를 수행하는 동안 비구니승가에서 출산과 양육을 허용했던 내용을 모든 율장에서 살펴볼 것이다.

제5장 '재검토해 보는 출가'에서는 율장을 기록한 저자/편찬자들이 미리 알아서 어떤 계를 제정했던 승가를 둘러싼 가족 환경을 면밀하게 검토해 보는 것이, 현대 학술서나 대중 문학에 널리 퍼져 있는, 팔리어 경전 문학에 기초한 어떤 낭만적 묘사보다도 서력기원 초 몇 세기 동안 인도에서 비구나 비구니가 수행자로 살았던 삶에 더 많은 빛을 비춰주게 될 것이라고 본다. 인도 승가는 우리가 생각했던 것보다 더 많이 가족과 사이가 좋았다.

6. 율장 읽기

지금까지 불교 연구 분야에서 승가와 가족을 다룬 연구는 거의 없었다.

이것은 일정 부분 예상한 것이다. 존 보스웰(John Boswell)은, "부부 관계나 재생산이나 가정생활은 우리가 인간으로 존재할 때 가장 은밀하고 개인적인 부분이어서, 많은 여러 문화권에서도 타인이 보는 시선을 경계하며 마음을 다잡고, 다른 어떤 대인 관계 활동보다 기록으로 남길 가능성이 없다"라고 말했다.[185] 이것은 보스웰이 기독교와 관련해 쓴 글이지만 가정생활을 기록하는 활동과 이런 관찰이 인도불교에도 덜 적용된다고 볼 이유도 없다고 생각한다. 중국에서는 동시대 역사가들이 사회·역사 부분에서 재량대로 많은 기록을 했을 것이라고 무리 없이 예상할 수 있다. 인도에서는 이것이 부족하기에 연구가 매우 어려운 상황이다.

율장은 승가를 연구할 수 있는 가장 풍부한 자료이다.[186] 그렇다고 비구나 비구니가 과거에 실제로 했던 일을 직접 보여주는 창은 아니다. 율장은 어떤 비구(어떤 사람은 붓다라고 주장하지만)가 비구나 비구니가 해야 할 일과 하면 안 될 일이라고 생각했던 내용을 기록한 것이다. 그러나 필자가 율장에서 가설로 세워 본 질문 가운데 몇몇 주제는 인도불교 전통을 명시적으로 공식화했거나 아주 자세히 기록해 놓았다.

현존하는 율장 구조는 크게 2부로 나눌 수 있다. 1부는 개별 비구나 비구니가 처신해야 할 태도인 바라제목차(prātimokṣa)이다. 2부는 승가(saṅgha)에서 활동할 때 필요한 질서를 규율하는 율이다. 『팔리

---

185 Boswell 1988, 4-5.

186 다른 중요한 출처로는 초기 중국인 순례자, 고고학, 도상학, 금석학에 대한 설명이 있다. Wang 2005 참조.

율』에서는 건도부(khandhakas)이고, 『근본설일체유부율』에서는 바스뚜(vastus, 事)이다.[187] 1부는 대략[188] 비구 250계와 비구니 350계를 가장 심각하게 위반한 순서부터 배열해 놓았다. 가장 심각한 바라이(pārājika)는 독신을 지키지 않는 것, 사람 생명을 빼앗는 것 등이다. 대체로 심각하지 않은 회과법(śaikṣā)은 음식을 소리 내며 먹으면 안 된다는 것처럼 사소한 예절과 관련 있다. 2부는 건도부(khandhakas)나 바스뚜(vastus)를 주제별로 배열해 놓았다. 알파벳순으로, 승가 동산 할당 방법, 참회 의식, 징계 절차, 의약품 사용, 수계, 분파와 같은 다양한 주제를 단락으로 분류했다. 그러나 어떤 율장도 승가와 가족을 주제로 정해 놓고 구체적으로 분류하지 않았다. 율장에 가족을 주제로 해서 전체적으로나 부분적으로 몰두했다는 특정 내용이 없다는 것에 의미를 둔다면, 율장을 기록한 저자/편찬자들에게 가족은 거의 관심 없는 주제였다. 승가에서는 승가와 가족 관계를 심각하게 다루어 계율로까지 제정할 필요는 없다고 생각했던 것 같다.

율장에 가족 관계를 구체적으로 언급한 계가 없다면, 우리는 어떤 답을 해야 할까? 지금 이 연구에서는 겉보기에는 서로 관련 없어 보이는 주제이거나 가족 관련 질문과 전혀 관련 없어 보이는 주제들을

---

187 『마하승기율』 구조는 상좌부 율장(Sthavira vinayas)들과 구조가 다르다. 율장 구조는 Frauwallner 1956 참조. Frauwallner가 『마하승기율』을 비판한 것은-Sasaki佐々木閑 2006에게는 실례지만, 논문 전체 참조- Clarke 2004a, Clarke 2009b, 123 각주 26. 『팔리율』 구조는 von Hinüber 1995, 20 참조.

188 모든 율장은 비구계나 비구니계 숫자가 다르다. 비구계는 Pachow〔1955〕 2000년 참조, 비구니계는 Kabilsingh 1998년 참조.

다룬 광범위한 율장에서 이런 주제를 찾아 격차를 좁혀 볼 것이다. 이렇게 하는 이유는 전혀 있을 것 같지 않은 맥락에서 자료를 찾을 때도 있기 때문이다. 율장에서 비구가 이발소를 방문하거나 비구가 탁발하거나 비구니 개인 스스로가 자신의 안전을 지켜야 한다거나 하는 다양한 주제를 다루며 정교한 이야기를 펼칠 때, 우리는 율장에서 비구나 비구니와 관련 있는 중요한 통찰력을 가끔 살펴볼 수 있다.

율장은 보통 엄청나게 많은 이야기를 담아 놓았다. 어떤 율장은 다른 율장보다 더 많은 이야기를 담아 놓았다. 실뱅 레비(Sylvain Lévi)는 이런 율장 가운데 가장 정교한 『근본설일체유부율』을, "모든 종류를 망라해 잡다한 문제가 넘쳐나는 상황을 예술적으로 기록한 율장이다. 오히려 각 계율은 장구한 역사와 많은 영웅을 희극적이고, 환상적이고, 낭만적인 이야기로 연결하려고 단순한 밑천으로 사용했다. … 이 자체로 완전한 경전이다"라고 묘사했다.[189] 『근본설일체유부율』은 계율을 제정하게 된 배경을 대부분 설명해 놓았다. 전생에 대한 긴 이야기나 다양한 경전 내용도 기록해 놓았다. 이 율장에서 발췌한 『디뱌바다나(Divyāvadana)』 같은 선집으로 유통된 경전 내용도 기록해 놓았다.

율장이 기록한 이야기 틀은 설화로 설정한 사건을 붓다 일대기와 연결해 놓은 것이다. 승가에서는 어떤 비구나 비구니가 한 행동을 재가자들이 비난하면 이 일을 붓다에게 보고했다. 붓다는 이 문제를 일으킨 비구나 비구니가 했던 행동에 대해, 그렇게 하면 안 된다고

---

189 Lévi〔1923〕 1992, 167.

나무라면서 계를 제정했다. 사건이 심각한 정도에 따라 죄를 결정했고 정확한 유형으로 확정했다. 계는 비구나 비구니가 저지른 문제로 제정했는데, 이 문제를 처음 일으킨 주인공은 일반적으로 어떤 죄를 지었어도 유죄 선고를 받지 않고 처벌도 받지 않았다. 일반적으로 법 원칙인 죄형법정주의에 따라 법률이 없으면 형벌도 없기에 그랬다. 계를 제정하게 만든 이 주인공은 초범자(ādikarmika)이다. 조금 혼란스럽게도 이 학술 용어는 범죄가 없다는 뜻이지만, '초범'이다.[190] 비구나 비구니가 범한 일을 붓다가 나무라며 계를 제정한 것은 비구나 비구니가 저지른 잘못에서 한 걸음 뒤로 물러난 것이다. 승가가 가진 많은 이미지를 보호하려고 의도했던 반응이다. 초기 율사들이 이렇게 생각했거나 예측했던 반응이라고 해석할 수 있다.

이런 이야기 틀은 한 번에 한 사건만을 다루었다. 하지만 뜻하지 않게 부수적으로 풍부하게 세부 묘사를 했기에 율장을 기록한 저자/편찬자들이 독자나 자신에게 말하고 싶었던 것 외에, 인도 승가에서 비구나 비구니가 수행자로 살았던 모습과 관련 있는 가설까지 확인할 수 있다. 율장을 기록한 저자/편찬자들이 상상했던 대로 승가를 솔직하게 살펴볼 수 있었던 것은, 이런 일상적인 세부 내용에 무의식적인 본성까지 아주 자연스럽게 기록해 놓았기 때문이다. 『근본설일체유부율』에는 일정한 형식을 갖춘 정형구로 비구가 이발사나 장인에게 자주 가던 장면을 설명한 내용이 있다. 여기서 비구가 가족이나 친척을 방문했을 것이라고 유추하는 것이 가능하다.[191] 이 일정한 형식을

---

190 Pāli. ādikammika(초범자); Skt. ādikarmika; Chi. 初作; Tib. las dang po pa. 『마하승기율(Mahāsaṅhika-vinaya)』은 분명하게 '초범'을 인정하지 않았다.

갖춘 정형구에서 가족이나 친척을 방문한 비구나 비구니에 대한 어떤 정보도 알 수 없지만, 저자/편찬자들은 어떤 비구가 재가자를 자주 방문하면 다른 비구로 건너뛰어 결론으로 자연스럽게 연결해 준다. 이 비구가 가족이나 친척을 방문했을 것이라고 알려주는 것이다. 현대 독자는 이 비구가 가족을 방문했다면 비판받았다고 생각할 것이다. 하지만 율장에는 드러내놓든 은연중이든 비구를 비판한 징후가 없다. 이 일정한 형식을 갖춘 정형구를 보면 비구가 가족을 방문했던 일이 승가에서는 아주 흔한 일이었으며 율사도 문제 삼지 않았다는 것을 알 수 있다. 여기서 강조하고 싶은 것은 율장을 기록한 저자/편찬자들이 사용한 이 일정한 형식을 갖춘 정형구와 이야기들에 지금 이 연구가 찾는 가설이 담겨 있다는 것이다.

율장에는 넓은 의미에서 2가지 유형으로 나눈 계율이 있다: 비구나 비구니가 개인으로 활동할 때 적용하는 계와 승가 단체가 활동할 때 적용하는 율이다. 필자는 이 연구 가설에 필요한 예들을 이렇게 2가지 유형으로 나눈 계율에서 찾아볼 것이다. 율장에 담긴 첫 번째 유형인 비구나 비구니 개인에 대한 계도 2가지 다른 문맥에서 살펴볼 것이다. 하나는 바라제목차(prātimokṣas)이다. 이것은 아마도 주로 참회 의식에서 암송할 때 사용했을 것이다. 다른 하나는 훨씬 더 많은 이야기를 담고 있는, 정확히 같은 계인 비방가(vibhaṅgas)이다. 이 비방가가 말하는 계에는 풍부한 이야기 틀이 있고, 다양한 해석이 있고, 용어 주석과 자세한 예외 사항까지 설명해 놓은 것이 있다.

---

191 전체 검토는 2장 3절 각주 103 참고문헌 참조.

이 계를 적용할 율사들에게 길잡이 역할을 하려는 의도에서 이렇게 구성한 것 같다. 바라제목차에는 비구니가 출가 전 임신한 여성에게 구족계를 주어서는 안 된다는 것을 첫눈에도 비교적 명확하게 알 수 있는 계가 있다. 그러나 이런 금지는 사실 거의 없다. 율사들은 구족계를 받은 임신부라고 말하지 않았다; 다만 이들에게 구족계를 주면 안 된다고 말했다. 이 계를 얼마나 성공적으로 실천했는지는 잘 모르겠다: 비구니승가는 출가 전 임신한 여성에게 수계를 멈추었을까? 계를 제정한 것과 계를 지키려는 마음이 부족한 것과 관련해 어떤 형벌을 적용하는 절차를 가진 계는, 계가 지켜지지 않을 가능성까지 염두에 둔 것이다. 이 계 자체로는 이 계를 왜 제정했는지 알 수 없다. 이 계를 제정해야 할 만큼 출가 전 임신한 여성이 구족계를 받으면서까지 출가하여 자신을 노출하고 싶었을까? 만약 그랬다면 왜 그랬을까? 이 계는 무엇을 방지하고 싶었던 것일까? 임신부에게 구족계를 준 그 자체였을까? 그 당시 사회에서 했던 비난이나 재가자가 했던 비난 같은 다른 요인들이 작용했던 것일까? 바라제목차는 우리가 하는 이런 질문에 빛을 비춰주지 않는다. 하지만 우리가 보게 될 비방가에 자세히 설명해 놓은 계에서는 이렇게 하고 있다.

반드시는 아니지만, 일반적으로 바라제목차가 비구나 비구니의 가족을 언급했던 경우는 계에서 예외 사항을 제정할 때 만이었다. 여기서는 어느 경우에도 가족 관계 자체는 다루지 않았다. 어떤 비구가 낯선 사람이나 친구나 전 연인이나 심지어는 아내와 같이 혈연관계가 아닌 비구니에게 옷을 바느질해주어 가벼운 죄를 지었다; 그러나 비구가 어머니나 자매나 딸 등 생물학적 관계에 있는 비구니에게 옷을 바느질해주면 죄를 지은 것이 아니다. 유사한 다른 계는 일가친척이 함께 승가로 출가한 상황을 전제로 하고 있을 뿐만 아니라 승가에 속한 가족 구성원들이 서로 교류할 때도 허락하지 않았던 것을 허용했다.

율장에서 바라제목차를 작성한 시기가 가장 초기에 속한다고 보고 인도불교 문학이 시작될 때부터 비구나 비구니가 가족과 지속해서 만났다고 해도,[192] 가족 관계를 연구하는 목적에서 보면 이것이 가진 가치는 낮다.[193] 그렇다고 이 내용이 중요하지 않다거나 무의미하다는 것은 아니다. 바라제목차는 앞에서 논의한 것처럼 이야기하는 맥락(액자 구조)과 계를 해석할 수 있는 내용이 부족하다. 율장이 건조하고 지루한 법률 문헌[194]이라고 생각해 왔던 특징을 바라제목차만으로 한정한다면 정곡을 찌른 것이다. 바라제목차는 율장에서 작은 부분에 불과하다; 나머지는 진실하다.

율장에 담긴 넓은 의미에서 두 번째 유형은 개별 수행자를 지배하는 계가 아닌 승가 단체를 지배하는 율이다. 이 율도 바라제목차처럼 두터운 서사를 담고 있다. 하지만 이 율은 바라제목차와는 달리 서술적 맥락 안에서든 밖에서든 비구나 비구니가 위반한 죄에 적용한 제재나 지시는 없다. 대체로 전면 금지한 형태이다. 지금 이 연구가 진행하려는 목적을 위해 율장이 이렇게 계와 율로 나누어 금지한 중요 차이점을

192 바라제목차 연대는 1장 각주 171-176이 있는 본문 내용 참조.

193 필자는 바라제목차가 가진 일반적 학술 가치를 부정하는 것이 아니다.

194 Faure 1998, 79; Clasquin 2001; Siegel 1987, 4-5. Schopen 2007b, Clarke 2009c 참조.

설명할 것이다. 수계 후 어떤 특정 비구나 비구니가 죄를 지었을 때 적용하는 바라제목차가 가진 효력과 어떤 특정 사람에게 수계를 금지하는 건도부(khandhaka)나 바스뚜(vastus)가 가진 효력을 대조해 보면 가장 잘 설명한 것이다. 위에서 논의한 바라제목차를 생각해 보자. 출가 전 임신한 여성이 구족계를 받았다면 이 여성은 죄를 지은 것이다. 하지만 이 계는 이 임신부에게 수계를 금하지 않았다. 오히려 출가 전 임신한 여성에게 구족계를 준 비구니가 계를 범했기에 이 비구니가 벌을 받아야 한다고 계를 제정했다. 수계 자체는 유효했기에 계속 유효하다; 이 수계는 비구니가 범한 가벼운 죄였기에 출가 전 임신한 여성이 받은 새로운 지위는 전혀 영향을 받지 않았다. 이 내용은 이런 계가 가진 한계이다.

비구나 비구니에게 바라제목차를 억지로 적용한다 해도 계 자체는 이것을 줄이도록 고안한 행동을 엄격하게 배척하지도 금하지도 않았다. 율장에서 어떤 행위를 금하는 유일한 방법은 비구나 비구니 개인에게 명령하는 것이 아니다. 승가에서 단체로 전면 금지하거나 직접 명령해서 완전히 금지하는 것이다. 이런 율 제정은 주제별로 배열한 건도부에서 볼 수 있다. 수계건도에서는 특정인—기형아, 병자, 추한 사람—은 특히 구족계를 받을 수 없다고 했다.[195] 바라제목차와는 달리, 이런 율은 어떻게라도 해석해볼 여지를 허용하지 않는다: 율을 지키지 않는 것은 선택 사항이 아니다.— 물론, 율 체계를 완전히 무시하지 않아도 이것은 매우 다른 문제이다. 비구나 비구니가 이런 사람에게 계를

---

195 4장 각주 11-19가 있는 본문 내용 참조.

준다 해도 죄를 짓는 것은 아니다. 이들은 구족계를 받을 수 없기 때문이다.

다음 장에서는 이런 계와 율이 가진 한계를 인식하는 것이 중요하다. 이를 통해 우리는 율장에 있는 계율을 더 잘 이해할 수 있고, 율사들이 필요해서 선택했던 주제와 그들이 이용 가능했던 선택지들을 더 잘 이해할 수 있기 때문이다. 앞으로 살펴보겠지만, 머리가 벗어진 사람, 시각장애인, 청각장애인, 언어장애인과 함께 출가 전 임신한 여성을 수계 금지 목록에 추가하는 것은 간단한 일이었을 것이다.[196] 그러나 그들은 이렇게 하지 않았다; 율사들이 하지 않기로 선택했던 주제가 가끔은 하겠다고 선택했던 주제보다 더 많은 것을 말해 줄 것이다.

지금까지 승가와 가족 관계를 검토해 보면서 율장에 담긴 2가지 자료 유형을 다음 장에서 잘 배열하는 것이 중요하다는 것을 알았다. 첫 번째 자료인 계에서는 율장을 기록한 저자/편찬자들이 정보를 주려고 기록한 가설은 버리고 부수적인 세부 내용으로 기록한 내용에서 의미를 읽을 것이다. 이런 유형에서 볼 수 있는 자료는 비구나 비구니가 지속해서 가족과 교류한 내용을 논의할 2장에서 사용할 것이고, 비구와 '전前' 아내 관계를 논의할 3장에서도 사용할 것이다. 두 번째 넓은 의미에서 자료 유형인 율은 더 간단하다. 율사들은 적어도 계에서 살펴볼 수 있는 것처럼 비구니가 임신한 것과 승가에서 허락할 수 있는 모성애를 정면으로 다루었다. 율사들은 이런 문제를 개별 수행자에게 적용하는 계가 아니라 승가 단체가 이런 상황에 대처하려면 이렇게 하라고 승가가 만든 정책 관점에서 율로 제정했다.

---

196 같은 책.

따라서 4장에서는 승가 모성애와 관련해 율장 저자/편찬자들이 세운 가설을 찾아볼 수 있는 부수적인 세부 내용을 기록한 문헌들을 조금 살펴볼 것이다.

인도에서 비구나 비구니가 약 2,000년 전에 무엇을 했고, 어떻게 생각했는지를 확실하게 아는 것은 불가능하다. 하지만 율장을 기록한 저자/편찬자들이 비구나 비구니에게 승가 전통이 무엇이라고 말했는지는 알 수 있다. 율장은 저자/편찬자들이 상상했던 수행자와 관련해 규범적인 승가가 가졌던 시각 그 이상을 담고 있다. 지금 이 연구에서는 인도 율장 '내부'에 담긴 이야기로부터 승가를 드러낼 것이다. 율장을 기록한 저자/편찬자들이 보여주었던 관심과 가치도 특별히 살펴볼 것이다. 가능한 경우 금석문, 문학(산스크리트 희곡), 문헌(중앙아시아 민법 문서), 현대 민족지 자료와 같은 인도불교 전통과 관련 있는 외부 자료를 이용해 '내부' 자료를 확인하고, 뒷받침하려고 노력할 것이다. 외부 자료를 이용해 '내부' 자료를 정당한 방식으로 확인할 수 있다면 율장이 가진 가치가 증가하지는 않더라도 연구할 때 확인은 해볼 수 있을 것이다. 불교 승가에 적대적이지는 않더라도 반대되는 감정이 함께 존재하는 산스크리트 희곡일 경우는 특히 그렇다. 율장과 산스크리트 희곡에서는 비구나 비구니가 재가자가 혼인하거나 성적인 관계를 맺을 때 중매 역할을 했다. 이것이 단지 불교 문헌이나 율장 저자/편찬자들 마음에서뿐만 아니라 인도 문화적 환경에서도 문제였을 것이라고 주장하는 데는 비교적 확고한 근거가 있어 보인다. 이런 주장은 불교와 같은 이교에 갖는 양가감정과 적대감을 공유한 문헌과 브라만교에서 작성한 학술 문헌과 같은 인도 문학 분야에서 확증할 수 있는 자료들을 찾았을 때 진실성이 더욱 높아질 것이다.

7. 연구 범위와 관련한 참고사항

필자는 이 연구에서 특정 율장을 심도 있게 연구하기보다는 6부파 율장이 묘사한 데로 비구나 비구니가 가진 다양한 입장과 이들이 지속해서 교류한 가족 관계에 담은 윤곽을 넓게 그려보려고 했다. 승가와 교류한 일가친척을 언급한 모든 내용을 여기서 다 다루기는 불가능했다. 여기서 제시한 많은 이야기는 여러 판본에 있는 것이다. 여기서는 대체로 한 판본에 있는 특정 내용만 인용한 것이다. 너무 자세한 내용은 독자에게 부담을 줄 수 있기에 승가와 재가, 비구와 비구니가 지속해서 교류한 가족 관계에서 중요한 부분을 입증할 때 필요하다고 생각한 만큼만 소개했다.

이 연구에서는 부파에 대한 미묘한 차이를 이해하고 싶을 때 율장을 자세히 읽는 것이 왜, 어떻게 필수적인지도 보여주려고 노력했다. 율장 내용이 풍부하다는 것을 강조하면서 따로 설명할 필요가 없는 것이 무엇인지도 분명히 해두고 싶었다. 유행에 뒤떨어지더라도, 여전히 부족하기는 하지만, 한 세기가 넘는 학문 연구에도 불구하고 매우 절실하게 필요한 것이 무엇인지 주의를 환기해 보려고 노력했다: 율장 전체를 포함한 상세한 연구, 교정판, 원전 〔본문〕 비평 연구, 주석을 단 번역이 필요하다. 이렇게 기본적인 자료들로 개별 부파를 연구하고 부파들이 처해 있던 상황을 재구성할 수 있는 연구를 하면 그 지식 격차를 메울 수 있다고 보았다. 이 연구는 탐색적이며 실험적이다. 연구 결과는 개별 부파가 발전시킨 미래를 연구할 때 그 토대를 마련하려는 예비 점검 보고서로 계획했다.

제2장 가족 관계

지금부터는 율장이 묘사한 서사적 풍경에서 가족이 차지했던 위치를 조사할 수 있는 근거를 마련해볼 것이다. 1절에서는 인도 금석문들을 살펴볼 것이다. 이 금석문들은 인도불교 승가가 자신과 주변 사회를 어떻게 보았는지 알 수 있는 연대 측정이 가능한 가장 초기 불교 자료이다. 여기서는 인도불교 승가가 형제자매, 아들과 딸, 부모와 함께 종교적으로 기부한 언급을 볼 수 있다. 우리는 이 금석문들에서 경전이 이외에 인도불교 승가가 생물학적 가족과 유대 관계를 지속했을 것이라는 상호작용과 관련해 첫 번째 단서를 얻을 수 있다.

2절에서는 비구가 가족을 버렸다는 의미로 받아들이는 '집에서 길 위의 삶으로 나아가다(agārād anagārikāṃ, pra√vraj)'라는 말에 초점을 맞춰 금석문과 율장을 살펴볼 것이다.[1] 여기에는 2가지 중요한

1 참고문헌 표본 추출은 아래 각주 23 참조.

것이 있다. 둘 다 각 율장에서 발췌한 것이다. 첫째는 제안이고, 둘째는 확인이다. 이 말은 비유적으로 이해해야 한다. 비구 수딘나(Sudinna)부터 시작할 것이다. 수딘나는 수행자로 '집은 떠났어도' 여전히 가족과 함께 거주했다고 볼 수 있다. 수딘나는 출가는 했지만, 탁발하려고 집으로 돌아왔다. 다음은 비구니 다르마딘나(Dharmadinnā)이다. 이 비구니는 재가에서 생활하는 동안 대리인을 통해 구족계를 받고 출가했다. 마지막은 비구 상가마지(Saṅgāmaji)이다. 이 비구는 부인과 어린 아들을 부양해야 한다는 요구를 받았다. 이런 이야기에는 길 위의 비구에게 아내나 자녀가 있었다는 내용이 함축되어 있다. '집에서 길 위의 삶으로 나아가다'라는 말은 문자 그대로가 아니라 비유적인 표현이다.

3절에서는 어떤 비구가 이발소를 자주 방문하자 다른 날 다시 오라는 말만 듣는 짧은 내용을 살펴볼 것이다. 이 비구가 이렇게 이발소를 오가는 것을 보고 동행 비구는 친구나 가족을 방문한 것이냐고 묻는다. 어떤 비구가 같은 집을 매일 방문하면 어떻게 생각했는지 알 수 있는 내용이다: 그는 가족을 방문한다고 생각했다.

4절에서는 가족과 식사하러 집에 간 비구니에게 적당한 의례를 제정해 준 내용을 살펴보고, 어떤 비구니가 승가에 음식이 부족해 집에 식사하러 가게 되자 비구니 신변 안전을 위해 이미 제정했던 계를 수정한 이야기를 살펴볼 것이다. 여기서도 '출가'에는 가족과 관계를 반드시 단절했다는 의미가 없음을 알 수 있다.

5절에서는 비구니가 친척 집에 머물러도 죄를 짓는 것이 아니라고 말한 이야기를 소개할 것이다. 이 비구니는 비구니승가가 아닌 재가자 집에 있었다. 어떤 상황에서는 비구니가 친척 집에 있었을 가능성도 있다.

6절에서는 출가할 때 비구나 비구니가 가족과 관계를 끊어야 한다는 요구를 받지 않았기에 가족이 함께 출가했던 내용을 살펴볼 것이다. 여러 율장에는 아버지가 출가할 때 아들도 함께 출가했던 내용이 있다. 이것으로 승가가 가족과 관계를 계속 유지했던 것을 알 수 있다.

7절에서는 율장을 기록한 저자/편찬자들이 비구가 자녀와 같이 출가할 수 있다고 생각했던 내용을 확인해 볼 것이다. 아버지와 아들이 같이 출가한 내용에서 부수적으로 언급했던 이야기로 살펴볼 것이다. 율장에서 지나가는 말로 언급했던 내용 가운데 수행자가 포기했던 것이 무엇이었는지, 율장을 기록한 저자/편찬자들이 생각했던 것이 무엇이었는지 많은 것을 알 수 있다.

8절에서는 인도에서 일반적으로 속세를 떠난다는 개념이 무엇이었는지 살펴볼 것이다. 여기서 율장이 가진 활용 가능성을 조명해 줄 몇몇 내용도 논의해 볼 것이다. 결론에서는 율장 저자들이 아주 초기 문헌부터 생물학적 비구나 비구니가 승가에 함께 있을 수 있다고 전제했던 것을 볼 수 있는 자료를 하나 더 소개할 것이다.

1. 석조에 새긴 가족 관계

석조에 새긴 기부 관련 내용을 보면, 우리는 비구나 비구니가 버렸다던 가족과 오히려 더 활발하게 만났던 것을 알 수 있다: 어머니, 아버지,

형제, 자매, 남편, 아내, 자녀.[2] 지금 언급할 금석문 자료가 완벽하진 않아도 율장이 아닌 금석문에 새긴 기부 기록으로 비구나 비구니가 가족과 계속 만났다는 내용을 살펴볼 수 있다면 이것으로 충분하다.

인도 중부 산찌(Sāñcī) 금석문은 특히 비구나 비구니가 기부한 내용을 풍부하게 새긴 것 가운데 하나이다. 여기서 특정 비구나 비구니가 활동한 것은 기원전 1세기 전후라고 볼 수 있다.[3] 이 금석문에는 비구나 비구니를 언급한 내용이 많다. 이들을 어떻게 구별해야 하는지 생각해 볼 가치가 있다. 여기에는 여러 경향이 있다. 어떤 비구가 기부한 내용을 석조에 간단히 새긴 것을 먼저 살펴볼 것이다.[4]

비구 까다(Kāda)가 한 기부.

(Lüders 1912 §167; Majumdar §34; Tsukamoto 〔Sāñcī〕 §20)

비구니들이 기부한 내용은 출신지나 거주지만 기록했다:

---

2 Schopen 1984, 1985. 쇼펜은 인도에서 비구나 비구니는 기부에 적극적으로 동참했고, 중국 비구나 비구니에게서 볼 수 있는 효가 전적으로 중국 것이 아니라는 것을 보여주려고 금석문 자료를 사용했다: 인도 비구나 비구니도 중국 비구나 비구니처럼 부모를 위한 복지에 관심이 있었다.

3 산찌(Sāñcī) 금석문 연대와 계층화는 Dani 1963, 64-65 참조; Dehejia 1972, 35-38.

4 아래에 제시한 금석문 번역은 새로운 번역이 아니다. 필자는 전문가들이 초기에 번역한 것을 약간 수정했다. 하지만 고유명사를 산스크리트화 하려는 시도는 하지 않았다. 그러나 bhichu(Skt. Bhikṣu)와 같은 일부 용어는 산스크리트화했다. 마줌다르(Majumdar)에 대한 참고문헌은 Marshall and Foucher 1940, vol. 1 참조.

바디바하나(Vāḍivahana)에서 온 비구니들이 한 기부.
(Lüders 1912 §163; Majumdar §22; Tsukamoto〔Sāñcī〕§8)

어떤 것은 기부자 이름, 거주지만 기록했다:

뽀카라(Pokhara)에 사는 비구 아라하디나(Arahadina)가 한 기부.
(Lüders 1912 §337; Majumdar §101; Tsukamoto〔Sāñcī〕§87)

바디바하나에서 온 비구니들과 아라하디나 비구는 살았거나 태어난 지역만 기록했다. 어떤 비구승가나 비구니승가에 거주했겠지만, 어떤 이유에서인지 이 승가와 관련한 기록은 없다. 어떤 비구는 존경을 표하며 언급했다:

고귀한 비구 빠사나까(Pasanaka)가 한 기부.
(Lüders 1912 §174; Majumdar §144; Tsukamoto〔Sāñcī〕§130)[5]

비구나 비구니가 보는 가족 관계 관점에서 확인할 수 있는 더 흥미로운 내용이 산찌(Sāñcī) 금석문에 많이 있다.

파구나(Phaguna)와 형제, 비구 우빠시즈하(Upasijha)가 한〔기부〕.
(Lüders 1912 §294; Majumdar §233; Tsukamoto〔Sāñcī〕§219)

---

5 같은 글이 3번 새겨져 있다: Tsukamoto塚本啓祥 (Sāñcī) §§134-135 참조.

이 비구는 아마도 재가자인 파구나와 형제인 것 같다. 다른 금석문에는 비구니의 어머니를 기록한 것도 있다:

꼬다(Koḍā)가 한 기부, 비구니의 어머니 …

(Lüders 1912 §647; Majumdar §653; Tsukamoto 〔Sāñcī〕 §711)

웃제니(Ujenī)에서 온 비구니 다마야사(Dhamayasā)의 어머니가 한 기부.

(Lüders 1912 §410; Majumdar §60; Tsukamoto 〔Sāñcī〕 §46)

고귀한 라힐라(Rahila)의 어머니가 한 기부, 사피네야까(Sāphineyaka.)

(Lüders 1912 §198; Majumdar §352; Tsukamoto 〔Sāñcī〕 §388)[6]

여기서는 비구니가 직업인 딸이 기부할 때 어머니와 지역을 언급한 것을 볼 수 있기에 이 어머니와 관련한 불교가 가진 문화적 가치뿐 아니라 지역을 기록한 것에서도 무언가를 알 수 있을 것이다.

다른 금석문들을 보면 몇몇 비구니가 어머니였던 것 같다. 이는 놀라운 일이 아니다. 특히 나이 든 여성이 사별했을 때 비구니로 출가했을 수도 있기 때문이다. 물론, 이것이 가장 일반적인 해석일지라도 이것만이 유일한 해석은 아니다. 놀라운 것은 어머니가 비구니로 출가했으면서도 자녀와 관련해 자신을 확인하겠다는 의지를 결코

---

6 Bühler 1894, 371(§137) 참조.

막을 수 없었다는 것이다:

> 비구니 이시다시(Isidāsī)가 한 기부…, 사그하라키따(Sagharak-hitā)의 어머니.
>
> (Lüders 1912 §590; Majumdar §674; Tsukamoto 〔Sāñcī〕 §732)

다음은 까르리(Kārli)에서 서력기원 즈음 기부한 내용을 새긴 난간이다:

> 이 난간은 비구니 꼬띠(Koṭī)가 한 기부, 구니까(Ghuṇika)의 어머니 남디까(Naṃdika)가 만들었다.
>
> (Lüders 1912 §410; Senart §18; Tsukamoto 〔Kārli〕 §31)

이 금석문을 보면, 두 여인－비구니 이시다시와 비구니 꼬띠－은 자녀가 있었음이 분명하다. 이들이 아이를 낳고 키운 후에 비구니가 되었는지, 수행자로 출가해 승가에서 아이를 낳고 키웠는지 내용이 구체적이지는 않다. 이 주제는 4장에서 탐구해 볼 것이다. 지금 중요한 것은 이 어머니가 비구니라는 것이다. 이와 비슷하게, 바르훗트(Bhārhut)에서 발견한, 모계를 확인할 수 있는 비구니가 기부한 내용을 새긴 초기 금석문을 볼 것이다:

> 비구니 바디까(Badhikā)가 한 기부, 마하무키(Mahamukhi)의 딸, 답히나(Dabhina)에 거주하는.

(Lüders 1912 §718; Lüders 1963 §42; Tsukamoto [Kārli] §33)

이로부터 몇 세기가 지난 2세기에 샤일라르와디(Śailārwāḍi)에서 기부한 강당도 볼 수 있다. 이 금석문에는 사그하(Saghā)와 붓하(Budhā)라는 두 여성이 기부한 내용이 있다. 적어도 한 명은 존자 시하(Siha)의 제자이며 여성 탁발 수행자(pravrajitikā)인 그하빠라(Ghapara)의 딸이라고 새겨져 있다:[7]

> 쩨띠야(Cetiya) 강당에 한 경건한 기부는 붓하(Budhā)와 사그하(Saghā)가 하였다. 여성 탁발 수행자 그하빠라(Ghapara)의 딸, 존자 시하(Siha)의 여성 제자 …
>
> (Das Gupta; Tsukamoto [Śailārwāḍi] §2)

이와 비슷하게, 아마라바띠(Amarāvatī)에서 대략 100년경으로 추정하는 비디까(Vidhika)라는 가죽 세공인이 한 기부도 있다:

> 경건한 기부 … 가죽을 다루는 세공인인 비디까(Vidhika)가 한, 우빠드야야 나가(Upādhyāya Nāga)의 아들로, 어머니와 아내와

---

7 스승과 제자 관계를 금석문과 문헌 자료로 더 조사해 보면 가치가 있을 것이다. 이 금석문을 보면 비구에게 비구니 제자(antevāsin)가 있었다. 특히 Upasak 1975, 18, s.v., antevāsika(스승과 함께 살고 있는 사람)를 어원적 정의로 받아들인다면 흥미로울 것이다: '스승(Ācārya)과 함께 거주하는 사람.' Law 1939~1940, 32 참조.

형제들과 아들 나가(Nāga)와 딸들과 일가친척들과 친구들과.

(Lüders 1912 §1273; Sivaramamurti §41; Tsukamoto 〔Amarāvaī〕 §70)

비디까(Vidhika)는 우빠드야야 나가의 아들이고 가죽 세공인이라는 직업이 있었다. 우빠드야야(Upādhyāya)가 장로라면 최소 10년 이상 된 지위를 가진 비구이며 중급 비구에게 종교 교육을 하는 (또는 담당할 자격이 있는) 비구이다.[8] 이 특별한 장로에게는 아들뿐 아니라 같은 이름을 가진 손자도 있었다.

200년~250년 즈음 같은 상소에 있던 금석문에서 비구 비디까를 기부자로 언급한 것을 볼 수 있다:

기부 … 젊은 비구 비디까가 한, 존자 나가의 제자, 꾸드라(Kudūra)에 거주하고, 여성 제자 붓하라키따(Budharakhitā)가 한, 손녀 쭐라-붓하라키따(Cūla - Budharakhitā)가 한.

(Lüders 1912 §1295; Sivaramamurti §99; Tsukamoto 〔Amarāvatī〕 §88)

이 젊은 비구가 기부한 것을 새긴 금석문에는 붓하라키따〔붓다에게 보호를 받는〕라는 여성 제자와 손녀 쭐라-붓하라키따〔작은 붓하라키따〕를 언급했다.

아마라바띠에서는 조금 다른 관계로 사자좌를 기부한 것이 있다. 이것은 사원(Skt. caitya; P. cetiya) 숭배자(또는 순례자)라 불린 존자

---

8 VSSMSB Sūtra nos.78-79(VSPVSG 2007, 39-40) 참조.

붓히(Budhi) 장로와 자매 비구니 붓하(Budhā)가 기부한 것이다:

> 장로가 한 기부, 쩨띠야 숭배자, 존자 붓히, 자매 비구니 붓하–
> 경건하게 사자좌를 기부.
>
> (Lüders 1912 §1223; Tsukamoto 〔Amarāvatī〕 §29)

이 금석문은 생물학적 자매가 아니라, 다르마 안에서 붓히의 자매를 언급했을 가능성도 있지만,[9] 형제자매가 수행자가 되어 함께 살았다고도 볼 수 있다. 이 장로는 자매와 같이 기부하고 같이 이동한 것 같다.[10] 존자 붓히와 쭐라 붓히의 자매, 비구니 붓하가 기부한 것을 새긴 금석문이 이것을 말해 주는 것 같다:

> 〔기부〕 젊은 비구니 붓하, 존자 붓히의 자매 … 그리고 쭐라 붓히,
> 삐두바나(Piduvana)에 거주하는 …
>
> (Shizutani §159; Sivaramamurti §96 ; Tsukamoto 〔Amarāvatī〕 §153)

이와 관련하여 다음 금석문은 주목할 만하다. 여기서는 비구니가 딸들과 함께 기부한 것을 볼 수 있다:[11]

---

9 1장 각주 170-171이 있는 본문 내용에서 자매(bhaginī)와 관련해 Horner가 설명한 것 주목; 1장 각주 170. Schopen 연구 참조.

10 사원숭배(caityavandaka)나 사원(caitya) 숭배자에 대한 정확한 의미는 일치하지 않는다. Schopen(1996a) 2004a, 250 각주 31 참조.

11 이것은 자주 있는 일이다. 기부자가 단체이거나 개인인데 이 기부를 구별하는 것은 불가능하다. 이에 따른 장점도 있다; 2가지 해석이 모두 가능하다는 것이다.

비구니 붓하라키따(Budharakhitā)가 한 기부 …, 장로의 여성 제자, 존자 붓하라키따(Budharakhita), 라자기리(Rājagiri)에 거주, 난간 건축 감독관,[12] 그녀의 딸들, 다마디나(Dhamadinā)와 사그하라키따(Sagharakhita)의.

(Lüders 1912 §1250; Sivaramamurti §69 ; Tsukamoto 〔Amarāvatī〕 §49)

다음 아마라바띠 금석문은 가족으로 볼 수 있는 여성들이 3대에 걸쳐 종교적으로 기부한 것을 언급했다:

성공! 제따빠라바나(Jetaparavana)에 거주하는 여성 탁발 수행자 사그하라키따(Sagharakhitā)가 한 기부, 그녀의 딸 여성 탁발 수행자 하그하(Haghā), 그녀의 딸 지야바(Jiyavā)-수직으로 세운 석판을 경건하게 기부.

(Lüders 1912 §1262; Shizutani §64; Sivaramamurti §31 ; Tsukamoto 〔Amarāvatī〕 §61)

여기서 세 여성은 사그하라키따, 하그하, 지야바이다. 지야바는 사그하라키따의 딸인 하그하(Skt. Saṅghā)의 딸로 볼 수 있다. 하그하

사바(娑婆; sahā)라는 관용적인 표현은 Schopen(1984) 1997, 69-70 각주 35 참조.

12 navakarmaka/navakarmika를 '건축 감독관'으로 번역하는 것은 적당하지 않다. 하지만 정확한 뜻은 알 수 없다. 이와 관련한 최근 연구는 Silk 2008, 75-99 참조; Kieffer-Pülz 2010b, 77-78. Schopen 2006, 231-236 참조.

와 사그하라키따는 탁발 수행자(pavajitikās)이다. 이것이 비구니를 의미하는 것인지는 확실치 않다; 이들이 아마라바띠에서 볼 수 있는 비구니(bhikṣuṇīs)인지도 확인할 수 없다.[13] 하지만 손녀 지야바와는 달리 두 탁발 수행자는 확인이 쉬운 불교 이름(Saṅgharakṣitā와 Skt. Saṅghā)인데,[14] 이것도 본명인지는 확실치 않다.[15] 여기에는 세 여성이 있는데 둘은 탁발 수행자이고, 둘은 딸이라는 사실을 제외하면 알 수 있는 것이 없다. 하지만 비드야 데헤지아(Vidya Dehejia)처럼, 이것과는 다르지만 비슷한 금석문을 근거로 "이런 결과로 여성들이 가끔 혼인 관계를 포기하고 출가한 것으로 보인다"라고 추측할 필요는 없다.[16]

마지막으로 유명한 비구 발라(Bala)가 나오는 마지막 금석문은 고려해 볼 가치가 있다. 카니쉬카(Kaniṣka) 재위 3년에 비구 발라가

---

13 Tsukamoto塚本啓祥〔Amarāvatī〕§§29, 49.4, 51(Tsukamoto는 번역에서 Bhikṣuṇī를 생략했다), 56, 63, 148(여기에 더 많은 것이 있다) 참조.

14 Sankalia 1942, 351, "접미사 rakhita(~를 보호하는 것)는 … 특별히 불교에 공헌한 것 같다. 이 접미사가 붙은 이름은 불교가 생긴 이래 모든 역사에서 볼 수 있기 때문이다."

15 인도에서 비구나 비구니들이 수계 후 새로운 이름을 사용했는지는 명확하지 않다. 그러나 『근본설일체유부율』에 있는 수계명과 관련한 최소 두 자료는 T.1443〔xxiii〕 1005b11-19, 1008b1-6(권18) 참조. 『불교의식개론(Kriyāsaṃgraha)』에서 중요 문장은 Tanemura種村隆元 1993, 41, 1994 참조. 수계명과 관련해 미얀마 팔리 승가에서 사용하는 공식적인 표현(nāmasammuti)은 Peters 1997, 283(Frankfurter 1883, 149-150) 참조. 수계식에서 임시로 사용한 이름(Nāga와 Tissa)과 관련해서는 Kieffer-Pülz 1997 참조.

16 Dehejia 1997, 170.

'세존이 건넌 바라나시(Bārāṇasī)에' 세운 거대한 보살(붓다) 입상에 새긴 기부 내용이다:

> … 〔기부〕 비구 발라(Bala), 삼장(Tripiṭaka)에 통달한 대가이며 비구 뿌샤붓디(Puṣyavuddhi)와 동행이며, 부모와 은사이자 스승들과 동행들과 삼장에 통달한 붓다미뜨라(Buddhamitrā)와 함께 … 모든 중생이 행복하고 안녕하기를.
>
> (Lüders 1912 §1250; Shizutani §1689; Tsukamoto 〔Sārnāth〕 §4; J.Vogel §iii.a)

후비쉬까(Huviṣka) 33년, 인상적인 마투라(Mathurā) 보살상 받침대에 새긴 것도 있다:

> … 보살 〔상〕은 비구니 다나바띠(Dhanavatī), 비구니 붓다미뜨라(Buddhamitrā)의 조카딸이, 마두라바나까(Mādhuravaṇaka)에 세웠다, 삼장을 알고 있는, 비구 발라(Bala)의 여성 제자, 삼장을 알고 있는, 어머니, 아버지와 함께 …
>
> (Bloch §B;Lüders 1912 §38; Shizutani §572; Tsukamoto 〔Mathurā〕 §11)

이 금석문에서 비구니 다나바띠(Dhanavatī)는 삼장(tripiṭaka)에 통달한 비구니 붓다미뜨라(Buddhamitrā)의 조카딸이다. 발라와 다나바띠가 부모를 언급했다고 해서 승가와 같이 기부했다고 생각할 필요는 없을 것 같다. 여기에 부모를 언급한 것은, 아마도 대부분은 기부하는 장점을 공유하려고 그랬던 것 같다. 여기서 흥미로운 것은 비구니 다나바띠가 유명한 비구니 붓다미뜨라와 등장한 것이다. 불교 교리와 계율 전문가인 한 비구가, '속세를 떠난' 두 비구니의 가족 관계에 어떤 불편함도 없이 등장해 아주 행복하게 석조에 새겨져 있는 것이다.

일반적으로 기부 금석문에, 특히 '모든 중생을 위해'라고 비구 발라가 관용적 표현을 사용한 것에, 바샴(A. L. Basham)은 "비구 발라(Bala)가 '모든 중생이 행복하고 안녕하기를' 바라는 관용적 표현으로 기부한 것은, 이전이나 이후에 다른 비구들처럼 이론적으로는 가족과 관계를 끊었지만, 다른 비구들보다 먼저 부모에게 은혜를 갚으려고 노력했던 것은 완전히 '세상을 포기'하지 못하고 실패한 것이다"[17]라고 말했다. 비구 발라가 부모를 위해 기부한 것이 승가에서 시험한 어떤 유형과 관련해 실패한 부분을 인정했다고 보는 것은 전적으로 부당하다. 이 실패는 전적으로 우리가 생각해 낸 것이다; 삼장에 통달했던 발라와 붓다미뜨라처럼 학식 있는 비구나 비구니가 규범적 전통에서 출가가 수반하는 것, 수반하지 않는 내용을 확실하게 이해하지 못했다고 우리가 생각한 것이다.

지금까지 살펴본 금석문 자료는 후대로 전달되는 동안 시간이 멈춘 것처럼 편집자도 변경하지 않았고, 종교적 활동 면에서도 방해받지 않았기에 그대로 보존되었다. 이 자료는 서력기원 즈음 인도 비구나 비구니에 가장 근접할 수 있는 직접적인 자료이다. 지금까지

---

17 Basham 1981, 33.

비구 우빠시즈하〔Upasijha, 파구나(Phaguna)와 형제〕, 비구니 이시다시〔Isidāsī, 사그하라키따(Sagharakhitā)의 어머니〕, 비구니 바디까〔Badhikā, 마하무키(Mahamukhi)의 딸〕와 같은 비구나 비구니가 승가나 집에서 가족과 교류했던 상황을 확인해 보았다. 인도 비구나 비구니가 경건한 기부 활동에서 부모, 자녀, 형제자매는 물론 생물학적 혈족과도 꾸준히 왕래하거나-왕래했었던- 사실을 이 자료들로 증명해 보았다.

그러나 기부 금석문에 기록된 종교적 행위에서 비구와 비구니가 가족과 교류했었다는 자체만으로 비구와 재가사 또는 동행 친척이 계속 교류했다는 증거라고 볼 수는 없다. 우리가 아직 완전히 이해하지 못한 자기 동일시와 경건한 기부를 둘러싼 사회·문화·학문에서 볼 수 있었던 관습으로 금석문 자료를 제한할 수 있을까?[18] 게다가 기부 금석문이 언급했던 당사자들은 단지 숙명적인 보답으로 가족에게 받은 은혜를 확실하게 밝혀두려고 이런 기부를 했을 수도 있다. 하지만 위에서 살펴본 금석문 자료에서 승가와 가족이 꾸준히 만났던 기록을 보고 한 가지 조언을 얻었다면, 다음 본체 자료에서는 이것을 완벽하게 확인할 수 있을 것이다: 이것은 율장이다.

2. 집에서 길 위의 삶으로

불교 문헌에서는 남성이나 여성이 수행자로 '세상을 포기한다'라는

---

18 Sankalia 1942, Shobana Gokhale 1957, Mulay 1972, Shah 2001 참조.

말을 '집에서 길 위의 삶으로 나아간다'라거나 단순하게 '출가한다'라는 표현으로 말했다.[19] 여기서는 산스크리트본, 팔리어본, 티베트어본, 한역본(또는 일본어)으로 기록한 이 문장에서 출가가 가진 본질을 이해하는 것이 핵심이다. 하지만 율장을 기록한 저자/편찬자들이 미래를 구상하며 인정했던 승가에서는, 길 위의 삶으로 나아가려면 가족과 관계를 끊어야 한다고 말하지 않았다.

지금까지 이 말을 가장 자세히 정교하게 다룬 스티븐 콜린스(Steven Collins)는 "가족이 가진 이미지를 사회적, 심리적 울림으로 재구성했다"[20]라고 말했다. 콜린스는 출가를 육체적, 심리적, 존재론적 3단계로 구분했다. 하지만 콜린스는 첫 단계에서조차 "비구가 되려면 가정생활을 포기하고 육체적으로 출가해야 했다"라고 단언했다.[21] 우리는 지금 이 문장에서 비유적이며 비문자적인 의미를 볼 수 있다.[22] 하지만

---

19 Trenckner가 집필한 『A Critical Pāli Dictionary』(1924~2011)는 팔리어 agārasmā anagāriyaṃ pabbajati를 agāra(q.v.) '집, 가정생활', anagāra(q.v.) '집 없는'이라고 설명했다. Childers〔1875〕 1979; Rhys Davids and Stede〔1921~1925〕 1997, s.v., agāra; Cone 2001, s.v., agāra: anagāra 참조. Trenckner는 '집 없는', Rhys Davids와 Stede는 '집 없는'보다는 '길 위의 삶'을 선호했다. Cone 2001도 마찬가지이다. 그러나 현대 사전 편찬자들은 '가족'을 떠난다는 의미를 담지 않도록 주의했다. Childers〔1875〕 1979 참조; Rhys Davids and Stede〔1921~1925〕 1997, s.vv., pabbajati, pabbajjā. 필자는 이와 비슷한 용어를 번역할 때 일반적으로 '집'과 '길 위의 삶'을 사용했지만, 가족 개념을 포괄하는 뜻으로 받아들이지는 않았다.

20 Collins 1982, 171.

21 같은 책; 또는 Collins 1988, 105 참조.

22 Hamilton 2000, 102-103에서 이 말이 가진 은유적 사용에 주목했다. 하지만

연구자들은 이 말을 액면 그대로 받아들였다.[23] 인도 승가에서 한 남성이 출가하려고 할 때 부인(또는 부인들)이나 자녀와 함께 출가할 수 있었다는 것에 주목했던 연구자는 거의 없었다. 기존 연구자들은 가족을 포기하는 것과 출가하는 것이 같다고 생각했거나 혼동한 경향이 있었다.

스피로(Spiro)는 "젊은이가 '출가'할 때, 그는 출가하는 것 이상인 일을 했다.—이것은 이 과정을 특징짓기에 너무 수동적인 말이다. … 그는 오히려 가정을 버렸다. 그는 적극적으로 부모, 형제자매와 관계를 끊었고, 부인과 자녀에게서 기대할 수 있는 관계 형성도 자세했다"라고 말했다.[24] 스피로는, 무사이프 마송(J. Mousaieff Masson)이 말한 '동행 비구와 맺는 관계, 가족과 유대, (고독한 생활에서) 애정 때문에 발생할 수 있는 인간이 가진 기본 욕구에 대한 거부'를 인용하며, 이 말이 문자 그대로를 의미한다고 보았다.[25] 하지만 스피로(Spiro)와

'길 위의 삶'은 '자신이 가진 욕망이 묶여 있는 집으로부터 자유로워졌다'라는 의미로 받아들였다.

23 이 문구를 말 그대로 받아들인 것으로 볼 수 있는 연구에서 소규모 표본 추출은 다음 참조. Fausböll 1881, xv; Thomas〔1933〕 2002, 44-45; Dissanayake 1977, 33; Misra 1979, 4; Olivelle 1981, 268, 1984, 131 각주 87; Bronkhorst〔1993〕 1998, 81; Findly 2003, 297; Mills 2003, 57, cf. 69; Gutschow 2004, 175.

24 Spiro〔1984〕 1986, 50; p.48 참조.

25 Masson 1976, 620. 그러나 Sukumar Dutt〔1962〕 1988, 45에서 균형 잡힌 관찰에 주목해야 한다: "속세를 떠난다는 것은 속세를 떠난 사람이 고독 속으로 빠져든다거나 사회적 공백으로 빠져든다는 의미가 아니다. … '길 위의 삶'이 반드시 냉담하다거나 동반자가 없는 상태를 의미하는 것이 아니다. 세상을 떠나는 사람에게 이런 조건은 선택 사항이다."

마송(Masson)만이 비구나 비구니가 출가할 때 가족을 떠났다고 가설을 세운 것이 아니다.[26] 리비아 콘(Livia Kohn)은 도교 사원 연구에서, "불교는 비구와 가족을 완전히 분리하는 것을 많이 설명했다. … 하지만 도교 수행자들은 본래 가족과 관계를 포기하지 않았다. 중세 도교에서는 출가한다거나 '가족을 떠난다는 것'이 모든 세속 관계와 완벽하게 단절했다는 것을 의미하지 않았다"[27]라고 말했다.

일반적으로 통용되는 이 말에 의문을 제기하려는 것은 아니다; 이것은 문법으로, 어휘로, 문장으로 간단하다. 인도에서 비구나 비구니들에게, 특히 약 2천 년 전에 율장을 기록한 저자/편찬자들에게 이 말이 어떤 의미였을까를 질문해보면 된다. 불교 문헌에서 어떤 용어나 구절이 의미하는 범위를 결정할 수 있는 유일한 방법은 문맥을 통해서이다. 사전, 용어집, 기타 저작들은 단어가 뜻하는 분야(또는 대략적인 범위)에서 제한적 의미만을 제공하기 때문이다. 출가를 둘러싼 가장 중심적이고 가장 기본적인 구절 가운데 한 가지 의미를 확립하

---

26 Nyanatiloka[1952] 1956, s.v., pabbajja: "한 비구가 '집에서 길 위의 삶'으로 나아가는 … 비구는 순수한 삶을 살려고 가족과 모든 사회적 유대를 단절한다." Grimm 1958, 305에서 '길 위의 삶(pabbajjā)으로 나아가는 것'을 말했다: "붓다는 가장 높은 길을 가고자 하는 사람에게 아내와 자녀, 집과 가정, 돈과 재산을 포기하라고 요구했다." Yu 1997, 122: "취한다. … 승가에서 '거룩한 명령'을 받는 것은 … 나타낸다. … 불교는 중국 문화에서 사회적, 윤리적 이상과 가장 심각하게 충돌한다. pravarājya[원문](出家, 문자 그대로 가족을 떠나는 것)의 삶에 전념한다는 것은 중국인이 가장 소중히 여기는 가족과 유대를 포기한 것이다."

27 Kohn 2003, 57.

기 위해 율장에서 이렇게 사용한 2가지 중요한 예를 검토해 볼 것이다. 여기서는 패트릭 올리벨(Patrick Olivelle)의 훌륭한 조언을 받아들여, '인도에서 출가한 사람들, 출가자인 자신이 이 상황을 어떻게 이해했는지' 검토해 볼 것이다.[28] 이 문헌에는 출가자들이 자신을 이해한 정보들이 들어있다.

지금부터는 깔란다까(Kalandaka)의 아들, 수딘나 이야기를 시작할 것이다.[29] 수딘나는 모든 율장에서 볼 수 있다. 하지만 율장마다 약간씩 변형이 있다.[30] 『근본설일체유부율』을 보면, 보살–즉, 붓다–이 정각을 이룬 13년 후 수딘나는 동등한 신분인 집안에서 아내를 맞이하고, 놀고, 즐기고, 사랑을 나누었다.–이것은 가계를 관습적으로 표현하는 말이다.[31] 이후 그는 기뻐하며 불·법·승에 귀의했다. 머리카락과 수염을 자르고 황색 옷을 입고, 믿음을 갖고 집에서 길 위의 삶으로 나아갔다(dad pas khyim nas khyim med par rab tu byung ngo; 便以正信捨家趣非家.)[32]

---

28 Olivelle 1975, 75.

29 수딘나는 Freiberger 2005, 243-245. 참조.

30 일부 부분 번역은 Anālayo 2012 참조. 티베트어본 부분 번역은 Martini 2012 참조.

31 sTog, *'Dul ba*, CA 32a4-40b4; T.1442〔xxiii〕 628a14-629cl(권1) 이 가계를 설명하는 전체 형태는 Hiraoka平岡聰 2002, 157(3.A.a) 참조. Demoto 1998, 37(7.1) 참조.

32 sTog, *'Dul ba*, CA 32b2; T.1442〔xxiii〕 628a20-21(권1), 『사만따빠사디까』(Sp 1:203.25-.29)에 "집에서 '길 위의 삶'을 위해 떠난다"라는 말을 설명해 놓았다. 이 말은 다른 여러 주석서에도 있다. Masefield(2008~2009, 2:586)는 이 말을 『여시어경』 주석(Bose〔1934~1936〕 1977, 2:73.10-.13)에서 다음과 같이 편리하

『맛지마니까야』에 나오는, 믿음을 통해 출가한 사람들 가운데 으뜸이라는 비구 랏타빨라(Raṭṭhapāla, Skt. Rāṣṭrapāla)도 거의 같은 내용이다.[33] 하지만 묻지 못한 질문은 수딘나가—또는 이와 관련해 랏타빨라가—정확히 어디서, 언제 길 위의 삶을 선택했냐는 것이다. 『근본설일체유부율』을 보면 그가 생활했던 방식에서 정확한 성격을 파악하기가 약간 모호하다. 비구[34] 수딘나는 승가로 출가했어도 계속 집에서 살았던 것으로 보인다: "〔수행자로〕 출가한 그는 재가자였을 때와 마찬가지로 가족과 계속 만났다."[35] 이 율장을 기록한 저자/편찬자들이 전개

게 번역했다: 그리고, 이와 관련하여 밭일, 장사, 평화로운 가정과 관련한 것을 '〔가정〕'이라고 하는데, 이 중 어느 것도 〔앞으로〕 나아가는 것이 아니므로 나아가는 것을 '길 위의 삶'이라고 말해야 한다."(대괄호는 원문) Masefield (1994~1995, 2:778)는 또한 『Udāna』를 논평하면서 주석도 번역했다(Woodward〔1926〕 1977, 309.6-.8). 『사만따빠사디까』 한역본으로 볼 수 있는 해당 문장은 Bapat and Hirakawa 1970, 150 참조. 적어도 주석가들은 이 길 위의 삶을 정의할 때 길 위의 삶이 가족을 떠나는 것과 아무런 관련이 없다고 보았다.

33 Horner〔1957 1970, 2:251 각주 2에서 이미 유사점을 보았다; von Hinüber〔1976〕 1994, 71-72, 1996, 13 참조. 가장 뛰어난 제자 중 한 명인 랏타빨라(Raṭṭhapāla)는 『앙굿따라니까야(Aṅguttara-nikāya)』(Morris〔1885〕 1961, 24.16-.18) 참조. 영어 번역은 Woodward〔1932〕 1960, 18 참조.

34 수딘나가 구족계를 받았다는 내용이 한역본이나 티베트어본에는 없는데 다른 율장에는 있다: 『오분율』 T.1421〔xxii〕 2c28-29(권1); 『팔리율』 Vin 3:15.1-.2; BD 1:26; 『십송율』 T.1435〔xxiii〕 la11-12(권1).

35 sTog, *'Dul ba*, CA 32b3; T.1442〔xxiii〕 628a21-22(권1). Anālayo 2012, 408 각주 23, "본 사례가 실제로 집에 사는 비구를 묘사한 것인지 의심스럽다." 그러나 번역(408)에 주목한다: "나아갔음에도 〔불구하고〕 그는 친척들과 긴밀하게 교류했다."(대괄호는 원문) Martini 2012, 442에서는 덜 불확실해 보이지만,

한 내용에는 비구로 '출가'했다고 말한 것이 있다. 그는 수행자로 세상을 버렸다. 하지만 가족과 단절하라는 요구를 받은 적이 없다. 심지어는 육체적으로도 이들과 단절할 필요가 전혀 없었다. 비구는 출가하기 전과 마찬가지로, 재가자일 때 그랬던 것처럼 계속 가족과 만나고 있었다. 수딘나가 여전히 가족과 같이 살았던 것인지, 가족과 단순히 왕래만 하고 있었던 것인지는 모호하다. '집에서 길 위의 삶으로 나아가다'라는 말을 비유적으로 가장 잘 표현했다는 말도 조금 의심스럽다. 하지만 비구니 다르마딘나(Dharmadinnā)는 이렇게 의심할 필요가 없다.

다르마딘나 이야기에는 다르마딘나가 수계 조건을 갖추지 못한 상황에서 대리인을 통해 구족계를 받은 공식 선례가 들어있다.[36] 이

"그는 이렇게 나아갔지만 〔여전히〕 재가자였을 때처럼 계속 사람들과 섞이며 머물렀다."(필자가 강조; 대괄호는 원문)

36 대리인과 다르마딘나 수계는 Hirakawa平川彰〔1960〕 1999~2000, 2:164-165; Finnegan 2009, 156-163, 201-209(Dharmadattā); Yao 2011; Anālayo 2011 참조. 이 이야기가 가진 중요성은 Nishimoto西本龍山(1933~1938, 26:405-406)가 이미 언급했다.

다양한 수계 유형을 여러 문헌이 인정했다. Hirakawa平川彰〔1960〕 1999~2000, 2:160-178 참조; Hakamaya袴谷憲昭 2011. 『아비달마구사론』에서 10가지 수계 유형 목록 가운데 『살바다부비니마득륵가(Sapoduobu pini modeleqie)』(T.1441), 『근본설일체유부율』 가운데 『Vinaya-Uttaragrantha』의 마뜨르까(Mātṛkā; 개요)에서는 대리인에게 계를 받은 예로 다르마딘나(Dharmadinnā)를 인용했다. Pruden 1988~1990, 2:592 참조; 조금 불편하지만: T.1441〔xxiii〕 594a18-b9(권5) 참조; sTog, *'Dul ba*, NA 340a6-341a6. 특히 3가지 비구니 유형과 관련한 수계를 논의했다(NA 341a1-6). 『살바다부비니마득륵가』와 『근

수계는 모든 율장에서 볼 수 있다. 『근본설일체유부율』 외에는 주인공 비구니가 일반적으로 아르다까쉬(Ardhakāśī)이다.[37] 『근본설일체유부율』을 보면, 쉬라바스띠(Śrāvastī)에서 부유한 두 장자는 앞으로 태어날 자녀가 결혼할 나이가 되면 결혼한다는 데 동의했다. 한 장자의 딸인 다르마딘나(Dharmadinnā)와 다른 장자의 아들인 비샤카(Viśākha)는 약혼을 했다.[38] 다르마딘나는 어렸을 때 항상 울었다. 하지만 한 비구가 아버지에게 설법하러 왔을 때는 전혀 울지 않고 다르마에 귀를 기울였다. 그녀는 어린 나이에도 다르마를 좋아했기에 다르마딘나라는 이름을 얻었다.[39]

다르마딘나는 소녀일 때 비구니가 되고 싶었다. 하지만 이미 약혼자가 있어 아버지가 허락하지 않았다.[40] 어느 날, 비구니 웃빨라바르나(Utpalavarṇā)가 우연히 이 집에 왔을 때 다르마딘나는 출가하고 싶다

본설일체유부율』 가운데 특히 『Vinaya-Uttaragrantha』와 관련해 여러 부분이 밀접하게 관련 있는 것은 Clarke 2004a, 84-86 참조; 2004b, 339; 2006a, 11-12; Kishino岸野亮示 2008; Clarke 2010b.

37 반가시(Ardhakāśī) 이야기는 『오분율』 T.1421〔xxii〕 189a26-b15(권29) 참조; 『십송율』 T.1435〔xxiii〕 295b13-296a22(권41); 『팔리율』 Vin 2:277.3-278.12; BD 5:383-384(Aḍḍhakāsī). 대중부에서는 다르마딘나(법예)의 제자라고 했다. T.1425〔xxii〕 474a3-c2(권30), Hirakawa平川彰 1982, 76-81; Roth 1970, §§70-82, Nolot 1991, 37-42. 『사분율』 T.1428〔xxii〕 926b7-c14(권48) 참조.

38 T.1451〔xxiv〕 366b14-c8(권32); sTog, *'Dul ba*, THA 239b6-241b2.

39 T.145i[xxiv〕 366b24-28(권32); sTog, *'Dul ba*, THA 240b5-241al.

40 T.1451〔xxiiii〕 366c14-17(권32); sTog, *'Dul ba*, THA 241b7-242a2. 결혼보다는 비구니로 사는 삶을 선택한 여성 이야기는 Muldoon-Hules, 앞으로 나올 (a) 참조.

고 말했다. 다르마딘나는 아버지가 허락하지 않으니 이 자리에서 자신을 몰래 출가시켜 달라고 비구니 웃빨라바르나에게 부탁했다.[41] 웃빨라바르나는 수행자가 되고 싶어 하는 그녀가 가진 열망을 칭찬했고 성욕이 가진 5가지 단점과 출가하면 얻을 수 있는 5가지 장점을 설명했다.[42] 웃빨라바르나는 다르마딘나가 출가에 동의하자 앞으로 해야 할 일은, 붓다가 주시는 말씀으로 가져올 것이니 기다리라고 말했다.[43] 붓다는 아난다에게 비구니승가를 모아 다르마딘나에게 삼귀의와 오계를 주어 우빠시까(upāsikā)나 헌신적인 재가자로 만들라고 말했다. 붓다는 다르마딘나가 계속 집에 있는 동안에도 삭발하고 출가하면 된다고 말했다(於家中剃髮出家; gnas de nyid du rab tu 'byung bar).[44] 웃빨라바르나는 다르마딘나에게 새로운 지위를 주고 사미니 10계를 주는 비구니가 되었다.[45]

다르마딘나는 웃빨라바르나가 한 설법을 듣고 수행자가 성취할 수 있는 4단계 중 첫 번째 단계인 예류과를 얻었다.[46] 웃빨라바르나가 이것을 붓다에게 말씀드리자, 붓다는 아난다에게 웃빨라바르나는 다르마딘나가 집에 있는 2년 동안 식차마나(śikṣamāṇā) 수행을 할

---

41 T.1451〔xxiv〕 366c17-20(권32); sTog, *'Dul ba*, THA 242a2-4.

42 T.1451〔xxiv〕 366c20-367a8(권32); sTog, *'Dul ba*, THA 242a4-243a2.

43 T.1451〔xxiv〕 367a8-14(권32); sTog, *'Dul ba*, THA 243a2-6. 한역본에서는 기다리라고 말했다.

44 T.1451〔xxiv〕 367a14-18(권32); sTog, *'Dul ba*, THA 243a6-b1. 삭발은 한역본에서만 언급한 것 같다.

45 T.1451〔xxiv〕 367a18-23(권32); sTog, *'Dul ba*, THA 243b1-4.

46 T.1451〔xxiv〕 367a23-26(권32); sTog, *'Dul ba*, THA 243b4-6.

수 있도록 도와주어야 한다고 말했다.[47] 이렇게 2년을 수행하는 동안, 다르마딘나는 두 번째 단계인 일래과를 얻었을 뿐만 아니라 젊고 아름다운 여인으로 성장했다. 두 가족은 결혼 날짜를 정한 후 계획대로 결혼한다고 결정했다.[48]

붓다는 다르마딘나가 결혼식이 예정되어 있기에, 계속 집에 머무는 것은 좋지 않고 법도가 아니라고 말했다. 붓다가 아난다에게 비구니승가에서 다르마딘나에게 범행근주율의(brahmacaryopasthāna-saṃvṛti)를 준 것은, 그녀가 2년 동안 수행을 성공적으로 마친 것을 인증해준 것이다.[49] 이것은 곧 구족계를 받는다는 뜻이었고 웃빨라바르나가 그녀와 다시 인연을 맺게 된다는 뜻이기도 했다.[50] 다르마딘나는 또 설법을 듣고 불환과를 얻었다.[51] 이때 붓다는 아난다에게 두 승가를 모으고 부재중인 다르마딘나에게 구족계를 주라고 지시했다. 웃빨라바르나는 다시 가서 성공적으로 구족계를 받았다고 다르마딘나에게 전해 주었다.[52] 다르마딘나는 또 설법을 들은 후 아라한과를 얻었다.[53]

다르마딘나가 아라한과를 얻은 후 부모에게 비구니승가에 가고 싶다고 말하자,[54] 부모는 붓다와 승가를 식사에 초대하면서 동시에

---

47 T.1451〔xxiv〕 367a26-b3(권32); sTog, *'Dul ba*, THA 243b6-244a4.

48 T.1451〔xxiv〕 367b3-23(권32); sTog, *'Dul ba*, THA 244a4-245a5.

49 T.1451〔xxiv〕 368b2-11(권32); sTog, *'Dul ba*, THA 248b1-7. Kishino岸野亮示 2011 참조.

50 T.1451〔xxiv〕 368b11-13(권32); sTog, *'Dul ba*, THA 248b7-249a2.

51 T.1451〔xxiv〕 368b13-14(권32); sTog, *'Dul ba*, THA 249a2-3.

52 T.1451〔xxiv〕 368b15-20(권32); sTog, *'Dul ba*, THA 249a3-bl.

53 T.1451〔xxiv〕 368b20-28(권32); sTog, *'Dul ba*, THA 249b1-5.

약혼자인 비샤카 부모에게는 결혼을 서두르자고 편지를 보냈다.[55] 다음 날, 비샤카와 아버지는 대규모 수행원과 함께 다르마딘나가 있는 집에 도착했다.[56] 붓다와 제자들이 떠나려 하자 다르마딘나도 붓다를 따라 밖으로 나와[57] 같이 막 떠나려 하는데 비샤카가 붙잡았다. 그러자 다르마딘나는 새롭게 얻은 신통력을 발휘해 하늘 높이 날아올랐다.[58] 이때 비샤카와 수행원들은 용서를 구하며 땅에 엎드렸다. 다르마딘나는 지상으로 내려와 군중에게 다르마를 설하여 수백 수천 명에게 수행자가 성취할 수 있는 다양한 열매나 아라한과를 얻게 해주었다.[59] 붓다는 다르마딘나가 이런 기적을 일으켰기에 비구니승가에서 설법이 가장 뛰어나다고 말했다.[60]

우리는 다르마딘나 이야기와 전생 이야기에 우리를 가둘 필요가 없다. 다르마딘나가 부모 뜻과 다르게 재가자로 대리인을 통해 수행을 시작해서 구족계를 받은 유일한 비구니가 아니라는 것에 주목하면 충분하다. 다르마딘나는 전생에 어떤 젊은 여성이 출가해 구족계를 받을 때 붓다 까샤빠(Kāśyapa) 밑에서 대리인 역할을 했었다.[61]

우리는 다르마딘나 이야기에서 '출가하다'라는 규범적인 용어가

54 T.1451〔xxiv〕 368b29-c2(권32); sTog, *'Dul ba*, THA 249b6-7.

55 T.1451〔xxiv〕 368c2-6(권32); sTog, *'Dul ba*, THA 250a1-4.

56 T.1451〔xxiv〕 368c14-16(권32); sTog, *'Dul ba*, THA 250b3-5.

57 T.1451〔xxiv〕 368c16-22(권32); sTog, *'Dul ba*, THA 250b5-251a4.

58 T.1451〔xxiv〕 368c22-25(권32); sTog, *'Dul ba*, THA 251a4-6.

59 T.1451〔xxiv〕 368c25-369a5(권32); sTog, *'Dul ba*, THA 251b2-6.

60 T.1451〔xxiv〕 369a6-7(권32); sTog, *'Dul ba*, THA 252a1-2.

61 T.1451〔xxiv〕 369a7-b16(권32); sTog, *'Dul ba*, THA 252a2-254a3.

비유적인 용어라고 이해하면 된다는 것을 조금도 의심할 필요가 없다. 이 다르마딘나 이야기는 본인 집에서 '출가한' 여성을 이해할 수 있는 유일한 이야기이다. 게다가 수딘나가 계속 '가족과 만난' 것을 어떻게 이해해야 하는지와 상관없이, 적어도 『근본설일체유부율』에서는 집에 머무는 동안이거나 심지어는 세상을 떠난 후에도 수행자를 이해할 수 있는 것으로 유효하게 제시해 놓았다. 이 또한 조금도 의심할 필요가 없다. 그렇다고 이것이 이상적이라고 말하려는 것은 아니다. 다시 수딘나 이야기로 돌아와 이 율장을 기록한 저자/편찬자들이 제기한 요점을 살펴볼 것이다:

> 그때 존자 수딘나는 이렇게 생각했다. '나는 아직 깨닫지 못한 것을 깨닫기 위해, 아직 이루지 못한 것을 이루기 위해 이렇게 잘 설해진 법과 율에 들어왔는데, 아직도 계속 가족을 만나고 있다![62] 이제 가족과 헤어져야겠다. 발우와 가사를 들고 시골로 떠나야겠다.'[63]

우리는 여기서 출가라는 본질과 관련해 뚜렷한 진술 하나를 확보할 수 있다. 율장을 기록한 저자/편찬자들이 이야기한 세계를 보면, 잘 설해진 법과 율(붓다가 가르친 계율)에 들어온 수행자일지라도 계속 가족과 함께 집에서 살 수 있었다. 하지만 수딘나는 여전히 집에 머물렀기에 얻는 것이 없어서 수행에 도움이 안 된다는 것을 알았다.

---

62 티베트어본과 한역본 사이에는 몇 가지 작은 차이점이 있다.

63 T.1442〔xxiii〕 628a22-25(권1); sTog, *'Dul ba*, CA 32b3-5.

비구가 되면 자신이 가족을 멀리하는 모습을 승가가 지지했다고 주장할 수 있다. 하지만 이것은 어떤 의미에서든 율장에서 말하는 계율이 아니다. 필자가 아는 한, 율장에는 출가하면 가족을 멀리하라고 공식적으로 요구한 내용이 없다. 게다가 율장에서 이렇게 수행방식을 분명하게 드러내는 언급은 보기 드물다. 현재 이 내용은 율장에서 출가를 물리적으로 정당하게 입증할 수 있는 가장 적당한 자료이다. 다음은 수딘나가 실제로 본인이 말한 대로 실천했음을 율장에서 확인할 수 있다:

> 그러자 깔란다까의 아들, 존자 수딘나는 가족과 헤어지려고 발우와 가사를 들고 시골로 떠났다.[64]

여기서 수딘나는 분명히 가족과 관계를 끊은 비구이다. 비구 수딘나는 종교적 관습 가운데 한 가지를 다른 형태로 거부한 것 같다; 그는 아마도 다른 비구들과 달리 상징적으로나 육체적으로나 수행자가 되려고 출가했겠지만, 세상을 포기할 때도 눈으로 보았던 것보다, 더 많은 것이 필요했던 것 같다: 종교적으로는 초인이었을지 모르겠지만, 여전히 인간이고 배가 고팠다.

이때는 식량이 부족한 것을 걱정해야 했다. 숲에 살며 탁발하는 수행자도 식량을 구할 때 어려움을 겪었지만, 재가자도 승가에 보시는 커녕 자녀를 보살피기도 어려웠었다. 이때 수딘나는 '나는 막대한

---

64 sTog, *'Dul ba*, CA 32b5-6; T.1442〔xxiii〕 628a25-26(권1).

부를 소유한 가족이 있는 깔란다까 마을로 가서 가족에게 승가를 위해 음식을 준비하라고 해야겠다'라고 생각했다. 수딘나는 깔란다까 마을로 돌아와 작은 오두막에서 지냈다. 이때 탁발하러 마을에 갔다가 '본인 집(rang gi khyim)'에 도착했다. 이 표현은 매우 구체적인데 여기를 본래 집이라고 말하지 않았다. 수딘나가 보시를 못 받고 떠나는 것을 본 나이 든 하녀가 수딘나의 어머니에게 이 사실을 말했다. 집안에서 대를 잇기를 원하는 수딘나의 어머니는 수딘나에게 집으로 돌아오라고 설득했다. 수딘나는 거절했어도 협상은 중간 지점에서 이루어졌다: 수딘나는 재가자로 돌아가지 않지만,[65] 아들을 낳아야 하는 책임은 다하려고 부인과 만나는 것에 동의했다.[66] 왕이 지배하는 국가에서 가족이 소유한 재산은 지켜야 했다.[67]

적어도 이 『근본설일체유부율』에 있는 수딘나 이야기는 앞에서 살펴보았던 내용보다 훨씬 더 풍부한 내용을 담고 있다. 모든 율장에서 볼 수 있는 출가한 비구로, 비구 최초로 완전 초기를 상징하는 것

---

65 수딘나가 승가에서 추방되었다는 잘못된 가정이 종종 있다; Liz Wilson 1994, 11-12 참조; Faure 1998, 76; Powers 2009, 71, 각주 14. Gyatso 2005, 282에서는 수딘나가 추방되지 않았다고 정확하게 기록했다. Malalasekera〔1937〕 1960, s.v., Sudinna Kalandakaputta, 수딘나가 처음으로 바라이죄를 지었다고 말했지만, '처음 범한 자(ādikammik)'는 무죄라는 『사만따빠사디까』에 있는 설명을 각주에 추가했다.

66 의무를 다하기 위한 성은 반드시 금욕을 위반한 것이 아니라고 Olivelle이 말한 것은 5장 각주 8 참조.

67 인도에서 왕은, 아들 없이 사망한 사람이 소유했던 재산을 몰수하는 경향이 있었다. Schopen(2000a) 2004a, 5 참조.

같다: 그가 '출가'했다고 볼 수 있지만, 그는 여전히 집에서 거주했고[68] 나중에 수행자로 이상을 달성하려고 육체적으로도 출가했지만, 승가를 위해 음식을 얻고 보시를 얻으려고 다시 집으로 돌아왔다.

이 『근본설일체유부율』이 담고 있는 수딘나 이야기는 출가 후에도 가족과 관계를 단절하지 않았던 정도를 알 수 있는 가장 두드러진 예이다. 오히려 다른 율장에서는 드문데 여기서는 뚜렷하게, 가족과 떨어져 사는 중요성을 서술한 내용이 있다. 율장을 기록한 저자/편찬자들이 승가와 가족이 서로 만나는 것을 금지하려 했다면 여기서 완벽하게 금지했을 것이다. 그러나 저자/편찬자들은 비구나 비구니가 '길 위의 삶으로 나아갈 때' 이들에게 육체적으로도 출가하라고 요구할 수 있었지만, 율장에서는 이런 요구를 하지 않았다.

수딘나 이야기가 있는 다른 판본은 필자가 '가족 관계'라고 부르는 것에 이 정도 통찰력을 담고 있지 않다. 『팔리율』과 『오분율』에 있는 더 짧은 내용에는 수딘나가 집에서 비구로 살았다는 단서가 없다. 하지만 여기서도 수행자와 관련해 여러 중요한 가설은 세워볼 수 있다. 『오분율』에서는 수딘나가 부모에게 출가를 허락받고 싶었는데 거절당했다. 그는 비구가 될 수 없었기에[69] 단식 투쟁을 했다.[70] 친구들이 나서서 부모에게 희망을 주었다: "〔수행자로〕 출가하는 것을 부모

---

68 수딘나는 집으로 돌아왔을 때, '어머니'를 티베트어 경칭(yum)으로 불렀다. 수딘나 어머니도 '아들, 수딘나(bu bzang byin)'라고 불렀다. sTog, *'Dul ba*, CA 34a2, 34a7.

69 부모가 동의하는 것은 율장이 요구하는 사항이다.

70 T.1421〔xxii〕 2c8-9(권1).

님이 허락해도 부모님은 여전히 그를 볼 수 있을 것입니다."[71] 부모는 마침내 동의했다. 집에 돌아와서 부모를 만나겠다고 약속하라고 수딘나에게 말했다. 부모는 아들이 출가하는 것을 조금 걱정했다: "동의한다, 아들아, 네가 금욕(brahmacarya)을 경작(수행자로 순수하게 사는 삶을 실천)하려고 출가하는 것을. 하지만 너는 우리를 만나기 위해 가끔은 돌아오겠다는 약속을 해주어야 한다."[72] 그가 마침내 떠나려고 하자 이들은 걱정을 반복했다: "하지만 가끔은 우리를 보러 오겠다고 약속한 것을 잊지는 마라."[73]

이 이야기를 어떻게 이해하든 한 가지 분명한 사실은 이 가족에게 아들이 출가하여 비구가 되는 것이 아들과 다시 만날 수 없게 가족과 관계를 완전히 단절하는 것이 아니라는 것이다. 이 단절은 부모와 친구들이 이해했던 수딘나가 포기한 잠재적 결과도 아니었다. 이것은 율장을 기록한 저자/편찬자들이 여과시킨 것이다.[74]

지금까지 살펴본 율장에 따르면 비구나 비구니는 집에서 길 위의 삶으로 나아갈 때 집으로부터 물리적으로 분리할 필요가 없었다.

---

71 T.1421〔xxii〕 2c15-16(권1).

72 T.1421〔xxii〕 2c19-20(권1). 『팔리율』 수딘나 이야기는 BD 1:25 참조. 여기서 수딘나 친구들은 '그가 떠난 후에도 〔그들은〕 그를 다시 볼 수 있을 것'이라고 수딘나 부모에게 확신을 주었다.

73 T.1421〔xxii〕 2c24(권1). 『팔리율』 수딘나 이야기에는 약속이 포함되지 않은 것 같지만, 반복하는 말은 『Raṭṭhapāla-sutta』에서 두 번 볼 수 있다(Chalmers〔1898〕 1960, 60.11-.12, .21-.22; Horner〔1957〕 1970, 2:254-255; Ñāṇamoli and Bodhi〔1995〕 2001, 680).

74 3장 1절 참조; 남편과 아내가 비슷한 약속을 했다.

게다가 혈연이나 사회적 유대까지 버릴 필요도 없었다. 랏타빨라가 포기했던 것도 마찬가지였다.[75] 그도 역시 집으로 돌아오겠다고 약속했고 집으로 돌아왔다. 하지만 이렇게 함으로써 그는 경전 문헌만이 가진 특성으로 개성 있는 서술을 만들어 냈다. 출가한 비구나 비구니는 집이 없다는 주장을 가능하게 만들어 낸 것이다. 반대로 이 서술은 율장에서 거의 볼 수 없다.[76] 수딘나 이야기에는 이런 언급이 없다. 이 두 비구에게 아버지들이 말한 똑같은 질문에 대한 대답이 팔리어 경전에도 있는 사실을 고려하면 흥미롭다.[77]

물론, 이들이 부인과 자녀까지 버린 비구라고 대중적 이미지를 더 강화한 경전은 많다. 우리가 이루려는 목적을 위해서는 한 가지 예면 충분하다. 팔리 『우다나(Udāna)』에는 비구 상가마지(Saṅgāmaji) 이야기다.[78] 메이스필드(Masefield)는, 상가마지가 쉬라바스띠(Skt. Śrāvastī)에 도착했을 때, 출가하기 '전' 아내(purāṇa-dutiyikā)[79]는 그가 마을에 있다는 소식을 듣고 그를 찾아왔고, '전' 아내는 어린 아들을

---

75 Waldschmidt는 『Rāṣṭrapāla-Sūtra』에서 랏타빨라(Skt. Rāṣṭrapāla)는 '수계 후 언젠가 부모를 방문한다는 조건'(1980, 361)으로 출가를 허락받았다고 보았다.

76 경(sutta)은, Chalmers〔1898〕 1960, 62.27-.28; Horner〔1957〕 1970, 2:257; Ñāṇamoli and Bodhi〔1995〕 2001, 682. 참조.

77 『팔리율』은 Vin 3:16.6-.7 참조. BD 1:28. 경전은 위 각주 76 참고문헌 참조.

78 Steinthal〔1885〕 1948, 5-6. 이야기 전체 번역은 Masefield 1994, 6-7 참조. (짧은) 한역본 『쌍윳따아가마(Saṃyukta-āgama)』에서 상가마지(Saṅgāmaji) 영어 번역은 Bingenheimer 2006, 39-40 참조. Bailey and Mabbett 2003, 164도 참조. Luz and Michaels 2006, 162에서 Axel Michaels이 한 주석 참조.

79 이 용어는 3장 각주 4-7이 있는 본문 내용 참조.

데리고 상가마지에게 다가와 “수행자여, 저를 도와주세요. 저는 어린 아들을 둔 사람이에요!”라면서 자신을 책임지라고 했다고 번역했다.[80] 상가마지는 이렇게 세 번이나 간청을 받고도 침묵했다.[81] 부인은 태도를 바꾸어 “수행자여, 이 아이는 당신 아들이에요. 이 아이를 양육하세요!”라며 아들을 상가마지에게 내려놓고 떠났다. 상가마지는 이에 반응하지 않았다. 부인은 다시 돌아와 아들을 데리고 떠났다. 붓다는 신성한 눈으로 이 사건이 이렇게 전개된 것을 알았을 때, ‘덕망 있는 상가마지에게 전 여성 배우자가 부적절하게 행동한 것’을 보았다고 말했다.[82] 우리는 여기서 버려진 가족 구성원에 대한 지원과 생계에 관한 불교적 가치를 비교적 명확하게 볼 수 있다. 비구들은 가족을 신경 쓰지 않았고 가족에게 이렇게 해야만 했다: 이에 대한 주석을 참고하지 않고 본문을 읽는다면 비구가 결국 속세를 떠났다고 생각할 것이다.

이 이야기를 구체화한 팔리 『우다나』 주석으로 넘어가면 가족이 중요하지 않다고 솔직하게 서술했다고 받아들일 수 있는 내용에 아주 다른 시각이 담긴 것을 볼 수 있다.[83] 그때 아이가 없던 상가마지는 붓다가 하시는 말씀을 들으려고 재가자와 함께 제타바나(Jetavana)에

---

80 Masefield 1994, 6.

81 이 침묵은 아마도 경전에서 흔히 볼 수 있는 동의한다는 표현이 아니라 반대한다는 표현이라고 이해해야 한다. ‘놀라움’을 표현한 침묵은 Schopen(1995b) 2004a, 180 참조.

82 Masefield 1994, 7.

83 팔리어 문헌은 Woodward〔1926〕 1977, 70-74 참조. 번역은 Masefield 1994~1995, 1:108-113 참조.

갔다.[84] 그는 출가할 것을 결심했는데 부모가 허락하지 않았기에 출가를 거부당했다. 이 주석서는 상가마지가 부모와 협상한 세부 내용이 위에서 논의한 것처럼 랏타빨라나 수딘나와 같다고 보았다. 독자는 『랏타빨라숫따(Raṭṭapālasutta)』에서 이 공백을 채우길 바란다.[85]

상가마지도 랏타빨라와 수딘나처럼 부모에게 '출가 후에도 부모님을 계속 만나겠다'라고 약속하며 떠났다.[86] 이때 상가마지는 붓다를 만나보려고 했을 뿐만 아니라 '어머니와 아버지에게 한 약속도 지키려고' 쉬라바스띠로 돌아왔다.[87] 상가마지가 돌아왔다는 소식을 듣자 어머니, 아버지, 친척, 친구들 모두가 비하라(vihāra)로 왔다. 이들은 그에게 수행을 포기하고 집으로 돌아가자고 설득했다. 이유는–랏타빨라와 수딘나처럼– 가문이 가진 재산을 왕에게 빼앗기는 것을 막기 위해서였다.[88] 이들은 설득에 실패하자 그의 부인에게 도움을 청했다. 그녀는 어린 아들을 데리고 상가마지를 만나러 갔다. 그녀도 어린 아들이 있으니 양육과 지원을 책임지라고 세 번 요청했다. 메이스필드가 번역한 주석은 다음과 같다:

> … 저에게는 아이가 있어요. 당신은 저를 버리고 갔어요; 저는 이제 어린 아들이 있는 사람이고 아들은 여전히 어려요. 이런

---

84 그는 아내가 임신했을 때 떠났다. Masefield 1994~1995, 1:110 참조.

85 같은 책, 1:109.

86 같은 책.

87 같은 책, 1:110.

88 같은 책.

> 저를 버린 후 수행자로 다르마를 따르는 수행은 적절하지 않아요. 수행자여, 당신은 배우자로서 아들이 있는 저에게 옷과 음식 등을 책임져야 해요.[89]

상가마지는 관심이 없었다. 아마도 부인과 아들은 가족이 돌보고 있다는 것을 알고 있었을 것이다. 이들은 이렇게 할 수 있는 수단을 분명히 가지고 있었다. —가난한 사람은 세금을 피할 이유가 거의 없다. 아내는 아들을 내려놓고 집으로 돌아가면서 말했다: "이 아이는 당신 아들이에요. 수행자여, 이 아이를 양육하세요!"[90] 다시 말하지만, 상가마지는 조금도 움직이지 않았다. 그러자 그녀는 다시 돌아와 아들을 데리고 갔다. 붓다는, "… 상가마지의 전 여성 배우자가 부적절하게 행동하는 것을 보았다"라고 말했다.[91] 그녀가 부적절하게 행동했던 것은 양육을 책임지라고 요구했던 것이 아니다. —주석에 따르면— '출가 수행자 무릎에 아들을 앉힌 것이 좋지 않은 모습이었다.'[92]

이 이야기에서 가장 분명한 것은 상가마지의 부인이 자신과 아들을 위해 '옷과 음식'을 책임지라고 요구한 것이다.[93] 언뜻 보기에는 말이 안 되는 것 같지만, 상가마지의 가족과 친구들도 그가 수행자를 포기하고 돌아오도록 설득하려 했다: "이 출가는 충분하지 않다. 이리 와라,

89 같은 책, 1.:111.

90 Masefield 1994, 7.

91 같은 책.

92 Masefield 1994~1995, 1:112.

93 같은 책, 1:233 각주 1117.

애야. 그것을 버려라."[94] 주석에서는 상가마지가 '많은 재산을 가진 어떤 부유한 상인의 아들'이라고 소개했다.[95] 메이스필드는, "이 부인이 상가마지가 집으로 돌아오도록 유혹했기에 의심할 필요 없이 부유한 생활 방식으로 돌아갔을 것"이라고 말했다. 하지만 메이스필드는 '옷과 음식'에서 당황했다.[96] 메이스필드는 수딘나 이야기와 비교하면서 "이 이야기는 그녀가 상가마지와 함께 수행자가 되어 가난하게 생활하기를 기대했다는 의미인가?"라고 질문했다. 이것은 정곡을 찌른 것이다.[97] 이 부인은 상가마지가 집으로 돌아가야 한다고 주장했던 것이 아니다. 오히려 상가마지가 가족을 부양할 의무가 있다고 결론 내린 것이다. 비구가 부인과 자녀를 수행자로 함께 참여시킨다는 말이 조금은 이상하게 들릴 것이다. 하지만 율장에 비추어 다시 읽어보면 승가에 가족이 함께 있다는 것을 암시한 내용이 전혀 어색해 보이지 않다는 것이다.

지금까지는 주로 비구 수딘나에 집중했기에 가족은 언급하지 않았다.[98] 법장부, 화지부, 설일체유부, 근본설일체유부에 따르면 수딘나의 아들 비자까(Bījaka)도 출가했다.[99] 남방상좌부에 따르면 수딘나의

---

94 같은 책, 1:110.

95 같은 책, 1:108.

96 같은 책, 1:233 각주 1117.

97 같은 책.

98 랏타팔라와 상가마지 가족과 관련 자료는 너무 빈약하다. 그러나 상가마지 형제도 비구였다는 점에 유의해야 한다(장로 뽀시야(Posiya)도 아내와 아들이 있었다); Malalasekera〔1937〕 1960, s.vv., 상가마지 장로; 뽀시야 장로.

99 『사분율』, 『오분율』, 『근본설일체유부율』, 『십송율』은 아들만 언급했다: T.1428

부인이며 비자까의 어머니도 비자까가 7~8세 때 수행자가 되었다.[100] 수딘나 가족은 '집에서 길 위의 삶으로 나아간' 것 같다. 길 위의 삶이 반드시 가족이 없는 상태는 아니었다. 남편과 부인이 승가에서 전 부부처럼 함께 살지는 않았겠지만, 비구와 생물학적 가족이거나 결혼한 부인은 길 위의 삶에 자유롭게 합류할 수 있었다.

수딘나 가족이 출가한 것을 같은 종교를 가진 사람들이 어떻게 보았는지는 알기 어렵다. 기존 연구자들은 수딘나 이야기가 여러 면에서 비구가 실패한 것 중 하나라고 생각한 것 같다: 비구가 여전히 비구이면서 성적인 관계를 하는 비구는 다른 방식으로 있을 수 없다. 물론 이것은 수딘나가 맡은 역할이다: 자신이 잘못한 것으로 다른 비구가 올바르게 행동할 수 있도록 방법을 알려주어 남을 돋보이게 한 것이다. 하지만 율장을 기록한 저자/편찬자들이 바로 이 이야기에서, 저자/편찬자들이 공식적으로 지지했던 수행자가 도달해야 할 목표인 아라한과를 수딘나의 아들이 얻었다고 설명한 것에 주목해야 한다.[101] 게다가 기존 연구자들이 일반적으로 율장 중 가장 보수적이라

〔xxii〕 570a24-27(권1); T.1421〔xxii〕 3a28-29(권1); sTog, *'Dul ba*, CA 37b5-6; T.1442〔xxiii〕 629a10-13(권1); T.1435〔xxiii〕 1b14-15(권1). 우리는 비구 수딘나 가족이 어디서 살았는지, 함께 살았는지 알 수 없다. 아마도 수딘나의 아내는 비구니승가에서 살았을 것이고 수딘나와 아들은 같은 비구승가에서 살았을 것이다.

100 『팔리율』에서는 이 어머니와 아들을 언급했다. Vin 3:19.11-.12; Sp 1:215.24-.26; BD 1:34.

101 『사분율』 T.1428〔xxii〕 570a27-29(권1); 『오분율』 T.1421〔xxii〕 3a28-29(권1); 『근본설일체유부율』 sTog, *'Dul ba*, CA 37b6-38a6; T.1442〔xxiii〕 629a13-22

고 생각하는 『팔리율』에서 비자까의 어머니이며, 수딘나의 부인인 비자까마따(Bījakamātā)가 아라한과를 얻었다고 언급한 것도 볼 수 있다. 수딘나는 비자까의 아버지[102] 비자까삐따(Bījakapitā)이다. 거의 틀림없이 아들은 아버지가 실패한 곳에서 아라한으로 성공했고 아버지와 어머니는 아들의 이름을 따라 개명까지 했다. 율장을 기록한 저자/편찬자들은 아들을 낳아야만 하는 가족으로서 해야 할 의무를 다했기에 책망은 받았지만, 승가에서는 추방되지 않았던 비구 수딘나 이야기를 가족적으로나 종교적으로나 성공한 이야기로 서술했다.

연대순으로 보면 율장에 등장하는 최초 한 사람으로 수딘나를 묘사한 것은 아니지만, 율장이 말하는 출가에서는 첫 번째 주인공이라고 볼 수 있다. 수딘나 가족 이야기는 승가 전통을 율장에 담은 것이라고 비구와 비구니에게 알려주려고 설정한 이야기이다. 율장을 기록한 저자/편찬자들은 수딘나 가족을 통해 비구나 비구니에게 비구의 부인과 자녀가 승가에서 같은 종교를 가진 수행자로 생활한다는 상황이 그렇게 눈에 띄는 일은 아니라고 넌지시 말해 준 것이다. 다른 부파에서는 수딘나를 아버지와 아들 이야기로 율장을 편집했다. 하지만 『팔리율』에서는 어머니까지 같은 수행자로 출가해 승가에서 생활한 모습으로 등장시켰다. 승가에서는 이들이 함께 출가한 것이 전혀 문제가 되지 않는다고 해석했다. 율장에서 첫 번째 계율로 처음 기록한 이 이야기는 뛰어나게 성공적이었다. 수딘나 가족 이야기는 수행자로 실패한 이야기가 아니라 성공한 이야기다.

(권1); 『십송율』 T.1435〔xxiii〕 1b15-16(권1).

102 Vin 3:19.7-.12; BD 1:33-34; Malalasekera〔1937〕 1960, s.v., Bījaka.

3. 아슬아슬한 상황에 놓인 비구와 관련한 가설

율장에서 저자들이 말한 내용은 본인들이 직접 드러내 놓고 인정했던 것이므로 분명 중요하다; 이들이 승가를 정의하는 계율을 제정했기 때문이다. 하지만 이들이 주장했던 취지에 너무 많이 주의를 기울이면 이들이 이해했던 출가를 대충 넘기게 된다. 여기서는 1장 6절에서 간략하게 언급했던 기술공을 방문한 이야기를 살펴볼 것이다. 이 스텐실(stencil) 서술은 비구가 가족이나 친척을 일상적으로 방문했다는 저자/편찬자들이 세운 가설을 강조한 것이다.

비구나 비구니는 수행하다 세상을 떠났을 수 있다. 하지만 남겨진 어떤 것은 버릴 수 없었을 것이다. 종교적 목표를 향해 수행하는 것이 아무리 초자연적일지라도, 어떤 것은 비구나 비구니가 대지 위에서 발을 단단히 디딜 수 있도록 받쳐 주기도 했을 것이다: 머리카락이 자랐고, 신발이 닳았고, 그릇이 깨졌다. 율장을 기록한 저자/편찬자들은 이 모든 것을 준비했다. 이런 문제와 다른 어떤 문제와 관련해 협상했던 것을 『근본설일체유부율』에서 볼 수 있다.[103] 우리는 가족에 대한 가설을 포함해 승가 정신이 담긴 '내부' 생활에서 조금은

---

103 여기서 사용한 기본 문구는 『근본설일체유부율』 전체에 걸쳐 약간씩 변형되면서 나온다. 비구(또는 비구니)는 일반적으로 친척이나 후원자나 가족을 방문하는 것이냐고 묻는다. 이발사와 관련 있는 2가지 이야기 외에(다음 각주 참조) 가죽 세공과 그릇 수리에 관해서는 아래 각주 105에서 인용한 이야기 참조. 가죽 세공인 이야기를 담은 산스크리트본과 한역본처럼 기본 문구가 있는 전체 내용은 종종 요약되어 있다.

예상치 못했던 시선을 포착할 수 있다:

세존이신 붓다께서는 쉬라바스띠 아나타삔다다(Śrāvastī Anāthapiṇḍada) 동산에 있는 제따바나(Jetavana)에 거주하고 계셨다. 어떤 비구가 머리카락이 길어 이발소에 가서 "현자여, 제 머리카락 좀 깎아주십시오!"라고 말했다. 이발사는 속으로 생각했다. '이 석가족(Śākyan)의 탁발하는 아들들〔붓다를 따르는 사람들〕은 값을 내지 않고 매우 중요한 일을 부탁한다. 내가 이 비구에게 이발해 주면 이들이 듣고 하나둘씩 찾아올 것이나. 이 비구에게 이발해 주기를 계속 미룬다면 이 비구는 저절로 떠날 것이다.' 그는 시간을 정해야겠다고 생각했다. "고귀한 분이여, 당신은 내일이나 다음 날, 오전이나 정오나 오후에 출발하여 여기로 오십시오." 비구는 그에게 속았기에 또 가고 또 갔다.

이 비구에게는 동행이 있었다. 그가 〔이 집에〕 또 가고 또 가는 것을 보며 그에게 말했다. "존자여, 왜 그곳에 또 가고 또 갑니까? 그곳이 친척이 있는 집입니까? 가족이 있는 집입니까?" "존자여, 그곳은 친척이 있는 집도 가족이 있는 집도 아닙니다. 오히려 제가 이발사에게 내 머리카락이 아주 기니 '당신이 내 긴 머리카락을 잘라주십시오; 이 공덕은 당신에게 갈 것입니다!'라고 말하자, 그가 시간을 정하고도 이렇게 이발해 주지 않는 것입니다."[104]

---

104 『잡사』 sTog, *'Dul ba*, TA 300a5-301a3; T.1451〔xxiiii〕 275a3-19(권15). 비구니들을 위한 내용은 sTog, *'Dul ba*, TA 306a6-307a5; T.1451〔xxiiii〕 276a23-26(권16). 비구에게 이발 도구를 허용한 간단한 내용은 『십송율』 T.1435〔xxiii〕

동행 비구는 이발에 능숙했지만, 붓다가 동행 비구에게 이발해 주는 것을 허락하지 않았기에 자신은 손이 묶여 있다고 말했다. 이것이 다른 비구에게로 전해졌고 마침내 붓다에게도 전해졌다. 율장을 기록한 저자/편찬자들은 많은 사람이 다니는 곳이 아니라면 이런 기술에 정통한 비구가 이발해 줄 수 있다는 계를 붓다가 제정하게 했다(Tib. phyogs dben par; Chi. 於屛處; Skt. *pratigupte pradeśe).[105]

이 내용은 여러 면에서 흥미롭다. 출가했거나 출가할 수 있는 사람들에 대해 인구 통계학과 관련해 무언가를 알 수 있기 때문이다: 이들 중 일부는 전문 기술을 갖게 된 배경이 있을 수 있다. 인도에서는 이런 직업이 불결하다고 생각했던 점을 참고한다면 카스트에서도

280b2-5(권39) 참조. 비구니는 T.1435〔xxiii〕 280c17-20(권39) 참조.

105 『근본설일체유부율』에서는 비구가 출가하기 전 배운 기술을 수계 후 한적한 곳(pratigupte)에서 사용한다면 이 기술을 계속 사용할 수 있게 했다: 한적한/숨겨진/사적인으로 의미가 명확하지 않다. 이런 이야기는 다음 참조. 가죽 세공(『근본설일체유부피혁사』 GMs iii 4:210.6-.14; sTog, *'Dul ba*, KA 395b6-396a7; T.1447(〔xxiii〕 1057b11-18(권b)); 그릇 수리(『잡사』 sTog, *'Dul ba*, TA 45a6-46a1; T.1451〔xxiv〕 217b23-c12(권3)); 이발(『잡사』 sTog, *'Dul ba*, TA 300a5-301a3; T.1451〔xxiv〕 275a3-19(권15))—의정이 한역한 판본에 따르면 재가자가 멸시하지 않도록 한적한 곳에서 처리해야 한다〔勿使俗流致生譏笑〕; 상처에 붕대 감기(『근본설일체유부잡사』 sTog, *'Dul ba*, THA 51b2-52a7; T.1451〔xxiv〕 327c8-19(권25))—여기서도 한역본은 분명하다: 재가자가 이것을 보게 해서는 안 된다〔勿令俗見〕). 이 목록이 포괄적이지는 않다. 미용 기술을 가진 비구니는 『잡사』 sTog, *'Dul ba*, TA 306a6-307a5; T.1451〔xxiv〕 276a23-26(권16) 참조. 인도 브라만 사회에서 불결함을 유발하는 이런 모든 관행과 관련한 전면적인 연구가 있었으면 한다. 다른 예는 2장 각주 152가 있는 본문 내용이 있는 이발사 아버지와 아들 이야기 참조.

여러 가지를 파악할 수 있을 것이다. 전문 기술을 가진 비구가 승가 외부에 어떻게 (아마도 약간은 자기 성찰과 함께) 비칠 것인지까지 생각했다는 점에서 한두 가지를 알 수 있을 것이다. 율장에서는 특수한 기술을 가진 사람을 약간 교활하고 부정직하게 묘사했을 수 있겠지만 이것은 특수한 기술을 가진 사람이 비구를 바라보는 정확한 시선일 수도 있다: 비구는 이발을 무료로 부탁했다. 값을 공덕으로만 지급하겠다고 했다.[106]

하지만 여기서 흥미로운 것은 이야기를 전개하면서 의도치 않은 내용까지 기록한 것이다. 이 비구가 같은 집에 계속 가는 것을 동행 비구가 보았고, 동행 비구는 이 비구가 가족이나 친척을 방문했다고 생각했다. 이것이 유일한 결론이다. 이것을 전혀 비판하지 않았다; 승가에서는 출가한 비구가 가족이나 친척을 늘 방문했어도 비난하지 않았다. 여기서는 분명 비구가 하루에 여러 번 방문했던 것을 볼 수 있다. 이 비구와 같은 종교를 가진 다르마 동행이 예상했던 것과는 달리 이 비구는 가족이나 친척을 방문하지 않았다. 하지만 재가자에게 자주 갔던 것을 볼 때 다른 비구들도 이렇게 뛰어들었을 가능성이 있다고 자연스럽게 결론 내릴 수 있다.

4. 함께 식사한 가족

지금까지 비구가 재가자를 방문했을 것이라는 가설을 세워 앞에서

---

106 비구와 장인은 Schopen(2001) 2004a, 130-131 참조.

살펴본 내용과 달리 여기서는 비구나 비구니가 가족이나 친척을 실제로 방문했던 아주 확실한 3가지 예를 설명할 것이다.[107] 탁발은 일부 비구가 아침에 위험을 무릅쓰고 하는 일이었다. 독신 비구는 일상에서 재가자를 만날 때 특히 주부들을 만날 때 방심하면 안 되는 상황에 놓인다는 것을 나름대로 느꼈을 것이다. 『오분율』에는 가장 일상적인 승가 생활에서 구족계를 받은 비구와 가족이 만난 이야기가 있다. 음식이 청정한 것과 불결한 것에 브라만적인 관심을 기울였던 이야기로 살펴볼 것이다.

> 한 비구가 친척 집에 갔다. 친척들이 말했다. "우리가 모르는 사람도 아니고 우리가 불결하지도 않은데 왜 우리와 함께 식사하지 않습니까?" 〔다른〕 비구들이 이 일을 세존께 말씀드렸다. 세존께서는 "알아차림을 〔확실히 한다면〕 함께 식사하는 것을 허락한다. ―하지만 손이 닿아서는 안 된다."라고 말씀하셨다.[108]

우리는 율사들이 사실을 묘사한 세계에서 실제로 어떤 비구가 친척들을 방문하여 함께 식사했던 것을 여기서 확인할 수 있다. 이 단락 바로 앞 이야기에서 율장을 기록한 저자/편찬자들은 불결에 대한 브라만적인 질문에 재가자와 접시를 공유하면 안 된다고 붓다가

---

107 비구가 아내를 방문한 것과 관련해서는 3장 1절 이야기 참조. 비구가 된 아들을 방문한 아버지 이야기는 『잡사』 sTog, *'Dul ba*, TA 275a7-276a5; T.1451〔xxiiii〕 269c26-270a10(권14).

108 T.1421〔xxii〕 169b9-11(권26).

말하게 했다.[109] 비구는 이 말을 듣고 한 걸음 더 나아갔다. 이것이 실수였다－친척들과 식사하지 않기로 마음먹은 것이다. 여기서도 우리는 친척들이 기분이 상했다는 말을 들을 것이다: "우리가 모르는 사람도 아니고 우리가 불결하지도 않은데 왜 우리와 함께 식사하지 않으십니까?" 붓다는 이때 승가가 가진 입장을 명확히 했다: 친척들과 식사할 때는 알아차림을 하여 손이 닿지 않아야 한다. 여기서도 승가는 가족을 방문한 비구를 당연하게 받아들였다. 가족과 식사하려고 한자리에 앉는 비구를 당연하게 받아들였다. 친척이어도 아니어도 재가자를 방문한 비구를 비난히거나 비판하지 않았다. 승가가 재가자로부터 식사 초대를 받았을 때 수락하는 이와 비슷한 계를 『오분율』에서 볼 수 있다.

> 재가자에게 이렇게 많은 맛있는 음식이 있다면: 우유, 응유凝乳, 버터기름, 기름, 생선, 고기; 비구가 아프지 않은데 스스로 이것을 구해 먹으면 바일제(pācattika) 죄를 짓는 것이다.[110] 병든 비구를 위해 구하면; 이것이 친척 집에서 온 것이라면; 그가 아는 사람 집에서 구한 것이라면 이때는 허물이 없다.[111]

---

109 T.1421〔xxii〕 169b7-9(권26).

110 여기서 바일제는 다양한 형태를 보이지만, 각 부파에서는 약간 변형이 있다. 여기서는 편의상 대중부-설출세부 용어를 사용했다. 필자가 아는 한 화지부 형태는 남아 있지 않다. 산스크리트 문헌은 아직 수면 위로 올라오지 않았다. 4장 각주 47 참조.

111 T.1421〔xxii〕 55b20-23(권8). 아프지 않은 비구가 공양청에서 한 끼 이상 식사를 했다면 바일제를 범한 것이라고 한 이 계에 유의해야 한다(T.1421〔xxii〕

적어도 현대 학계에서 일반적으로 묘사한 것처럼 비구나 비구니는 좋은 음식을 얻으려고 수행자가 된 것이 아니다.[112] 하지만 이 계율에서 미식가 수행자가 율장을 기록한 저자/편찬자들에게 문제를 제기했을 수도 있는 것을 살펴보았다.[113] 어떤 비구가 재가자 집에서 식사하거나 친척 집에서 식사한 것을 볼 수 있는데 문헌에 따르면, 맛있거나 고급스러운 음식은 비구가 아플 때만 구해서 먹을 수 있었다. 그렇지 않다면 비구는 바일제라는 가벼운 죄를 지은 것이기에 다른 비구에게 자신이 잘못한 것을 참회하면 되었다. 비구가 좋은 음식을 구했다면 가벼운 죄를 짓는 것이다. 이는 건강할 때만 적용했다.

가장 확실한 상황은 예외에 있었다. 비구가 아팠다면 죄를 지은 것이 아니었다; 이런 비구는 원한다면 먹을 수 있었다. 모든 비구는 아프든 아프지 않든 가족이나 친구에게서 좋은 요리를 받는다면 먹을 수 있었다. 여기서 요점은 분명치 않다. 집에서 집으로 호화로운 특선 요리를 찾아다니는 미식가를 재가자가 경멸하거나 비난할 수도 있었기에, 율장을 기록한 저자/편찬자들은 무엇보다도 재가자가 승가를 어떻게 볼 것인지를 걱정했다. 승가는 비구가 실제로 하는 일을

51b8-9(권7)). 그러나 비방가(vibhaṅga)에서는 '만약 친척 집에서 한 끼 이상 식사를 하면 이것은 범한 것'이라고 했다(T.1421〔xxii〕 51b15(권7)). 범하는 것은 아래 각주 123 참조.

112 그러나 『근본설일체유부율』에서는 일부 비구들이 음식이 필요해 출가했다는 설명이 있다; GMs iii 4:52.1-.7 참조; Eimer 1983, 2:307.1-.11; T.1444〔xxiii〕 1038b27-c5(권4). 승가에서 취급한 음식을 자세히 연구했으면 좋겠다.

113 영국 중세 수도원과 관련해서도 오래전에 같은 말이 있었다; Jessopp 1889, 155-156 참조.

그렇게 걱정하지 않았다. 비구가 친척과 식사할 때 많은 사람이 볼 수 있다는 것도 그렇게 걱정하지 않았다.

하지만 시대가 항상 순탄하지만은 않았기에 때때로 식량이 부족했던 것을 『근본설일체유부율』에서 볼 수 있다. 어떤 비구니는 탁발이 어려워지자 아버지를 찾아갔다.

> 옛날에 아내를 맞이한 장자가 있었다. 얼마 지나지 않아 딸이 태어났다. 그녀는 성인이 되자 세속적인 관계를 버리고 집을 떠나 〔수행자로〕 붓다가 설하는 다르마를 따랐다. 이때 식량이 부족해 탁발로 〔보시〕 받기가 어려워지자 보시를 받으려고 탁발하며 집마다 돌다가 결국 아버지 집에 도착했다. 아버지는 딸이 오는 것을 보자 곧바로 다가와 물었다. "귀한 애야, 지금은 어떻게 살고 있니?" "보시받기 위해 집마다 돌아다니는 게 정말 어려워요. 온갖 고생을 해도 배고픔은 여전히 채워지지 않아요. 불에 타는 것처럼 배고픈 것을 견디는 게 정말 어려워요." 이 말을 들은 아버지는 기운이 없어지고 행복하지 않았다. "네가 수행자가 아니고 재가자였다면 동정심 없이 필요한 것은 항상 얻었을 것이다. 이제부터는 매일 집에 와서 식사를 받아 가도록 해라."[114]

여기서는 출가한 어떤 비구니가 필요할 때면 집에 갔었다는 것을 알 수 있다. 저자/편찬자들은 비구니가 심지어 매일 식사하러 집에

114 『근본설일체유부니다나목득가』 T.1452〔xxiv〕 432c14-21(권5); sTog, *'Dul ba*, NA 188b5-189a5.

가도 어떤 부적절함을 느끼지 않았다.

이때 이 제안을 받아들인 비구니는 다른 날, 동행과 함께 아버지 집에 다시 와서 식사를 대접받았다. 아버지가 딸에게 말했다. "나는 현재 두 사람을 〔추가〕로 부양할 능력이 없다. 너만 혼자 와서 식사해야 한다." 딸은 아버지에게 말했다. "세존께서는 비구니 혼자 이동하는 것을 허락하지 않으세요. 세존께서 이것을 허락하신다면 아버지는 이런 곤란을 겪지 않으실 거예요."[115] 이때 이 비구니가 비구들에게 이 일을 자세히 설명했다. 비구들은 세존께 이 일을 아뢰었다. 세존께서는 "만약 식량이 부족해 탁발하여 보시받기가 어려워 음식을 얻기 어렵다면 비구니가 부모님 집에 갔다 오는 것을 허락받는 청원을 승가에 알리는 것을 허락한다(聽苾芻尼從衆乞法於父母舍而作往還)."라고 말씀하셨다.[116]

이 내용은 비교적 간단하다. 아버지가 비구니에게 식사하러 집에 오라고 했고 그녀는 동행 비구니와 같이 집으로 갔다. 아버지에게는 이것이 문제였다: 딸에게는 음식을 줄 수 있었지만 힘든 시기여서 동행 비구니에게는 어려웠다. 하지만 딸은 안전을 언급했다: 비구니는 혼자 이동하면 안 된다는 것이었다. 붓다에게 말씀드리자 비구니 혼자 머물면 안 된다는 금지령을 완화했다: "비구니가 부모님 집에

---

115 이것은 아버지 혈통인지 딸 혈통인지 불분명하다.

116 『근본설일체유부니다나목득가』 T.1452〔xxiv〕 432c21-28(권5); sTog, *'Dul ba*, NA 189a5-b2.

다녀올 수 있게 허락받는 청원을 승가에 알리기를 허락한다." 이것은 비구니를 보호하려고 제정했던 계인데 비구니가 혼자 식사하러 집으로 갈 수 있게 계율을 완화했던 예이다. 비구니가 혼자 집에 다녀올 수 있게 해달라고 청원하는 승가 갈마에 대한 세부 내용도 볼 수 있다:

〔그녀는〕 이렇게 청원해야 한다. "덕이 많은 비구니승가는 들어주십시오, 저, 비구니 아무개는 지금 흉년인 해를 만나 마실 것과 먹을 것을 구할 때 어려움을 겪습니다. 마실 것이나 먹을 것이 없으면 저는 저 자신을 지탱할 수 없습니다. 저, 아무개는 이제 친척에게 다녀오는 것을 허락받는 갈마를 비구니승가에 청합니다(我某甲今從尼僧伽乞於親族邊作往還住止羯磨)."[117]

이 이야기는 붓다가 결정하는 것으로 끝난다:

---

117 『근본설일체유부니다나』 T.1452〔xxiv〕 433a1-4(권5); sTog, *'Dul ba*, NA 189b3-5. 필자는 '머물다'로 번역한 住止를 무시하고 싶은 유혹을 받는다; 티베트어본에서는 gnyen dang ihan cig ' dre bar nye spyod kyi sdom pa '친척과 교류하며 〔음식 등을〕 먹을 수 있는 허락'이라는 말은 찾을 수 없다. 『근본설일체유부백일갈마』 T.1453〔xxiv〕 486a22-b19(권7)에 있는 공식적인 계율에서도 찾을 수 없다. 티베트어본(Tōhoku 4118, Las brgya rtsa gcig pa)이 있지만, 티베트어본과 한역본은 잘 일치하지 않는다; 적어도 근본설일체유부 율장이 2개 있다는 것은 4장 각주 138 참조. 필자는 이 문장을 비구니가 속가에 머물러도 된다고 허락한 것이라고 이해하지 않지만, 다른 문장에서는 이것을 분명 허락한 것이 있다.

만약 비구니승가가 친척에게 다녀와도 된다고 정식으로 허락한 경우(諸俗親往還羯磨)라면 이 비구니는 혼자 다녀와도 죄가 없다. 비구니가 가족이 있는 집에 가면 먹고 싶은 대로 먹을 수 있다. 하지만 풍년이 들었다면 비구니는 〔혼자〕 가면 안 된다.—비구니가 혼자 간다면 비구니는 법의 지배를 위반하는 죄를 짓는 것이다(越法罪).[118]

여기서는 무엇을 허용했고 무엇을 허용하지 않았는지를 분명하게 해두는 것이 중요하다. 여기서는 비구니가 혼자 외출할 수 있도록 일회성 휴가를 얻는 것이 중요하다. 승가에 음식이 부족할 때 비구니가 식사하러 가족에게 다녀올 수 있도록 허락받아야 하는 것은 중요하지 않았다. 비구니가 식사하러 집에 갈 때도 허락이 필요하지 않았다. 하지만 비구니가 혼자 외출하려면 특별한 허락이 필요했다. 비구니는 풍족한 시절에도 집에 갈 수 있었다. 하지만 비구니가 혼자 외출하면 법의 지배를 위반하는 죄를 짓게 되는 것이었다. 이것은 아주 가벼운 형태의 죄를 짓는 것이다. 율장을 기록한 저자/편찬자들은 비구니가 집에 식사하러 가거나 가족을 방문하는 것에 아무런 문제가 없다고 생각했다. 여기서는 이 점에 주목하면 충분하다; 승가는 비구니 개인을 보호하는 안전에 관심이 있었다.[119] 인도에서 비구나 비구니가 식사하러 가족에게 다녀오는 일이 얼마나 흔한 일이었는지 알 수는

118 『근본설일체유부니다나』 T.1452〔xxiv〕 433a8-10(권5); sTog, *'Dul ba*, NA 190a7-b2. 이것은 바라제목차에서 인정하지 않는 아주 가벼운 죄이다.

119 비구니들은 유행 중 겁에 질려 친척이 있는 안전한 집으로 달려갔다. 『오분율』 T.1421〔xxii〕 80a26-28(권11) 참조.

없다.[120] 하지만 율장을 기록한 저자/편찬자들이 이런 상황에 맞는 계를 제정할 필요가 있다고 생각할 정도로는 흔한 일이었던 것 같다.

5. 함께 거주한 가족

우리는 구족계를 받은 비구나 비구니가 가족과 계속 만난 자료들을 많이 살펴보았다. 하지만 이 만남이 잠깐 방문했던 것 이상인 자료는 아직 살펴보지 못했다.[121] 지금까지 살펴본 자료는 비구나 비구니로 출가하여 가족과 함께 살았다고 생각할 필요가 거의 없는 것이있다. 실제로, 현대 학술 문헌들이 묘사한 엄격한 승가를 고려해 볼 때 비구나 비구니로 출가했는데 어떻게 가족과 함께 머물렀거나 거주했다는 것인지 상상하기 어렵다. 지금부터는 비구니가 가족이 있는 집에서, 심지어 친척이 있는 집에서 하룻밤을 지내도 된다고 허락받은 내용을 소개할 것이다. 이 이야기는 두 율장에 있는데 먼저 『오분율』에서 살펴볼 것이다.

> 이때 비구니들은 침구를 깔고 아는 재가자 가족과 함께 머물렀다. 〔어떤〕 재가자가, "출가해 수행자가 되었는데 어떻게 재가자 집에 머물 수 있습니까? 우리는 이 복되지 않은, 좋지 않은 광경을 보고 싶지 않습니다." 장로 비구니들이 이 말을 듣고 여러 가지

---

120 이 책 5장 3절에서 식사하려고 속가로 돌아온 수행자에 대해 Olivelle 논평 참조.

121 위 각주 117 참조.

> 비판을 하고 …에 이르기까지.[122] 〔세존께서 말씀하시길〕 "나는 이제 비구니들에게 계를 제정해 줄 것이다. −다시 위에서 설명한 대로− 만약 비구니가 재가자에게 묻지 않고 재가자 집에서 무례하게 침구를 깔고 머문다면 이것은 바일제이다. 사미니와 신입 비구니는 〔죄를 짓는〕 악행을 한 것이다.[123] 만약 친척이 있는 집에 머문다면 죄를 짓는 것은 아니다."[124]

여기서는 비구니들이 승가에 허락을 구하지 않고 재가자 집에서 하룻밤을 보냈다면 참회해야 하는 가벼운 죄를 짓는다는 것을 알 수 있다. 하지만 앞에서 살펴본 것처럼 가족은 예외이다. 친척 집에 머물러도 죄가 아니다; 비구니는 가족이나 친척 집이라면 어떤 죄도 범하지 않고 머물 수 있었다.[125] 율장을 기록한 저자/편찬자들은 비구니가 가족이나 친척 집에서 하룻밤을 지낼 수 있다는 가능성을 문제 삼지 않았다; 이것은 어떤 방식으로 예방하거나 제한하거나 계율로 금지하는 관행이 아니었다. 일부 수행자가 재가자 집에 머물렀거나 심지어는 살았을 가능성까지를 『오분율』에서 보았다면, 『사분율』에서는 다른 내용을 확인해 볼 것이다.

---

122 …에 이르기까지라는 한역본 생략 부호는 아마도 인도에서 기반했을 것이다.

123 여기서 '잘못한 일(Skt. duṣkṛta)'로 번역한 이런 죄는 참회해야 하는데 다른 비구에게가 아니라 반드시 자신에게 참회해야 한다. 수행자는 "나는 그렇게 해서는 안 되었다"라고 참회하는 것이다. Hirakawa平川彰〔1964〕 2000, 1:309-315 참조.

124 T.1421〔xxii〕 96b13-19(권14).

125 『팔리율』에도 같은 계는 있지만, 친척 집을 언급한 것은 없다(BD 3:275-276).

이때 재가자 집에 사는 한 비구니가 있었다. 이 비구니는 남편이 부인과 입맞춤하고 몸을 만지고 가슴을 만지는 것을 보았다. 이것을 본 젊은 비구니는 세존이 말씀하신 다르마에 불만이 생겼다. 비구니들은 비구들에게 말했고 비구들은 세존께 말씀드렸다. 세존께서는 "나는 비구니들을 위해 공간을 분리해서 짓는 것을 허락한다."라고 말씀하셨다.[126]

이 내용은 분명하다. 한 비구니가 재가자 집에 머물고 있었다. 이 비구니는 남편이 부인과 사랑에 빠진 것을 우연히 보았다. 그래서 이 비구니는—젊은 비구니로 묘사되어 있다— 수행에 약간 실망을 느꼈다. 이때 붓다는 비구니를 위해 거주지를 분리하라고 했다. 여기서는 비구니가 본인 집이든 다른 사람 집이든 재가자 집에서 살았던 것을 볼 수 있다.[127] 비구니가 재가자 집에서 살 수 있었다면 특히 가족과 관련해 우리가 이미 앞에서 살펴본 완화 조치를 보면 비구니가 본인 집에서 생활하고 있었음도 추론해 볼 수 있다.

---

126 T.1428〔xxii〕 928a17-21(권49).

127 다르마딘나 이야기는 2장 각주 36-61이 있는 본문 내용 참조. 위 각주 117 참조. 여기서는 고대 후기에 '가정에서 금욕한' 관행을 고려해 보는 것이 유용할 것이다. Elizabeth

(1999, 34)은 "집에 머물면서 단순히 금욕 생활 방식을 선택했다는 것은 또 다른 인기 있는 선택이었을 것이다. 특히 여성 수행자 가운데 일부는 부모 집에 머물렀거나 혼자되어 본인 집에 머물렀을 것이다"라고 보았다.

6. 아버지와 같이, 아들과 같이

앞에서 보았듯, 율장을 기록한 저자/편찬자들에 따르면 출가했다고 반드시 가족이나 친척과 모든 관계를 단절하지 않았다는 것을 알 수 있다. 비구나 비구니가 자유롭게 가족이나 친척을 방문했거나 함께 지냈던 것을 보면, 비구나 비구니가 가족을 만난다는 의미는 단순한 방문이라거나 단기간 체류라는 의미가 아니었던 것 같다. 여기서는 아버지가 자녀와 함께 출가하는 것을 당연시했던 이야기를 소개할 것이다. 어떤 비구에게 출가는 가족을 승가로 옮긴다는 의미였다.

이 이야기는 『십송율』에 있다. 출가할 수 있는 최소 나이를 제한하는 계를 제정하는 내용에서 볼 수 있다.[128] 쉬라바스띠에 어떤 남자가 있었다. 그는 부인과 친척이 모두 사망했고 재산까지 모두 잃었다; 아버지인 이 남자와 두 자녀만 남았다.

> 이 남자는 "여러 〔종교적〕 길을 따르는 사람 가운데 공양으로 이익을 얻고 슬픔과 괴로움이 없는 사람은 석가족(Śākyan)의 아들뿐이다. 이 〔종교〕로 나아가면(出家) 문제는 없을 것이다"[129]라고 생각했다.

이때 이 아버지는 두 자녀를 데리고 출가하려고 제타바나로 갔다(將

---

128 T.1435〔xxiii〕 151b4-22(권21).

129 T.1435〔xxiii〕 151b6-7(권21).

二兒到祇園中求出家). 여기서 '출가'라고 번역한 용어는 문제가 없다; 출가出家는 문자 그대로 '출가하다'를 의미한다.[130] 산스크리트 pra√vraj는 '나가다', '출가해 탁발하는 수행자로 방황하다'라는 표준을 번역한 것이다.[131] '앞으로 나아가는' 것은 반드시 가족을 포기하는 것이 아니었다. 가족과 모든 관계를 단절하는 것도 아니었다. 이 아버지는 자녀와 같이 구족계를 받고 출가했다. 본문에서는 이런 행동에 어떤 비난도 하지 않았다. 가벼운 비판이라고 해석할 수 있거나 부정했다고 해석할 수 있는 것은 다음 취지에 대한 설명이 유일하다. "비구들은 출가한 의도를 알지 못했기에 (아마도 자녀들에게도) 출가를 허락했다."[132] 비구들은 아버지와 자녀에게 구족계를 주었다고 비난이나 질책을 받지 않았다.

구족계를 받은 아버지는 며칠 후 탁발하러 갔다. 가사를 입고 발우를 들고 두 자녀를 데리고 탁발하러 쉬라바스띠로 갔다. 식당, 빵집, 과자 가게, 기타 식품 가게를 방문했다. 배고픈 두 자녀는 빵을 보면서 "아빠, 우리에게 음식 좀 주세요. 우리에게 빵 좀 주세요(阿父, 與我食與我餠)"라고 말했다. "너희들이 달라고 해도 돈이 없는데 누가 너희에게 이것을 주겠니?"라고 아버지는 대답했다. 두 아이는 아버지 뒤를 따르며 울었다. 이 광경을 목격한 사람들이 비구를 비난하며 "사문석자는 욕망을 끊지 못했다. 이 비구는 승가에서 비구니와 함께 아이를

---

130 Kohn(2003, 57) 1장 각주 20-27 참조.

131 Monier-Williams〔1899〕 2000, s.v., pra√vraj. 팔리어와 같은 뜻일 때는 위 각주 19 참조.

132 T.1435〔xxiii〕 151b8-9(권21).

낳았다(沙門釋子不斷欲. 僧坊內共比丘尼生兒)"[133]라고 비난했다. 한 사람이 두 사람에게 말하고 두 사람이 세 사람에게 말해 비난은 쉬라바스띠 전체로 퍼졌다. 결국 이 말이 붓다에게도 전해져 계를 제정하게 되었다: "그러므로 만 15세가 되지 않은 사람은 수행자가 될 수 없다."[134] 이 계는 나중에 특별한 경우 7세 정도 소년도 출가할 수 있게 수정했다.

이 이야기는 여러 방면으로 충분히 고려해 볼 수 있다. 이 내용은 수계건도에서 볼 수 있다. 겉으로는 출가할 수 있는 최소 나이를 제한했다. 이면으로는 율장을 기록한 저자/편찬자들이 생각한 공동 출가에 대한 가설을 반영했다. 게다가 자녀와 같이 출가하려는 재가자와 관련한 가설도 들어있다. 저자/편찬자들은 아버지가 두 자녀와 함께 출가한 동기를 묘사하면서도 그를 비난하지 않았다. 오히려 이런 상황이 발생할 수 있다는 것을 당연하게 생각했다. 아버지가 자녀와 같이 출가하려는 것을 이 계율로 막지 않았다.

하지만 저자/편찬자들은 승가가 보여 줄 단체 이미지는 걱정했다. 율사들은 자녀를 둔 아버지 비구가 대중 앞에서 '아빠'라고 불릴 때 눈살을 찌푸려야 하는 상황이 문제라고 생각했다.[135] 재가자들은 이

---

133 T.1435〔xxiii〕 151b14-15(권21). 임신한 비구니에 대한 논의는 4장 4절 참조; 육체적으로 관계한 비구는 Clarke 2009a 참조.

134 T.1435〔xxiii〕 151b21-22(권21).

135 문제는 비구를 부를 때 선언하게 되는 공공성에 있다. 비구와 아들이 생물학적 친족 관계를 뜻하는 용어로 아버지와 아들을 계속 지칭했던 것이 아니다; 또한 사람을 밀치면 안 된다는 일반적인 계를 제정한 게 아니다. 아버지를 밀치면 안 된다고 붓다가 훈계한 이야기이다. 2장 각주 150이 있는 본문

상황을 잘못 이해해서 비구(와 비구니)가 성적으로 부적절했던 것이 아니냐고 비난했다. 율장을 기록한 저자/편찬자들은 승가가 부정하다는 이 비난을 피하려고 했다. 그렇다고 이런 우려는 아버지와 아들이 함께 출가하면 안 된다고 금지하는 쪽으로 움직이지는 않았다. 오히려 출가할 수 있는 최소 나이를 제한했다. 이 최소 나이는 이후에 더 낮아졌다. 이 율장에 따르면 재가자는 자녀들이 일정 나이가 되면 이들과 함께 초심자로 출가할 수 있었다. 율장을 기록한 저자/편찬자들은 출가해서 길 위의 삶으로 나아가려면 가족—비구에게 자녀들—을 포기하라고 요구하지 않았다.

『십송율』에만 이 내용이 있는 것은 아니다. 『사분율』에도 기본은 같지만 변형된 이야기가 있다.[136] 이 율장은 장로長老[137]가 '아들과 나아갔다(將兒出家已)'라고 말했다. 아들이 시장에서 팔을 뻗어 음식을 달라고 하자 재가자들이 비난하기를, "탁발하는 석가족(Śākyan)의 아들들은 부끄러움을 모른다. 그들은 독신을 지키지 않는다"라고 비난했다. 붓다는 12세 미만인 소년은 출가할 수 없다고 계를 제정했다.

이 계와 관련한 『근본설일체유부율』 이야기는 조금 더 길다. 이 율장도 아버지가 자녀와 함께 계를 받았다고 비판하지 않았다—이 판본은 아들이 한 명이다.[138] 빵집 주인이 거절하자 아버지는 아들

내용 참조.

136 T.1428〔xxii〕 810c16-23(권34).

137 장로는 승가에서 연공 서열을 가릴 때 자주 사용한다. 하지만 단순히 나이 많은 비구를 가리킬 때도 있다.

손을 잡아채 벌렁 나자빠지게 했다. 아이가 울기 시작하자 구경꾼들은 "존자여, 이 수행자는 누구입니까?"라고 물었다. 비구는 "내 아들입니다(buyin no)"라고 대답했다. 구경꾼들이 비구를 비난했다. 이 율장은 이 비난도 기록했다. 하지만 비구가 아들이 있다고 비난한 것이 아니다. 현대 사람들이 아동학대라고 생각하는 행동을 아버지가 했기에 비난한 것이다: "탁발하는 수행자가 혈육에게 이렇게까지 해야 합니까?"[139] 이 율장도 비구가 아들(들)과 함께 출가한 것을 비난하지 않았다. 오히려 자녀를 포기한 것이 다른 문제를 일으켰다. 율사들은 이 관행을 금지하기보다 이를 둘러싼 문제를 계율로 제정해 해결하고 싶었던 것 같다.

『오분율』에도 비슷한 이야기가 있다. 이 율장에서는 빵집을 언급하지 않았다.[140] 어떤 가족이 전염병에 시달리다 아버지와 아이만 살아남았다. 재난이 아직 끝나지 않았어도 또 기근이 들까 두려웠던 아버지는 어디로 피난을 갈까 생각했다. '탁발하는 사문 석가의 아들들은 많은 물질과 병자들을 위한 약을 갖고 있다. 지금 당장 아들과 출가해 구족계를 받아야겠다(我今便可將兒出家受具足戒).' 아버지는 이렇게 생각했고 출가했다. 아버지는 출가 후 한쪽 팔에는 아들을 다른 한쪽

138 Eimer 1983, 2:193.7-195.7; T.1444〔xxiii〕 1032c7-29(권3).

139 의정은 이 비판을 "비구들이 어떻게 자신의 살과 피를 입문(출가)시킵니까?(何故苾芻度此血團)"라고 번역했다. 그러나 의정 번역에서는 구경꾼이 이 어린 수행자가 비구의 아들이라는 것을 말하지 않는다. 이 어린 수행자가 아버지를 그렇게 지칭하지 않았기에 문맥과 맞지 않는다. 여기서는 티베트어본을 따랐다.

140 T.1421〔xxii〕 115c22-116a3(권17).

팔에는 발우를 들고 탁발하러 마을로 갔다. 아버지가 재가자들로부터 독신을 지켜야 하는 계를 범했다는 비난을 받자 다른 재가자들이 그를 변호했다. "〔아닙니다〕 출가 이전부터 아이가 있었습니다." "그렇다면 비구는 〔소년이〕 성장할 때까지 기다렸어야지, 왜 출가했습니까? 그렇다고 비구가 탁발하러 갈 때 아들을 안고 가게 합니까? 이 비구가 독신을 지켜야 하는 계를 어겼다고 상상하지 않을 사람이 어디 있겠습니까?"[141] 그러자 세존은 다음과 같이 말했다: "어린아이를 출가시켜서는 안 된다(不應度小兒)."[142] 여기서도 저자/편찬자들은 비구가 자녀와 함께 출가할 수 있다는 사실을 당연하게 생각했다. 하지만 승가는 보시하는 재가자들이 보게 될 눈에서 잠재적인 문제를 인지했다. 재가자들이 내 논 해법은 비구는 가족과 유대 관계를 끊어야 한다는 것이 아니었다. 아이가 성인이 될 때까지 기다렸다가 출가 수행자가 되어야 한다는 것이었다. 여기서 인식했던 문제는 가족과 같이 출가하거나 길 위에서 가족과 함께 사는 것이 아니었다. 수행자가 탁발할 때 아이가 있는 것이었다. 이것은 원치 않는 소문이 날 수밖에

---

141 탁발하러 갈 때 한쪽 팔에는 아이를, 다른 한쪽 팔에는 발우를 들고 있는 갓 분만한 어머니 이야기 참조; 『오분율』 T.1421〔xxii〕 92b7-12(권13). 자세한 내용은 4장 각주 49-50이 있는 본문 내용 참조.

142 본문을 있는 그대로 받아들여야겠지만, 영아나 유아-안아주거나 업어주어야 하는 아이-를 신참자로 생각하는 것은 말이 안 된다. 문헌이 변형되었다는 연구는 없지만, Nishimoto西本龍山(1932~1935, 14:52)는 오래전 동사가 취하는 목적어를 '어린아이를 안고 있는 사람'으로 이해해야 한다고 말했다. 다시 말하면, 어린아이를 안고 있는 남자를 출가시켜서는 안 된다는 말이다. 필자는 확신이 서지 않는다.

없는 일이었다.

이 의미를 자세히 설명한 내용은 없어도 특정 나이 미만인 어린이가 출가하면 안 된다는 계는 『팔리율』에도 있다.[143] 이 내용은 아주 분명하다: "그들(아버지와 아들)은 승가로 출가했고 함께 보시받으러 갔다(te bhikkhūsu pabbajitvā ekato 'va piṇḍāya caranti)." 한역은 복수형이 아니면 모호할 수 있는데 심하게 굴절된 특성을 가진 팔리어에서는 아버지와 아들(그들: te-복수형)이 보시(piṇḍāya caranti-다시 복수형)를 받으러 간(pabbajitvā) 것을 확실하게 알 수 있다. 이 계도 『팔리율』 깊은 곳에 자리 잡고 있는데 붓다가 어떤 비난이나 비판도 하지 않은 것이 흥미롭다. 재가자들은 비구가 독신을 지켜야 하는 계를 지키지 않았다고 생각해 이 상황을 오해했다. 율사들은 재가자에게서 비난받는 것을 줄이려고 붓다가 움직이는 것으로 설정했다: "비구들아, 15세 미만인 소년을 출가시키면 안 된다."[144]

『십송율』, 『근본설일체유부율』, 『팔리율』에서는 15세 미만인 소년이, 『사분율』에서는 12세 미만인 소년이, 『오분율』에서는 나이를 특정할 수 없는 소년이 출가하면 안 된다고 계를 제정했다. 특정 상황에서는 훨씬 더 어린 소년(보통 7살 정도)이 출가하는 것도 가능했다. 일반적으로 까마귀를 쫓을 수 있는 능력이 있다면 출가는 가능했다.[145] 호너는 『팔리율』로 논평을 한정하면서 이것을 "15세 미만 소년

143 Vin 1:78.33-79.6; BD 4:98-99.

144 Vin 1:79.5-.6; cf. BD 4:99.

145 『오분율』 T.1421〔xxii〕 117a16-28(권17). 『사분율』 T.1428〔xxii〕 810c24-811a3(권34). 출가할 수 있는 최소 나이를 제한하지 않았다. 하지만

이 출가하는 것을 금한 일반적인 계 가운데 가장 특이한 예외이다"라고 설명했다.[146] 이 계에서 제정한 예외는 널리 알려져 있다.

7세 미만인 소년들을 수행자로 받아들이는 개정안은 여러 이유로 흥미롭다. 특히 『십송율』에서는 이 두 소년이 붓다의 사촌인 아난다의 친척이라고 했다.[147] 이 바보—이 율장을 기록한 저자/편찬자들이 그를 특징짓는 말— 비둣답하(Viḍūḍabha)는 붓다의 고향인 까삘라바스뚜(Kapilavastu)에서 석가족(Śākyan)의 아들들을 마구 죽였다. 붓다와 아난다는 우연히 이 마을에 있었다. 대량학살로 고아가 된 두 소년이 친척인 아난다에게 딜려오자 아닌다는 두 소년에게 음식을 조금 주었다. 붓다는 답을 알고 있음에도—라고 저자/편찬자들은 덧붙였다— 물었다. "누구의 아이들인가?" 아난다는 자신의 친척이라고 대답했다. 붓다는 "어찌하여 이들을 출가시키지 않느냐?"라고 물었다. 아난다는 15세 미만 소년이 출가하면 안 된다는 계를 붓다가 이미 제정했다고 대답했다. 붓다는 이 소년들이 승가에 있는 음식을 보호할 수 있게 까마귀를 쫓을 수 있는지 물었다. 아난다가 그렇다고 대답하자 붓다는 이전 입장을 수정했다. 친척 소년들이 출가할 수 있게 계를 수정한

아이는 까마귀를 쫓을 수 있어야 했다. 출가 초심자는 Hirakawa平川彰〔1964〕2000, 2:162-168, 특히 165-167 참조. 『근본설일체유부율』 Eimer 1983, 2:219.3-221.20 참조; 『근본설일체유부니다나』 T.1452〔xxiv〕 415b21-25(권1); sTog, *'Dul ba*, NA 102a7-b3. VSSMSB Sūtra no.111(VSPVSG 2009, 96). 『마하승기율』 T.1425〔xxii〕 461b9-12(권29) 수행자를 7~13세, 14~19세, 20~70세로 3가지 범주로 나누었다.

146 BD 4:99 각주 3.

147 T.1435〔xxiii〕 151b23-c1(권21).

것이다. 이 계는 특히 붓다의 사촌인 아난다의 친척이 고아가 되어 곤경에 빠진 일과 관련이 있다.[148]

지금까지는 율장에 담긴 서사적 깊이와 관련 있는 내용을 제한적으로 살펴보았다. 율장을 기록한 저자/편찬자들에 따르면 '출가'는 부모, 형제자매, 자녀와 반드시 관계를 끊는 행동이 아니었다. 인도에서는 비구로 길 위의 삶으로 나아갈 때 자녀와 함께 나아갈 수 있었다.[149]

7. 호전적인 부모와 우연히 일어난 사건

앞에서 살펴본, 소년이 출가할 수 있는 최소 나이를 다룬 계율은 우리가 기대하는 수계건도에서 볼 수 있다. 이런 이야기 틀을 통해 상좌부 율장(법장부, 화지부, 근본설일체유부, 설일체유부, 남방상좌부)을 기록한 저자/편찬자들이 재가자가 자녀를 데리고 길 위의 삶으로 나아갈 수 있다는 것을 당연하게 생각했던 것들을 살펴보았다. 앞에서 간략하게 논의했듯, 1장 3절에서 살펴본 부파나 인도불교 수행자가 주장한 모든 부파적 이해와 관련해서는 『마하승기율』도 고려해 보아

---

148 이 계는 『팔리율』에서도 볼 수 있는데 아이들이 어떤 식으로든 아난다와 관련 있을 것이라는 암시는 없다. BD 4:99 참조.

149 『근본설일체유부필추니비나야』에는 아들과 네 딸을 데리고 출가한 여성 이야기가 있다. 아들이 어머니에게 줄 옷을 만들자 딸들이 옷을 탐냈기에 옷 교환과 관련한 계를 제정했다. T.1443〔xxiii〕 1011a25-b11(권19). 이 계는 티베트어본 『Bhikṣuṇī-vibhaṅga』와 비슷한 점은 없는 것 같다. 그러나 『Āryasarvāstivādi-mula-bhikṣuṇī-prātimokṣa-sūtra-vṛtti』는 한역본과 비슷한데 같지는 않다: Peking, bstan 'gyur, 'Dul a'i 'grel pa, (vol. 122) DZU〔DSU〕 150b7-151a5.

야 한다. 『마하승기율』 구성은 우리가 잘 알고 있는 것처럼 상좌부 율장 구성과 다르다.[150] 이 부분이 일을 약간 복잡하게 만든다.

『마하승기율』에도 '허수아비 계율'[151]은 있지만, 여기에 가족이 함께 세상을 포기한 내용은 없다. 따라서 우리는 비구가 길 위의 삶으로 나아갈 때 자녀와 함께 출가한 자료를 『마하승기율』 가운데 다른 내용에서 찾아야 한다. 지금부터는 자녀와 함께 출가했던 것이 일상이었던 것처럼 제시한 내용을 소개할 것이다. 게다가 상좌부 율장에서도 가족이 함께 출가한 내용을, 앞에서 논의한 내용으로만 한정하지 않고 더 많은 내용으로 다시 확인해 볼 것이다. 부모가 자녀와 함께 출가한 상황을 문제 삼지 않았던 특성을 상좌부 율장에서 다시 살펴보려고 예 하나를 더 소개할 것이다.

『마하승기율』에 있는 이 이야기는 가장 있을 법하지 않은 곳에서 가족과 관련해 풍부한 정보를 담고 있다. 계율을 제정한 본래 주제에서 전적으로 부수적이라고 볼 수 있는 대화나 사건을 묘사한 부분에서 이 연구에 필요한 중요한 자료를 볼 수 있다. 저자나 편찬자들도 알고 있었겠지만, 이 자료로 인도 승가 문화 구조 속에 가족이 얼마나 깊게 뿌리내리고 있었는지도 알 수 있다. 『마하승기율』에는 음식을 보관하고 준비하는 과정을 설명하는 내용이 있다. 여기서 율사들이 수행자와 관련해 세운 가설을 볼 수 있다.[152]

---

150 1장 각주 187 참조.

151 위 각주 145 참조.

152 아들이 신참자일 수 있는 『마하승기율』과 달리 『사분율』 T.1428〔xxii〕 874a13-25(권42)에서 아버지와 아들은 분명하게 비구이다. 이전에 비구들은

세존께서는 꼬살라 왕국을 여행하다 고대 *샤일라(Śaila)의 브라만 마을에 도착했다. 이때 이발사가 있었다: 노인, 아버지, 아들. 이들은 〔수행자로〕 출가해 이 작은 마을에 살고 있었다. 이때 이 노인은 세존이 오신다는 소식을 듣고 아들에게 말했다. "너는 이발 도구를 갖고 마을로 가서 쌀, 콩, 버터기름, 기름, 설탕을 사 와야 한다. 세존께서 오고 계신다; 우리는 여러 가지 죽을 만들어야 한다." 그러자 아들은 마을로 갔다. 많은 사람이 그에게 "이발을 해주고 무엇을 얻으려고 합니까?"라고 물었다. 그는 "쌀, 콩, 버터기름, 기름, 설탕이 필요합니다"라고 대답했다. "이것들을 어떻게 사용하려고 합니까?" "내일 세존께서 오실 것입니다; 저는 여러 가지 죽을 만들어야 합니다." 이때 사람들은 이 말을 듣고 기뻐하며 믿음을 생각하며 그에게 두 배로 값을 치렀다. 그는 이것을 집으로 가져왔다. 세존께서 오셨고 노인은 직접 여러 가지 죽을 만들었다. 다음 날 아침, 붓다와 비구들이 앉자 노인은 손을 씻고 직접 죽을 올렸다. 붓다는—이미 알고 있었지만— 의도적으로 "비구여, 이것은 무슨 죽인가?"라고 물었다. "세존이시여, 예전에 제가 재가자였을 때 비구들에게 공양을 올리면서 항상, '언제쯤 내 손으로 세존께 공양을 올릴 수 있을까?'라는 생각을 했기에, 제가 이제 이렇게 죽을 만든 것입니다"라고 대답했다. 세존께서는 "쌀은 어디서 구했는가?"라고 물으셨다. "제 아들이 손님에게 이발해 주고 얻은 것입니다."라고 대답했다.[153]

이발로 돈을 벌어 붓다에게 공양을 올렸다. GMs iii 1:280.8-281.18;sTog, *'Dul ba*, GA 50b1-51a7에서 근본설일체유부 판본 참조.

이 내용은 지금까지 적당한 취급을 받지 못한 복잡한 주제를 담고 있다. 승가는 음식과 관련해 입장을 명확히 해야 한다며 이야기를 계속 진행한다. 붓다는 허용하지 않는 다양한 음식 목록을 제정했다: 이것은 부적절하게 저장하거나 조리한 음식이다. 무엇보다 브라만 사회에서 깨끗하지 않다고 생각했던 이발 같은 직업으로 손님에게 얻은 음식을 포함한다.

여기서는 승가에서 음식을 준비한 것과 관련 있는 세부 내용은 논외로 한다. 하지만 율장을 기록한 저자/편찬자들이 구상했던 승가와 관련해서는 많은 통찰력을 얻을 수 있다. 여기서 주제는 이발을 통해 얻은 재료로 요리하면 적절하지 않다는 것이다. 하지만 우리는 여기서 아버지와 아들이 수행자로 함께 출가한 또 다른 사례를 볼 수 있다. 게다가 아버지와 아들이 승가로 출가한 사실이 서사에서는 세부 내용이다. 하지만 우리에게는 율장을 기록한 저자/편찬자들이 의식하고 드러낸 다른 어떤 내용보다 훨씬 더 중요하다.[154] 율장을 기록한 저자/편찬자들은 가족과 세계를 포기하라고 주장하지 않았다. 그렇기에 이런 포기 사례를 만들어 낼 필요가 없었다. 어느 정도는 가족이 함께 출가할 수 있다고 생각했다. 이런 세부 내용에서 확신할

---

153 T.1425〔xxii〕 463a17-b1(권29).

154 『마하승기율』에서는 아버지와 아들이 이발해 준 것이 다른 문제를 일으켰다. 이들은 이 이발 도구를 갖고 구족계를 받았기에 비판받았다. 이들은 이발 도구를 버리라는 지시를 받았다. 하지만 빌린 도구는 사용할 수 있다고 허락도 받았다. 이 계율은 대장장이, 목수, 금은세공인, 가죽 세공인, 직공과 같은 여러 장인에게도 적용하였다. T.1425〔xxii〕 489b28-c8(권32). 이 아버지와 아들을 간략하게 언급한 내용은 T.1425〔xxii〕 477a17-20(권31) 참조.

수 있는 것은 이런 많은 내용이 서로 관련 있다는 것이다.

지금부터는 더 분명한 이야기로 넘어갈 것이다. 우리가 상상한 지적인 전임자와 관련해 1장 2절에서 간략하게 논의했던 내용이다. 『사분율』에서 본 살인 이야기이다. 여기서는 승가와 가족 관계가 더 많은 부분을 차지했지만 더는 설명하지 않을 것이다; 이것은 간단하게 기존 승가가 가졌던 본질이라고 받아들일 수 있기 때문이다. 여기서도 재가자가 세상을 포기하고 붓다가 설한 다르마로 나아갈 때 자녀도 함께 출가할 수 있었다는 매우 현실적인 가능성을 볼 수 있다.

쉬라바스띠에서 한 장자가 세존과 비구들을 식사에 초대했다. 세존께서는 비구 1,250명과 함께 도착했다. 일반적인 관례가 그렇듯 붓다는—저자/편찬자들도— 모든 비구가 모일 때까지 음식이나 음료를 받지 않았다.[155] 이야기는 짧지만, 충분히 설명할 수 있다:

> 이때 늦은 나이에 〔수행자로〕 출가한 비구가 있었다. 비구는 〔수행자로〕 아들을 데리고 출가했다(將兒出家). 아버지는 아침 식사 시간에 재가자 집으로 갔다. 비구들이 아들에게, "네 아버지는 어디 가셨니? 우리는 세존께서 하신 말씀에 따라 먹지 못하고 기다리고 있다"라고 말했다. "저는 모릅니다"라고 소년은 대답했다. "너는 가서 아버지를 찾아보아야 한다"라고 한 비구가 말했다. 소년은 아버지를 찾았다. "아버지, 어디를 다녀오십니까? 세존과 승가는 아버지를 기다리느라 식사하지 못하고 계십니다"라고 소년이 아버지에게 말했다. 아버지는 화가 나서 아들을 붙

155 T.1428〔xxii〕 982b9-13(권56).

잡았다. 아들은 아버지를 밀치고 달아났다. 아버지는 땅에 쓰러졌고 세상을 떠났다. 이 아들은 〔자신이 범죄를 저질렀을 수도 있다〕고 의심했다. "너는 어떤 의도로 그렇게 했느냐?"라고 세존께서 물으셨다. "살인할 의도로 그렇게 한 것은 아닙니다"라고 대답했다. "악의가 없어도 아버지를 밀치면 안 된다"라고 세존께서 말씀하셨다.[156]

앞에서 언급했듯, 이 이야기 주제는 아버지와 수행자가 아니다. 오히려 아버지가 아들을 붙잡은 것이 사망 사건이 되자 이것이 죄를 지은 것인가, 아닌가 하는 것이 주제이다.[157] 이 짧은 이야기는 비구나 비구니가 길 위의 삶으로 출가할 때 가족과 관계를 끊지 않았다는 가설에 근거를 두고 살펴본 것이다. 비구는 아들을 버리기는커녕 오히려 아들과 같이 수행자가 되었다. 이 관계는 다른 비구들이 "아버지는 어디 가셨니?"라고 물어본 것에서 알 수 있다. 심지어 붓다도 소년에게 "너는 아버지를 밀치면 안 된다"라는 말로 이 관계를 인정했다. 아버지와 아들은 수행자로 함께 출가했기에 승가에서도 계속 아버지와 아들로 인정했다. 율장을 기록한 저자/편찬자들도, 다른 비구들도, 심지어 붓다도 이 지속적인 가족 관계를 암묵적으로 인정했다. 이 율장을 기록한 저자/편찬자들이 묘사한 혈연관계가 승가에서 상당 부분 계속 유지되었던 또 다른 예를 계속 살펴볼 것이다.

---

156 T.1428〔xxii〕 982b13-20(권56). 이 내용이 3가지로 분리된 특징을 생략한 『팔리율』 판본은 편의상 BD 1:138-139 참조.

157 1장 각주 82가 있는 본문 내용 참조.

8. 다른 길을 간 가족

지금까지는 가족이 같이 승가로 출가한 내용을 주로 다루었다. 앞으로는 가족이 불교佛教와 이교異教로 출가한 이야기를 다룰 것이다. 율장은 인도 종교 전반과 관련해 밖으로 드러난 의미 외에도 안에서 어떤 의미를 가진 것이 있다. 가족 모두가 속세를 떠날 때 모든 가족이 반드시 같은 종교로 출가하겠다고 동의하지 않았다; 가족이 모두 출가할 때 가끔은 각자가 원하는 길을 갔다.

우리는 『마하승기율』에서 출가한 어머니와 딸(母子出家)을 만날 것이다. 어머니는 불교가 아닌 다른 종교로 갔다. 딸은 비구니가 되었다.[158] 다른 종교에서 수행하던 어머니는 흥미로운 말을 했다. 저자/편찬자들이 다른 종교 수행자를 묘사한 것에서 불교 수행에 대한 여러 전제도 볼 수 있다.

딸인 비구니는 불특정 이교異教를 따르는 어머니 수행자와 함께 살려고 어머니를 찾아갔다: "우리는 여전히 엄마와 딸 사이이다; 왜 우리가 떨어져 살아야 하니? 네가 여기로 오면 같이 살 수 있다."[159] 하지만 딸인 비구니는 불교를 떠나려면 이유가 필요하다고 대답했다.

---

158 T.1425〔xxii〕 523c3-4(권37); 영어 번역은 Hirakawa平川彰 1982, 183 참조. Roth 1970, §172에서 설출세부(Lokottaravādin)와 유사한 점 비교; 프랑스어 번역은 Nolot 1991, 153 참조.

159 T.1425〔xxii〕 523c4-5(권37). 설출세부와 유사한 것은 Roth(1970, §172 각주 1) 참조. 어머니가 딸에게 자신을 보러 오라고 말하자 딸은 그렇게 할 수 없다고 대답한다. 『마하승기율』(한역본)은 훨씬 더 명확하다.

비구니는 같은 종교를 믿는 사람들과 싸우는 것을 선택했다. 비구니는 다른 종파가 우월하다면 붓다, 다르마, 승가를 떠나 그곳에서 청정한 행을 따르는 게 더 좋다고 주장했다. 동행 비구니들은 그녀가 이런 말을 하지 못하게 노력했지만 실패했다. 이때 붓다는, 비구니에게 3번을 권고해도 이런 말을 멈추지 않으면 죄를 짓는 것이라고 계를 제정했다.

여기서는 불교도와 이교도가 서로 교류했다거나 어머니와 딸이 계속 만났다는 것을 드러내 놓고 언급하지 않았다. 오히려 불교 수행을 그만두겠다고 말하면 안 된다는 계율을 제정했다. 하지만 이 이야기들에서는 이교도 수행자가 상상하거나—상상하게 만든— 어머니와 딸이 여전히 함께 살 수 있는 출가 형태를 볼 수 있다. 이 비구니는 이런 종교 형태에 열려 있는 것으로 묘사되어 있다. 지금 살펴본 것처럼, 가족들이 불교가 아닌 이교로 출가했어도 계속 만날 수 있다는 것도 불교가 이해한 출가와 크게 다르지 않다. 틀림없이, 비구니승가에 이 어머니가 찾아오지 않았던 이유는, 승가를 떠나려는 비구니와 관련한 계율을 제정할 때 이 구성 요건을 충족시키지 못했기 때문일 것이다. 여기서는 인도에서 불교만이 유일하게 가족과 친밀했던 종교가 아니었음을 읽을 수 있다.[160]

『마하승기율』에는 부모와 다른 종교적 길을 가는 아들 이야기도 있다. 가르또다라(Gartodara)는 부모와 함께 수행자로 출가했다; 부모는 불교 수행자가 되었지만(父母在佛法中出家), 아들은 다른 종교로

160 가족과 사이좋은 자이나교는 Granoff 2006, 5장 3절에서 논의한 것 참조.

갔다.[161] 가르또다라는 추운 날씨에 옷이 없어 몸을 따뜻하게 하려고 동물을 데리고 다니다가 비구니가 된 어머니를 만났다. 여기서도 불교나 다른 종교도 출가할 때 가족과 단절하지 않았음을 알 수 있다. 어머니 비구니는 아들이 불쌍한 생각이 들어 아들에게 새 옷을 주었다. 아들은 이 옷을 입고 술집(pānāgāra)에 갔다. 아들은 이 술집에서 성인(ṛṣidhvaja, 聖人幖幟)을 상징하는 옷을 입었다고 비난을 받았다. 이 상황은 비구니들에게는 총책임자이며 붓다에게는 이모이자 계모인 마하쁘라자빠띠 가우따미(Mahaprajāpatī Gautamī)에게 보고되었고, 붓다에게도 보고되었다. 이에 율장을 기록한 저자/편찬자들은 비구니가 다른 길을 따르는 사람에게 직접 옷을 주면 죄를 짓는 것이라고 붓다가 계를 제정하게 했다.[162]

앞에서 살펴본 많은 내용 이외에 이 2가지 이야기만으로도 인도에서 '포기'했던 전통이 가졌던 본질과 관련해 많이 있었던 가설이 지금까지 알려진 것만큼 그렇게 명확하지 않을 수도 있다는 것을 살펴보기에 충분하다. 예를 들어, 루이 뒤몽(Louis Dumont)은 '정당한 영향력',[163]

---

161 T.1425〔xxii〕 528a13-14(권38); 영어 번역은 Hirakawa平川彰 1982, 249 참조. 다른 길을 가는 가족 구성원과 관련한 계는 『마하승기율』 T.1425〔xxii〕 373c28-374a1(권18) 참조. Roth 1970, §185 비교; 프랑스어 번역은 Nolot 1991, 211 참조.

162 T.1425〔xxii〕 528a14-b4(권38). 그러나 사실 정인(kalpikārika; 淨人-이 용어는 Clarke 2009a, 27 각주 86에 인용한 참고문헌 참조)이 기부하는 것은 허락했다고 볼 수 있다. 다른 종교를 선택한 가족 구성원 이야기는 3장 각주 112 참조. 서로 다른 길을 가는 남편과 아내는 3장 각주 216-224에 있는 본문 내용 참조.

'독창성이 풍부한'[164] 내용을 묘사한 글에서, "인도 힌두교에는 2부류 남자가 있다. 한 부류는 세상을 포기한 남자이고, 다른 한 부류는 세상에 남아 있는 남자이다"[165]라고 말했다. 뒤몽은 "고전적으로 해탈을 추구하는 사람이라면 세상을 완전히 떠난, 다른 방식으로 삶을 선택한다는 것을 이미 잘 알고 있었다. 이것이 바로 은둔(saṃnyāsa)이라는 사회제도이다. 사실상 일반사회와 분리된 출가 사회이다."[166] 필자가 인도에서 불교로 출가하지 않은 상태에 있는 가설에 의문을 제기하는 것은 아니다. -적어도 율장을 기록한 저자/편찬자들을 통해 볼 때- 출가에 대한 인도불교 관념은 인도에서 출가하는 전통이 가졌던 형식에 문제점이 있다고 보았던 것 같다. 올리벨(Olivelle)은 "뒤몽(Dumont)이 말한 구조적 이분법은 출가자와 재가자가 이상적 형태를 보이는 수준에서만 유지할 수 있을 것이다: 출가자와 재가자가 사는 실제 현실 생활은 훨씬 더 많이 복잡하고 훨씬 덜 깨끗하다."[167]라고 말했다. 그러나 우리가 율장을 기록한 저자나 편찬자들이 승가가 도달해야 할 이상을 제시했다고 받아들인다면, 율장을 기록한 저자/편찬자들이 이해한 이상을 제도로 만들어, 출가하려면 가족과 관계를 단절하라고 요구하지 않았다는 사실도 받아들여야 한다. 적어도 율장을 기록한 저자/편찬자들이 구상했던 '일반사회와 분리한 출가사회

---

163 Madan 1987, 17.

164 Olivelle 1995b, 188.

165 Dumont 1960, 38.

166 같은 책, 44.

167 Olivelle 1995b, 188.

상태'는 가족 관계 해체를 전제로 하지 않았다. 이 전제는 율장을 기록한 저자/편찬자들을 통해 볼 때, 인도에서는 불자들이 출가할 때뿐 아니라 이교도들이 출가할 때도 적용했던 것 같다.

9. 결론

지금까지 보았듯, 서력기원 즈음 인도에서 비구나 비구니가 기부한 내용을 새겼던 금석문들은 주로 가족을 언급했다. 율장에서는 비구와 비구니에게 육체적으로도 출가해야 한다고 강요하지는 않았어도, 이따금 이 결정은 종교적인 어떤 부분을 촉진할 수 있어 중요했을 수 있다. 지금까지 살펴본 이야기에서는 비구와 비구니가 지속해서 가족과 만났고 때로는 함께 거주도 했다. 사실상 이렇기에, 종종 어떤 계율 위반은 가벼운 죄가 될 수도 있었는데 승가가 가족과 상호작용하는 관계에서 발생했기에 무죄가 되었다. 게다가 이 문헌들은—어쩌면 불교적이지 않은 형태일지라도— 출가할 때 자녀와 함께 세상을 포기할 수 있다고 생각했다.

율장을 기록한 저자/편찬자들이 가족과 단절하는 상황이 필요했거나 원했다면, 생물학적 가족이 함께 출가해 구족계 받는 것을 금지할 수 있었다. 또한 가족이 함께할 수 있는 장소가 아닌 다른 장소에서 수행하라고 지시하는 것도 간단했을 것이다. 승가에서는 수계 때 출가자에게 채무가 있는지, 질병이 있는지, 인간인지, 도둑인지, 왕을 섬기는지, 노예인지 확인하는 질문을 했다.[168] 이때 가족 가운데 먼저 구족계를 받은 사람이 있는지도 쉽게 물을 수 있었다. 하지만 수계 때 이것을 묻지 않았다. 여기서는 매춘부에게 구족계를 주는 것 역시 교훈적이다. 『사분율』에서는 매춘부가 구족계를 받을 때 예전 매춘 손님들과 마주치지 않도록, 일했던 곳에서 5~6요자나 정도 떨어진 곳에 머무르라고 했다.[169] 생물학적으로도 혈연관계에 있는 친척이나 배우자도 이 길을 따라 구족계를 받을 수 있었다. 하지만 승가는 가족과 관련해 이런 계율을 제정하지 않았다. 승가에 친척이 있다고 이런 제한을 계율로 제정하지 않았다.

우리가 인도에서 비구나 비구니가 된다는 것이 어떤 의미인지 이해하려고 할 때, 어떤 사료를 참고하느냐에 따라 이 이해 정도는 크게 달라질 수 있다. 기존 연구는 주로 경전 자료를 기초로 승가를 재구성해서 이야기 가운데 한 단면만을 강조해 특권화한 경향이 있었다. 하지만 율장은 가족과 단절하지 않은 승가를 제시했다; 이것은 법장부, 화지부, 근본설일체유부, 설일체유부, 남방상좌부로 지금까지 살펴본 모든 부파가 이렇게 했다.

누구는 승가에서 비구나 비구니가 출가 전 가족과 지속해서 교류하는 것을 단순히 용인만 했던 것이 아니라, 정상적인 일부분으로 가족을 받아들였던 견해가 후대에 형성된 것이어서 초기 승가를 대표할 수 없다고 주장할 수도 있다. 하지만 우리는 이것을 재구성해서 연구해야 한다. 하지만 이렇게 주장하려면 인도 승가와 관련한 자료가 한결같이 후기에 제작된 것이라는 사실을 받아들여야 한다; 물론, 이것은 전에 확실히 주장한 바 있다.[170] 하지만 승가가 가족과 관련해 이런 견해를

168 Schopen 2004d, 236-237 참조.

169 T.1428[xxii] 759c7-760a7(권28); 영어 번역은 Heirman 2002, 2:821-823 참조.

형성한 것이 상대적으로 후기일지라도, 중국에서 법장부, 대중부, 화지부, 설일체유부 율장을 한역한 5세기 초까지는 승가에서 가족을 중요하게 인정했던 것을 확인할 수 있다.

이것을 반대하려고 중국에서 8세기 후반에 의정이 『근본설일체유부율』을 한역(후에 티베트어로 번역했을 수도 있다)한 연대를 들어 이 견해가 불교를 대표할 것이라고 주장할 수도 있다. 반대로 기원전 1세기(기원전 29~17년) 알루비하라(Aluvihāra)에서 『팔리율』을 편찬한 시기로 돌아갈 수도 있다.[171] 금석문 자료를 사용할 수 없는 이전 시기로 돌아갈 수도 있다. 이렇게 함으로써 불교에서 가족이 가졌던 중요성을 '후기'라고 생각한다면, 기원전 1세기~8·9세기가 된다. 거의 천 년이라는 시기를 받아들여야 한다.—인도불교 역사 대부분이 될 것이다.

서력기원 초 몇 세기에는 불교가 가족과 사이가 좋은 승가였을지도 모른다. 하지만 항상 그랬을까? 이런 견해를 어디까지 주장할 수 있을까? 먼저 토마스 윌리엄(Thomas William), 리스 데이비스(Rhys Davids), 헤르만 올덴베르크(Hermann Oldenberg)가 승가에서 개인 비구와 비구니가 지켜야 할 바라제목차는 '가장 오래된 것은 아니지만 모든 불교 문헌 가운데, 가장 오래된 것 가운데 하나'라고 주장한 것은 인정할 것이다.[172] 바라제목차를 초기에 만든 것이라고 받아들인

---

170 Schopen 1985.

171 von Hinüber 1978, 49.

172 Rhys Davids and Oldenberg[1882~1885] 1996, 1:ix. 남방상좌부 바라제목차에 대한 자세한 분석은 von Hinüber 1999 참조.

다면 승가는 초기부터 생물학적으로 서로 관련 있는 비구나 비구니가 구성원으로도 있었을 뿐만 아니라, 비구나 비구니가 친척과 계속 만났다는 것도 당연하게 받아들여야 한다. 불교 중심 계율을 담고 있는 문헌이라고 부르는 율장에서 거의 처음부터 가족 관계가 시작되었다는 것도 어떻게 해서든 설명할 수 있어야 한다.

팔리 비구 바라제목차(pātimokkha) 가운데 니살기바일제(nissaggiya-pācittiyas) 6번째는, 비구가 '〔그와〕 친척이 아닌 재가자나 그 부인에게 옷감을 요구하면 죄를 짓는 것이다'라는 것이다.[173] 이 계가 의미하는 것은 재가자가 비구와 친척이라면 죄를 짓는 것이 아니라는 것이다. 여기서는 암묵적이지만, 비방가에서는 분명하게, "… 〔옷감이〕 친척 관계에 있다면 죄를 짓는 것이 아니다"라고 말했다.[174] 이와 비슷한 계에서도 비구와 비구니가 서로 친척일 때는 예외였다.[175] 니살기바일제 4번째와 5번째에서도 비구는 "〔그와〕 관련 없는 비구니에게 오래된 옷을 세탁하게 하거나 염색하게 하거나 두드려서 세탁하게 하면 죄를 짓는 것이다"라고 말했다.[176] 이 계에서 볼 수 있는

---

173 Pruitt and Norman 2001, 31; 대괄호는 원문. 비구니계에도 비슷한 계가 있다; 비구니 니살기바일제(nissaggiya-pācittiyas) 16-19, 28; Pruitt and Norman 2001, 151, 153, 161 참조.

174 BD 2:49.

175 니살기바일제 7, 8, 9, 27; Pruitt and Norman, 2001, 31, 33, 43; BD 2:52, 57, 60-61, 150 참조.

176 Pruitt and Norman 2001, 31; 대괄호는 원문. 가장 최근 연구한 이 계는 Yamagiwa 山極伸之 2004 참조. 니살기바일제 17, 바일제 25-26, 바라제제사니(pāṭidesanīya) 1; Pruitt and Norman 2001, 39, 53-55, 85 참조. 친족이 아닌 비구니에게

것처럼, 비구와 비구니 친족 관계는 사실—비방가에서 '어머니 쪽이거나 아버지 쪽과 7대에 걸쳐 있는 관계'로 정의했다.[177]— 율장 초기에 저자들이 만들었다고 생각한다. 율장은 이미 어떤 특정 계에서 승가에 생물학적 친족 비구와 비구니가 있음을 가정해 놓았다. 율장은 불교가 시작할 때부터 가족을 승가 구조 속에 단단하게 묶어 놓았다.

빨래를 맡기는 계는 3장 5절 참조.

177 BD 2:31, Horner 각주 6 참고문헌 추가 참조. 3장 각주 143 참조.

제3장 전생에서 전처

돼지는 지도자 가오에게 다가와 외투를 잡아당기며 "선생님, 제 아내가 두 분께 인사해도 될까요?"라고 말했다. 원숭이는 웃으며 말했다. "형제여, 당신은 지금 수행자입니다. 다시는 아내 이야기를 하지 마십시오. 도교에서 수행하는 도사만 가족이 있습니다.- 우리 비구는 혼인하지 않습니다."

『서유기(Journey to the West)』[1]

앞 장에서는 율장을 기록한 저자/편찬자들이 출가자들에게 가족과 관계를 끊으라고 요구하지 않았다는 것을 설명했다. 율장이 담고 있는 많은 이야기에서 비구나 비구니가 가족과 계속 만났을 것이라는 가설을 근거로 지금까지 살펴보았다. 출가할 때 가족을 포기한 것과

---

1 Jenner 1993, 1:449. Cf. Waley〔1943〕 1980, 157.

필연적으로 가족을 떠난 것을 혼동하면 안 된다. 율장에 담긴 서사 세계에서 남성과 여성은 가족으로 함께 출가하기도 했기 때문이다.

이 장에서는 승가와 가족이 서로 교류했던 관계를 바탕으로 율장에 담긴 서사적 지형 윤곽을 더 깊게 탐구해 볼 것이다. 여기서는 출가한 비구가 출가 전 부인과 계속 혼인 관계를 유지한 상황을 강조할 것이다. 율장을 기록한 저자/편찬자들은 혼인한 비구나 비구니가 공식으로 그 배우자와 혼인 관계를 계속 유지하는 방법을 생각해냈던 것 같다. 율사들은 비구나 비구니가 배우자와 혼인 관계를 정리하는 방법을 알고 있었는데도 이들에게 혼인 관계를 정리하라고 요구하지 않았다. 오히려 율사들은 비구가 '전前' 아내와 혼인 관계를 계속 유지하면서 부부일 때 허용할 수 있는 행동과 허용할 수 없는 행동을 승가와 협상했다.

지금부터 1절에서는 구족계를 받은 비구가 여성과 육체관계를 가지면 안 된다는 것을 가르쳐야 한다고 설명한 이야기를 살펴볼 것이다. 승가가 출가자에게 하는 교육은 주로 독신을 지켜야 한다는 계와 관련 있고 율장을 기록한 저자/편찬자들은 비구가 아내를 만나러 집에 갈 수 있는 상황을 당연하게 생각했다. 이 내용은 2장에서 살펴본 내용으로 확인할 수 있다. 이것을 비구 배우자에게까지 확장해, 부부가 승가로 출가할 때 이 혼인 관계를 계속 유지했는지도 살펴볼 것이다.

2절에서는 두 비구가 속세에 남겨둔 자녀를 위해 서로 혼인을 주선했던 내용을 다룰 것이다. 두 비구는 서로 혼인을 중매해 곤경에 빠졌는데, 비구가 부인이나 자녀를 위해 전통적으로 짊어져야 할 의무에 대해 느꼈을 고민도 살펴볼 것이다. 산스크리트 희곡처럼 불교와 반대되지는 않더라도 일반적으로 모호한 출처를 담고 있는 불교 외부 자료에서도 비슷한 그림을 볼 수 있는데, 이것이 그 당시 역사적 현실을 반영한 것이라고 증명할 수는 없지만(이 문제를 반증할 수도 없지만), 이 자료들을 살펴볼 것이다. 율장에서 볼 수 있는 내부 자료가 가진 진실을 이런 외부 자료로 확인해 볼 것이다.

3절에서는 법적 혼인 관계 정리와 이혼에 대해 논의할 것이다. 인도에서는 '이혼'을 인정하지 않았다는 주장에도 불구하고, 율장은 인도에서 배우자와 혼인 관계를 정리하는 것이 여러 형태로 가능했다는 것을 분명하게 알 수 있는 몇몇 이야기를 기록해 놓았다. 율장을 기록한 저자/편찬자들이 배우자와 혼인 관계를 정리할 수 있는 법을 알고 있었다면, 구족계를 줄 때 왜 비구에게 이 혼인 관계를 정리하라고 요구하지 않았을까? 우리는 비구나 비구니가 수행자가 되려고 구족계를 받았는데도 배우자와 혼인 관계를 법적으로 계속 유지했던 것을 율장에서 볼 수 있다. 율장을 기록한 저자/편찬자들이 이상으로 구상했던 승가에 혼인한 비구가 있었을 가능성을 매우 현실감 있게 볼 수 있다.

승가에서 비구나 비구니가 배우자와 법적으로 혼인 관계를 계속 유지할 수 있었다고 해도 비구가 비구니와 혼인할 수 있었을까? 4절에서는 비구니가 비구에게 마실 물을 주고 덥다고 부채질까지 해주는, 겉으로는 평범한 행동을 하는 것으로 볼 수 있는 여러 내용을 살펴보면서 남편과 아내가 함께 출가한 내용도 소개할 것이다: 남편과 아내, 비구와 비구니. 승가는 이런 부부와 관련 있는 이야기를 어떤 논평이나 비판도 하지 않고 평범하게 기록해 놓았다.

5절에서는 부부인 우다인(Udāyin)과 굽따(Guptā)가 아들인 꾸마라-까샤빠(Kumāra-Kāśyapa)를 낳은 이야기를 소개할 것이다. 비구와 비구니, 남편과 아내가 승가에서 아이를 갖고 키웠는데 아이가 자라서 아라한으로 성공하여, 붓다 제자 가운데 웅변을 제일 잘하는 비구가 되었다. 여기서는 인도 승가에서 가능했을 것으로 보이는 복잡한 혼인 관계나 조금은 문제가 있는 가족 관계를 직관으로 찾아낼 수 있고, 승가에서 형성한 가족도 처음 만나게 될 것이다: 남편과 아내뿐 아니라 승가에서 태어난 아들까지.

6절에서는 불교 최고 고행자인 마하까샤빠와 관련해 2가지를 논의할 것이다. 하나는 마하까샤빠가 갖추었던 고행 자질을 강조하며 우다인이 브라만 부인들에게 마하까샤빠를 소개하는 내용이다. 다른 하나는 마하까샤빠가 부부 수행자로 부인과 동등하게 탁월하게 금욕하면서 가정생활을 유지했고, 아름다운 아내 까삘라바드라(Kapilabhadrā)와 여러 생에 걸쳐 극기를 훈련했다는 내용이다. 율장을 기록한 저자/편찬자들이 내다본 것처럼 엄격한 금욕주의자도 출가 후에 아내와 계속 만났던 것을 볼 수 있다.

이 3장에서 살펴볼 비구가 혼인한 모습은 지금까지 우리가 보아왔던 많은 이야기와 대조될 것이다. 하지만 처음 생각했던 것만큼 그렇게 이상하지는 않을 것이다. 7절에서 논의하겠지만, 인도 승가에 혼인한 비구가 있었거나 승가에 가족이 있었던 부분은 전근대와 현대 중앙아시아(Central Asian), 카슈미르(Kaśmīri), 네와르(Newar), 스리랑카(Sri Lankan), 티베트(Tibetan) 불교에서 다양한 형태로 볼 수 있는데, 이 모습은 인도불교가 가진 순수한 이상을 타락시킨 것이 아니라 율장을 기록한 저자/편찬자들이 상상했던 승가와 어느 정도 가까운 형태로 지속시켜 온 것이라고 볼 수 있다.

1. 아내가 가진 성性을 교육한 승가

지금부터는 승가에서 계율을 교육했던 내용으로 시작할 것이다. 승가에서는 수계 즉시 비구에게 4바라이(pārājikas)를 교육해 비구가 자신도 모르는 사이에 이 무거운 4바라이를 범하지 않게 해야 했다.[2] 『근본설일체유부율』에서 이 예를 살펴볼 것이다.[3]

> 그때 그는 친척과 재산을 잃고 생각했다. '나는 이제 늙어서 부를 얻을 수 없다. 게다가 친척들도 모두 사망했다. 재가자 생활을 그만두고 〔수행자로〕 출가해야겠다.' 이렇게 생각하고 아내(chung ma; 妻)에게 말했다. "부인(bzang mo; 賢首), 나는 이제 늙었기에 부를 얻을 수 없소. 게다가 친척들도 모두 사망했소. 나는 〔수행자로〕 출가하고 싶소." 아내는 "좋아요, 하지만 우리 가끔 만나요"라고 대답했다(dus dus su ltar byon cig; 善, 然可時時看問於我). 남편도 "그럽시다"라고 대답했다.

이 내용은 나이 든 남편이 아내에게 출가하겠다고 말한 것이다.

---

2 바라이죄는 승가에서 추방하는 것이 아니라 다른 수행자들로부터 단절시키는 것이다. Clarke 2009b 참조.

3 『잡사』 sTog, *'Dul ba*, TA 151a4-154b3; T.1451〔xxiv〕 244a25-245a12(권9).

본인은 노인이며 이제는 무능해서 재산을 모을 수 없고, 친척들도 사망했다며 출가하려는 이유를 설명한 것이다. 이 표현은 이 율장이 전반에 걸쳐 사용한 관용구이다.[4] 그런데 아내는 남편에게 가끔 만나자고 말한다. 우리는 여기서 율장을 기록한 저자/편찬자들을 통해 아내가 기대했던 것을 볼 수 있다. 비구는 가끔 아내를 만날 수 있었다. 율장은 남편이 비구가 되어서도 아내를 만나겠다고 대답하면서 이 만남을 강조했고 남편과 아내가 출가와 관련해 생각이 같음을 묘사했다: 비구가 되었다고 아내를 만나러 집에 가는 것을 막지 않았다.

남편이 출가했어도 가족과 헤어진 것은 아니다. 아내하고만 헤어진 것이다; 친척들은 이미 사망했다. 남편은 제타바나 숲(Jetavana Grove)으로 가서 잘 설해진 법과 율에 출가해 구족계를 받았다. 구족계를 받은 비구는 2~3일 후 내용을 알 수 없는 관습적 규범(Tib. kun

---

4 『근본설일체유부비나야』 T.1442〔xxiii〕 805a6-10(권32); sTog, *'Dul ba*, CHA 414b3-6(여기서는 아내도 같이 출가했다); 『근본설일체유부비나야』 T.1442〔xxiii〕 822c11-15(권36); sTog, *'Dul ba*, CHA 492b5-493a1; 『출가사(Pravrajyā-vastu)』 T.1444〔xxiii〕 1032c7-12(권3); Eimer 1983, 2:193.7-.21(여기서는 아들이 아버지와 같이 출가했다); 『잡사』 T.1451〔xxiv〕 249b20-23(권10); sTog, *'Dul ba*, TA 174a6-b3; 『잡사』 T.1451〔xxiv〕 358c13-17(권31); sTog, *'Dul ba*, THA 206a5-b2(여기서는 아내가 남편과 출가했다); 『근본설일체유부필추니비나야』 T.1443〔xxiii〕 998b22-26(권17)(여기서는 아내가 승가에 합류했다) ; sTog, *'Dul ba*, NYA 358a5-6(티베트어본은 남편과 아내가 함께 출가했다고 말했는데, 문헌은 한역본에 비해 다소 생략되어 있다〔티베트어본에는 기본 문구가 없다〕: khyim bdag cig chung ma dang lhan cig khyim nas khyim med par rab tu byung nas). 티베트어본 『Bhikṣuṇī-vibhaṅga』는 한역본보다 더 요약되어 있거나 짧다. 『Bhikṣuṇī-vibhaṅga』와 관련해서는 4장 각주 138과 참고문헌 참조.

tu spyad pa'i chos; Chi. 法式; Skt. *āsamudācārika-dharma)을 교육받았다. 이것은 쉬라바스띠에 가서 탁발하는 것이었다.

비구는 탁발하러 간 곳에서 아내와 꼭 닮은 여인을 보았다(rang gi chung ma'dra ba'i bud med cig;一女人形似其妻). 이때 비구는 아내에게 가끔 들르겠다고 약속했던 말이 떠올랐다. 아내가 불만을 품지 않도록 방문하기로 했다. 여기서 '아내'와 '전 아내'를 같이 사용한 것에 유의하면 아마 도움이 될 것이다. '전 아내'라고 번역한 용어(Tib. sngon gyi chung ma; Chi. 故二; Skt. *purāṇa-dvitīyā)는 아주 간단하게 출가하기 '전' 아내를 의미한다고 볼 수 있다.[5] 여기서 '아내'와 '전 아내'를 같이 사용한 것은 이 두 용어가 가진 호환성 이상을 의미했을 것이다. 이 장 뒷부분에서는 이혼 문제를 중요하게 다룰 것이기에 '전' 아내', 즉 재가자였을 때 아내와 이혼했을 때 아내를 혼동해서는 안 된다고 분명하게 밝혀둔다.

이 비구는 제따바나로 돌아와 스승에게 말했다: "스승이여, 저는 아내에게 수행자가 되면 만나러 가겠다고 약속했습니다. 허락해 주시

---

5 비구는 자신이 한 약속을 회상하거나 이야기할 때 아내를 '전' 아내라고 했는데, 티베트어본은 "전(sngon)"이라고 명확하게 했다(sngon gyi chung ma, sngon gyi mchis brang). 티베트어 sngon gyi chung ma는 산스크리트 purāṇa-dvitīyā (전 부인)가 표준 번역으로 『Mahāvyutpatti』(no. 9262)에 있다(Ishihama石濱裕美子 and Fukuda福田洋一 1989, no.9197). 이 용어는 Monier-Williams, 『Sanskrit-English Dictionary』([1899] 2000, q.v.)에 "전 아내"라고 나와 있는데 사전 편찬자가 이렇게 생각했을 뿐이다. 안타깝게도 이 용어를 거의 정의하지 않았고, 정의했어도 공식적인 혼인 관계는 거의 언급하지 않았다. Sp 1:211.29-.31 참조. 이 용어가 남성 명사로 '전' 남편을 말한다는 자료도 있다.

면 저는 가겠습니다." 이 비구는 스승에게 '이전' 아내를 만나러 가도 된다는 허락을 받았다: "아들아 가라, 비록 네 생각이긴 하지만."[6] 율장을 기록한 저자/편찬자들은 앞으로 일어날 일과 관련해 무대를 만들어 놓았다; 스승은 이 비구가 출가하기 '전' 아내를 만나면 위험할 수 있음을 인식하고 제자에게 경고했다. 하지만 우리는 구족계를 받은 비구가 아내를 만나겠다고 사사롭게 요청할 때 스승이 비판하지 않은 점에 주목해야 한다. 우리는 여기서 율장을 기록한 저자/편찬자들이, 비구가 한때 배우자를 일상적으로 만날 수 있다고 생각했던 것을 알 수 있다. 여기에는 경고할 주의사항은 있었지만, 금지하거나 죄를 지을 위험한 문제는 없었다.

비구가 아내를 만나러 집으로 찾아왔을 때, '전' 아내는 멀리서 알아보고 기쁘게 서둘렀다. 아내가 환영하며 말했다. "고귀한 아들이여, 환영합니다. 환영합니다." "오랜만에 봅니다." 아내가 그를 만지기 시작했다.

"무엇을 하십니까?" 그가 물었다.[7]

"당신이 편하게 쉬도록 옷을 벗기고 있어요."

"나를 만지지 마십시오."

"왜 그러세요?"

"스승이 내 신념을 지키라고 말씀하셨습니다."

---

6 스승이 '아들'이라는 말을 사용한 것은 가족 언어로 사용했을 것 같다. 1장 각주 162-179가 있는 본문 내용 참조.

7 이 문장은 한역본과 약간 다르다.

"고귀한 아들이여, 당신이 신념을 잘 지키기 위해 내가 금지되었나요?" 아내가 말했다.

아내는 비구를 유혹하려 했다. 아내는 옷을 벗기고, 발을 씻기고 발에 기름을 발랐다. 다음은 의정 한역본인데 티베트어본에서는 볼 수 없는 몇 가지 세부 내용을 볼 수 있다:

이에 아내는 발우와 옷을 가져다 두고, 자리를 펴서 앉게 하고, 발 씻을 물을 가져왔다.
"무엇을 하십니까?" 그가 물었다.
"당신의 발을 씻겨 드릴게요."
"내 발을 만지지 마십시오."
"왜 그러세요?" 아내가 물었다.[8]

비구는 아내에게 자신은 신념을 지켜야 한다는 말을 들었다고 말했다; 아내는 그가 신념을 지키면 아주 좋겠지만, 자신이 발을 씻기는 것을 금하지는 않았다고 말했다—붓다가 제정한 계율은 비구에게 적용하는 것이지 아내에게 적용하는 것이 아니기 때문이다. 비구는 아내가 발을 씻도록 허락했고, 발에 기름을 바를 때는 두 사람이 같은 방식으로 앞뒤로 움직였다. 이런 다음 아내는 비구와 함께 식사하려고 자리에 앉았다. 비구는 "무엇을 하십니까?"라고 물었다. 아내는 "고귀한 아들이여, 저는 당신과 식사한 지 오래되었어

---

8 『잡사』 T.1451〔xxiv〕 244b27-29(권9).

요"라고 대답했다. 이들은 함께 식사했다. 아내는 침대를 정리하며 "고귀한 아들이여, 이 침대에서 지친 허리를 쉬세요"라고 말했다. 비구가 기대자 아내가 그 옆에 누우려 했다. 예상대로 비구는 "무엇을 하십니까?"라고 말했다. "고귀한 아들이여, 내가 당신과 동침한 지 오래되었으니 당신은 저를 꾸짖지 마세요"라고 말하자 비구가 대답했다. "내 스승께서는 내가 신념을 지켜야 한다고 말씀하셨습니다." 아내가 대답했다. "고귀한 아들이여, 당신이 신념을 잘 지키려고 저를 거절하는 것인가요? 당신과 같이 눕는 것도 오랜만이니 우리는 당연히 같이 누울 수 있어요." 하지만 비구는 내키지 않았다. 이때 아내는 '이 사람을 안고 나면 내 사람이 될 거야'라고 생각하며 끌어안았다. 여성이 만지면 독이 될 것(bud med ni reg pa'i dug yin pas; 女是觸毒)이라는 말은 비구가 유혹당할 때 자주 나오는 것으로 율장에 분명하게 명시해 놓았다.[9] 이어서 남편과 아내 두 사람은 육체관계를 가졌다.[10]

이곳에서 오랜 시간 머물다—한역본에서는 여러 날— 마침내 이 비구는 아내에게 "부인, 나는 갑니다"라고 말했다(bzang mo 'gro'o //).[11] 이 용어는 앞에서도 보았다: 비구가 출가할 때 아내를 부른 호칭과 정확하게 일치한다. 그는 남편일 때도 그랬듯 비구일 때도 아내를 이렇게 불렀다.[12] 아내는 일관되게 적절한 호칭으로 남편을 불렀다:

---

9 『잡사』 T.1451〔xxiv〕 251c27(권11); sTog, *'Dul ba*, TA 184b1 참조. 『잡사』 T.1451〔xxiv〕 357a14-17(권30); sTog, *'Dul ba*, THA 200a1-5 참조.

10 한역은 "그가 만지자 마음이 흐려져 나쁜 생각이 들었다. 그 후 그들은 육체적으로 관계했다."

11 한역은 "나는 승가로 돌아가고 싶다."

고귀한 아들(*āryaputra)이여[13]라고. 지금까지는 이 부부가 혼인 관계를 정식으로 정리하지 않았을 징후 가운데 하나를 살펴보았다.

이 내용에서 나머지 부분을 살펴보기 전에 남편이 출가할 때 법적인 혼인 관계를 어떻게 정리했는지를 설명한 기존 연구를 검토해 볼 것이다. 올덴베르크는 남방상좌부를 따르는 승가와 관련한 연구에서, "세상을 포기할 때 혼인과 재산에 대한 권리는 '집에서 길 위의 삶으로 나아갈 때' 사실상 취소된 것으로 보아야 한다."[14] "수행을 충실하게 해야겠다고 결심한 비구는 법적인 혼인 관계도 정리했을 것이므로 재산도 양도했을 것이다. 그가 정리한 아내는 이 문헌에서 엄격하게 '한때 배우자'라고 불렀다. … 그는 그녀를 다른 모든 여성과 마찬가지로 '자매'라고 불렀다"[15]라고 결론 내렸다.

한때 배우자였던 부인에게 비구가 사용한 호칭과 관련해 올덴베르크가 관찰한 것은 승가와 정확하게 맞지 않는다. 하지만 사실상 혼인 관계를 정리했다는 것이 옳을 수도 있지만, 법적 구속력이 있었던

12 재가자가 일반적으로 아내를 부르는 방식으로–본문에는 아내가 여러 명일 때가 있다– 여기에는 많은 예가 있다. Hiraoka平岡聰 2002, 164 (M) 참조. 티베트어본에서는 여성 접미사(bzang mo; 좋은 여자)를 정확히 사용했고, 한역본 賢首는 그렇지 않은데 단순히 '선생님'을 의미하는 경우가 많다.

13 Lévi[1890] 1978, 1:109는 산스크리트 드라마를 논할 때 "아내는 남편을 항상 'āryaputra(고귀한 아들)'라고 부른다"라고 말했다.

14 Oldenberg[1882] 1998, 355.

15 Oldenberg는 "비구가 다시 돌아오기를 바라는 가족이 혼인과 재산에 대한 권리를 계속 유지했다면 이것은 전혀 모순되지 않는다"(같은 책. 각주 2)라고 말했다.

것도 아니다. 쇼펜이 지적한 것처럼 개인이 재산을 포기한 것에는 모호한 것이 있었다: "비구나 비구니는 구족계를 받았기에 승가에서 영향을 받지는 않았을 것이고 개인이 결심했을 것이다."[16] 올덴베르크는 비구가 배우자와 혼인 관계를 정리했다고 보았거나 아니면 관계를 정리해야 한다고 인정했던 것으로 보았다. 하지만 이것은 비구 개인이 결심할 문제였다: 도덕적 명령은 법적 명령과 다르기 때문이다.[17] 이 연구가 하려는 목적을 위해, 여기서는 법적으로 혼인 관계를 정리했다거나 이혼했다거나 하는 말이 전혀 없다는 점에 주목하면 충분할 것이다. 이것은 분명 율장을 기록한 저자/편찬자들에게 문제가 되지 않았을 것이다.

비구가 승가로 돌아갈 시간이라고 아내에게 말하자, 아내는 남편에게 여비를 주겠다고 말한다: "그래요, 고귀한 아들이여, 가세요! 하지만 돈(kārṣāpaṇas)[18]은 약간 가져가세요. 돌아가는 여정에 대비하세요."[19] 남편은 비구가 돈을 만지면 안 된다는 계를 이미 알고 있는 듯 거절한다: "부인이여, 비구는 귀중품을 만지지 않는데 내가 어떻게 받습니까?"[20] 아내는 귀중품을 덮개에 넣고 지팡이('khar gsil; 錫杖)

16 Schopen(1995b) 2004a, 172.

17 Lingat은 이것을 더 확실하게 했다: "두 배우자는 법적으로 변한 것이 없다."(1937, 415)

18 kārṣāpaṇas, Thakur 1973, 269-270 참조. Jain 1995(색인 참조). 아래 각주 71 참조.

19 『잡사』 T.1451〔xxiv〕 244c15(권9).

20 이 계는 금/은/돈을 만지거나/다루거나/받으면 안 된다는 것으로 다양하게 해석했다. Schopen(2000a) 2004a, 11-15 참조.

아래에 묶었다. 비구가 계를 범하지 않고 돈을 가져갈 수 있게 만든 것이다.[21]

마침내 비구가 쉬라바스띠에 도착했을 때, 존자 우빠난다(Upananda)는 우연히 제타바나 성문 위를 서성이고 있었다. 육군비구가 이렇게 하는 행동은 비구들을 이간질하며 떠드는 상황으로 묘사하여 많은 부분에 등장하는데,[22] 비구 우빠난다는 일반적으로 탐욕과 관련 있다. 우빠난다는 '학나무꽃과 같은 머리카락, 축 처진 눈썹'을 한 이 비구를 보고－나이가 많다고 착각하여－ 장로라고 생각했다(gnas brtan; 尊者).[23] "장로여, 환영합니다. 환영합니다"라고 인사했다. 하지만 이 비구는 우빠난다를 '아사리여(slob dpon; 阿遮利耶)'라고 불렀다.

---

21 이 부분을 너무 많이 사용하면 안 되지만, 남편에게 '버림받은' 이 여성은 분명 궁핍한 상태가 아니었다. 이 여성은 남편에게 여비로 현금을 약간 줄 수 있었다.

22 육군비구와 관련해 책 한 권 정도 연구가 있었으면 한다. Oldenberg는 "육군비구(Chabbaggiyas)에게는 많은 범죄 목록이 있는데 이들이 이 모든 익살스러운 술책을 펼친다. … 육군비구는 모든 곳에 타고난 범죄자로 묘사되어 있는데, 이들이 해악을 끼치는 모든 영역에서 붓다가 제정한 정신적 계율을 단계적으로 따르는 모습에서 이들을 새롭게 발견할 수 있다."([1882] 1998, 335-336) 육군비구 가운데 핵심 구성원인 우다인은 아래 각주 118-119 참조. 육군비구는 Schopen 2004c, 176-178 참조. 이들이 보여주는 익살은 Schopen 2007b, Clarke 2009c 참조. 자세한 참조는 Clarke 2009c, 315. 각주 19 참조.

23 Monier-Williams([1899] 2000)는 bakapuṣpa(q.v.)를 Agati Grandiflora(벌새나무)라고 보았고 baka는 왜가리나 두루미라고 보았다. bakapuṣpam은 『Mahāvyutpatti』, no.6213(Ishihama石濱裕美子 and Fukuda福田洋一 1989, no.6191) 참조. Bloomfield는 왜가리를 '전형적인 가짜 수행자'(1924, 211-212)라고 묘사했다.

이것은 비구 개인에게 스승일 때 사용하는 호칭이다.[24] 우빠난다는 '아, 이 사람은 그냥 노인이구나.[25] 이 사람은 아사리(Ācārya)도 화상(Upādhyāya)도 모르는구나!'라고 생각했다.

우빠난다는 비구에게 "어르신이여, 당신은 어디에서 오셨습니까?" "아사리여, 저에게는 전 아내가 있습니다; 저는 아내를 만나러 갔다가 거기서 돌아오는 길입니다." 우빠난다는 "어르신이여, 훌륭합니다."라고 대답하며 계속해서 붓다가 설한 말로 감사해야 하는 주제들을 인용했다.

"당신은 전 아내를 만났습니까(sngon gyi chung ma mthong ngam / 得見妻不)?"

"예, 저는 아내를 만났습니다."

"부인은 건강합니까?"

"네, 건강합니다."

"어르신이여, 저는 이해합니다만, 지팡이 아래에 매달린 것이 무엇입니까?"

"아사리여, 아내가 여비로 까르샤빠나를 조금 준 것입니다."

"어르신이여, 당신은 보십시오! 당신은 공로도 조금 쌓았고 전 아내도 만났고 또 이익을 얻는 것에도 성공했습니다."

"아사리여, 당신은 매우 친절합니다."

---

24 VSS_{MSB} Sūtra no.35(VSPVSG 2004, 65) 참조.

25 노인(Skt. mahallaka). Durt 1980 참조. von Hinüber 1997, Schopen 2010a 참조.

우빠난다가 비구에게 계속 질문하자 비구는 무슨 일이 있었는지 말해 주었다. 이때 우빠난다는—무언가 심술을 부려 남을 해치려 하는데, 너무 특징적이게— 나이 든 비구에게 말했다. "어르신이여, 당신은 이 모든 것을 당신 스승에게 말씀드려야 합니다. 스승이 가장 기뻐할 것입니다."

그러면서 우빠난다는 비구를 넘어뜨렸다. 이 비구가 아내를 방문했어도 이것은 스승이 전적으로 허락한 것이다. 이 비구가 돈도 약간 가져왔지만, 이것으로도 역시 비구가 곤경에 빠지지는 않을 것이다: 그는 까르샤빠나를 '만지지' 않았다. 엄밀히 말하면 어떤 죄도 짓지 않았고 어떤 동기도 없었다. 게다가 2장에서 보았듯, 그가 집에 가서 '전' 아내와 함께 며칠 보낸 것도 계율 면에서는 문제가 되지 않았다. 그렇다면 문제는 분명하다. 이 비구는 금욕을 지켜야 하는 계를 범했다고 스승에게 말해야 한다.

이 스승은 이것을 다른 비구들에게 말했고, 다른 비구들은 붓다에게 말씀드렸다. 붓다는—한역본에 따르면— "이 비구는 옳고 그름을 알지 못하기에 의도를 갖고 〔계를〕 어긴 것이 아니다."[26]라고 말했다. 이 비구는 육체적 관계를 했기에 금욕해야 하는 계를 범한 것이다. 여기서는 이 비구가 구족계를 받은 지 얼마 안 되었기에 이 비구가 바라이를 범하지 않았다고 말했다. 이유는 비구가 육체관계를 하면 안 된다는 계를 아직 몰랐기 때문이다.[27] 승가에서는 서사적으로 아직 4바라이를

---

26 『잡사』 T.1451〔xxiv〕 245a9-10(권9).

27 한역본은 구족계를 받으면(비구로서) 4바라이를 가르쳤고 티베트어본은 출가(신참자)와 동시에 가르쳤다. 적어도 일부 문헌에서는 성인 남성일 경우 출가와

기본 교육과정으로 만들지 못했던 것 같다. 이것이 바로 율장을 기록한 저자/편찬자들이 덮으려 했던 계가 가진 허점이었다. 이들은 계가 지닌 특유한 정확성으로 이것을 실천했다.[28] 의정이 한역한 판본에서는 붓다가 다음과 같이 말했다: "아직 그에게 4바라이를 설명해 주지 않았다면 그는 〔어떤 계도〕 범하지 않은 것이다. 너희 비구들이여, 이제부터 계를 받으면 즉시 4바라이를 〔비구에게〕 설명해 주어야 한다. 만약 이것을 설명해 주지 않으면 계를 범하게 되는 것이다."[29]

티베트어본은 문헌에 변형이 있어 약간 문제가 있지만, 번역은 다음과 같다: "그는 바라이에 빠지지 않은 것이다. 이제부터 나아가는 즉시 권한을 얻어 4바라이를 자세히 설명해 주어야 한다. 여기에는 죄가 없다."[30] 스도그 팰리스(sTog Palace) 개정판에는 부정사(ma; 'not')가 수정을 나타내는 표시에 추가되어 있다. 이 개정판이 보존되어 오던 어느 시점에 누군가가 이 문헌에 수정이 필요하다고 느꼈던 표시이다. 이 비구가 바라이를 범하지 않았다고 말하고 싶었던 것 같다.[31] 문맥에도—말할 필요 없이 한역본도— 바라이를 범하지 않았다고 분명하게 해놓았다: 비구들은 바라이를 구성하는 것이 무엇인지 아직 말하지 않았다. 이 정교한 이야기에서는 이것이 요점이다.[32]

수계가 동시에 진행되었다. Bapat and Gokhale 1982, xxv-xxvi 참조.

28 VSS$_{MSB}$ Sūtra no.61(VSPVSG 2005, 60) 참조.

29 『잡사』 T.1451〔xxiv〕 245a10-12(권9).

30 sTog, *'Dul ba*, TA 154b2-3.

31 델게(sDe dge)판은 이런 개정을 추가하지 않았다(sDe dge, *'Dul ba*, THA 102a5).

32 이 판결이 『근본설일체유부율』에만 있는 것은 아니다; 법장부와 남방상좌부

게다가 새로운 계를 제정하게 만든 '초범자'로 이 비구를 제시했다. 1장 6절에서 언급했듯, 이런 모습은 일반적으로 과실이 아니다.

이 내용은 구족계를 받은 비구가 기본 계를 범하기 전에 가르쳐야 했기에 승가에 교육제도가 필요하다고 제시한 것과 관련 있을 것이다. 이 계를 다른 3바라이와 관련 있는 형태로 전달했을 수도 있다: 도둑질(주지 않은 가치 있는 것을 취한 것), 살인(동물이 아닌 인간), 거짓말(일반적인 것이 아니라 수행으로 성취한 것). 승가에서는 비구가 금욕해야 하는 계를 지키지 않았을 때 출가하기 '전' 아내를 언급하지 않으면서 설명해도 되었을 것이다. 하지만 율장은 비구가 가속을 방문하고, '전' 아내가 유혹하는 내용을 선택해서 이야기를 구성했다. 독신 남성들로만 이루어진 비구승가에서 이 사건이 가장 그럴듯한 분위기를 선사했을 수도 있다.

이 율장을 기록한 저자/편찬자들은 아마도 구족계를 받은 남성 세계에서 혼인한-아마도 계속 유지했을- 비구가 이를 지키지 못할 가능성이 가장 많은 바라이로 제시하여 비구를 교육해야 할 필요가 있다고 생각한 것 같다. 율장을 기록한 저자/편찬자들이 비구가 출가하기 '전' 아내를 만나게 만들어 승가 교육 가운데 핵심으로 설명했던 것은, 적어도 이런 율장이 권위가 있어야 한다고 생각했던 승가에서, 비구와 '전' 아내가 만남을 끊은 것이 아니라 어떤 형태로든 배우자와 혼인 관계를 계속 유지할 수 있다는 것을 보여 주려 했기 때문일 수도 있다. 게다가 이 내용은 사건에 의존하고 있다. 더 중요한 것은

율장에서도 볼 수 있다. T.1428〔xxii〕 815b6-22(권35); BD 4:124.

비구가 가족을 방문했다고－율장을 기록한 저자/편찬자들이나 붓다가－이 비구를 직접 비난하지 않은 것이다. 스승은 비구가 가족에게 가는 것을 허락해 주었다. 율장을 기록한 저자/편찬자들은 이 내용을 확장했다. 이 이야기는 혼인한 배우자가 가정에서 길 위의 삶으로 나아갈 때 혼인 관계를 강제로 단절했을 것이라는, 일반적 가설에 의문을 제기해볼 수 있는 내용이다. 배우자가 있는 비구는 자유롭게 집에 가서 출가하기 '전' 아내를 만났을 것이다; 다만 아내가 여성스럽게 간사한 꾀를 내는 것을 피하기만 하면 되었다.

2. 자녀를 위해 혼인을 주선한 비구

율장을 기록한 저자/편찬자들이 출가하기 '전' 아내를 찾아간 비구 이야기를 하면서 곤경에 빠진 아내를 장밋빛으로만 그린 것은 아니다. '남편이 출가해서 〔남겨졌기에〕 슬픔에 빠진 가족'이 받은 영향과 관련해[33] 기존 연구자들은, 출가는 '가족을 해체하는 것으로, 여성은 버림받아 슬프고 아내와 자녀에게 갖는 … 전통적 의무와 충돌하는 것'이라고 주장해 왔다.[34] 이런 주장이 옳은지 그른지는 율장에 있는 자료로 살펴볼 가치가 있다.

비구가 가족을 책임질 의무를 진지하게 받아들인 이야기는 『마하승기율』에서 살펴볼 것이다. 두 비구가 아내와 자녀를 만나려고 집에 간 이야기에서 '아내'가 비구에게 보인 반응이다. 가장이 비구로 출가

33 Liz Wilson 1994, 9.

34 Ohnuma 2000, 51; Ohnuma 2007, 116에서 수정을 약간 반복했다.

해 가족은 해체되었다. 이 해체된 가족 역동성에서 보기 드문 통찰력을 얻을 수 있다.

세존이 쉬라바스띠에 거주하고 있을 때 노비구老比丘 둘이 있었다. 한 노비구는 아내와 아들을 두고 〔수행자로〕 출가했다. 다른 노비구는 아내와 딸을 두고 출가했다. 두 비구는 전국을 유행했다. 이들은 쉬라바스띠로 돌아와 같은 방에 머물렀다.

이때 아내와 딸을 포기한 비구는 '집에 가서 옛 아내와 딸을 봐야겠다'라고 생각했다. 비구는 마을로 들어가는 옷을 입고 집으로 갔다. 아내는 멀리서 이 비구가 오는 것을 보자 화를 내며 말했다. "늙은 당신이여, 당신은 별 가치도 없고 불행한[35] 사람일 뿐이에요. 당신은 아내와 딸을 부양하지 않았어요. 가정을 피해 집을 포기하고 멀리 도망쳤어요. 이제 당신 딸은 성년이 되어도 혼인을 할 수가 없어요. 왜 이제 다시 오고 싶어요? 빨리 가세요! 안 가면 두 다리를 부러뜨리겠어요! 내가 당신을 보고 기뻐할 것 같아요?"라고 말하자, 비구는 전에 살던 곳으로 돌아왔다. 이 비구는 재물을 잃은 상인처럼 고통 속에서 우울하게 지냈다.

이때 아내와 아들을 포기하고 출가해 〔수행자로〕 살다가 집에 들렀던 〔비구가 겪은 것〕도 역시 이러했다. 〔두 비구〕는 같은 방에 머물렀다. 아들을 포기하고 〔수행자로〕 출가한 비구는 약간

35 여기서 한자는 無相인데, '구별 없는', '특징 없는'으로 번역할 수 있다. 필자는 잠정적으로 Skt. alakṣaṇa라고 보는데, Monier-Williams(〔1899〕 2000, q.v.)는 '불행한, 불길한'으로 번역했다.

지혜가 있었다. 다른 비구에게 말하길,

"장로님, 어찌하여 우울하고 괴로워하고 계십니까?"

"장로님, 왜 이것을 물어보십니까?" 다시 〔이 비구〕가 말했다.

"확실히 알고 싶습니다. 우리 둘이 같은 방을 사용하면서 좋은 것과 나쁜 것을 어떻게 서로 나누지[36] 않겠습니까? 저에게 말하지 않으면 누구에게 말하겠습니까?" 그러자 비구가 이 일을 자세히 설명했다.

아들을 포기한 비구가 말했다. "장로여, 무엇 때문에 그렇게 우울해하십니까? 우리 가족도 그랬습니다. 〔우리가 무엇을 할 수 있는지〕 모르십니까? 장로의 딸을 내 아들의 아내로 삼아야 한다는 생각이 문득 떠올랐습니다."

"훌륭합니다!" 이때 두 비구는 계를 어기는 죄를 짓게 되었다.[37]

이 내용은 여러 가지로 흥미가 있다. 일부에서는 비구가 사소하게 위반한 행동이 몇 개인지 알 수 있고, 일부에서는 이것을 당연하게 여겨 비구가 어떤 비난이나 비판 없이 할 수 있는 일이 무엇이었는지 알 수 있다. 여기서는 노비구 둘이 계를 어겼다는 것을 알 수 있다. 하지만 무엇을 잘못했는지는 정확히 알 수 없다.[38] 율장을 기록한 저자/편찬자들이 아직 공식적으로는 계를 제정하지 않은 것이다. 하지만 천천히 하나를 만들고 있었다.

---

36 이를 직역하면 서로 알지 못함(不相知)이다.

37 T.1425〔xxii〕 275b18-c6(권6). 이 내용은 Durt 1980, 96-97 참조.

38 이런 범죄 유형은 2장 각주 118 참조.

비구계 승잔(saṅghāvaśeṣa) 가운데 5번째에서 이 내용을 확인할 수 있다. 비구가 재가자에게 육체관계에서나 혼인 관계에서 중매를 서면 안 된다는 계이다.[39] 지금까지 두 비구는 이 계를 위반하지 않았다; 비록 이것이 이들을 향하고 있지만, 아직 어떤 육체적 약속이나 혼인 관계에 중매를 서지 않았기 때문이다. 저자/편찬자들이 이 결정을 지배하려 했던 이유는 비구들이 혼인에 관여했기 때문이다.

우리가 이 이야기에서 얼마나 많은 내용을 읽을 수 있을지 모르겠다. 첫 번째 비구가 방을 같이 사용하는 동행 비구에게 자신이 처한 상황을 말하려 하지 않은 것을 승가에서 강조했던 부성애가 가진 양면성을 보여주려고 했던 것이라고 받아들여야 하는지도 분명하지 않다. 논란이 있을 수 있지만, 이 내용에 담긴 중요성은 중매를 선 비구들과 관련 있다기보다는, 이런 일이 승가에서는 일상적인 모습이었기에 어떤 비난이나 논평 없이 넘어간 것과 관련 있을 것이다: 비구들은 출가하기 '전' 가족을 만났다. 어떤 의미에서는 아내와 자녀에 대한 의무도 진지하게 받아들였을 것이다. 여기서는 비구들이 곤란해지더라도 자녀를 위해 혼인까지 주선했다.

다시 말해, 이 내용은 대중부 율장을 기록한 저자/편찬자들도 −1절에서 살펴본 근본설일체유부 저자들과 마찬가지로− 비구들에게 아내와 가족을 계속 방문할 수 있다는 것을 받아들이라고 요구한 것이다.[40]

---

39 승잔(saṅghāvaśeṣa)은 두 번째로 심각한 죄로 구성되어 있다. Upasak 1975, s.v., saṅghādisesa 참조; Thanissaro 1994, 90, 범주, 117-119, 이 계는 Prebish 2003, 50.

40 『근본설일체유부율』에서 더 많은 예는 우다인이 탁발하고 있거나 후에 '전'

어쩌면 이 율사들은 비구들이 가족과 이렇게 서로 만날 가능성이 있고 심지어 만나는 것도 가능하다고 생각하기를 원했을 수도 있다. 이런 일을 비난, 비판, 질책하지 않았다는 것은 이런 방문을 일상적으로 암암리에 수용했다는 것 이외에 다르게 해석하기는 어렵다. 적어도 이 율장을 기록한 저자/편찬자들은 비구가 수행 생활을 할 때는 아내와 가족을 육체적으로 떠난다고 생각했지만, 가족과 계속 만나는 것을 막지는 않았다.

여기서 비구들은 방뿐만 아니라 가족 문제도 공유했다. 아내와 자녀를 찾아간 비구들은 가족에게서 길을 잃었다는 말을, 정말 확실하게 이해할 만한 표현으로 들었다. 하지만 이것이 마지막 말은 아니었다. 비구들은 가족과 관련한 책임을 최소한도로, 다하려 하면 할수록 더 깊은 어려움 속으로 빠져들었다.

이 두 노비구는 다음 날 〔적당한〕 때가 되자 마을로 들어가는

아내 굽따(Guptā)가 있는 집을 방문한 내용 참조. 『근본설일체유부비나야』 T.1442〔xxiii〕 710a28-b29(권16); sTog, *'Dul ba*, CA 456a3-4〔한역본과 달리 티베트어본은 굽따를 재가자 아내〔khyim bdag gi chung ma shed ma〕라고 한다; 이들 관계에서 볼 수 있는 성격을 정확히 하고 싶을 때 복잡한 것은 아래 각주 124 참조; 우다인이 그녀라고 부른 것에 주목해야 한다(3장 각주 125-139가 있는 본문 내용 참조)〕. T.1442〔xxiii〕 807b25-c27(권33); sTog, *'Dul ba*, CHA 430a2-3; T.1442〔xxiii〕 720c7-9(권18); sTog, *'Dul ba*, CHA 1b2-2a3(3장 각주 118-161이 있는 본문 내용 참조), T.1443〔xxiii〕 952a15-17(권9); cf. 데게(sDe dge); *'Dul ba*, TA 231a4-5: 데게판에 따르면 우다인은 sbed ma'i khyim(굽따가 있는 집)을 방문한다. 스도그 팰리스판(sTog Palace)에는 이 내용이 없는 것 같다(sTog, *'Dul ba*, NYA 311a7ff.). 자세한 예는 아래 각주 164 참조.

옷을 입고 각자 집으로 갔다. 딸을 포기한 비구가 아내에게 "내가 당신 사위를 찾았습니다!"라고 말하자, 아내는 "이 아들이 태어난 가문은 어떤가요?"라고 물었다. "이런 집안에서 사는 아들입니다."

아들을 포기하고 〔수행자로〕 출가한 비구도 아내에게 "내가 우리 아들과 혼인시킬 아내를 찾았습니다!"라고 말하자, 아내는 "어느 집 딸인가요?"라고 물었다. "이런 집안에서 태어난 딸입니다." 비구들이 이렇게 말한 것은 투란차(sthūlātyaya)를 범한 것이다.[41]

이 소년과 소녀가 마을 거리에서 놀고 있을 때 비구가 딸에게 말했다. "이 소년이 네 신랑이 될 것이다."

두 번째 비구도 아들에게 말했다. "이 소녀가 네 아내가 될 것이다." 비구들이 이렇게 말한 것은 승잔(saṅghāvaśeṣa)을 범한 것이다.[42]

이 이야기를 보면 율장을 기록한 저자/편찬자들이 비구들에게 죄를 지었다고 말할 만하다: 비구들이 혼인을 주선했기 때문이다. 여기서 비구가 비난받지 않았던 부분은 아내나 자녀를 방문했어도 '포기했던' 가족과 계속 만나는 것이 가능했기 때문이다; 율사들은 이 상황은 받아들인 것 같다. 전체 이야기는 이렇게 가족을 방문했던

---

41 이 용어는 보통 범죄 미수(살인 미수나 살인)를 의미한다. 이 경우 투란차(Skt. sthūlātyaya)는 승잔 미수를 의미할 것이다. Upasak 1975, s.v., thullaccaya 참조. Rhys Davids and Oldenberg〔1882~1885〕 1996, 1:xxv도 참조.

42 T.1425〔xxii〕 275c6-13(권6).

내용이다.

불교 서사에서 역사적 사실을 추정할 때는 주의해야 한다. 비록 일부 비구가 정식으로 권위 있는 목소리를 냈을지라도 다른 비구에게 냈던 목소리 이상이라는 증거가 없기 때문이다. 다른 율장에서도 비구나 비구니가 중매한 내용을 구체적으로 다루었지만, 『마하승기율』에서는 비구가 자녀들에게 혼인을 주선한 내용을 특별히 기술하면서,[43] 중매를 서면 죄를 짓는 것이라고 계를 제정했다. 『근본설일체유부율』에는 2가지 이야기가 있다: 하나는 육군비구와 관련 있는 내용이고, 다른 하나는 육군비구처럼 십이군비구니와 관련 있는 내용이다. 이 말썽꾸러기 비구니들은 재가자에게 혼인을 중매 서려고, 옳지 않은 성적 관계를 쉽게 해주려고 남자에게서 여자에게로, 여자에게서 남자에게로 소식을 전해 주기에 분주했다.[44] 이때 비구니들은 불특정 이교도 수행자들에게 비난을 받았다. 붓다는 이들을 질책한 후 중매를 서면 안 된다는 계를 제정했다.[45]

---

43 T.1421〔xxii〕 12a16-13a11(권 2); T.1428〔xxii〕 582c15-584a15(권3); T.1435〔xxiii〕 18a11-20b6(권3); T.1442〔xxiii〕 685c24-688a17(권12); sTog, *'Dul ba*, CA 327a6-344a4; BD 1:229-245. 비구니계: T.1421〔xxii〕 79a12-17(권11); T.1425〔xxii〕 517c1-3(권36); T.1428〔xxii〕 718b2-8(권22); T.1443〔xxiii〕 931c13-933c13(권5); sTog, *'Dul ba*, NYA 117 a4-130a6. 그러나 일부 부파에서는 이 계를 비구계에 이미 설명해 놓았기에 비구니 비방가에서는 별도로 언급하지 않았다는 점에 유의해야 한다. Hirakawa平川彰 1982, 135-137 각주 1, 3 참조.

44 부적절한 관계를 정의한 것은 『근본살바다부율섭』 T.1458〔xxiv〕 542c27-28(권3) 참조.

45 T.1443〔xxiii〕 931c13-26(권5); sTog, *'Dul ba*, NYA 118b3-119a1. 참고로 티베트

지금부터는 인도에서 비구니와 이교도 수행자가 혼인을 중매 섰다는 것을, 승가에 적대적이지는 않더라도 양가감정이 담긴 불교 외부 고전 자료로 살펴볼 것이다. 약 90년 전 『힌두교 소설에서 가짜 고행자와 비구니』라는 글에서 모리스 블룸필드(Maurice Bloomfield)가, 브라만 문학에서는 "여성 고행자, 비구니, 다른 이교도 여성 대부분이 사랑에 빠진 애정 어린 한 쌍을 중매하거나 조력했다고 묘사했다"[46]라고 언급한 후 다른 연구자들도 이 주제를 언급했다.[47] 구체적인 예는

어본에서는 이 내용(sTog, *'Dul ba*, NYA 117a4-118b3) 바로 앞에 흑록자(黑鹿子; Kāla Mṛgāraputra; ri dags 'dzin gyi bu nag po) 이야기가 있는데, 한역본 『근본설일체유부필추니비나야』에는 없고, 『근본설일체유부비나야』(T.1442〔xxiii〕 685c24-686a25(권12); sTog, *'Dul ba*, CA 327a6-331a1)에는 있다. 『근본설일체유부비나야』와 티베트어본 『Bhikṣuṇī-vibhaṅga』 마지막에는, 붓다가 이와 관련해 어떤 계율도 제정하지 않았다고 구체적으로 밝혀 놓았다(de ni re zhig byung ba yin gyi / sangs rgyas bcom ldan 'das kyis re zhig 'dul ba la nyan thos rnams kyi bslab pa'i gzhi bca' ba ni ma mdzad do//; 然世尊尙未爲諸聲聞弟子於毘奈耶制其學處; 『근본설일체유부비나야』에서 인용). 반면에 승우(Viśeṣamitra)는 흑록자 이야기 틀은 언급했지만 육군비구와 관련된 이야기는 언급하지 않았다(T.1458〔xxiv〕 542c8-13(권3); Peking, bstan'gyur, *'Dul ba'i'grel pa*, 〔vol. 120〕 PHU 166b7-8). 이렇게 율장이 일치하지 않는 것은 근본설일체유부 가운데 일부 부파가 이 이야기를 추가했다는 증거로 삼을 수 있을 것이다; 4장 각주 138 참조. 『십송율』에서 중매와 관련한 계는 비구 흑록자(T.1435〔xxiii〕 18a11-c2(권3)) 이야기에 근거해 전한다. 붓다가 특정 사건과 관련한 계를 제정하지 않았다는 서술은 『근본설일체유부율』에서 많이 볼 수 있다.

46 Bloomfield 1924, 238.

47 Warder 1972~2011, 4:273; Kher 1979; and Chapekar 2003.

다음과 같다. 크쉐멘드라(Kṣemendra; 11세기)는 『나마말라(Narmamālā)』에 있는 「풍자 시가집(Garland of Satires)」에서, "비구니 바즈라 요기니(Vajrayoginī)는…[48] 간음하는 사람들에게 주술사이며, 남성과 여성이 만나는〔灌頂〕 것을 주선하는 여신"이라고 묘사한 것을 볼 수 있다. 마찬가지로 단딘(Daṇḍin)이 저술한 『다샤꾸마라짜리따(Daśakumāra-carita)』 가운데 「왕자 열 명(The Ten Princes; 6~7세기)」에서, 비구니 아한띠까(Arhantikā)와 다르마락쉬따(Dharmarakṣitā)가 비슷한 역할을 한 것도 볼 수 있다.[49] 바바부띠(Bhavabhūti)가 쓴 8세기 『말라띠마드하바(Mālatīmādhava)』에서 비구니 까만다끼(Kāmandakī), 아발로끼따(Avalokitā), 붓다락쉬따(Buddharakṣitā)가 말라띠(Mālatī)와 마드하바(Mādhava)를 중매했다"[50]라고 서술했다.

블룸필드(Bloomfield)는 "브라만 고전은 이 '중매쟁이들'을 불교 비구니나 자이나교 여성 수행자로 만들어 비방하는 것을 좋아했다"라고 덧붙였다.[51] 하지만 브라만 고전 저자들이 비구니를 중매쟁이들이라고 비난하며 비방했다면, 우리는 이 시기 인도 승가를 어떻게 설명해야 할까? 불교 '내부' 자료를 보면 율사들은 이렇게 중매서는 상황을 막으려고 노력한 것 같다. 율장을 기록한 저자/편찬자들이 이렇게 중매서면 안 된다는 계를 제정함으로써 산스크리트 극작가들처럼

48 Baldissera 2005, 77-78.

49 Ryder 1927, 89, 178ff 참조. 다르마락쉬따(Dharmarakṣitā)는 석가족 비구니(Śākya Bhikṣuṇī)라고 불렸다(Bloomfield 1924, 239).

50 줄거리 요약은 Kāle 1967, 15ff. 참조, Kher 1979, 212에서도 확인할 수 있다.

51 Bloomfield 1924, 238.

실제로 이런 관행이 있었다는 것을 증명했다. 율장을 기록한 저자/편찬자들이 중매서는 것을 막으려고 노력했던 것은, 모든 의미에서 이런 일들이 인도 문화 환경에서 실제로 일어났던 일들임을 보여주는 것일 수 있다. 가끔 이교도를 엿볼 수 있는 산스크리트 희곡에서만이 아니라 『까마수뜨라(Kāmasūtra)』, 『아르타샤스뜨라(Arthaśāstra)』 같은 브라만 저서에서도 이와 비슷한 내용을 확인할 수 있다.[52] 비구나 비구니가 재가자들이 혼인하거나 성적인 관계를 맺는 상황에서 연락책으로 활동했다면, 율장을 기록한 저자/편찬자들은 이 상황을 다소 불편하게 생각했을 수도 있다. 이 사실을 인정한다면 이 일은 민감하게 협상해야 했을 것이다. 하지만 비구가 출가하기 '전' 배우자와 만나는 것을 승가에서 금지하는 계로 제정해야 할 만큼 그렇게 달갑지 않은 상황이었다거나 원인 제공까지 하는 상황도 아니었다는 것을 인정해야 한다.

저자/편찬자들은 비구에게 재가자가 혼인하는 일에 중매 서지 말라고 금지했던 상황과는 다르게, 이들이 '전' 아내를 만나는 것에는 별 관심이 없었거나 중요하게 생각하지 않았던 것 같다. 율사들은 출가하기 '전' 아내가 가진 유혹하는 힘을 경계하라는 가벼운 경고만 율장에 담아 놓았다.

---

52 Doniger and Kakar 2002, 119(5.4.43) 참조; Kangle 1965~1972, 3:154, 206에서는 비구니를 밀정으로 본다.

3. 공식적인 혼인 관계를 정리하는 절차

율장에는 비구나 비구니로 출가하려면 공식적인 혼인 관계를 정리해야 한다고 요구한 내용이 없다는 점을 논의하기에 앞서, 인도 사회에서 혼인 관계를 정리했던 내용을 간략하게 설명할 것이다. 더 일반적으로 인도적 맥락에서 연구자들은 혼인을 '성례聖禮'라고 했다.[53] 이것이 '신성한' 것이기에 이 자체는 '취소할 수 없고', '영속적이다'[54]라고 말했다. 하지만 아내를 못 바꾼다거나 버릴 수 없다는 뜻은 아니다.[55] 케인(P. V. Kane)은 인도에서 『다르마샤스뜨라(Dharmaśāstra)』나 브라만법은, "남편이 아내를 바꿔 다른 사람과 혼인하거나 특정 상황에서 아내를 완전히 버리는 것을 허용했어도 이것이 이혼은 아니었다(혼인 관계 정리); 가정생활은 여전히 그대로였다."[56]라고 설명했다. 케인은, "일반적 의미에서 이혼이라는 뜻이 … 약 2,000년 동안 『다르마샤스뜨라』와 힌두 사회에 알려지지 않았다(하위 카스트 사이에서 관습에

---

53 Sarma 1931. 참조. Kane 1941, 620: "『Dharmaśāstra』와 관련해 저자들이 가진 입장은 혼인이 saṁskāra(심리적 각인)라는 것이다…" Sharma 1993 참조. 현대 힌두법에서도 같은 것을 적용한 것 같다. Menski 2001, 12 참조.

54 Kapadia 1958, 168-169. Virdi 1972, 1-2 and 19-20 참조.

55 Kane 1941, 620, Virdi 1972, 26. Virdi는 "포기와 경질에서 아내는 아내가 가진 지위를 유지하거나 지켜야 했다"라고 덧붙였다(p.31). '포기(Abandonment)와 경질(Supersession) 구별'(pp.27-32) 참조. 이혼에 대한 대안과 관련한 논의에서 Lariviere 1991, 38은 『Nāradasmṛti』에서 한 구절을 인용했다. '5가지 파국'이 발생하면 여성은 남편을 교체하겠다고 요구할 수 있다. 이 가운데 하나가 남편이 속세를 떠나는 것이라고 했다.

56 Kane 1941, 620.

근거한 것을 제외하고는)."[57]라고도 설명했다. 이런 진술에는 설명이 필요하다. 다행히 비르디(P. K. Virdi)는 이 방향으로 좋은 출발을 했다. 비르디는 이혼을 "남편과 아내가 가진 지위는 이 자체로 소멸할 것이다. 혼인 관계에서는 권리와 의무가 법적으로 단절될 것이다. 배우자는 자유롭게 재혼할 수 있도록 혼인 관계가 해소될 것이다"라고 좁게 정의했다. 비르디는 이런 의미에서 이혼을 "힌두 율법에서는 이 조항(sastra)을 인정하지 않았다"라고 말했다.[58]

이런 의미를 가진 '이혼'은 브라만법이 가진 권위로 인정하지 않았을 수도 있다.[59] 그렇다고 율사들이 혼인 관계를 정리하는 법을 몰랐다거나 이용할 수 없었다는 뜻은 아니다.[60] 율장에는 불행한 부부가 여러 방법으로 혼인 관계를 정리했던 방법이 있다.[61] 『마하승기율』에서는

---

57 같은 책. Sarma 1931은 '이혼'이라는 용어를 비판 없이 사용했다. Sharma 1993, 36-40도 참조.

58 Virdi 1972, 25. Banerjee 1879, 182 참조.

59 이혼을 허용했다고 볼 수 있는 『Arthaśāstra』 초기 내용을 언급하면서(아래 각주 74 참조), Basham은 "이 조항은 … 후기 법전에서는 볼 수 없는데 아마 굽따시대에 잊혔을 것"이라고 말했다(〔1954〕 1959, 173).

60 필자는 '이혼', '(혼인) 해산', '무효'라는 용어를 구별하지 않았으며 기술적인 의미로도 사용하지 않았다. 브라만법 연구자들도 여기서 이 용어 사용에 동의하지 않은 것 같다. 여기서 '이혼'이라는 또 다른 용어를 소개하면, Banerjee는 "힌두법은 이혼을 허용하지 않았지만, 혼인한 당사자들이 가능한 모든 상황에서 부부로 함께 살도록 강요하는 것을 그렇게 불합리하다고 생각하지 않은 것 같다. … 힌두법에서 도망(tyag)이라는 별거는 이혼과 다른 것이다. … 이것으로 혼인 관계를 완전히 해소했다고 볼 수 있는 효과는 없다."(1879, 186)

61 Sharma 1993, 40, "불교 문헌에서는 구체적으로 이혼을 언급한 내용이 없다.

혼인 '해방解放'을 2가지 예로 들었다.[62] 첫 번째는 '매도賣渡'이다. 두 번째는 이혼離婚인데 이 용어는 어원으로나 사회 관습으로나 거의 '이혼'이라고 번역할 수밖에 없다.[63] 계율에 따르면, 2가지 혼인 '해방' 가운데 첫 번째는 (내가 아는 한 확인할 수 없는) 폴리(頗梨) 왕국 관습을 따랐다: "누구에게 아내가 있는데 남편을 조금이라도 멸시하면 이 아내를 팔아버린다."[64] 현대 감성으로는 다소 이상하게 들릴 것이다. 하지만 전근대 세계 곳곳에서와 마찬가지로 율장을 기록한 저자/편찬자들과 동시대 브라만들에게 아내는, '자유롭게 양도할 수 있는 재산 가운데 하나'에 지나지 않았다.[65]

재혼 사례는 있는데 그 수는 적다"라고 말했다. 그러나 "Baudhdha〔원문 그대로〕 문헌에는 이혼 사례가 있다"(p.38)라는 진술에 유의해야 한다.

62 T.1425〔xxii〕 273b7(권6). Tai 1978, 77에서는 전통적인 표현으로 '이혼하고 아내와 모든 관계를 끝낸다'라는 표현으로 放을 '보내다', 離를 '분리하다'(아래 각주 100 참조)로 설명했다.

63 이혼이라는 용어가 가장 먼저 등장한 것은 이 율장(416~418년 번역)일 것이다. 불교가 아닌 중국 문헌에서 이 용어는 적어도 5세기 『세설신어世說新語』에서 볼 수 있다. Morohashi諸橋轍次〔1955~1960〕 1986, 11.42140.70 참조. Tai 1978, 77에서 "남북조시대(A.D. 420~477) 초기에도 있었지만, 지금 사용하는 용어인 이혼은 사용하지 않았다." Tai는 『晉書』(644편, 265~419년을 망라함, Wilkinson 2000, 503 참조)에서 진고원陳顧遠을 인용했는데, 「소청이혼詔廳離婚」에서 '황제는 이혼을 허가한다'(p.77 각주 13, Tai 번역)라고 말한 것을 볼 수 있다. Tai는, 인도와 다르게 중국에서는 "고대부터 이혼이 혼인을 효과적으로 해체하는 수단이었는데 부부가 혼인했던 관계는 이혼 시점부터 종료되었다."(p.75) 전근대 중국에서 이혼은 Dull 1978, 52-64 참조. 우리가 지금 사용하는 문헌에 나오는 이혼에 현대 이혼 개념을 직접 대응하지 않도록 조심해야 한다.

64 T.1425〔xxii〕 273b7-8(권6).

브라만법에서는 아내를 파는 것을 분명하게 금지했다. "남편은 아내를 팔거나 이혼하여 놓아줄 수 없다"라고 『마누법전』에 밝혀 놓았다.[66] 하지만 율장에서 논의한 것은, 링갓(Lingat)이 "인도에서 관습과 법은 성격이 완전히 다른 것이었다"라고 언급한 사실을 일찍부터 확인시켜 준 것일 수 있다.[67] 율장을 기록한 저자/편찬자들이 살고 있었던 인도에서는 법뿐만 아니라 관습으로도 통치되고 있었다. 링갓은 "아주 초기부터 다양한 사회 집단, 카스트, 기업, 길드, 가족 또는 인도 여러 지역에서 준수하던 관례와 관행은 관습법 품 안에서 특별법 하나를 형성했다"[68]라고 말했다. 나라다(Nārada; 3~5세기경)[69]는 "다르마 문헌과 관습이 부딪치면 관습을 적용했다. 관습이 다르마보다 우선했기 때문이다"[70]라고 말했다.

『마하승기율』을 기록한 저자/편찬자들도 매매로 혼인 관계를 정리할 수 있는 법을 알고 있었다. 하지만 율사들은 혼인을 무효로 하는

---

65 Jamison 1996, 253.

66 Virdi 1972, 19, 29. Doniger and Smith 1991, 202, Manu ix 46 인용, 번역: '아내는 매매나 거부로 남편에게서 자유로워지지 않는다.' Olivelle 2005, 192 참조. 이 말은 브라만법에서는 이혼(또는 혼인 해소)을 인정하지 않았다는 주장을 정당화하는 데 널리 인용되었다(예: Banerjee 1879, 182, 184 참조).

67 Lingat[1973] 1993, 177.

68 같은 책, 195. Virdi 1972, 32 참조: "그러면 어떻게 〔『Dharmaśāstra』가 이혼을 허용하지 않는다면〕 인도에서 힌두교도들이 이혼 제도를 잘 알고 있었다고 주장할 수 있는가? 답은 관습에 있다."

69 연대는 Lariviere 1989, 2:xxii(xix도 참조)에서 볼 수 있다. Lariviere는 『Nāradasmṛti』〔xxiii〕에는 단일 '저자'가 없다고 설명했다.

70 같은 책, 2:11(Nārada 1.34).

두 번째 유형을 언급했다. 가정생활이 불행한 부부에게는 선택권이 있었다. 여기서 드문 통찰력을 볼 수 있다. 필자는 이 목적에 관심을 기울일 것이다. 이들은 이혼離婚을 다음과 같이 정의했다:

> 이 나라에는 관습〔法〕이 있다. 남편과 아내가 함께 있기를 즐기지 않으면 왕을 찾아가서, 동전 세 닢 반이나[71] 까르빠사(kārpāsa; 綿) 두 길이[72] 만큼 값을 치른 후 〔가정생활〕을 중지해 주길 원한다면 이혼은 허용될 것이다.[73]

이 내용에서는 혼인 보증을 무효로 하는 법적 절차와 수수료, 세금 관련 세부 내용을 알 수 있고, 『아르타샤스뜨라(Arthaśāstra)』에서 이미 살펴본 주장도 확인할 수 있다. "서로 불만이 있다면 이혼이 (허용되었다.)"[74] 또한 율장에서 인도 브라만 사회, 특히 혼인 관습과 관련해 일반적인 것을 알 수 있을 뿐만 아니라 드러냈거나 드러내지 않았거나 다루지 않은 주제까지도 알 수 있다.

배우자와 혼인 관계를 정리하는 방법을 여기서만 단독으로 언급했

---

71 까르샤빠나(kārṣāpaṇa)는 주화〔錢〕 19개라고 볼 수 있다. T.1425〔xxii〕 242c22(권3) 참조.

72 이 형태로 면화는 Ayyar and Aithal 1964 참조.

73 T.1425〔xxii〕 273b8-10(권6).

74 Kangle 1965~1972, 2:203(3.3.16). 전통적인 브라만 사회는 다양한 형태로 '승인된' 혼인을 인정했지만, '혼인이 승인되지 않은 형식이라면' Virdi는 "양 당사자가 서로를 미워하게 된다면 서로 동의하에 헤어질 수 있다"라고 설명했다(1972, 14, 『Arthaśāstra』 3.3.16 인용). Altekar 1962, 84-85도 참조.

던 것은 아니다. 『근본설일체유부율』과 『십송율』에도 아내를 7가지로 분류한 혼인 목록이 있다.[75] 다르마 문헌과 유사점이 많기는 하지만, 브라만이 할 수 있는 8가지 혼인 형태와는 그다지 일치하지 않는다.[76] 여기서는 율장을 기록한 저자/편찬자들이 『근본설일체유부율』에서 말하는 혼인 형태(기술적으로는 아내 유형)를 인정했다고 말하는 것이 안전하다:[77]

1. 우다까닷따(udakadattā; chu tshigs kyis byin pa; 水授婦): '물과 함께 수는 (부인)'; 신부 부모가 신랑 손에 물을 붓는 의식으로 신랑에게 주는 팔지 않은 여자.[78] 〔cf. 브라흐마(Brāhma) 혼인〕

---

75 『근본설일체유부비나야』 T.1442〔xxiii〕 686b14-c5(권12); sTog, *'Dul ba*, CA 332a5-333b7 참조. 『근본설일체유부필추니비나야』 T.1443〔xxiii〕 932a1-22(권5); sTog, *'Dul ba*, NYA 119a2-120b4 참조. 승우 주석 참조: T.1458〔xxiv〕 542c17-27(권3); Peking, bstan 'gyur, *'Dul ba'i* 'grel pa, (vol. 120) PHU 167a2-5. 『십송율』 T.1435〔xxiii〕 18c14-25(권3) 참조. 일부 율장에서는 혼인을 10가지 유형으로 언급했는데 BD 1:237에서는 10가지 유형으로, 『오분율』은 여성 유형을 10가지로(T.1421〔xxii〕 12c9-16(권2)), 『사분율』은 20가지 유형으로 분류했다(T.1428〔xxii〕 583a19-b4(권3)). 『마하승기율』 T.1425〔xxii〕 272c28-273a24(권6) 참조.

76 브라만적인 혼인 유형은 Sternbach 1965, Jamison 1996, 210-218 참조. 또한 곧 나올 Muldoon-Hules(b)에 주목.

77 산스크리트 용어는 『Mahāvyutpatti』 nos.9448-9454, Ishihama石濱裕美子 and Fukuda福田洋一 1989, nos.9380-9385, 9395, Matsuda松田 1986, 14-15. 길기트 사본에서 편집한 『Dharmaskandha』와 산스크리트를 대조해서 확인한 것이다.

78 티베트어본과 한역본에서 정의한 것은 약간 차이가 있다. sTog, *'Dul ba*, CA 332a6-b1; T.1442〔xxiii〕 686b19-21(권12). 한역본은 이 모든 용어에 '아내婦'를

2. 단나끄리따(dhanakrītā; rin chas nyos pa; 財娉婦): '값을 치르고 사는 (부인).'[79] 〔cf. 아수라(Āsura) 혼인〕

3. 드바자흐르따(dhvajāhṛtā; btsan phrogs su thob pa; 王旗婦): '〔군대〕 기준에 따라 잡혀 온 (부인).' 즉 강제로 유괴된(도적이 납치한 여인 등 포함)[80] 〔cf. 락샤사(Rākṣasa) 혼인〕

4. 찬다바시니(chandavāsinī; dang sam du 'dus pa; 自樂婦): '자신이 욕망이 있어 〔거기에〕 사는 (부인).'[81] 〔cf. 간다르바(Gāndharva) 혼인〕

5. 빠따바시니(paṭavāsinī; gos zas kyis 'tshos pa; 衣食婦): '옷〔과 음식〕 때문에 〔거기에〕 사는 (부인).'[82]

6. 사마지비까(samajīvikā; kha dum pa; 共活婦): '〔양 당사자가 본인이 가진 재산을 합치며〕 협력하는 관계인 (부인).'[83]

7. 땃뜨끄샤니까(tatkṣaṇikā; thang 'ga' phrad pa; 須臾婦): '잠깐

추가했다. 티베트어본은 chung ma를 추가했다. Matsuda松田 1986, Folio 21r11도 참조.

79 sTog, *'Dul ba*, CA 332b1-3; T.1442〔xxiii〕 686b22-23(권12). Matsuda松田 1986, folio 21r11-12 참조.

80 sTog, *'Dul ba*, CA 332b3-333a2; T.1442〔xxiii〕 686b23-27(권12). Matsuda松田 1986, folio 21r12-13 참조.

81 sTog, *'Dul ba*, CA 333a2-5; T.1442〔xxiii〕 686b27-29(권12). Matsuda松田 1986, folio 21v1 참조.

82 sTog, *'Dul ba*, CA 333a5-b1; T.1442〔xxiii〕 686b29-c2(권12). Matsuda松田 1986, folio 21v1-2 참조.

83 sTog, *'Dul ba*, CA 333b1-5; T.1442〔xxiii〕 686c2-4(권12). Matsuda松田 1986, folio 21v2-3. Cf. BHSD, s.v., samajīvikā 참조.

(부인).'[84]

필자는 이 목록을 자세히 연구하지 않았다.[85] 이런 혼인 유형에 대한 더 많은 언급을 조사할 때까지는 이 논의를 잠정적으로 남겨둘 것이다. 여기서는 율장을 기록한 저자/편찬자들이 이런 혼인이 가진 정확한 성격이 아니라 혼인을 무효화 하는 조항들을 알고 있었다는 사실이 더 중요하다. 『근본설일체유부율』은 혼인을 무효화 하는 7단계 목록을 만들었다. 이 7단계에는 비구가 각 단계에서 부부를 화해시키면서 범했던 죄도 명확하게 정의한 계율이 들어있다. 하지만 불행하게도 이 단계에서는 의미를 분명히 알 수 없다.[86]

비구나 비구니가 재가자에게 중매를 서면 안 되는 것처럼, 혼인을 상담하거나 파탄 난 혼인을 화해시켜도 안 된다. 승가는 비구가 얽혀서는 안 될 일에 간섭했다는 비난을 받으면 안 되기 때문이다.[87] 중매와

---

84 sTog, *'Dul ba*, CA 333b5-7; T.1442〔xxiii〕 686c4-5(권12). Matsuda松田 1986, folio 21v4 참조. 여기에는 akṣaras(불변)가 몇 번 나온다.

85 한역본은 Hirakawa平川彰 1993~1995, 1:428에서 간략하게 논의한 목록과 Schopen 2010c에서 연구한 노예 유형이 부분적으로 겹치는 것 같다.

86 티베트어본에서는 이것을 단계라고 설명했는데 문헌은 매번 연속으로 단계를 마무리하면서 목록을 약 8번 반복한다. 한역본은 우리가 혼인 무효를 다루고 있다는 사실을 더 명료하게 설명해 준다.

87 승우가 쓴 근본설일체유부 『근본살바다부율섭』은 『Vinaya-vibhaṅga』에서 각 계목을 약 21개 범주로 나누었는데 이 가운데 하나는 각 범죄와 관련 있는 번뇌(kleśa)나 수번뇌(upakleśa)이다; T.1458〔xxiv〕 530c21-531c2(권2); Peking, bstan 'gyur, *'Dul ba'i 'grel pa*, (vol. 120) PHU 133b7-136a3. 비구니계를 21개 범주로 나눈 것은 『Ārya-sarvāstivādi-mūla-bhikṣuṇī-prātimokṣa

관련 있는 승잔죄는 혼인을 화해시키는 특정 상황에서만 기술적으로 발생했다. 부부가 화해하고 조화로운 관계를 맺도록 비구가 도와주었다면 아주 가벼운 죄를 짓는 것이다.[88] 이 부부는 계속 다투고 있고,[89]

-sūtra-vṛtti』(Peking, bstan 'gyur, *'Dul ba'i 'grel pa*, 〔vol. 122〕 DZU[DSU] 34b1-36a1)이다; 이 문헌은 4장 각주 138 참조.

『근본살바다부율섭』 (T.1458〔xxiv〕 531a21-b1(권2)) 저자는 한역본에서 27개, 티베트어본(nyon mongs pa ni … nyi shu rtsa lnga'o)에서 25개 번뇌 체계를 가져왔지만, 필자는 26개로 본다(Peking, bstan'gyur, *'Dul ba'i'grel pa*, 〔vol. 120〕 PHU 134b7-135a5). 필자는 이 번뇌/수번뇌 목록 출처를 확인할 수 없었다. 중매하는 죄와 관련한 정신적 고통이나 번뇌는 갈등과 관련 있다(rtsod pa byung ba'i nyon mong pa; 諍恨)(『근본살바다부율섭』 Peking, bstan 'gyur, *'Dul ba'i 'grel pa*, 〔vol. 120〕 PHU 166b7-8; T.1458〔xxiv〕 542c10(권3)). Clarke 2009c, 322 각주 34에서 언급했듯, 이런 번뇌 유형을 분석한 것은 근본설일체유부 『Prātimokṣa-sūtra-paddhati』에서도 볼 수 있지만 흥미롭게도 이 문헌은 특정 계율과 관련된 번뇌 측면에서는 『근본살바다부율섭』과 대체로 일치하지 않는다. 예를 들면, 이 계율과 관련하여 승잔 5번째 번뇌는 욕망하는 계율이라고 한다(Peking, bstan 'gyur, *'Dul ba'i 'grel pa*, 〔vol. 120〕 PU 63a2: nyon mongs pa ni 'dod chags). 또한 『Prātimokṣa-sūtra-paddhati』에서는 이 계율을 육군비구(gang zag ni drug sde)가 행동하는 원인이라고 했지만, 위 각주 45에서 언급했듯, 『근본살바다부율섭』에서는 흑록자 이야기만을 언급한 것에 주의해야 한다. 비말라미뜨라(Vimalamitra)의 『Prātimokṣa-sūtra-ṭīkā-vinaya-samuccaya』에서는 중간 입장이며 주인공은 흑록자이다. 번뇌는 욕망으로 묘사했다: gang zag ni ri dags 'dzin gyi bu nag po / nyon mongs pa ni 'dod chags / (Peking, bstan 'gyur, *'Dul ba'i 'grel pa*, 〔vol. 120〕 BU 96a7).

88 여기서 아내는 위에서 제시한 처음 3가지 유형 가운데 하나로 제한한다.

89 한역본은 요약해서 7가지를 열거했다. 티베트어본(과 산스크리트본-아래 각주 91 참조)과 달리 한역본에서는 부정어를 사용하지 않았다: 'thabs pa nyid kyi mod yin la; 正鬪即離. 영어는 잠정적으로 추가 연구를 기다리고 있다. 여기서도

아직 싸움이 끝나지 않았고,[90] 쪼개지지도 않았고,[91] 세 방향으로 돌을 던지지도 않았고,[92] 남편에게 발을 씻겨주는 일상적인 의무를 저버리지도 않았고,[93] 남편이 더는 아내가 아니라고 선언하지도 않았고,[94] 종도 치지 않았다.[95]

율장에서는 비구가 승잔죄를 지으려면 부부 관계를 훨씬 더 화해시키는 방향으로 가야 한다는 것을 힘들여 자세히 설명했다.[96] 만약

티베트어본과 한역본(과 산스크리트본) 사이에는 약간 차이가 있다.

90 ṫhabs pa'i 'og ma yin pa; 鬪後方離.

91 tilintilikācchinnatva; dum pa ma bcad pa; 折草三段離. 아래 제시한 산스크리트본은 구나쁘라바(Guṇaprabha)가 쓴 『Vinayasūtra』(Sankrityayana 1981, 24.27-.29)에서 가져온 것이며 Yonezawa Yoshiyasu 등이 입력한 문헌 sūtra 2.498에 기반한 수정은 http://gretil.sub.uni-goettingen.de/gretil/1_sanskr/4_rellit/buddh/vinsutru.htm에서 볼 수 있다; Peking, bstan 'gyur, *'Dul ba'i 'grel pa*, 〔vol. 123〕 ZU 24b1-2), 그러나 『근본설일체유부율』 자체는 아니다. 구나쁘라바가 자서自書를 주석한 Peking, bstan 'gyur, *'Dul ba'i 'grel pa*, (vol. 124) 'U 〔ḤU〕 142b2ff 참조. 이 7가지에 대한 간략한 정의는 『Prātimokṣa-sūtra-ṭīkā-vinaya-samuccaya』 Peking, bstan 'gyur, *'Dul ba'i 'grel pa*, (vol. 120) BU 101a2-b2. T.1458〔xxiv〕 543a21-27(권3) 참조; Peking, bstan 'gyur, *'Dul ba'i 'grel pa*, (vol. 120) PHU 168a2-3.

92 trisaṅkarāparitatva; rde'u gsum ma gtor ba; 三方擲瓦離.

93 ācārapratiniḥsṛṣṭatva; cho ga ma btang ba; 依法對親離. 『Prātimokṣa-sūtra-ṭīkā-vinaya-samuccaya』(Peking, bstan 'gyur, *'Dul ba'i 'grel pa*, 〔vol. 120〕 BU 101b1) cho ga btang ba zhes bya ba ni khyim so 'am khyim thab kyi rkang pa bkru ba la sogs pa phral gyi bya ba ni cho ga ste / de btang ba'o //.

94 abhāryānuśrāvitatva; chung ma ma yin par ma bsgrags pa; 言非我婦離.

95 ghaṇṭā ca ghuṣṭatva; dril ma bsgrags pa; 普告衆人離.

이 부부가 두 번째 단계로 나아가 다툼을 끝낸다면 비구는 이 화해에서 2가지 죄를 짓는다는 내용이 계속된다. 부부가 돌을 던지는 4단계에 이르면[97] 비구는 3가지 죄를 짓는 것이고 1가지 투란차죄를 짓는 것이다.[98] 혼인 관계를 무효로 하는 6단계는 비교적 명확하다: 문제를 가진 아내가 더는 아내가 아니라고 선언하면 된다(chung ma ma yin par bsgrags pa; 言非我婦離). 티베트어본과 한역본이 기초로 삼은 용어이며 거대한 『근본설일체유부율』을 5~7세기에 요약해 구나쁘라바(Guṇaprabha)가 지은 『비나야수뜨라(Vinayasūtra)』에 있는 abhāryānuśrāvitatva는 '부인이 아니라고 선언한 상태'라고 번역할 수 있다. 이것은 공개적으로 선언한 〔이제는 아내가 아닌〕 사람을 가리키는 것으로 볼 수 있는 7번째 단계와 연결할 수 있다.[99] 한역본에는 7단계 모두에 '분리(離)'라는 용어가 추가되어 있다.[100] 이는 배우자와 혼인 관계를 정리했거나 이혼이 아니더라도 어떤 모습으로든 이별했던 상태이다.[101]

---

96 sTog, *'Dul ba*, CA 342b4-343b7; T.1442〔xxiii〕 687a4-13(권12).

97 아니면 남편만(?)인지 여전히 불분명하다.

98 투란차죄는 부정행위를 저지른 죄보다는 심각하지만 6일 밤낮 근신해야 하는 승잔죄보다는 덜 심각하다.

99 티베트어본과 산스크리트는 '종소리'를 의미한다. 비니따데바(Vinītadeva)가 지은 『Vinaya-vibhaṅga-pada-vyākhyāna』에서는 이것이 '사원 등'에서 하는 것이라고 덧붙였다(**devakula, lha'i gnas*)(Peking, bstan 'gyur, *'Dul ba'i 'grel pa*, 〔vol. 122〕 WU 107b6).

100 위 각주 62 참조. "離는 중국 전통 법규에서, 현행법 의미 안에서 '이혼'이라는 용어와 같다고 볼 수 있는 용어 가운데 하나이다."(Tai 1978, 77).

101 비구는 6단계에서 3가지 부정행위, 2가지 투란차죄, 1가지 승잔죄를 짓는다.

배우자와 혼인 관계를 정리하는 형태로 볼 수 있는 마지막 2단계나 절차에 담긴 정확한 성격과 이렇게 선언된 여성, '이제는 아내가 아닌' 사람으로 알려진 여성이 얻는 법적 지위는 여전히 손이 닿지 않는 곳에 있다. 여기서는 대중부에게 상대편인 다른 상좌부처럼 이 율장을 기록한 저자/편찬자들도 배우자와 혼인 관계를 정리하거나 무효를 인정했다고 볼 수 있는 것에 주목하면 충분하다.[102] 여기서는 '출가할 때' 승가가 법적으로 가정생활을 정리하라고 요구했거나 권장하지 않았다는 점에 유의하는 것이 중요하다. 우리는 배우자가 있는 사람이 구족계를 받을 때 "이제는 아내가 아니다"라고 아내에게 선언했을 것이라고 예상했다. 하지만 이런 표현이 율장에 남아 있는 흔적은 없다. 게다가 율장에서 '이혼'이 가진 중요성과 의미를 더 잘 이해할 수 있는 내용을 밝혀내기 전까지는, 이것이 출가할 때 전제 조건이었을 것이라고 기대하는 것도 현명하지 않다. 또한 율장에는 비구가 된 남자들에게서 가정생활이 불행했다는 것을 찾아볼

7단계에서는 각각 3가지, 4가지, 2가지 죄를 짓는다. 승잔죄는 6단계나 7단계에서 발생하는 것으로 볼 수 있지만, 이는 처음 3가지 유형에 있는 아내에게만 해당한다. 다른 4가지 유형에 있는 아내일 경우에–열등함을 암시하는 것 같다– 비구는 7단계 가운데 어느 한 단계에서라도 부부를 화해시키면 승잔죄를 짓는다.

102 Hirakawa平川彰 1993~1995, 1:433–434, 일본어 '離婚'으로 언급했다. '이혼'은 처음 3가지로 아내 유형을 나눈 가운데 누구라도 7번째 단계에서만 인정받을 수 있다고 했다. 의정 한역본이 이 견해를 뒷받침해준다. 그러나 티베트어본은 이것이 6번째 단계에서도 똑같이 유효하다고 보았다. 적어도 비구가 승잔죄를 짓는 단계에서 '이혼'이 성립하는 것을 인정하면 이것을 따른다. Horner도 이혼을 언급했다(BD 1:244 각주 2).

수도 없다. 비록 이혼이 알려져 있었고, 율장을 기록한 저자/편찬자들이 이혼을 요구할 수도 있었겠지만, 출가하는 것은 배우자와 혼인 관계를 정리하는 것과 전혀 관련이 없었다. 율장에서는 구족계를 받으려는 기혼 여성에게도 이혼을 요구하지 않았다. 하지만 남편과 부모에게 허락은 받아야 했다.[103] 기혼 남성은 혼인 여부와 상관없이 부모에게 허락만 받으면 되었다. 율장을 기록한 저자/편찬자들은 '비구들은 절대로 혼인하지 않았다'[104]라는 것을 드러내지 않았고 비구들은 절대로 이혼하지 않았다.

4. 혼인한 비구와 가족 관계

지금까지는 비구가 출가하기 '전' 아내와 계속 만난 이야기들과 율장을 기록한 저자/편찬자들이 배우자와 혼인 관계를 정리하는 관행은 알고 있었어도 수행자가 되기 전에 배우자와 혼인 관계를 정리하라고 요구한 적이 없는 자료들을 살펴보았다. '길 위의 삶이 가진 본질은 아내가 없는 삶'이라는 엘리자베스 윌슨(Elizabeth Wilson)이 주장한 것과 다르게,[105] 율장을 기록한 저자/편찬자들은 부부가 함께 출가한 것을 드물지 않게 말했다.

---

103 Hirakawa平川彰 1982, 60 참조. 부모에게 허락을 받아야 하는 것은 Crosby 2005 참조. 부모가 생각한 뜻과 다르게 중개자를 통해 계를 받은 다르마딘나(2장 2절)도 주목해 볼 수 있다.

104 위 각주 1 참조.

105 Liz Wilson 1994, 8.

다음 이야기는 1장 2절에서 간략하게 논의한 내용으로 남편 비구가 식사할 때 아내 비구니가 시중드는 모습이다. 『오분율』에서 볼 수 있다.[106]

어느 때 남편과 아내(夫婦)가 있었다. 이 둘은 동시에 출가했다(二人俱時出家). 남편 비구(夫比丘)는 탁발한 것을 아내 비구니(婦比丘尼)가 있는 곳으로 가져와 먹었다.
아내 비구니는 물병을 들고 앞에 서서 부채를 부쳐주고 물을 따라 주며 요염한 태도로[107] 많이 시원하냐고 물었다. 남편 비구는 고개를 숙인 채 눈길도 주지 않고 말도 없이 식사만 했다. 남편 비구는 이전에 흰옷 입은 재가자였을 때 한 여자와 부적절한 관계를 맺었었다. 그녀도 역시 〔수행자로〕 출가해 이곳에 머물고 있었다. 비구는 그녀가 오는 것을 보자 미소를 지었다. 아내 비구니는 질투가 나서 비구 머리에 물병을 내리쳤고 물병은 아주 잘게 부서졌다.[108]

이 내용은 물병과 부채를 들고 비구를 시중드는 비구니는 이렇게 하면 안 된다고 붓다가 계를 제정하면서 끝난다.[109] 독특한 유머 감각을

---

106 BD 3:252-253 참조. 출가하는 남자와 여자를 다룬 이야기는 『사분율』 T.1428〔xxii〕 738c20-739a20(권25); 『마하승기율』 T.1425〔xxii〕 532c26-533a8(권38), 『근본설일체유부율』은 위 각주 4 참조. 아래 각주 115 참조.

107 또는 아마도 '수줍게'(輒).

108 T.1421〔xxii〕 94c14-26(권14).

109 T.1421〔xxii〕 94c23-25(권14).

지닌 이 글이 말하는 요점은, 비구니들은 출가하기 '전' 남편에게 했던 것처럼 하면 안 된다는 것이다. 아마도 저자/편찬자들은 무심코 훨씬 더 많은 것을 보여주었다. 우리는 비구가 비구니승가에 자유롭게 들어갈 수 있었고 아내 앞에서 식사할 수 있었다는 가설을 세워볼 수 있다. 이런 행동은 어떤 비판이나 비난도 받지 않았다; 이들은 당연하게 여겼다.[110] 게다가 이 글에서 볼 수 있는 비구나 비구니가 사사롭게 교류할 때 우연히 부부였던 것도 승가에 영향을 주지 않았다. 이 상황은 율장을 기록한 저자/편찬자들이 완화하려고 시도했을 것으로 예상할 수 있는 잠재적 위험들이 가득 차 있다.

이 율장은 유일하게 한역본으로만 남아 있다. 여기서는 아내를 출가하기 '전' 아내가 아니라 단지 아내라고만 언급했다. 남편도 마찬가지다. 부비구(夫比丘, 남편 비구)와 부비구니(婦比丘尼, 부인 비구니)라는 명칭은 서술적인 장치일 수 있기에 너무 많은 의미를 두어서는 안 될 것 같다.[111] 하지만 저자/편찬자들이 이 부부를, 비구와 비구니로 함께 출가한 모습으로 묘사한 사실은 의심할 필요가 없다.

『마하승기율』에도 이와 비슷한 이야기가 있다. 석가족이었던 부부

---

110 Horner(BD 3:252 각주 2)는 이 내용이 있는 『팔리율』에 대한 본인 논평을 근거로 "비구니들이 비구 거주 공간에 접근할 수 있었다"라고 말했다. 그러나 필자는 그녀가 쓴 글에서 이것을 볼 수 없었다. 한역본은 정반대를 말했다. Schopen(1996b) 2004a, 342에서 부분 번역한 『근본설일체유부율』에 주목하면, 여기서 붓다는 비구니가 승가에 들어가는 것을 허락했지만 숨겨진 무기를 찾기 위해 몸을 수색하라는 계율도 제정했다.

111 『팔리율』(Vin 4:263-264)은 아내를 '전 아내(purāṇa-dutiyikā)'라고 분명하게 언급했다. 위 각주 5는 이 용어에 해당하는 산스크리트이다.

가 함께 출가했는데(有夫婦二人釋種中出家),[112] 남편이 과거 이야기를 시작하자 아내는 화를 내며 남편 얼굴에 물을 뿌리고 머리를 부채로 때리며 배은망덕하다고 비난했다. 이 결과 비구니가 물과 부채를 들고 비구에게 친절을 베풀 때 일어날 수 있는 위험에 대처하는 계를 제정했다. 예외 사항을 나열한 부분에서 여러 중요한 통찰력도 살펴볼 수 있다. 비구니가 여러 비구에게 물을 대접하거나 부채질해 주는 것은 죄가 아니라는 예외 조항이다.[113] 이 계는 가정생활에서 하던 행동을 승가에서 하지 못하게 설계해서 비구를 시중드는 것이 아님을 확인해 준 것이다.

"만약 승가에 아버지나 형제(若衆中有父兄者)가 있어 부채질해 주면 이것은 죄가 아니다. 세존께서는 이렇게 가르치셨다."[114] 이 계는 아버지와 형제에게는 허용했지만 출가하기 '전' 배우자에게는 허용하지 않았던 예외이다. 승가가 부계나 형제 관계는 전혀 문제 삼지 않았다는 특성을 강조한 것으로 볼 수 있다. 율장을 기록한 저자/편찬자들은 이런 주제에서 세부 내용과 관련해 비난이나 비판하는 말을 한마디도 하지 않았다.[115] 동시에 이 이야기는 율장을 기록한 저자/편

---

112 T.1425〔xxii〕 530a22-b13(권38). 설출세부(Lokottaravādin)에서는 아들이 석가족은 아니지만 출가했다고 말한다(Roth 1970, §193). 프랑스어 번역은 Nolot 1991, 230-231 참조. 한역본 영어 번역은 Hirakawa平川彰 1982, 265-266 참조. 『비니모경』 T.1463(24) 827c18-25(권5) 참조.

113 T.1425〔xxii〕 530b12(권38).

114 T.1425〔xxii〕 530b12-13(권38).

115 또한 비구니가 비구를 직접 비난하면 죄가 된다는 계율에 유의해야 한다. 비구니에게 수행 생활을 하는 〔남성〕 형제나 친척이 있을 때 그가 계를 지키지

찬자들이 비구나 비구니가 전 배우자—지금은 비구나 비구니—와 계속 만나는 것이 아주 일반적으로 일상이었기에 잠재해있는 문제가 많을 수 있다고 인지한 내용으로 볼 수 있다. 그렇다고 해서 전에 부부였던 비구나 비구니가 계속 만나는 상황을 모든 면에서 금지할 필요는 없었을 것이다.

율장에는 가정생활을 포기한 부부 이야기가 여기서 논의한 것보다 훨씬 더 많이 있다.[116] 이렇기에 혼인한 비구에 대한 한정적 진술과 관련해 많은 연구가 기다려진다. 부부가 출가할 때 승가에서 보인 태도는 『근본설일체유부율』을 기록한 저자/편찬자들이 붓다에게 이모이자 계모인 마하쁘라자빠띠가 한 말로 잘 요약할 수 있다. 한 남자가 이제는 늙어서 출가할 것이라고 아내에게 말했다. 아내도 남편에게 함께할 것이라고 말했다. 남편은 아내를 비구니승가를 설립한 지도자인 마하쁘라자빠띠에게 데려갔다. 마하쁘라자빠띠는 부부가 수행자로 함께 시작하는 것이 훌륭하다고 말하면서 어머니처럼 이들을 칭찬했다.[117] 율장에서는 부부가 출가하는 것을 비판하지 않았다. 오히려 칭찬했다.

않는다고 꾸짖으면 안 되고 부드럽게 말해야 한다(T.1425〔xxii〕 532c26-533a19(권38)). 이 계는 남편과 아내가 출가한 이야기에 나온다(有夫婦出家). 번역은 Hirakawa平川彰 1982, 284-286 참조.

116 추가 참조는 위 각주 4, 106, 115 참조.

117 『잡사』 T.1451〔xxiv〕 358c20-21(권31): 夫妻能發此勝妙心。俱共出家斯爲好事; sTog, *'Dul ba*, THA 206b3-4: bu khyod chung ma dang bcas te sems bskyed pa ni legs te /.

5. 가족: 우다인과 굽따, 아들 꾸마라까샤빠

여기서는 한 가족이 승가에서 함께한 이야기를 소개할 것이다: 남편과 아내, 비구와 비구니, 이들의 아들이다. 지금까지는 비구가 출가 전 부인과 혼인 관계를 계속 유지했던 내용으로, 비구나 비구니가 출가 전 가족과 유대 관계를 계속 유지해왔던 내용으로 승가와 가족이 친밀했던 관계를 살펴보았다. 지금부터는 이런 측면을 정교한 이야기로 구성해 율장에 기록한, 승가에서 함께 생활했던 한 가족을 소개할 것이다. 육아와 관련한 논의는 4장에서 다룰 것인데 여기서도 조금 다룰 것이다. 비구가 된 후 출가하기 '전' 아내를 비구니로 다시 만났을 때 발생한 문제를 여러 계율로 제정한 것을 살펴볼 것이다.

적어도 서술적으로 이 문제는, 율장에서 육군비구 가운데 핵심 구성원이면서 다른 어떤 비구보다 성적인[118] 면에서 강조되는 존자 우다인이 비구가 된 후 출가하기 '전' 아내를 다시 만나면서 생긴 일이다. 필자는 이 글이 놀랍도록 길고 복잡해서 어쩌면 발리우드 영화에 적합할 수 있다고 생각했다.[119] 이 이야기 대본은 필연적으로

---

118 우다인, '불경한 비구', Feer 1883, 34 참조. Feer가 연구 성과를 전혀 내지 못한 것이 아쉽다: "나는 Char-ka〔=Udāyin〕라는 이름이 나오는 모든 문헌을 수집해서 단행본을 만들려고 했지만, 다른 관심사로 그러지 못했다."(같은 책)

119 일본에서 잘 알려지지 않은 작가 Adachi Kin'ichi(足立欽一; 1893~1953)가 쓴 소설은 비구 우다인 일대기를 바탕으로 했다. 1923년 『外道三昧(이교도의 삼매, 이중 의미로 많은 이교도)』라는 제목인 이 소설은 출판된 지 10일 만에 금지됐는데, 1924년 『까루다이(Karudai; Kālodāyin; 迦留陀夷)』로 다시 출판했다. 검열 경험을 간략히 설명한 것은 Adachi足立欽一 1924(내부 검열이 끝난 날에)년판 후기

피상적일 수밖에 없다.[120]

율장을 기록한 저자/편찬자들은 붓다가 태어나서 짜끄라바르띤(cakravartin; '바퀴를 돌리는' 왕)이나 위대한 현자가 될 것이라는 예언을 들었거나 궁전 밖에서 수행했던 일을 기록했다. 다음에 살펴볼 이야기를 하려고 이렇게 노력을 기울였던 것 같다.[121] 필자는 지금부터 이 이야기에 등장할 통치자들이 했던 외교와 앞으로 펼쳐질 드라마에 등장할 주요 인물들을 소개할 것이다. 꼬살라(Kosala) 왕국의 쁘라세나짓(Prasenajit)왕은 붓다의 아버지인 슛도다나왕에게 외교사절을 보낼 때마다 총리 굽따(Gupta; sbed pa; 密護)[122]를 보냈다. 굽따는 슛도다나왕과 업무를 마친 후면 왕실 소속 사제의 아들인 우다인의 집에 머물렀다.[123] 슛도다나왕이 쁘라세나짓왕에게 외교사절을 보낼 때면 우다인을 보냈고 우다인은 굽따의 집에 머물렀다. 총리 굽따에게는 아내(chung ma; 婦) 굽따(Guptā; sbed ma; 笈多)가 있었다. 그녀는

참조. 1923년 판은 검열된 내용을 보존하여 일본 문학도들이 검열 전후를 비교하기 쉽게 만들었다. 특히 요미우리신문讀売新聞(1924년 11월 1일 조간판) 1면에 실린 기사 참조.

120 필자는 원작이 주는 맛을 전달하려고 내용 가운데 일부를 발췌했다.

121 T.1442[xxiii] 716a23-722a24(권17-18); sTog, *'Dul ba*, CA 495b4-CHA 8b4.

122 Nishimoto西本龍山 1933~1938, 20:14에서 티베트어 sbed pa(숨기다, 감추다)를 Gopana(보호)라고 했다. Feer 1883, 38에서는 Guptika라는 이름을 사용했다. 최근 이 이야기가 있는 산스크리트 단편(버지니아 개인 소장품, F2.2)에서 굽따와 그녀의 남편 이름을 확인했다. 사본 단편 사진과 Klaus Wille가 자역字譯한 텍스트를 Jens-Uwe Hartmann과 Kazunobu Matsuda松田和信가 보내주었기에 감사한 마음을 전한다.

123 한역본은 우다인도 장관이다. 티베트어본은 굽따만이 장관인 것 같다.

몸이 고와 보기에 좋았고 아름다웠고 매력적이었다. 우다인이—여성을 좋아하기로 유명하고— 정확한 내용은 아직 불분명하지만, 그녀와 어떤 관계를 맺은 것 같다.[124] 남편 굽따가 이를 알고 우다인을 죽이고 싶었지만,[125] 브라만을 죽이면 두 왕국이 전쟁을 벌일 수도 있다고 생각해 그만두었다.[126] 우다인은 이것이 발각될까 두려워 도망쳤는데 이후 남편 굽따가 사망했다. 부인 굽따에게는 아들이 없었기에 브라만법에 따라 쁘라세나짓왕이 재산을 가져갔다.[127] 청중에게는 친숙하지만, 여기서는 아직 재가자인 우다인이 이 소식을 듣고 정치적 인맥과 영향력을 이용해 쁘라세나짓왕에게서 굽따의 집과 재산을 돌려받을 계획을 세웠다.

우다인이 굽따를 아내로 맞이하는 데 성공한 것은 율장에서 틀에

---

124 티베트어 kha dum pa(共活)는 간단한 것이 아니다. Feer가 130년 전에 이 이야기 가운데 일부를 번역했을 때 그는 이 티베트 용어가 "우다인과 굽따가 입을 가까이 대는 일이 일어났다"(1883, 38)를 의미한 것으로 이해한 것 같다. 이 내용에 대한 의정 한역본은 共行非法이다. "〔그들은〕 함께 벗어난 〔행동〕을 했다"; 의정은 그들이 육체관계를 가졌다고 본다. 나중에 같은 내용에서 굽따를 우다인의 '전' 아내('char kha'i sngon gyi chung ma)라고 언급한 점을 볼 때, 우리가 티베트어 kha dum pa를 이 율장을 기록한 저자/편찬자들이 인정한 7가지 아내 가운데 6번째 유형이라고 이해하는 것이 이치에 맞을 것 같다: samajīvikā(kha dum pa; 共活): '〔양 당사자가 재산을 합치는〕 협력 관계에 있는 (아내).' 위 각주 83 참조.

125 한역본에서는 두 사람을 죽일 생각을 했다.

126 굽따는 '여성 때문에' 브라만을 죽일 수 없다는 것을 깨달았다(sTog, *'Dul ba*, CA 499a4-5; T.1442〔xxiii〕 716b27(권17)).

127 2장 각주 67 참조.

박힌 나이 든 바보 비구—마할라까(mahallaka) 또는 늙은 삼촌—를 만난 내용에서 확인할 수 있다.[128] 노비구를 장로로 생각한 우다인이 먼저 "환영합니다, 장로님. 경의를 표합니다!"라고 인사했다. 노비구는 "경의를 표합니다, 아사리여!"라고 대답했다. 우다인은 이 대답에서 이 비구가 장로가 아니라 단지 노비구일 뿐이라는 사실을 알았다; 노비구는 아사리나 화상이 무엇인지 몰랐다. 두 사람이 승가로 들어갈 때 우다인이 "어르신, 어디서 오셨습니까?"라고 물었다. 노비구가 "쉬라바스띠입니다"라고 대답하자 우다인이 다시 관심을 보였다: '아내 굽따 소식을 첫 번째로 물으면 비웃음을 살 수 있으니 먼저 이런 식으로 물어야겠다.'[129] 우다인은 관심이 있는 것처럼 계속 붓다와 비구승가와 비구니승가, 우바새들(upāsaka)과 우바이들(upāsikas)이 하는 모임, 장로 아즈냐따까운딘냐(Ājñātakauṇḍinya), 마하까샤빠(Mahākāśyapa), 샤리뿌뜨라(Śāriputra), 마하마우드갈야야나(Mahāmaudgalyāyana), 다른 장로들에 대해서도 물어본 후, 꼬살라 왕국의 쁘라세나짓왕과 기타 여러 사람에 대해서도 물었다. 마침내 우다인은 그토록 원해 왔던 것을 물었다: "존자시여, 자, 이제, 제 아내 굽따를 아십니까?"[130]

노비구는 그가 보기보다 멍청하지 않다는 것을 보여주며 대답했다. 그는 우다인을 능가했다. 여기서 우리는 지금 비구니가 된 굽따가 존경하는 우다인과 혼인했다는 것을 처음 확인할 수 있다:

---

128 위 각주 25 참조.

129 sTog, *'Dul ba*, CHA 4a5-b2; T.1442〔xxiii〕 721a14-24(권18).

130 sTog, *'Dul ba*, CHA 5a6; T.1442〔xxiii〕 721b5-6(권18).

"우다인 존자님, 저는 그녀를 압니다. 그녀는 존경하는 우다인에게 '전' 아내(sngon gyi chung ma; 昔日之妻)입니다!"
"장로님, 저는 이 이야기를 알고 있습니다."
"아직도 그녀가 혼인한 아내라고 생각하십니까? 그녀는 〔수행자로〕 출가했습니다."
"누가 그녀에게 〔수행자 삶을〕 시작하게 했습니까?"
"마하쁘라자빠띠: 가우따미."[131]

율장을 기록한 저자/편찬자들은 비구 우다인이 출가하기 '전' 아내 소식을 듣고 싶어 하는 모습을 그렸다. 이 감정은 동행 수행자들이 약간 조롱할 여지는 있어도, 아내 때문에 생긴 불안이 공식적인 책망을 불러일으키지는 않았다. 이때 우다인은 노비구를 환영하며 이곳에 머물러 달라고 말했다. 하지만 노비구는 자신이 사원(caitya) 순례자이기에 이곳에 머물고 싶지 않다고 말했다.[132] 그런데도 우다인은 노비구에게 자물쇠와 열쇠를 맡겼다. 이때 우다인은 아주 특징적으로 교묘하게 비하라(vihāra)를 떠날 목적으로 붓다가 한 말을 인용했다.[133]

우다인은 자유롭게 떠날 수 있게 되었고 쉬라바스띠에 가서 작은 방에 자리를 잡았다. 굽따는 우다인이 마을에 왔다는 소식을 듣고 다른 비구니들에게 조언을 들었다. 굽따는 더 좋은 결정과는 반대로

---

131 sTog, *'Dul ba*, CHA 5a6-bl; T.1442〔xxiii〕 721b6-9(권18).

132 sTog, *'Dul ba*, CHA 5b1-4. 한역본에서는 노비구가 그에게 머물고 싶지 않다고 말했다: T.1442〔xxiii〕 721b10-13(권18). 사원 순례자는 2장 각주 10 참조.

133 sTog, *'Dul ba*, CHA 564-5; T.1442〔xxiii〕 721b13-15(권18).

우다인이 있는 작은 방으로 향했다.

굽따는 우다인이 있는 작은 방문을 두드렸다.
"누구십니까?"
"저예요, 굽따."
"굽따, 아내이군요, 환영합니다."
"제가 여전히 당신에게 아내인가요? 그런데 왜 제가 〔수행자로〕 출가했나요?"
"당신을 〔수행자로〕 출가하게 만든 사람은 누구입니까?"
"고귀한 자매 마하쁘라자빠띠: 가우따미."[134]

이들은 잠시 대화를 나누었다. 굽따는 우다인의 발에 경의를 표하고 앞에 앉아 다르마를 들었다.[135] 우다인은 다르마를 설명하기 시작했다. 이렇게 하자 이들에게는 즐거운 옛 기억이 떠오르기 시작했다: 웃음, 이들이 즐겼던 재미, 장난, 사랑.[136] 여기서 우다인은 율장을 기록한 저자/편찬자들에게 이성과 만날 때 사용한 구애와 관련한 몇 가지 내용도 제공했다: "굽따여, 우리 둘이서 이런 유원지와 만났던 장소와 사원(*devakula)에서[137] 이러저러한 음식을 먹고, 이러저러한 음료를

---

134 sTog, *'Dul ba*, CHA 6a4-6; T.1442〔xxiii〕 721b27-c3(권18).

135 sTog, *'Dul ba*, CHA 6a6-b3; T.1442〔xxiii〕 721c3-9(권18).

136 sTog, *'Dul ba*, CHA 663-4; T.1442〔xxiii〕 721c9-11(권18).

137 '사회적 약자들에게 안식처나 집'인 사원, 특히 비어 있는 사원으로 보는 것은 Schopen 2010b(p.886에서 인용) 참조.

마시던 때를 기억하십니까?"[138]

한편, 우다인은 다르마를 설명하면서 성적으로 흥분했다. 굽따는 이를 알아차리고 변명했다. "저는 밖으로 나갈 거예요; 저는 나중에 다시 올 거예요." 우다인은 생각했다. "그녀는 분명히 화장실에 가고 싶겠지."[139] 굽따는 밖으로 나오자 허리띠를 묶고 달아났다. 이 소리를 들은 우다인은 "머리 깎은 비구니여, 어디로 도망가십니까?"라고 소리치며 그녀의 뒤를 쫓아 달려갔다.[140] 이 글에서는 그가 그녀의 허벅지를 만지며 사정했다고 기록했다. 분명 그녀를 붙잡은 것이다.[141] 굽따는 그가 진정되는 것을 보고 그에게 가까이 다가가 수행 생활을 포기하자고 제안했다. 분명히, 혼인했든 안 했든 비구나 비구니가 특히 서로 육체관계를 갖는 것이 좋지는 않았을 것이다.

이때 우다인은 도덕적으로 높은 위치를 차지했다. 우다인은 "자신을 지키면 다른 사람도 지킬 수 있고 남을 지키면 자신도 지킬 수 있다"라는 취지로 붓다가 한 말을 인용했다. 우다인은 종교적 실천과 관련해 말한 것이겠지만, 이 장광설에 담긴 정신적 의미는 굽따를 움직이지 못하게 만들었다. 그녀는 간단히 대답했다: "고귀한 분이여, 이 속옷을 저에게 주세요; 제가 빨래를 할게요."[142] 이야기는 여기서 끝난 것이 아니다. 사실, 이 믿을 수 없을 정도로 매우 복잡하고 정교한 이야기에

---

138 sTog, *'Dul ba*, CHA 664-6; T.1442〔xxiii〕 721c11-12(권18).

139 sTog, *'Dul ba*, CHA 6b6-7a3; T.1442〔xxiii〕 721c12-17(권18).

140 sTog, *'Dul ba*, CHA 7a3-4; T.1442〔xxiii〕 721c17-19(권18).

141 sTog, *'Dul ba*, CHA 7a4-5; T.1442〔xxiii〕 721c19-20(권18).

142 sTog, *'Dul ba*, CHA 7a5-b4; T.1442〔xxiii〕 721c20-28(권18).

담긴 요점은 오직 이 부분에서만 명확하다: 비구는 자신과 관계없는 비구니가 옷을 빨게 해서는 안 된다.[143]

이때 굽따는 향수를 느껴 정액을 가져다 주입했다.[144] 이제 임신한 비구니가 된 굽따는, 다른 비구니들이 비난할 때 존자 우다인이라는 훌륭한 이름을 변호했다. "자매님들, 저 비구는 미덕을 타고났어요; 제가 〔수행자로〕 출가한 이후로 저에게 손을 댄 적이 없어요."[145] 하지만 비구니들은 쉽게 이해하지 못했다: "그가 당신을 만지지도 않았는데 이런 상태〔임신〕가 되었다면 당신을 만지면 어떤 상태가 되었을까요!"[146]

굽따가 육체관계를 하지 않고 임신했다는 것을 이 비구니들만

---

143 이 문헌에서 아내는 친척이 아니다. 친척은 최대 7대까지를 혈연관계로 정의한다. 비방가에서 정의한 친척 참조: sTog, *'Dul ba*, CHA 865-6; T.1442〔xxiii〕 722a26-27(권18). 브라만 문학에서도 마찬가지이다. Manu v 60, s.v. Doniger and Smith 1991, 색인에서 '친척'은 p.104 참조.

144 다른 판본에서는 정액을 입으로 먹었는데 이 문헌에서는 정액이 질에도 들어갔다고 분명히 했다(한역본은 2가지 다 설명했다). 『십송율』에서는 굽따가 정액을 절반 먹은 후 순결하지 않은 임신을 했는데 붓다는 비구니가 정액을 먹으면 바일제죄라고 계를 제정했다(若比丘尼飮精, 波夜提)(T.1435〔xxiii〕 344b29-c23(권47)). 비구니들이 이 계를 2주마다 암송했는데, 그때마다 약간 웃었을 것이다. 이 율장에 있는 다른 내용은 정액을 질에 삽입해서 임신했다고 설명했다: T.1435(〔xxiii〕 43a26-b27(권6). 『오분율』에서는 비구니가 스스로 수정하면 죄라고 계를 제정했다: T.1421〔xxii〕 98b19-28(권14). 이 율장에서 비구니는 스툴라난다(Sthūlanandā)이고, 비구는 우빠난다(Upananda)이다(아래 각주 162 참조). 102-105.

145 sTog, *'Dul ba*, CHA 8a2-3; T.1442〔xxiii〕 722all-12(권18).

146 sTog, *'Dul ba*, CHA 8a3-4; T.1442〔xxiii〕 722a12-13(권18).

믿지 못했던 것은 아니다. 율장을 기록한 저자/편찬자들도 어떻게 이런 일이 일어났는지 설명해야 했다. 이들이 설명한 것을 보면 이들도 다소 불편해했다는 것을 알게 될 것이다: "중생이 성숙해지는 것은 헤아리기 어렵기에 그녀는 아이를 갖게 되었다."[147] 이 율장을 기록한 저자/편찬자들도 ― 아마도 매우 학식 있는 비구들 ― 붓다의 말씀을 기록한 저자들도, 어떤 사건은 이들 너머에 있다는 것을 인정할 수밖에 없었을 것이다: 이들도 이런 사건을 불교적으로, 인도 종교에서 중심 교리 가운데 하나인 까르마(karma)가 신비하게 작용했기 때문이라고 설명하는 것에 의지했다.

여기서 저자/편찬자들은 평소답지 않게 수줍어했다. 이 내용에서는 비구니가 임신한 것이 문제가 아니었다. 비구 때문에 비구니가 임신한 것이 문제였다. 여기서 인공 수정은 붉은 청어라고 생각한다. 굽따가 임신한 상황을 말 그대로 받아들인다 해도 논의를 아무리 우회한다 해도 비구 때문에 비구니가 임신한 문제는 여전히 남는다. 확실히, 율장을 기록한 저자/편찬자들은 성적인 문제를 논의하는 데 부끄러움이 없었다. 승가에서는 성적인 모든 행동이 계율을 범하는 것이라고 단순하게 진술하는 것만으로는 만족하지 못했다. 율사들은 수간과 시체 성애를 포함해 상상할 수 있는 거의 모든 성적 행동을 생생한 이야기로 기록했다.

기존 연구가 『팔리율』만을 근거로 추정해서 주장했던 것과 달리, 육체관계를 가진 비구 ― 우다인도 그렇지 않았다 ― 는 반드시 추방되거나

---

147 sTog, *'Dul ba*, CHA 7b7; T.1442〔xxiii〕 722a7-8(권18).

파문되지 않았다.[148] 『팔리율』을 제외한 다른 율장들은 육체관계를 가진 비구가 진정으로 후회하는 경우 승가에 남도록 허락했다.[149] 이 비구는 여학사미(śikṣādattaka)라는 특별한 참회 지위를 받았다. 이것은 더 높은 수행을 성취하거나 승가 활동에 참여하는 것을 완전히 막지 않는 위치였다. 마찬가지로, 육체관계를 가진 비구니들도 바라이죄를 짓는 것과 관련해 승가에서 추방당하는 것을 늦출 수 있었다. 이것은 승가와 관련 있는 많은 '지식'이 기반으로 삼았던 『팔리율』만 빼고 다른 율장에서 볼 수 있다. 비구니는 참회하는 비구니나 여학사미니로 허락받아 승가에 남을 수 있었다.[150] 이것은 독신을 지켜야 하는 계를 위반해서 참회하는 비구니가 승가에서 다르마를 수행할 수 있는 위치였다.

성적인 무분별함과 이에 따른 참회로 바라이계를 제정하게 만든 유명한 명상 수행자 난디까(Nandika)는 아라한이 되어 종교적 이상까지 이루었다.[151] 이 이야기는 종교적으로 실패한 것이 아니라 종교적으

---

148 Clarke 2009b.

149 Clarke 2009a.

150 여성 참회자는 Clarke 2000 참조. 법장부, 대중부, 설일체유부, 근본설일체유부 율장에서는 비구니가 참회하는 것을 설명했다. 『오분율』은 비구니에게 적용할 수 있다고 가정했다. 이 참회 관련 세부 내용 비교표는 Clarke 1999, 212-215 참조. 이 지위를 나타내는 명칭과 마찬가지로 비구니가 참회하는 세부 내용은 부파마다 다른데, 여학사미니(śikṣādattā; śikṣādattā-śrāmaṇerī)라고 부른다. 바라이 참회는 Clarke 2009a 참조.

151 Clarke 1999, 2009a. 중세 중국에서 난디까(Nandika)와 관련 있는 것은 Greene 2012, 5장 참조.

로 성공한 놀라운 이야기이다. 난디까가 비구니나 심지어는 인간인 여성과도 육체관계를 갖지 않은 것은 아마도 우연이 아닐 것이다. 비구가 육체관계를 가져 청정한 행을 지키지 못했어도(abrahmacrya) 참회하면 승가에 머물 수 있게 허락한 계율을 제정한 선례에서는, 악의 화신인 마라(Māra)의 딸 가운데 한 명과 육체관계를 가진 비구를 주인공으로 설정했다.[152] 율장을 기록한 저자/편찬자들이 육체관계를 가진 비구가 승가에 머물게 허락하는 계는 제정했어도, 인간인 여성과 육체관계를 가진 비구가 독신을 지켜야 하는 계를 범한 행동이 정당했다고 결론 내리기는 부담스러웠을 것이다. 이런 과묵함이 율장을 기록한 저자/편찬자들이 굽따와 관련해 이렇게 완벽하지 않은 이야기를 쓰도록 강요했을 것이다. 율장을 기록한 저자/편찬자들이 이런 모든 일이 실제로 일어났다고 믿었는지, 굽따가 실제로 이렇게 임신했다고 생각했는지는 현재 연구 목적과 직접적인 관련이 없다.[153] 이 내용을 편집할 때 굽따가 임신한 것은 까르마(karma)가 신비하게 작용했던 것이 원인이었다고 설명하지 않고도 새로운 이야기는 쓸 수 있었다.[154] 하지만 여기서 주목할 점은 비구와 친척이 아닌 비구니들

---

152 난디까는 율장 대부분에서 요사스러운 여인이 왕의 죽은 말이 있는 곳에서 사라지자 이 죽은 말과 육체관계를 가졌다고 본다; Clarke 2009a 참조.

153 이런 개념은 인도 문학에서 흔히 볼 수 있다. Masson 1976 참조.

154 이 이야기는 율장에 널리 알려져 있다. 이 비구니가 육체관계를 하지 않고 임신했다는 이 통속성 덕분에 저자/편찬자들은 설득력을 잃지 않았을 것이고, 이 내용을 폐기하거나 재편집할 필요도 없었을 것 같다. 우다인(또는 Kālodāyin, 'Udāyin Black')과 굽따 이야기는 많은 불자에게 매우 중요했을 것이다. Lamotte는 음광부(Kāśyapīya; Suvarṣaka nikāya) 기원을 '깔로다인과 비구니 굽따와

이, 비구가 내놓은 옷을 빨게 되는 상황으로 논의 구조를 결정했다는 것이다.[155] — 합법적인 성적 동반자로.[156]

이 이야기는 붓다가 비구니 굽따를 보호하려고 데려오면서 계속된다: "비구들이여, 이 비구니는 바라이를 범하지 않았다…"[157] 붓다는 그녀가 독신을 지켜야 하는 계를 어기지 않았다고 주장하는 것을 지지했다. 굽따는 까샤빠(Kāśyapa)이거나 꾸마라 까샤빠(Kumāra-Kāśyapa)인 아들을 낳았다.[158] 아들은 훌륭하게 자라 아버지처럼 종교적으로 성공한 비구가 되었다: 율장에서는 아라한이 되었고, 붓다 제자 가운데 웅변술로 으뜸이 되었다고 설명하면서[159] 마지막으로 계를 제정했다:[160] "비구는 친척이 아닌 비구니에게 염색을 맡기거나 낡은 옷을 빨게 하면 몰수를 요구하는 죄를 짓게 된다."[161] 여기서 요점은 비구가 비구니에게 성적 매력을 느낄 것 같거나 비구니가 비구에게 성적 매력을 느낄 것 같으면, 비구니에게 빨랫감을 주어서는

아들인 수바르샤(Suvarṣa)'([1958] 1988, 576)라고 보았다.

155 위 각주 143 참조.

156 인도에서 근친상간하는 것은 Silk 2009 참조.

157 sTog, *'Dul ba*, CHA 8a5; T.1442〔xxiii〕 722a14-15(권18).

158 자세한 출생 내용은 4장 4절 참조.

159 sTog, *'Dul ba*, CHA 8a6-bl; T.1442〔xxiii〕 722a16-18(권18). 우다인이 아라한과를 성취한 것은 T.1442〔xxiii〕 860a18-c4(권42) 참조. sTog, *'Dul ba*, JA 206b4-217a5 참조. 한역본은 상당히 축약되어 있다. 티베트어본에는 우다인이 제따바나에 간 이야기가 있다. 아래 6절 참조.

160 이 내용은 『근본설일체유부율』에서나 다른 율장에서도 아주 긴 이야기 가운데 하나이다. 필자는 아주 간략하게 요약했다.

161 sTog, *'Dul ba*, CHA 8b3-4; T.1442〔xxiii〕 722a23-24(권18).

안 된다는 것이다. ―여기서 비구니는 친척이 아니라 여성이기 때문이다.― 아내가 남편을 위해 속옷을 빨래하듯 하면 안 된다는 것이다. 이것이 여기서 전달하려는 내용이다. 율장을 기록한 저자/편찬자들은 생물학적으로 서로 관련 없는 비구니가, 혼인했던 비구에게 빨래해 주는 등 이런 긴밀한 만남을 허락하면 빠질 수밖에 없는 함정이 있다는 것을 알았다. 이들이 여기서 긴장했던 원인을 살펴보았다.

큰 실을 잣는 것 때문에 주의가 산만했을 수도 있는 근본설일체유부 저자/편찬자들과는 다르게, 화지부와 대중부에서는 비구가 내놓은 옷을 비구니가 빨래하고 염색하는 문제를, 비구니가 빨래하느라 너무 바빠 명상하지 못하고 경을 암송하지 못한다는 불만으로 말하자, 재가자들이 이것을 보고 자신들과 별반 다르지 않다고 비난하는 내용으로 기록했다.[162] 하지만 율장을 기록한 저자/편찬자들은 혼인했거나 관련 있는 비구나 비구니가 서로 만나는 것은 막지 않으면서 평소처럼 승가가 보여주는 공적 이미지는 보호하려고 했다.

---

162 T.1421〔xxii〕 26c14-27a1(권4). 화지부는 비구 우빠난다와 비구니 스툴라난다 이야기를 바탕으로 한다. 어떤 비구니라도 비구가 내놓은 옷을 빨거나 염색하거나 다듬이질하면 죄를 짓는 것이라는 계를 제정했으나, 비구가 늙고 병들어 빨래할 수 없을 때는 비구니가 이 옷을 빨래할 수 있다고 수정했다(27a1-8). 대중부에서는 우다인이 마하쁘라자빠띠 고따미에게 염색을 부탁해서 손이 염료로 물들었다. 우다인은 종교 생활을 하는 비구니에게 옷을 염색하게 했다는 비판을 받았다(T.1425〔xxii〕 300b22-c2(권9)). 아난다와 그의 '전' 아내 스툴라난다(!)(T.1425〔xxii〕 300c2-25(권9)) 이야기를 참고하여 이 계를 제정했다. 『사분율』 T.1428〔xxii〕 607a26-b25(권6) 참조. 『십송율』은 T.1435〔xxiii〕 43a26-b27(권6) 참조. 『팔리율』 BD 2:30-32 참조. 이 계는 Hirakawa平川彰 1993~1995, 2:118-130 참조. 가장 최근 연구는 Yamagiwa山極伸之 2004 참조.

우다인과 굽따 이야기에 담긴 풍부한 세부 내용도 중요하지만, 지금부터는 이런 율장을 작성한 비구들이 별다른 문제가 아닌 것처럼 생각했던 문제들을 확인해 볼 것이다. 지금부터는 출가하기 전 부부였던 남편 비구와 아내 비구니가 출가 후에도 계속 승가에서 만났을 것이라는 가설을 세우고 살펴볼 것이다. 율사들이 이 관계를—우리도 기대하지 않았지만— 해결하지 못했던 것 같기 때문이다.[163] 우다인과 굽따는 출가하기 '전' 남편과 아내였지만, 지금은 비구와 비구니이다. 이들은 승가에서 만나 서로 협력하게 되었다. 율장을 기록한 저자/편찬자들은 이것을 비난하거나 비판하지 않았다. 굽따가 임신한 것은 약간 우려했지만, 이 저자/편찬자들은 비구가 내놓은 더러운 세탁물을 비구니가 세탁했기에 계를 제정해야겠다고 생각한 정도로만 우려했다. 율장에서는 재가자일 때 부부였던 남편 비구와 아내 비구니가 승가에서 만나는 상황을 금하지 않았다. 심지어 임신은 언급도 하지 않았다. 비구니가 임신까지 하도록 서로 가까웠던 것은 인도 승가에서 흔하지 않았을 수도 있다. 하지만 율장을 기록한 저자/편찬자들이 반복해서 말하는 것을 좋아했다고 볼 수 있는 이 내용은, 승가에서 있었던 일과 관련해 지금까지 오랫동안 끈질기게 제기해왔던 많은 가설에 의문을 품기는 충분하다.[164]

---

163 비구가 비구니를 '순종'하게 만드는 것과 장츠까르(Zangskar)에서 티베트 불교가 처한 현대적 상황은 Gutschow 2001, 49 참조; 그녀가 초기 견해를 수정한 글은 Gutschow 2004, 160 참조.

164 『근본설일체유부율』 참조. 비구니 굽따는 옷이 너덜너덜해져서 우다인을 방문했다. 우다인이 그녀와 서로 안고 있는 모습을 옷에 수로 놓아 그녀는 매우

올덴베르크는 “비구와 비구니가 엄격하게 분리되어 있었다”라고 보았다. “비구니들에게 설법해야 하는 비구도 비구니 가운데 한 명이 아파서 위로할 때 외에는 비구니승가에 발을 들여놓을 수 없었다”라며 2부 승가가 거의 교류하지 않았다고 주장했다.[165] 히라카와 아키라(平川彰)도 “비구와 비구니가 의심받지 않으려고, 순결을 유지하려고”, “두 승가가 만나는 것을 엄격하게 규제했다”라고 주장했다.[166] 하지만 이 내용에서는 우다인과 굽따가 출가하기 전 남편과 아내였는지도 중요하지 않았다. 비구와 비구니가 사사롭게 만날 때도 아무런 장애가 없었다. 승가가 수 세기 동안 비구나 비구니들에게 말해 온 우다인과 굽따 이야기에서 볼 수 있는 것을, 호너(I. B. Horner)가 성스러운 수행을 하는 비구가 배우자와 만났을 때를 요약한 글에서도 볼 수 있다:

하지만 일반적으로 탁발하는 비구는 아내가 없을 때 아내를 회상했

당황했다(T.1442([xxiii] 805b28-806a14(권33), sTog, *'Dul ba*, CHA 418a4-420a6); 우다인은 비구니승가에 있는 굽따를 방문했다(T.1442[xxiii] 808a8-29(권33); sTog, *'Dul ba*, CHA 432b4-434a6; 여기서는 승가 사무실의 한 형태인 *upadhivārikā[dge skos 授事]로 묘사한 것에 주목. Silk 2008 참조); 굽따는 외딴 장소에서나 열린 장소에서나 우다인과 단둘이 있었기에 곤경에 처했다(T.1443[xxiii] 999b23-c1(권17); sTog, *'Dul ba*, NYA 360b5-7[티베트어본에서는 우다인이 비구니승가를 방문했다(dge slong ma'i dbyar khang)]; T.1443[xxiii] 999c17-21(권17); sTog, *'Dul ba*, NYA 361b1-2, 각각).

165 Oldenberg[1882] 1998, 380-381.

166 Hirakawa平川彰[1990] 1998, 64-65.

다고 양심에 가책을 느끼거나 그리움으로 아내를 기억했다고 더 높은 삶과 멀어지지 않았다. 비구가 집을 방문하거나 아내가 이런 목적을 염두에 두고 비하라를 방문하면, 비구가 아내에게서 육체적 매력을 새롭게 느껴 항복할까 두려울 수 있다. 이때 비구는 입장을 굳게 지키거나 아내를 개종시키거나 안전하게 열린 곳으로 달려가야 했다.[167]

율장을 기록한 저자/편찬자들은－매우 생생하게－ 지금은 비구와 비구니인 전 부부가 같이 앉아 다르마를 논하는 모습으로 묘사했다. 호너가 말한 것처럼, 이들은 이럴 때 남편이 출가하기 '전' 가정생활을 회상하며 향수를 느낄 때 성적으로 흥분할 수 있다고 상상했다. 게다가 이 비구는 출가하기 '전' 아내였던 비구니에게 부적절하게 접근하는 것도 가능했다. 하지만 율사들은 이런 행동을 예방하거나 금지하려고 노력하지 않았다. 이 저자/편찬자들은 비구니승가에서 전 부부가 계속 만나는 문제를 다루지 않고도 만족했던 것 같다. 오히려 율사들이 흔히 그랬듯, 승가가 보여주는 단체 이미지와 더러운 빨랫감을 가장 잘 처리할 방법에만 관심이 있었던 것 같다.

6. 마하까샤빠와 아내: 금욕적 가치

율장을 기록한 저자/편찬자들은 대부분 성적인 문제로 계를 제정하게

167 Horner[1930] 1999, 59.

했고, 음탕함에서 기준이 되었던 존자 우다인에게서 비구와 아내가 만나는 서술을 매우 즐겼던 것 같다. 하지만 우다인은 계율에서 예외였다. 율사들이 가진 희극적 천재성이 아닌 다른 무엇을 우다인이 대표했다면, 마하까샤빠는 승가에서 비구들에게 금욕을 강조한 모든 일에 고군분투하며 독신을 지켜야 하는 이상에서 극단적 끝을 보여주는 일을 대표했다. "가시나무 덤불 속을 알몸으로 굴러 유혹을 이겨냈다"라는 누르시아(Nursia) 출신 베네딕트(480~550)와는 달리,[168] 인도에서 어떤 비구는 적어도 이번 생에서는 종교적으로도, 성적으로도 씨름을 한 번도 해본 적이 없었던 것으로 묘사되어 있다.

지금부터는 고행에서 으뜸이었기에 탁월한 수행자라고 인정받았던 마하까샤빠(Mahākāśyapa) 이야기를 살펴볼 것이다. 마하까샤빠는 평범한 고행자가 아니었다. 고행하는 가치를 구현했던 마하까샤빠가 인도에서 붓다 입멸 후에도 거의 모든 비구를 대표했을 것 같지는 않다. 마하까샤빠가 수행했던 금욕은 인도 저자들이 받아들일 수 있었던 상한선이겠지만, 우리가 가장 기대할 수 있는 율장에서도, 지금은 비구니가 되었지만 출가하기 '전' 아내와 만나는 상황을 피했어야 했다고 말한 징후는 찾아볼 수 없다.

여기서는 마하까샤빠와 관련해 2가지 이야기를 검토해 볼 것이다. 첫 번째는 잠재적 재가 후원자들에게 마하까샤빠를 생생하게 묘사하며 설명한 이야기를 살펴볼 것이다. 이런 특징은 비구와 금욕을 학문적으로 낭만화한 것을 광범위하게 대표했던 것이고, 율사들이 재가자들

---

168 Workman[1913] 1962, 141.

에게 금욕을 이미지화하고자 했던 것이기도 하다.

두 번째는 마하까샤빠가 실천했던 금욕을 '내부'에서 논의한 것으로 살펴볼 것이다. 율장에는 남편 마하까샤빠와 아내 까삘라바드라가 출가한 후에도 계속 만났던 것을 매우 자세히 설명해 놓은 내용이 있다. 안타깝게도, 남편 마하까샤빠와 아내 까삘라바드라가 실천한 금욕과 종교와 관련해 1882년 발표 이후 많은 부분을 영어로 번역했어도, 현대 연구자들이 승가와 관련한 견해를 형성할 때 영향을 받지 못한 것 같다.[169]

마하까샤빠에게서 볼 수 있는 모습을 그 당시 브라만이나 불제자들이 어떻게 받아들였는지는 알 수 없다. 『근본설일체유부율』에는 우다인이 신앙심 깊은 브라만 여성들에게 마하까샤빠를 소개한 내용이 있다. 이를 간략히 살펴보면 이 율장을 기록한 저자/편찬자들이 마하까샤빠를 어떻게 생각했는지 알 수 있고—다른 사람들이 어떻게 받아들이기를 원했는지 알 수 있을 것이다— 불교 금욕주의의 절정을 브라만 청중에게 어떻게 소개했는지도 알 수 있다.[170]

첫 번째는 존자 우다인이 불교에서 중요 인물들을 소개하는 이야기로 시작할 것이다. 그는 늘 그렇듯 유명한 제타바나(Jetavana) 사원 문 주위를 서성거리고 있었다.[171] 우다인은 브라만 여성들이 오는 것을 보면서 이들에게 인사했다: "어서 오십시오, 아가씨들, 어서 오십시오."[172]라고 짧게 인사했다. 브라만 여성들은 승가에서 세존,

---

169 von Schiefner 1882, 186-205.

170 Schopen 2007b, 211-214에서는 교리적인 농담 측면으로 논의하였다.

171 T.1442〔xxiii〕 681c19-26(권11); sTog, *'Dul ba*, CA 294b7-295a3.

장로, 존자, 비구들의 발에 경의를 표하고 싶다고 말했다.[173] 우다인은 이들을 자연스럽게 승가로 안내했다.[174] 주요 사건만 몇 개 설명해도 너무 긴 내용인데 우다인이 안내한 것은 다음과 같다.[175]

> 아가씨들이여, 이곳은 세존이 사용하시는 향실인데 세존께서 밤낮으로 6경을 지내시는 곳이며, 세존께서는 항상 여래의 눈으로 끊임없이 세상을 살피시고 …[176]
>
> 여기는 장로 아즈냐따까운딘야(Ājñatakauṇḍinya)가 사용하는 방인데 세상이 무명이라는 어둠 속에 있어 선구자도 없고, 지도자도 없을 때 세존께서 지혜라는 지팡이로 다르마를 보는 눈을 가장 먼저 씻어주신 …[177]
>
> 여기는 존자 마하까샤빠가 사용하는 방인데 위대한 살라(Sāla)

---

172 T.1442〔xxiii〕 681c29-682a2(권11); sTog, *'Dul ba*, CA 295a7-b2.

173 T.1442〔xxiii〕 682a2-11(권11); sTog, *'Dul ba*, CA 295b2-7.

174 T.1442〔xxiii〕 682a11-19(권11); sTog, *'Dul ba*, CA 295b7-296b1.

175 『개원석교록』(730)에는 저자가 중복을 피하려고 중국 경전 목록에서 삭제하기 전에 독립적으로 유통했을 것으로 보이는 별도 목록 2개가 있다. 첫 번째 목록에는 『근본설일체유부비나야』에 수록된 9개(T.2154〔lv〕 699a4-13(권20)) 경전이 들어있고, 두 번째 목록에는 『잡사』에 수록된 약 32개 경 (T.2154〔lv〕 699a14-b20(권20))이 들어있다. 비록 이 경전들 가운데 단 하나만 전해졌지만(Ochiai(落合俊典) 1994, 448) 의심할 여지 없이 사원 안내자 우다인에 관한 내용은 단편(卷) 한 권 정도로 『존자오타이인도제인예불승경』이 있다(T.2154〔lv〕 699a5(권20)).

176 T.1442〔xxiii〕 682a23-24(권11); sTog, *'Dul ba*, CA 296b2-3.

177 T.1442〔xxiii〕 682b9-12(권11); sTog, *'Dul ba*, CA 297a4-6.

나무처럼 〔재물이 늘어나는〕 브라만이었는데 젱기질하는 소 천 마리를 포기하고 〔수행자로〕 출가했으며; 6천만 재산을 가지고 있었고; 황금 보리 창고 80개와 노예 마을 18개와 무역과 상업을 하는 16개 마을을 소유했고; 부인은 까삘라바드라(迦畢梨; ser skya bzang mo)였고, 몸은 황금 〔신상〕을 능가했는데, 〔이 모든 것을〕 잘 익은 가래처럼 포기했고 …[178]

여기는 존자 샤리뿌뜨라(Śāriputra)가 사용하는 방인데 브라만 귀족 가문에서 태어난 아들이었지만 재가 생활을 포기하고 〔수행자로〕 출가했습니다. 그는 16살에 인드라 학문 원리에 관한 글을 완전히 이해해서[179] 모든 적을 물리쳤고 …[180]

여기는 존자 마하마우드갈야야나(Mahāmaudgalyāyana)가 사용하는 방인데 왕실 소속 사제에게서 태어난 아들이었지만 왕관이 없는 통치를 포기하고 〔수행자로〕 출가하여 …[181]

여기는 존자 아니룻다(Aniruddha)가 사용하는 방인데 … 세존의 작은아버지의 아들이고 …[182]

여기는 존자 아난다(Ānanda)가 사용하는 방인데 세존의 작은아버

178 T.1442〔xxiii〕 682b15-20(권11); sTog, *'Dul ba*, CA 297b3-5. 한역본만이 그녀를 아내(妻)라고 했다.

179 의정이 여행한 기록(『남해기귀내법전』): T.2125(liv) 228b4(권4); Takakusu高楠順次郎 1896, 167.

180 T.1442〔xxiii〕 682b25-27(권11); sTog, *'Dul ba*, CA 298a2-3.

181 T.1442〔xxiii〕 682c6-7(권11); sTog, *'Dul ba*, CA 298a7; 한역본에서는 '왕관 없는 통치(cod pan med pa'i rgyal srid)'를 찾을 수 없다.

182 T.1442〔xxiii〕 682c11-12(권11); sTog, *'Dul ba*, CA 298b3.

지의 아들이며 …[183]

여기는 존자 순다라난다(Sundarananda)가 사용하는 방인데 세존의 동생이며 …[184]

여기는 존자 라훌라(Rāhula)가 사용하는 방인데 세존의 아들이며 …[185]

여기는—여기서부터는 육군비구 가운데 다른 구성원도 소개한다— 난다(Nanda)가 쓰는 방입니다; 여기는 우빠난다(Upananda), 아쉬바까(Aśvaka), 뿌나르바수까(Punarvasuka), 찬다(Chanda) …[186]

그리고 여기는 제 방입니다. 여기도 보시겠습니까?[187]

우다인은 브라만 여성들을 방으로 초대하여 음료를 몇 잔 주며[188] 이들을 귀여워하다 문제를 일으켰다.[189] 저자/편찬자들이 여성성과 관련해 승가가 경계해야 할 일에 반응할 때 항상 실험했던 대상은 우다인이었다. 우다인이 나쁜 행동으로 여성을 만져 승잔 2번째 계를 제정하게 되었다.[190]

---

183 T.1442〔xxiii〕 682c16-17(권11); sTog, *'Dul ba*, CA 298b5-7.

184 T.1442〔xxiii〕 682c22-23(권11); sTog, *'Dul ba*, CA 299a1-2; 티베트어본은 gcung po sru'i sras.

185 T.1442〔xxiii〕 682c26-27(권11); sTog, *'Dul ba*, CA 299a3-4.

186 T.1442〔xxiii〕 683a1-2(권11); sTog, *'Dul ba*, CA 299a6-7. 티베트어본에서는 Aśvaka(아설가)와 Punarvasuka(불나발)보다 Chanda(천나)를 앞에 배치했다.

187 T.1442〔xxiii〕 683a2(권11); sTog, *'Dul ba*, CA 299a7.

188 Schopen 2007b, 212 참조.

189 T.1442〔xxiii〕 683a2-b26(권11); sTog, *'Dul ba*, CA 299b1-301b3.

190 T.1442〔xxiii〕 683b29-c2(권11); sTog, *'Dul ba*, CA 301b5-7.

우다인이 제타바나를 안내한 부분에서 저자/편찬자들이 설명한 내용은 여러 각도에서 흥미롭다. 특히 흥미로운 표현은 붓다의 주요 제자들과 가족 관계를 강조한 내용에 있다. 아니룻다와 아난다를 사촌으로, 순다라난다를 형제로, 라훌라를 아들로 소개했다. 가장 뛰어난 제자 가운데 많은 사람이 같은 가문 출신이라는 사실을 숨기려 하지 않았다. 승가에서 비구들이 친척과 같이 생활하는 것을 재가자가 어떤 식으로든 경멸할 수 있다고 묘사하지는 않았어도 율사들은 이것도 항상 경계했을 것이다. 오히려 우다인이 붓다의 훌륭한 제자들이 가진 브라만 배경을 강조하며 친척들도 탁월하다고 여성들에게 깊은 인상을 남기려고 시도했던 설명은 논란이 되었을 수도 있다. 하지만 가장 흥미로운 표현은 우다인이, 이 신앙심 깊은 여성들에게 마하까샤빠가 고행하면서 수행했던 금욕적 자질을 강조하며 소개한 장면이다.

싯다르타 왕자와 달리 마하까샤빠가 가진 위대함은–제자 가운데 금욕수행으로 두따구나(dhūtaguṇa)를 칭송할 때 가장 선두에 서 있다[191]–막대한 재산을 포기할 수 있었던 정신적인 힘에 있었다. 이런 미하까샤빠를 브라만 여성들에게 소개한 것이다. 그런데 마하까샤빠는 황금 신상을 능가할 정도로 아름다운 아내도 있었다. 그는 잘 익은 가래처럼 아내와 재산을 버렸다. 여기에 아내도 비구니가 되었다거나 이 부부가 비구와 비구니가 되어 계속 만났다는 서술이 없는 것은 마하까샤빠 일대기를 공개한 것이 아니기 때문이다.

마하까샤빠가 가진 고행하는 이미지 대부분은 학문적 선언으로

---

191 T.1442〔xxiii〕 682b22-24(권11); sTog, *'Dul ba*, CA 297b7-298a1.

만들어진 것이다. 한 가지 예로, 인도불교에서 성인과 관련해 레지널드 레이(Reginald Ray)가 저술한 영향력 있는 내용을 인용하면, 불교에서 '정통파 성인'을 논할 때 당연히 첫 번째로 꼽는 비구는 마하까사빠이다. 레이(Ray)는 '기존 승가 부파 문헌'에서 마하까사빠와 같은 '정통파' 나 '모범적인' 인물들에게는 "각 부파가 꿈꾸는 최고 이상을 구현시키려고 시종일관 긍정적인 빛을 비춰놓고 있다"라고 말했다.[192]

하지만 레이가 주장한 내용과 같은 학문적 담론에서 마하까사빠에게는 거의 들리지 않고 거의 알려지지 않은 또 다른 측면이 있었다. 마하까사빠가 가진 다른 측면은 우디인이 신앙심 깊은 브라만 여성들에게 설명했던 내용이 아니다. 오히려 비구나 비구니에게 설명했던 내용이다.

이 내용은 최초 바라이죄를 지은 비구니를 판결할 때 나온다. 이미 1882년부터 이 이야기 가운데 거의 모든 내용은 서양에 알려져 있었다.[193] 이 전체 내용은 티베트어본과 한역본으로 볼 수 있다. 이 내용은 여러 이유로 중요하다. 『근본설일체유부율』[194]을 제외한 다른 율장은 비구니계를 전체 이야기와 함께 수록하지 않았다. 히라카와에게는 실례지만,[195] 율장들은 4바라이를 2부 승가에서 공통으로 사용할 수

192 Ray 1994, 105.

193 von Schiefner 1882, 186-205. 현재 독일어 판본이 재판되었어도 아직 알려지지 않은 상태이다(Silk 2010, 65, 새로운 편집자들이 부연 설명).

194 Clarke 2011a, 2011b, 2012a에서 필자는 비구니계에 근본설일체유부 부파가 최소 2개 있다고 본다. 근본설일체유부에는 단일 율장이 아니라 복수 율장이 있다고 보아야 한다. 4장 각주 138 참조.

195 Hirakawa平川彰 1998, 96.

있게 생략하거나 축약하지 않았다. 이야기 틀도 사용하지 않으면서 솔직하게 기술해 놓았다.[196] 그런데 비구니가 독신을 지켜야 한다는 계를 비구니 생활 방식과 어느 정도 관련 있게 이야기로 기록해 놓은 율장이 유일하게 『근본설일체유부율』이다. 여기서 비구니계는 비구니가 행동한 것과 관련 있다. 다른 율장에서 비구니들은 주로 비구에게 짐이었다. 너무 자주 궁지에 몰렸다.

이야기는 냐그로다(Nyagrodha)라는 부유한 브라만으로부터 시작한다.[197] 그는 신들에게 열심히 간청한 끝에 아들을 낳아 까샤빠라고 이름 지었다.[198] 까샤빠는 훌륭한 청년으로 자랐는데 혼인을 거부해서 가업을 이어갔으면 하는 아버지를 지치게 했다. 브라만들이 48년 동안 순결을 유지하는 관례가 있었지만, 까샤빠의 아버지는 그가 혼인하기를 원했다. 아버지는 "얘야, 이것이 세상이 돌아가는 이치이다. 집안을 위해서는 네가 당연히 아내를 맞이해야 한다"라고 말했다.[199]

까샤빠는 마지못해 동의하면서 결혼 상대자가 신부가 될 수 없는 기준을 제시했다: 황금 신상을 닮은 처녀를 찾아와야 한다는 것이었

---

196 『오분율』 T.1421〔xxii〕 77b28-78a3(권11); 『마하승기율』 T.1425〔xxii〕 514a26-517b28(권36); 『사분율』 T.1428〔xxii〕 714a7-715a5(권22); 『십송율』 T.1435〔xxiii〕 302c15(권42); 『팔리율』은 비구와 공유하기 때문에 이 계를 생략했다. 바라제목차는 Pruitt and Norman 2001, 117 참조.

197 T.1443〔xxiii〕 908b10-20(권1); sTog, *'Dul ba*, NYA 35b2-5. 티베트어본은 한역본보다 일반적으로 내용이 더 풍부하다. 아래 요약은 von Schiefner 1882, 186-205를 따른다. 때에 따라 티베트어본이나 한역본으로 요약한다.

198 T.1443〔xxiii〕 908b20-909a14(권1); sTog, *'Dul ba*, NYA 35b5-41b3.

199 T.1443〔xxiii〕 909a14-b6(권1); sTog, *'Dul ba*, NYA 41b3-42b2.

다. 전국에 '소녀의 여신'인 황금 신상이 4개 있다는 소식이 들려왔다(bu mo'i lha mo; 金神).[200] 이때 까삘라에 사는 부유한 브라만(Kapila)에게는 까삘라바드라라는 아름다운 딸이 있었다.[201] 그녀도 부모와 다르게 까샤빠와 혼인할 생각이 없었다. 그녀는 어머니를 위로하려고 지위가 높은 집안으로부터 혼인을 제안받게 해준다는 유명한 소녀들의 여신을 방문했다.[202] 까삘라바드라가 황금 신상에 접근하자 그녀가 가진 아름다움이 이를 능가하여 오히려 여신이 철같이 창백하게 보였다.[203] 까샤빠의 아버지가 보낸 브라만은 까삘라바드라에게 혼인을 청했다. 까샤빠는 이 소식을 듣고 이렇게 아름다운 여성은 욕망으로 가득 차 있을 것이라는 걱정이 생겨 이 상황을 도저히 받아들일 수 없었다. 그는 신부를 먼저 보아야겠다는 계획을 세웠다.[204]

그는 까삘라에서 집마다 탁발하러 다니다가[205] 그녀 집에 도착하자 물었다:

"당신은 누구의 딸입니까?"

"저는 까삘라의 딸입니다."

"당신은 〔혼인해서〕 다른 사람에게 갔었습니까?"[206]

---

200 T.1443〔xxiii〕 909b10-26(권1); sTog, *'Dul ba*, NYA 42b2-43b5.

201 T.1443〔xxiii〕 909b26-c2(권1); sTog, *'Dul ba*, NYA 43b7-44a6.

202 T.1443〔xxiii〕 909c3-17(권1); sTog, *'Dul ba*, NYA 44a6-45a3.

203 T.1443〔xxiii〕 909c17-18(권1); sTog, *'Dul ba*, NYA 45a3-4.

204 T.1443〔xxiii〕 909c18-910a15(권1); sTog, *'Dul ba*, NYA 45a4-47b6.

205 T.1443〔xxiii〕 910a18-20(권1); sTog, *'Dul ba*, NYA 47b6-48a2.

206 sTog, *'Dul ba*, NYA 48a2-4; T.1443〔xxiii〕 910a20-22(권1). 이 대화는 티베트어본에서만 볼 수 있다.

그녀는 부모님이 까샤빠와 혼인을 약속했다고 말했다. 까샤빠는 자신이 누구라고 밝히지 않고 그런 남편이 무슨 필요가 있겠냐고 물었다. 이것은 남편이 없는 것과 같은 것이다; 그는 감각적 욕망에 관심이 없었다. 바드라도 관능적 쾌락에 관심이 없었기에 이것이 훌륭하다고 대답했다. 그녀는 부모가 이미 혼인을 약속했기에 자신은 아무것도 할 수 없다며 젊은 브라만에게 조언을 구했다.[207] 이때 까샤빠가 정체를 밝혔다: "내가 브라만 청년 까샤빠입니다."[208] 두 사람은 혼인 후에도 서로에게 손대지 않는다는 독신 계약을 맺었다.[209]

브라만 청년은 도시로 돌아와 바드라(chung ma blangs so)와 혼인했다.[210] 부모는 까샤빠와 바드라가 함께 지내도록 침대를 2개 준비했다. 두 사람은 서로 계약한 것을 기억하며 부부가 아니라 어머니와 아들처럼 살았다.[211] 까샤빠의 부모가 이것을 알았다. 부모는 이들을 비난했다: "우리가 왜 침대를 2개 준비했을까?" 그런 다음 준비한 침대와 의자에 대한 가르침을 준비했다.[212] 바드라는 남편에게 이전 계약을 상기시켰다. 일경에는 그가 의자에 앉고 그녀는 침대에서 잤다. 삼경에는 그가 침대에서 자고 그녀는 의자에 앉았다. 오경에는 그가 자리에서 깨어 있고 그녀가 잠을 잤다.[213] 그들은 자리를 빼앗기면 이전

207 T.1443〔xxiii〕 910a22-27(권1); sTog, *'Dul ba*, NYA 48a4-b2.

208 T.1443〔xxiii〕 910a27-28(권1); sTog, *'Dul ba*, NYA 48b2-3.

209 T.1443〔xxiii〕 910a28-b1(권1); sTog, *'Dul ba*, NYA 48b3-4.

210 T.1443〔xxiii〕 910b1-2(권1); sTog, *'Dul ba*, NYA 48b4-6.

211 sTog, *'Dul ba*, NYA 48b6-49a2.

212 sTog, *'Dul ba*, NYA 49a2-4.

213 T.1443〔xxiii〕 910b2-9(권1); sTog, *'Dul ba*, NYA 49a4-b1.

계약을 상기시켰다. 그가 일경과 삼경에 왔다 갔다 걸으면 그녀는 잤다. 이경에는 그가 자고 그녀는 왔다 갔다 하면서 걸었다.[214] 이들은 12년 동안 한집에서 한 침대로 이렇게 지냈는데도 음란한 생각이 조금도 들지 않았다.[215]

신들의 군주 샤끄라(Śakra)는 이 특별한 자제력을 시험하기로 했다. 그는 뱀으로 변하여 침대 밑에 자리 잡았다. 까샤빠가 독이 있는 검은 뱀을 보았다. 잠이 든 바드라는 한쪽 팔을 늘어뜨리고 있었다. 까샤빠는 그녀를 만지지 않도록 조심하면서 야크 꼬리로 만든 파리채 손잡이를 이용하여 바드라의 손을 들어 올렸다. 이 손길에 놀라 일어난 바드라는 당황하며 왜 자신을 만졌냐고 물었다: "당신은 음탕한 생각으로 저를 만졌나요?" 까샤빠는 이 주장을 부인하면서 상황을 설명했다. 하지만 바드라는 까샤빠가 야크 꼬리로 만든 파리채 손잡이에 있는 보석으로 만진 것보다 독사에게 물리는 것이 더 나을 것이라고 말했다.[216] 그녀는 르샤쉬릉가(Ṛṣyaśṛṅga)의 유명한 사례를 인용하며[217] 세상이 멸망하는 것은 여성이 만지는 손길 때문이라고 말했다.[218]

까샤빠는 부모님이 돌아가시자 집안일을 이어받아야겠다고 생각했다. 자신이 농사일을 돌보는 동안 그녀에게 집안일을 돌보라고

---

214 sTog, *'Dul ba*, NYA 49b1-3.

215 sTog, *'Dul ba*, NYA 49b3-4. Cf. T.1443〔xxiii〕 910b26-28(권1).

216 T.1443〔xxiii〕 910b9-26(권1); sTog, *'Dul ba*, NYA 49b5-50a5.

217 von Schiefner 1882, 253-256 참조; 『Mahābhārata』는 van Buitenen 1975, 431-441 참조. 여성을 만지면 독이 된다. 3장 각주 8-13이 있는 본문 참조.

218 sTog, *'Dul ba*, NYA 50a5-7.

말했다. 하지만 들에서 손발에 굳은살이 잡힌 먼지투성이 일꾼들을 잠깐 만나고 오더니, 까샤빠는 아내에게 자신은 고행하는 숲으로 떠날 것이니 집안일을 맡으라고 말했다.[219]

바드라도 까샤빠를 따르겠다고 말했다. 하지만 그는 어떻게 아내와 함께 고행하는 숲으로 갈 수 있냐고 물었다. 얼마간 의논한 끝에 두 사람은 수행자로 함께 출가하기로 했다.[220] 고행하는 숲에서 아내와 함께 금욕할 수 없었다. 하지만 '세계 포기'는 특별한 문제가 아니었다. 까샤빠와 바드라는 결국 각자가 원하는 길로 갔다. 바드라는 니르그란타 뿌라나(Nirgrantha Pūraṇa)의 벌거벗은 고행자 단체로 갔다.[221] 그러나 벌거벗은 고행자들이 아름다운 바드라에게 반하자 지도자가 허락해 이들 가운데 500명이, 랄스턴(W. R. S. Ralston)이 관용적 표현이라고 말한, "그녀와 함께 있는 것을 매일 즐겼다."[222]

이때 까샤빠는 붓다를 스승으로 삼고 옷을 교환했다. 까샤빠는 아라한과를 얻고 마하까샤빠가 되었다.[223] 여기서 까샤빠가 불교로 정식 개종한 것을 볼 수 있다. 마하까샤빠는 탁발하러 라자그르하(Rājagṛha)에 갔다가 이곳에서 아내 바드라를 만났다. 그녀의 외모를 보고 여전히 독신 생활을 하는지 물었다.[224] 당황한 바드라는 상황을

---

219 T.1443〔xxiii〕 910c2-911a1(권1); sTog, *'Dul ba*, NYA 50a7-52a2.

220 sTog, *'Dul ba*, NYA 52a2-6.

221 T.1443〔xxiii〕 912a3-5(권2); sTog, *'Dul ba*, NYA 52a6-b3.

222 T.1443〔xxiii〕 912a5-7(권2); sTog, *'Dul ba*, NYA 52b3-7. von Schiefner 1882, 202.

223 T.1443〔xxiii〕 911a2-912a3(권1-2); sTog, *'Dul ba*, NYA 52b7-56a3.

224 T.1443〔xxiii〕 912a17-20(권2); sTog, *'Dul ba*, NYA 56a3-b1.

설명했다. 이 말을 들은 마하카사빠는 그녀에게 비구니가 되면 어떻겠냐고 제안했다. 벌거벗은 고행자들을 만난 후 불안했던 바드라는 붓다에게 이모이자 계모이며 비구니 교단을 창시한 마하쁘라자빠띠에게 가서 출가하고 구족계를 받았다.[225]

비구니인 바드라가 탁발하러 가다가 탁발하러 나온 마하까사빠를 우연히 만났다. 마하까사빠는 바드라에게 세존이 말씀하신 것을 따르는 것이 기쁘냐고 물었다. 바드라는 그렇다고 대답했다. 하지만 바드라는 여전히 토실토실한 양을 해치려는 사람들로부터 자신이 많은 관심을 받는 것 같나고 말했다.[226] 마하까사빠는 그녀에게 탁발하지 말라고 했다. 세존께서 허락하신다면 매일 탁발한 것에서 절반을 나누어 주겠다고 말했다. 붓다는 바드라에게 절반을 나누어 주라는 계를 제정했다.[227]

마하까사빠가 탁발한 것을 나누어줄 때 티베트어본에서는 육군비구가, 한역본에서는 비구니 스탈라난다(Sthālanandā)가 비난했다: "우리는 마하까사빠가 12년 동안 바드라와 한집에 살았어도 가끔이라도 욕망을 품지 않았다고 들었다. 하지만 마하까사빠는 요즘 탁발한 것을 절반으로 나누어 바드라에게 주고 있다!"[228] 이 비난을 어떻게 이해해야 할지 모르겠는데 비구가 비구니에게 탁발한 것을 나누어주

225 T.1443〔xxiii〕 912a20-b7(권2); sTog, *'Dul ba*, NYA 56b1-6.

226 T.1443〔xxiii〕 912b7-14(권2); sTog, *'Dul ba*, NYA 56b6-57a3.

227 T.1443〔xxiii〕 912b14-17(권2); sTog, *'Dul ba*, NYA 57a3-4. 한역본에는 붓다가 허락했다. 티베트어본에는 마하까사빠가 본인 권위에 따라 행동했다.

228 T.1443〔xxiii〕 912b17-20(권2); sTog, *'Dul ba*, NYA 57a4-6.

었다고 신랄하게 비난했던 것은 아닌 것 같다. 이것은 붓다가 허락해서 생긴 관행이었기 때문이다. 게다가 이 율장 다른 부분에서는 부부가 함께 출가했을 때 남편은 많은 공양물을 받았는데 아내는 공양물을 받지 못했다. 이때 붓다는 힘든 시기에는 비구가 비구니에게 공양물을 나누어 주어야 하며 이 일과 관련해서는 반드시 확실하게 해야 할 것이라고 분명하게 말한 것이 있다.[229] 그렇다면 이 비난은 공양물을 나누어 주는 상황과 구체적인 관련이 없을 것이다. 게다가 육군비구는 마하카사빠가 바드라와 친하게 지내는 것을 비난했던 것 같지도 않다. 이 말썽꾸러기 가운데 한 명은 가장 잘 알려진 인물로 여성들에게 승가를 안내했던 우다인이다. 우다인은 다르마 설법 후 남편으로 심각하게 잘못해 임신까지 하게 된 비구니 굽따와 출가 전 혼인을 했었다. 마하까사빠를 비난한 것은 금욕주의 경향과 관련해 승가가 취했던 일반적 양면성을 반영했을 가능성이 더 크다.

바드라는 남편에게 정신적 지도를 받아 아라한이 되어 종교적 이상에 도달했다.[230] 이후 마하까사빠는 비구들이 비난하는 소리를 들었다. 정신적으로 훌륭한 친구가 해야 할 일을 했으므로, 야생 동물은 다른 야생 동물을 돌보지 않기에[231] 바드라는 이제 자신이 활동하는 범위에서 스스로 탁발해야 한다는 것이었다.[232]

바드라가 탁발하러 나갔을 때, 아자따샤뜨루(Ajataśatru)왕의 대신

---

229 T.1451〔xxiv〕 359a3-5(권31); sTog, *'Dul ba*, 1HA 207a4-6.

230 T.1443〔xxiii〕 912b20-24(권2); sTog, *'Dul ba*, NYA 57a6-7.

231 이것은 『근본설일체유부율』에서 사용했던 기본 정형구이다.

232 T.1443〔xxiii〕 912b25-26(권2); sTog, *'Dul ba*, NYA 57a7-b2.

가운데 한 사람이 그녀를 붙잡아 갔다. 바드라가 가진 아름다움은 자신을 다시 곤경에 빠뜨렸다. 아버지를 살해 후 조금 우울한 아자따샤뜨루가 기분 전환하기에 좋은 상대가 되겠다고 생각한 대신은 바드라를 목욕시키고, 향수를 뿌리고, 화환으로 장식하고, 왕족에게 어울리는 옷을 입혀 왕에게 보내라고 명령했다. 왕은 바드라를 보자마자 혹하여 그녀를 사랑하게 되었다.[233]

결국 바드라는 초자연적 힘을 이용해 탈출했다.[234] 비구들은 이 불행한 사건을 다시 붓다에게 말씀드렸다. 바드라가 이 행위를 즐겼는지(한역본), 동의했는지(티베트어본) 물었을 때, 바드라는 세속적 욕망을 버렸으니 이것을 즐기지도 동의하지도 않았다고 대답했다.[235] 붓다는 바드라가 죄를 짓지 않았다고 말했어도,[236] 비구니는 독신을 지켜야 한다는 첫 번째 바라이계를 제정했다.[237] 비구들이 다소 당황하여 어떻게 마하까샤빠와 바드라가 욕망을 극복했는지 붓다에게 물었다.[238] 붓다는 이때 이들이 성숙하게 행동했던 많은 전생 이야기를

---

233 T.1443〔xxiii〕 912b27-c7(권2); sTog, *'Dul ba*, NYA 57b3-58a7.

234 T.1443〔xxiii〕 912c16-18(권2); sTog, *'Dul ba*, NYA 58b6-7.

235 T.1443〔xxiii〕 913a9-14(권2); sTog, *'Dul ba*, NYA 60b2-61a1. 티베트어본: khyod kyis bdag gir ma byas sam, 한역본: *汝受樂不*. 이 두 판본이 다른 것은 산스크리트 svi√kṛ를 다르게 해석했기 때문일 것이다; Chandra Vidyabhusana는 티베트어본 『Bhikṣu-prātimokṣa』(〔1915〕 2000, 53.15: nyug pa bdag gir byed na)에서 이 동사를 '접촉 … 즐거움을 위해'라고 번역했다(같은 책, 13〔saṅghāvaśeṣa 2〕), (『근본설일체유부계경』 T.1443〔xxiii〕).

236 T.1443〔xxiii〕 913a14-15(권2). 한역에서만 표현했다.

237 T.1443〔xxiii〕 913a19-21(권2); sTog, *'Dul ba*, NYA 61b1-3.

238 이런 전생 이야기를 바라이 1번에 추가한 한역본과 달리, 티베트어본 *'Dul*

비구들에게 해주었다. 어떤 전생에서는 마하까샤빠와 바드라가 수행자가 되려고 함께 속세를 떠난 부부였고,[239] 한때 전생에서는 집주인인 마하까샤빠가 숲에서 명상하고 있던 쁘랏뜨예까붓다(pratyekabuddha)를 어떻게 방해했는지도 설명했다. 쁘랏뜨예까붓다는 비사교적이며 고독을 선호해 무리와 떨어져 혼자 있는 무소처럼 거주했다고 묘사했다.[240] 이때 마하까샤빠와 바드라는 위대한 존재가 나무 밑에 있다는 것을 모르고 숲속에서 사랑에 빠졌다. 이때 쁘랏뜨예까붓다가 깜짝 놀라 삼매(samādhi)에서 깨어났다. 이때 부끄러웠던 두 사람은 다음에는 욕망을 버리고 태어나자고 다짐했다.[241] 이 모범 고행자들은 탁발뿐 아니라 여러 생도 함께했다. 매우 강한 업장(karmic)을 둘이 공유했다고 볼 수 있다.

비구 마하까샤빠가 공식적으로 세상을 '포기'하고도 승가에서 아내와 계속 만났다고 해서 불교가 말하는 출가라는 가장 높은 이상에 부응하지 못했던 비구가 아니다. 이런 가족 관계는 음란해서 골치

---

*ba*에는 바라이 4번과 5번(sTog, *'Dul ba*, NYA 81b3-98a3) 사이에 있다. 티베트어본과 한역본은 정확히 일치하지 않는다. 티베트어본 요약은 Panglung 1981, 163-166 참조.

239 T.1443〔xxiii〕 914b16-915c7(권2).

240 T.1443〔xxiii〕 914c11-12(권2).

241 T.1443〔xxiii〕 914c6-22(권2). 율장에서는 '고독한 무소'를 언급한 것이 드물다. 이 전생 이야기는 바라이 4번, 5번 사이에 등장하는 티베트어본 *'Dul ba* 『avadānas』에 포함되지 않은 것 같다. 한역본에서는 마하까샤빠와 바드라가 어떻게 욕망을 버렸는지 설명하는 2번째 아바다나에 나온다. 농부와 농부의 아내인 마하까샤빠와 바드라 아바다나 뒤에 있고, 도예가와 그 아내가 고독한 붓다(pratyekabuddha) 4명을 만나는 이야기 바로 앞에 있다.

아픈 존자 우다인에서부터 두타 제일이라는 마하까샤빠에 이르기까지 승가에서 한 경향으로 허용했다고 보아야 한다.

7. 인도를 넘어 혼인한 비구들

인도에서 비구들이 출가했어도 출가하기 '전' 배우자나 가족을 계속 만났다거나 비구 가운데 일부가 아내와 함께 출가했다는 사실은, 불교에 정통한 중앙아시아 사람들에게도 영향을 주었을 것이다. 우리는 3세기 중국령 투르키스탄(Turkestan)에서 발견한 다양한 법직·행정적 기록과 서신을 카로쉬티(Kharoṣṭhī) 문서로 볼 수 있다.[242] 여기서는 중앙아시아 비구와 수행자들, 장로들과 사문들(śramaṇas), 상가(saṅgha), 상가라마(saṅghārāma), 비하라(vihāra)로 볼 수 있는 것들과[243] 이 지역에서 제정한 계율을 언급한 것도 볼 수 있다. 게다가 율장 필사본을 발견했기에 중앙아시아 전역에서도 계율을 알고 있었다는 것도 확인할 수 있다.[244] 이 연구가 가진 직접적인 목적과 더

---

242 이 문서와 관련한 연대는 Brough 1965, 602-605 참조.

243 우리는 489번 문서에서 'viharavala(vihārapāla; 승가 문을 지키고 통제하는 사람들과 공동체 모임이 어떤 것인지 발표하는 사람들)'를 볼 수 있다(번역은 Burrow 1940 참조, 본문은 Boyer 등 1920~1929 참조). 511번에서 'vihāra'도 참조. 이 문서와 『Avadānaśataka』와 비슷한 내용은 Hasuike蓮池利隆 1996 참조. 510번은 Hasuike蓮池利隆 1997 참조. Ichikawa市川良文 1999 참조. Atwood 1991, 특히 173-175 참조.

244 Hoernle 1916; Inokuchi井ノ口泰淳 1995, 329-351; and Bongard-Levin 1975~1976.

관련 있는 것은 사문(즉, 승가)을 언급한 많은 문서이다.[245] 아내 맞이하기: 사문 붓하바르마(Budhavarma)는 사문 샤리뿟뜨라(Śariputra)의 양녀를 아내로 맞이했다;[246] 사문 삼가빨라(Saṃgapala)도 아내를 맞이했다;[247] 사문 아타모(Aṭhamo)는 붓힐라(Budhila)와 붓하야(Budhaya)라는 두 아들이 있었다. 아마 아타모는 붓하바르마가 결혼해서 낳은 딸과 혼인한 것 같다;[248] 사문 숨다라(Suṃdara)에게는 딸 수쁘리예(Supriyae)가 있었다;[249] 사문 붓하쉬라(Budhaśira)는 아들 붓호사(Budhosa)가 있었다.[250]

율장과 달리 중앙아시아 자료에서는 혼인한 승가와 자녀를 둔 사문을 언급한 부분에서 법적으로나 사회적으로나 비난받았다는 내용은 볼 수 없다. 카로쉬티 문서는 이 수행자들이 혼인하여 자녀를 두는 것을 거의 당연하게 생각했다. 라트나 찬드라 아그라왈라(Ratna Chandra Agrawala)는 약 60년 전에, 현대 연구자들이 부패한 승가라고 부르고 싶은 유혹을 받는 것과 관련해 논평했다:[251]

---

245 사문(Śramaṇas)은 반드시 구족계를 받은 비구는 아닌데 이들이 수행자로 승가에 남을 만한 충분한 이유가 있었을 것이기에 추가 연구가 필요하다.

246 418번. 필자는 Burrow가 사용한 로마자 표기 대신 Atwood(1991, 174)가 사용한 로마자 표기를 채택했다.

247 474번. Atwood 1991, 171-172. 그의 아내가 다르마쁘리(Dharmapri)와 수무다따(Sumudata)라는 두 아들을 낳았다; 481번 참조.

248 418-419번. Atwood 1991, 174.

249 621번.

250 655번.

251 최근 논의는 Hansen 2004 참조. Insler 1998, von Hinüber 2006, 25-26도 주목할 만하다. Atwood 1991, 174에서는 유감스럽게도 '일반적인 불교 수행자'

> 우연히 인도 방식으로 자신들을 사문이라고 불렀던 중앙아시아 불교 수행자들은 태도와 행동 면에서 인도 비구들과 상당히 달랐다. 이들은 온갖 세속적인 일에 몰두해 사치를 탐닉했다. 세속적인 다양한 직업을 가졌고, 노예를 두었고, 사문에 합당하지 않았던 삶을 살았다. … 하지만 이 사문들이 승가에서 생활하는 방식과 계율에 완전히 무지한 것도 아니었다. 인도 비구가 추구하는 높은 수준에 도달하기까지는 아직 미치지 못했지만, 이들에게는 몇 가지 고상한 이상도 있었다. 하지만 승가에서 비구가 독신으로 생활하는 것이 의무는 아니었다. 이들이 가정생활을 유지했어도 여전히 비구라고 불릴 자격이 있었다.[252]

아그라왈라가 말한 '인도 비구가 추구하는 높은 수준'은 율장을 기록한 저자/편찬자들이 지지한 미래상이 아니다. 1장 2절에서 우리가 상상하던 지적인 선임자에게서 볼 수 있었던 모습을 논의하며 주장했듯, 비구와 승가가 목표로 삼았던 이상과 관련한 지식을 얻을 수 있는 유일한 원천으로 경전 자료와 『팔리율』을 선택했지만, 여기서 이것을 얻지 못하고 다른 율장에서 얻었다면, 우리는 지상으로 내려온 매우 낭만적인 인도불교 전통이, 오히려 중앙아시아, 중국, 일본,[253]

와 혼인하여 자녀를 둔 비구를 구별해서 묘사했다.

252 Agrawala 1954, 174(필자는 데바나가리를 로마자로 표기하였다). Hao 1998는 당나라 말기부터 송나라 초기까지 둔황 비구들이 종종 가족과 함께 집에서 살았던 경우를 언급했다. Kieschnick(2000)과 Hao 2010 비평 참조.

253 일본 수행자가 혼인하는 것은 Jaffe 2001 참조. 보통 가족 사원에서 아내와 자녀와 함께 생활하는 혼인한 '비구'는 인도 율장이 구상하고 허락한 승가에서는

몽골,[254] 네와르, 티베트 불교에 있는 타락한 종교 관습과 더 확연히 눈에 띄게 비슷하다는 것을 보았다.—때로는 전통이 율장을 지지하지 않았다고도 말할 수 있고, 율장을 정확히 이해하지 못했다고도 말할 수 있고, 때로는 상상했던 것이라고도 말할 수 있다.

현대 불교 인류학자들이 연구한 결과를 보면, 이렇게 중앙아시아에서 혼인한 비구들을 네와르에서 바즈라짜르야스(Vajrācāryas)나 샤꺄(Śākya)로 구별하는 데 어려움을 겪은 것 같다. 젤너(Gellner)는 "명료한 불교 정체성"을 지닌 "이들이 비록 혼인은 했지만, 시간제로 일했던 비구다"[255]라고 말했다. 마이클 앨런(Michael Allen)은 네와르에 살았던 적나라한 비구(즉, Śākyas)들과 관련해—자신들을 '브라흐마짜르야 비구(Brahmacarya Bhikṣu)'[256]라고 부르는 단체— "약 700년 동안 정기적으로 근친혼을 하여 자녀를 낳은 동족 혼인 세습 공동체였으며, 승가처럼 보이며, 승가라고 부르는 건물에 사는 승가(sangha) 공동체 회원들이었다."[257]라고 요약했다. 엄격하게 독신을 요구하는 겔룩파(Gelug-

---

확실히 찾아볼 수 없다. 일본 수행자가 혼인하는 것은, 독특한(또는 적어도 유일하게 기록된) 역사적 상황으로 거슬러 올라갈 수 있는데 네와르와 일본에서 혼인한 '비구'를 비교 연구하는 것은 흥미로울 것이다.

254 Sagaster 2007, 426에서 "혼인한 수행자들이 가족을 두고 떠날 수 없었던 것은 말할 필요도 없다. 이 때문에 티베트인들은 몽골불교가 더는 '순결'하지 않다고 비난한다."

255 Gellner 1992, 58.

256 같은 책, 165.

257 Allen 1973, 6. Allen은 "Saṅgha는 '금욕하는 승가 질서'를 의미하는 산스크리트 용어"라고 말했다. 사실 Saṅgha는 원래 승가/종교 용어가 아니라 상업적 길드를 의미하는 용어였다. Nalinaksha Dutt〔1941〕 1981, 73에서 "상가(Saṅgha)나

pa)[258]나 '수행자가 혼인하는 닝마파(ngag-pa)'[259]가 있는 티베트 불교에서도 부분적으로는 같은 것을 볼 수 있다.

인도와 스리랑카에 있는 단편적인 역사 기록에서조차도, 불교 수행이 특정 시기와 특정 장소에서는 우리가 생각했던 것보다 훨씬 더 히말라야나 중앙아시아 모델과 가까웠다는 것을 알 수 있다. 『라자따랑기니(Rājataraṅgiṇī)』나 『카슈미르왕들 연대기(Chronicle of the Kings of Kaśmīr)』에서 야까데비(Yākadevī) 여왕이 만든 비하라(vihāra)를 보면, "그녀는 이 가운데 절반은 계율에 따라 행동하는 비구들을 배치했고 절반은 아내, 자녀, 가축, 재산을 소유하며 재가자로 생활한다고 비난받아 마땅한 비구들을 배치했다."[260]라고 되어 있다. 마찬가

가나(Gaṇa)는 문자 그대로 다수를 의미하며 … 이것은 일반적으로 정치적, 직업적, 상업적 단체에서 사용했다"라고 말했다. Kangle에 따르면 정치적 용도로는 '소수 독재 정치'(1965~1972, 2:454)로 가장 잘 표현할 수 있다. 상가를 불교 이전에 사용한 것과 관련한 좋은 개요는 Hirakawa平川彰〔1964〕 2000, 1:3-12에서 인용한 출처 참조. Hirakawa〔1990〕 1998, 62에서 "붓다 시대에는 정치 단체와 무역 조합을 상가로 불렀다"라고 말했다. 상가에는 본래도, 함축적으로도, 다른 의미에서도 '독신'이라는 뜻이 없다.

258 Samuel 1993, 286-289; 또한 pp.274-278 참조.

259 Aziz 1978, 53; pp.77ff. 참조. ser-ky'im gön-pa of D'ing-ri(딩리시市에 있는 셀키임 사원). Yotsuya四津谷孝道 2004, Ray 1994, 446 주석도 참조.

260 Stein〔1900〕 1961, 1:73-74. 이에 대한 다른 해석은 Kieffer-Pülz 2000, 307 참조; von Hinüber 2002, 82도 참조. 현장(602~664)이 파키스탄 신드(Sind(hu))에서 관찰한 내용 참조: "남성이든 여성이든, 귀족이든 천민이든 모든 사람이 머리카락과 수염을 깎고 종교적인 옷을 입어 비구(비구니〔원문〕)로 보이는데 세속적인 일을 하는 것으로 보인다." Li 1996, 346, T.2087(li) 937b10-11(권11).

지로 곰브리치(Richard Gombrich)도 “1753년 이전에 실론(Ceylon)에는 진정한 비구가 없었다. 오직 가닌난세(gaṇinnānsē)라고 불리는 사람들만 있었다. 이들은 낮은 계율을 받았다. … 독신을 반드시 지키지 않았다; 이들은 승가에 살며 가족이 소유한 재산을 유지했다. … 따라서 1753년 이전 상황은 ‘승가가 속한 마을에서 비구가 말한 선한 도덕이 오직 아내와 자식을 부양하는 데만 있었던 때’인 1164년 이전에 있었던 상황을 그대로 반복했던 것으로 볼 수 있다”[261]라고 말했다.

조금 부족하지만, 비하라에 거주했던 사람이 모두 비구가 아니었다는 인도 금석문 자료도 있다.[262] 분명히 늦은 시기지만(10세기) 커키하르(Kurkihar)에는 흥미로운 금석문이 많이 있다. 하나는 마히아루(Mahiaru)의 아내인 물라까(Mūlakā)가 기부한 기록에서, 남편이 ‘아빠나까(Āpaṇaka) 승가에 거주’했다[263]는 내용을 볼 수 있다. 비슷하게, 바뚜까(Vāṭukā)와 가우까(Gaukā)가 한 기부에도, 이 둘은 아빠나까(Āpaṇaka) 승가에 거주했던 것으로 확인할 수 있는 고빨라히노(Gopālahino)의 아내들이라는 기록이 있다.[264] 여기서 무엇을 말해야

261 Gombrich 1988, 167, 『Mahāvaṃsa』 lxxviii, 3-4 인용. 이 구절을 해석한 Rickmer 주의사항 참조(Geiger〔1929〕 1998, 2: 101-102). 미얀마 가마바시(gāmavāsi; 마을 사람, 시골 사람) 비구에 관한 Leider 2006 참조.

262 모든 비구나 비구니가 물리적으로 집을 떠나지 않았다는 것을 볼 수 있는 문헌 자료는 2장 2절 참조, 특히 수딘나와 다르마딘나 참조.

263 Banerji-Sastri 1940, 250(§84). Tsukamoto塚本啓祥 1996~2003, 1:191(Kurkihar §72).

264 Tsukamoto塚本啓祥 1996~2003, 1:188-189(Kurkihar §§58-59). Banerji-Sastri 1940, 250(§§58-59).

할지 잘 모르겠다. 하지만 2가지 해석은 가능하다. 승가에 살았던 재가자와 그의 아내였거나 비구의-구체적으로 확인할 수 없지만- 아내였을 것이다. 어느 쪽이든 이 비하라에서는 많은 거주자가 혼인했다고 볼 수 있다.[265]

대승경에도 자료가 있다. 주류 승가에 '부패한' 수행자가 있다고 논할 때 『불설호국존자소문대승경(Rāṣṭrapālaparipṛcchā-sūtra)』에 나오는, "집주인은 이 〔부패한 비구들〕만큼 열정을 탐내지 않는다. 이들도 집주인처럼 아내와 아들과 딸을 갖게 될 것이다"[266]를 인용할 수 있다. 『불설내승장엄보왕경(Kāraṇḍavyuha-sutra)』을 쓴 저자들은 반열반(parinirvāṇa) 300년 후, 승가에서 집주인이라 불리며 아들과 딸에게 둘러싸인 사람들이 존경받을 가치가 있을 것이라는 예언을 붓다가 말하게 했다.[267] 『불설호국존자소문대승경』과 『불설대승장엄보왕경』을 쓴 저자들은 비구가 아내와 자녀를 가질 수 있다는 생각이 다소 혐오스럽다는 것을 분명하게 밝혔다.[268] 이런 신랄한 공격은

---

265 ārāmikas(승가 수행원), paścācchramaṇas(심부름하는 정인), upasthāyakas(하인, 수행원)이 있지만 이에 국한하지 않고 다양한 승가 거주자와 관련한 충분한 연구가 있었으면 한다. 특히 ārāmikas는 Schopen 1994b, Yamagiwa 2002(각주 1 참고문헌) 참조. paścācchramaṇas '심부름하는 정인'은 Schopen 2013 참조. Yamagiwa 2009 참조. '집에 거주하는 금욕주의자(samaṇa-kuṭimbika)', von Hinüber 1997, 74; 2002, 82; 2004, 311-314; 2006, 24-25.

266 Boucher 2008, 138(원본은 대괄호); cf. Ensink 1952, 29.

267 Vaidya 1961, 307.19-.21; Studholme 2002, 153에서 번역.

268 『불설대승장엄보왕경』에 있는 다르마 설교자나 dharmabhāṇaka(불교문학 해설자)에 대한 Studholme 2002, 81 참조. Studholme은 "이런 유형으로 욕먹는 혼인한 수행자는 우연히도 전체 내용에서 가장 존경받는 인물 가운데 한

인도에서 이런 비구가 존재했음을 증명해 주는 것이다.

『불설호국존자소문대승경』을 쓴 저자들은 가족과 사이좋은 비구들이 "수행하는 계율이나 바라제목차 등을 고려하지 않았다"[269]라고 강조했지만, 율장을 기록한 저자들은 어떤 비구는 아내가 있어서 아내를 방문했고 심지어는 이 아내와 함께 출가했다고 묘사했다. 비구니들은 가끔 아이를 낳았고, 비구나 비구니는 승가에서 가끔 아들이나 딸과 같이 있었다. 게다가 율장은 이런 것을 반대하지 않았다. 오히려 전제로 조정해서 제시하거나 허용했다. 우리가 지금까지 율장에서 살펴본 내용은 중앙아시아, 카슈미르, 네팔, 티베트에서 볼 수 있는 후기 승가 형태를 부패하거나 쇠퇴한 관점이 아니라 아직 완전히 이해할 수 없는 승가이거나 포기한 이상이 계속되고 있거나 발전해 나가는 관점이라고 충분히 고려해 볼 것을 제안하고 있다.[270]

8. 결론

필자는 인도불교 율장이 말한 대로 비구들이 출가하기 '전' 아내를 계속 만날 수 있었던 상황은 문자로만이 아니라 율장 문헌이 주장하는 정신과도 완전히 부합하는 것이었음을 알게 되었다. 아내에게 유혹당한 노비구 이야기에서 남편이 출가해 비구가 되었어도 아내를 다시

사람"이라고 말했다.

269 Boucher 2008, 139.

270 von Rospatt은 네와르 불교를 "단순하게 '진정한 비구가 일탈한 것'이 아니라 비구에게 대안적 모델로 이해해야 한다"라고 말했다(2005, 209 각주 34).

만나겠다고 한 약속을 지키기 위해 아내를 방문했던 내용을 살펴보았다. 율장에서는 아내가 성적으로 접근하면 경계하라고 비구들에게 조언하면서도 이런 만남을 막지는 않았다. 이러한 방문을 금하지 않아도 만족했던 것 같다.

하지만 어떤 비구의 아내는 남편 비구가 방문하는 것을 좋아하지 않았다. 자녀를 위해 혼인을 주선했던 비구들에게서 이것을 볼 수 있었고 비구들이 자녀와 아내를 위한 의무를 진지하게 받아들였던 것도 볼 수 있었다. 이런 이야기들에서 비구나 비구니가 배우자와 혼인 관계를 정리하지 않았을 수도 있다는 것을 이혼과 관련 내용으로 확인해 보았다. 설사 율장을 기록한 저자/편찬자들이 혼인 관계를 정리하라고 요구했다 해도 출가할 때 전제 조건이 아니었다. 실제로 율장에서 볼 수 있는 '전 아내'가 가졌던 지위는 어떤 혼인 관계 정리나 이혼으로 무효화 하지 않았다. 인도 승가에서는 비구나 비구니가 법적으로 혼인 관계를 유지할 수 있었다. 적어도 율사들이 상상했던 것처럼, 인도지역 밖에 있는 불교에서는 말할 것도 없고, 많은 초기 대승경전에서도 이런 형태를 취한 종교성을 엿볼 수 있다 하더라도, 인도 비구들이 가족과 함께 집에서 살지는 않았다.[271] 그렇다고 구족계

271 비구가 가족을 구성했다고 신랄하게 공격한 대승 문헌에 대한 추가적인 언급은 Schopen(2000b) 2005a, 15와 인용한 참고문헌 참조. 긍정적인 관점에서 혼인한 보살과 관련해 언급한 것은 Dayal〔1932〕 1978, 174-175, 178, 201, 222-224 참조. Dayal은 "진보적인 보살은 이 미덕〔아내와 자녀에게 양보하는 것〕을 온전히 발휘하기 위해 혼인하는 것이 정말 필요하다!"라고 말했다(〔1932〕 1978, 175). 혼인한 비구를 추가로 언급하고 이것을 체계적으로 연구한 사람은 von Hinüber 2002, 82-83 참조. Ray 1994, 445, 인도에서 혼인한 수행자와

를 받으려고 배우자나 가족과 만나는 것을 중단하지도 않았다; 비구나 비구니는-율사들이 말한 것에 따르면- 때때로 종교적인 길을 갈 때, 출가하기 '전'을 동반한 배우자나 가족을 자유롭게 만날 수 있었다. 우다인, 굽따, 꾸마라 까샤빠 이야기나-마하까샤빠와 까삘라바드라 이야기에서 보았듯- 출가하기 전 남성과 여성이 혼인으로 맺은 관계는 출가 후 비구와 비구니가 되어서도 다르마 안에서 계속 유지했다. 율사들은 비구나 비구니가 출가하기 전 가족과 만나는 상황을 막는 데 관심이 없었다. 율사들은 승가에서 독신을 유지해야 하는 계율이 손상되거나 도전받는 어려운 상황에 놓였을 때 승가가 가진 이미지를 어떻게 보존하느냐에 관심이 있었다.

세상을 포기한 비구를 가장 크게 위협한 것 중 하나는-지금까지 우리가 보았듯, 아마도 반드시 포기해야 했거나 포기했던 것은 아니겠지만- 그의 사회생활과 재산, 아내와 가족이었을 것이다. 비구가 '길 위의 삶'에서 정신적으로 수행하려고 '포기'했던 것은 재산과 가족이었다. 특히 아내였다. 이 위험은 율장을 개정할 때까지 계속 논의되었을 것이다. 실제로는 완전히 해결하지 못했을 가능성이 크다. 실용주의적인 편찬자들도 비구가 비구일 수는 있겠지만 남자는 남자고, 여자는 여자라는 것을 깨달은 것 같다. 어떤 협상이나 계율 제정으로도 이것을 바꿀 수는 없었다. 이 현실은 의심할 필요가 없다.-장 르클레르크(Jean Leclercq)가 중세 기독교계와 관련해 쓴 글을 인용하면- "많은 신부와 수녀가 세속적 사랑에 대한 확실한 지식을 갖고 수도원에 왔다"라는

관련해 따라나타(Tāranātha; 티베트 라마)를 언급한 것 주목.

것이다. 이렇게 단순한 사실만으로도 우리는 가설에 더욱 가까워질 수 있다.[272] 인도에서 율사들은 이 여성들을 남편과 아내, 비구와 비구니로서 남편과 함께 수행자로 종교적 삶에 참여할 수 있게 만들어 출가하기 '전' 아내가 가할 수 있는 위협 가운데 일부를 무력화시켰을 것이고, 율사들은 이 모든 것을 감시했을 것이다.

272 Leclercq 1979, 14.

제4장 임신한 비구니들

당신은 수녀원으로 가십시오. 왜 죄인을 낳으려 하십니까?
_햄릿[1]

이 장 1절에서는 율장을 기록한 저자/편찬자들이 임신부에게 구족계를 준 상황과 관련해 제정했던 계율을 살펴보고 승가에서 행했던 육아를 논의해 볼 것이다. 현대 법 이론 연구 관점에서 이 계율이 담고 있는 본질을 검토해 보고 법 이론과 계율이 인정했던 차이도 검토해 볼 것이다: 금지와 법치가 다른 점.

2절에서는 현대 사회에서 인정한 비구니승가가 사용하는 유일한 율장이 『사분율』이기에, 여기서 서사적 맥락에 따라 계율을 살펴볼 것이다. 이 연구를 통해 바라제목차, 의례 암송, 이야기를 위한 계율

---

1 John Wilson〔1936〕 1961, 62.

목록, 용어 주석, 인과관계에 따른 예외 조항들을 살펴보면서 우리가 결론 내릴 때 범할 수 있는 위험도 지적해 볼 것이다.[2] 우리가 가설을 세워본 것으로, 율장을 기록한 저자/편찬자들이 서술한 맥락에서 계율을 살펴보았을 때, 승가에서는 임신부에게 구족계 수계를 금지하거나 비구니가 승가에서 출산할 수 있는 상황을 금지하지 않았다는 것을 알 수 있었다. 이렇기에 임신부나 수유모에게 구족계를 주었을 때 발생했던 문제를 어떻게 다루었는지도 논의해 볼 것이다.

3절에서는 『사분율』에 기초해 2절에서 논의한 임신부나 수유모에게 구족계를 준 것이 승가 입장에서는 일탈이 아니었고, 한 율장만이 가진 전통도 아니었기에 현존하는 모든 율장에서 육아와 관련 있는 내용을 살펴볼 것이다.

4절에서는 비구니가 된 임신부와 모유를 수유하는 비구니와 관련해 논의해 볼 것이다. 여기서는 율사들이 자신도 모르게 임신한 비구니에게 무엇을 주어야 할지 고려했던 것을 알 수 있다. 이 논의에서는 바라제목차만 살펴볼 것이다. 우리가 상상했던 내용보다 훨씬 더 많이 승가가 승가 방식으로 육아에 개방적이었음을 알게 될 것이다.

5절에서는 영어본 바라제목차를 논의해 볼 것이다. 이 바라제목차에는 비구니가 아이를 양육하면 안 된다는 계가 있다. 자세히 살펴보면 비구니 본인이 낳은 아이를 양육하면 안 된다는 계가 아니다. 재가자가 자녀를 양육할 때 비구니가 직접 재가자 육아에 도움을 주는 일을 하면 안 된다는 내용이다. 율사들에게는 이것이 더 특별한 문제였다.

---

2 『팔리율』 숫따비방가 구조는 von Hinüber 1996, 13, Kieffer-Pülzülz 2012 참조.

6절에서는 율장 문헌들이 가진 유용성과 한계에 대해 일반적인 의견을 제시할 것이다. 승가를 연구할 때 연구자들이 다양한 율장 문헌들을 사용하기 때문이다. 또한 기존 연구자들은 바라제목차에서 일부만 읽고 인도불교 승가에서는 모성애와 자매애에 모순이 있었다고 가설을 세워왔다. 하지만 그렇지 않았다는 것을 여기서 밝혀둘 것이다.

1. 비구니가 되는 어머니

현대 학계가 비구니 육아와 관련해 세운 가설은 주로 비구니 바라제목차를 근거로 형성한 것이다. 이것은 바라제목차가 부분적으로 번역되어 있기 때문이다. 여기서는 이 가운데 하나인 법장부 비구니 바라제목차를 살펴보면서 시작할 것이다. 이것은 법장부 비구니계 개설서로 지금까지 동아시아에서 가장 일반적으로 따르고 있는 전통이다.[3] 여기에는 임신부나 수유모에게 구족계를 준 것과 관련해 2가지 계가 있다.[4]

> 만약에 비구니가, 한 여성이 임신한 것을 알면서도 이 여성을 출가시켜 구족계를 주었다면 〔비구니는〕 바일제(pāyantika) 〔죄〕

3 Wang 1994, 183-186; Bianchi 2001, Clarke 2006a 참조.

4 다른 번역본은 Kabilsingh 1998, 194; Tsomo 1996, 54; Wu 2001, 99-100; Heirman 2002, 2:763. 임신부와 수유모에게 구족계를 주지 않았다는 견해. 특히 Wu 2001, 99-100 참조.

이다.[5]

만약에 비구니가, 한 여성이 수유모인 것을 알면서도[6] 이 여성에게 구족계를 주었다면, 〔비구니는〕 바일제 〔죄〕이다.[7]

이 계는 법장부에만 있는 것이 아니다. 화지부, 근본설일체유부, 남방상좌부에도 있다.[8] 다음 논의는 이 부파들에도 똑같이 적용할 수 있지만, 여기서는 법장부로 제한할 것이다.

이 계는 표면적으로는 한 여성이 평등하게 승가에 참여할 수 없도록 문을 닫았다고도 볼 수 있고, 임신부나 수유모에게 구족계를 주는 것을 논쟁할 수 없도록 확실하게 제한을 둔 것이라고 볼 수 있다. 이것이 바로 이 계를 해석하는 방법이다. 그러나 여기서는 1장 6절에서 간략하게 논의했던 것처럼 이런 계가 어떻게 작용했는지 고려해 볼 것이다.[9]

이 계는 여러 면에서 다른 바라제목차도 대표하겠지만, 전면적으로 금지했던 것이 아님에 주의해야 한다. 엄밀히 말하면 전혀 금지 사항이

---

5 2장 각주 110 참조.

6 필자는 한역본에 따라 與受具足戒를 '수계'라고 번역했다.

7 T.1431〔xxii〕 1037b20-23.

8 『오분비구니계본』, 『근본설일체유부필추니계경』 T.1423〔xxii〕 211b9-10, T. 1455〔xxiv〕 514c12 참조. 『근본설일체유부필추니비나야』에는 임신부 수계와 관련한 계는 있지만, 수유모 수계와 관련한 계는 없다. 남방상좌부 전통은 Pruitt and Norman 2001, 183; 비구니비방가에 있는 계: Vin 4:317-318(BD 3:361-363) 참조. 아래 각주 63 참조.

9 1장 각주 191-196이 있는 본문 내용 참조.

아니었다. 이 계는 다음과 같다: 비구니가 X를 한다면 Y를 범하는 것이다. 이것은 'X를 하면 안 된다'가 아니다. 'X를 하면 Y벌을 받는다'라는 조건부 조항이다. 사실 이 계는 임신부나 수유모에게 구족계 수계를 금지하려 했던 것이 아니다. 오히려 비구니들이 임신하지 못하게 막으려는 것이었다. 비구니가 임신부나 수유모에게 구족계를 주어 이 여성들이 비구니가 되면 가벼운 죄를 짓는 것이었지만 이미 계를 받았거나 받는 미혼모는 죄를 짓는 것이 아니었다. 불교 계율은 오직 불교 승가에서만 적용했기 때문이다; 계율은 승가에서 비구나 비구니가 하는 행동을 규제하는 것이다. 재가자가 하는 행동을 규제하는 것이 아니다.

여기서는 적어도 2가지 계를 구별할 것이다. 첫 번째는 바라제목차에 있는 계이다. 법률연구자 하트(H. L. A. Hart)에 따르면 이 바라제목차는 현대 형법과 유사하다. "우리가 준수하거나 불복종하는 것으로 이 법이 요구하는 것을 '의무'라고 한다. 만약 우리가 불복종한다면 우리는 법을 '어겼다'라고 말한다. 우리가 한 일은 법적으로 '잘못'이거나 '의무 위반'이거나 '범죄'이다."[10] 하트(Hart)는 형법을 연구했는데 마치 계율을 연구한 것 같아 다음 사례에 적용해 볼 수 있다:

> 살인을 금지하는 법은 없다: 특정 상황에서 살인을 저지른 사람에게 특정 제재를 가하도록 공무원이 지시하는 법만 있을 뿐이다. 이런 관점에서 보통 일반 시민〔승가라고 말할 수 있다〕이 하는 행동을

10 Hart〔1961〕 1988, 27.

지도하려고 고안한 법이라고 생각하는 것은, 이들에게가 아닌 관료들을 대상으로 하는 법인데 선행 또는 '만약'이라는 말뿐이다. 특정 조건이 충족되면 특정 제재를 가하도록 명령한다. … 이것들은 모두 '만약 어떤 종류 X를 했거나 게을리했거나 발생했다면 어떤 종류 Y라는 제재를 가하는 것이다'라는 형식이다.[11]

위 내용은 법장부 바라제목차와 거의 일치한다. 이 계율이 승가〔하트가 말하는 '관료들'〕에서 임신부나 수유모에게 구족계를 준 비구니에게 특정 범죄〔하트가 말하는 제재〕를 부과하도록 지시한 것에 주목해야 한다. 이 계는 이런 여성에게 구족계를 주지 말라고 금하지 않았다. 하지만 다른 상황에서는 금했다. 그러나 인도 율장을 기록한 저자/편찬자들은 임신부나 수유모에게 구족계 수계를 금하는 것이 먼저가 아니었다.

이런 계율이 제한하는 범위를 이해해 보고자 정당하게 '전면 금지'한 것과 '직접 명령'한 계를 살펴보면 좋겠다. —지금까지 살펴본 훈련 계율과는 성격이 다른 금지 사항들이다.[12] 바라제목차에서 볼 수 있는 비구나 비구니 개인에게 적용하는 계와 달리 이런 금지는 탈출 가능성까지 약간 허용했다.[13]

---

11 같은 책, 35.

12 주석 전통에서 이런 차이를 인식한 자료는 VSSMSB sūtra no.95(VSPVSG 2007, 43), 특히 훈련 계율 pratikṣepa(승인하지 않음, 거절)와 관련 있는 prajñapti(합의, 참여) 참조.

13 이 계는 율장마다 다르다. 『십송율』은 험악한 사람들을 출가시켰을 때와 관련 있는 계를 제정하면서(아래 각주 16 참조) 이런 사람들을 출가시키면 안 된다고

두 번째는 건도부에 있다. 『사분율』 수계건도에서는 다음 사항들을 제한했다. –여기서 처음으로 이 용어를 정당하게 사용할 수 있다.– 계를 줄 때[14] 많은 질병[15]이 있거나 손이나 다른 신체 부위가 잘렸거나, 뻐드렁니가 있거나, 구부러진 손가락이 있거나, 사마귀가 있거나, 파란색·노란색·빨간색 눈이거나, 대머리이거나, 시각장애가 있거나, 언어장애가 있거나, 청각장애가 있거나–일부 율장에서는[16]– 그냥 못생겼다면[17]이라고 아주 상세하게 제약 목록을 제시하며 '이런 사람은 출가하여 계를 받을 수 없다〔如此人不得度受具足戒〕'라고 계를 제정했다.[18] 여기서는 이들에게 계를 주는 것이 죄라고 하지 않았다. 오히려 계를 주지 말라고 확실하게 금했다.[19] 이 두 방식으로 계를 구별하는

말한 동시에, 실제로 험악한 사람을 출가시키면 죄를 짓는 것이라고 보았다.

14 율장은 대부분 비구계를 앞에 배치했다. 거세와 같은 일부 범주는 비구니에게 적용할 수 없지만 다른 범주들은 의심할 여지 없이 같이 적용했다.

15 『사분율』에서 나열한 질병은 흔히 한역한 인도어 용어처럼 알기 어렵다. 『팔리율』은 종기, 폐병, 습진, 간질, 나병을 수계 '걸림돌'로 나열했다(BD 4:120). 근본설일체유부 목록은 Schopen 2004d, 237 참조. 여기에는 특히 천식, 기침, 피로, 종기, 치질, 황달, 간 질환, 류머티즘, 헐떡임이 있다.

16 T.1435〔xxiii〕 155a3-29(권21) 참조. 육군비구는 추악한 사람(醜陋)을 출가시켜 곤경에 빠졌다.

17 T.1428〔xxii〕 814a18-b20(권35). 남방상좌부는 Sasaki佐々木閑 1999, 79-104, 1996 참조. Irisawa入澤崇 1989. 『근본설일체유부율』은 Schopen 2004d 참조. Vogel and Wille 2002, 59-64도 참조. 비슷한 목록은 율장 전반에 걸쳐 볼 수 있다.

18 T.1428〔xxii〕 814b19-20(권35).

19 예외가 있는데, Clarke 2010a에서 논의한 『근본설일체유부율』 수계(Nidāna, Muktaka, Upāliparipṛcchā)와 관련해 우팔리(Upāli)가 한 질문 참조.

것이 항상 인정받는 것은 아니지만, 이 차이는 중요하다.

여기서도 승가가 보여주는 이미지와 재정 복지라는 2가지로 승가를 보호하려는 율사들을 볼 수 있다. 하나는 승가에 의료 관리가 확충되지 않았기에 환자는 수계 자격이 없다는 전제 조건을 계로 제정했을 가능성이다. 다른 하나는 기형이 있는 개인은 재가자들이 지지하지 않을 수 있다고 생각해 이들에게 종교 생활을 금지했을 가능성이다. 승가에서는 임신부와 수유모를 수계자 금지 목록에 쉽게 포함할 수 있었다. 하지만 어떤 이유인지 이렇게 하지 않았다. 율사들은 비구니가 이런 여성에게 구족계를 주면 가벼운 죄를 짓는 것이라는 계만 제정했다.[20] 마늘을 먹는다거나,[21] 인공 남근을 만든다거나,[22] 공연을 관람하는[23] 등 이런 작고 가벼운 죄를 짓는 것처럼 쉽게 참회할 수 있는 죄로 계를 제정한 것이다.

『사분율』은 임신부와 수유모에게 구족계를 줄 때 입장이 분명했다: 오히려 수계를 금지하는 것이 더 쉬웠을 텐데도 이들에게 구족계 주는 것을 막지 않았다. 필자는 오해받지 않기 위해, 이들에게 구족계

---

20 20세 미만인데 계를 주면 죄를 짓는 것이라고 한 『팔리율』에 주목해야 한다. 다음은 Honer 번역이다(BD 3:12): "20세 미만인데 비구가 고의로 구족계(upasampādā)를 주면 이 사람은 계를 받은 것이 아니다. 이 비구들은 비난받아야 한다. …" 이 마지막 말은 수계를 무효화 한 것이다. 그러나 임신부나 수유모 수계와 관련한 구족계에는 이런 내용이 없다.

21 T.1431〔xxii〕 1036b23.

22 T.1431〔xxii〕 1036b27. 비구니와 인공 남근에 관한 유머를 비교 연구한 Clarke 2009c, 323-327 참조.

23 T.1431〔xxii〕 1036c6.

를 주어야 한다고 주장하려는 것이 아님을 분명하게 밝혀둔다. 임신부나 수유모에게 구족계를 준 비구니는 가벼운 죄를 지은 것이었고, 수계는 있었기에 계속 유효했다. 화지부, 근본설일체유부, 남방상좌부 바라제목차에도 이와 비슷한 계가 있다.[24] 그러나 다른 율장을 다루기에 앞서 『사분율』을 조금 더 자세히 살펴볼 것이다. 이 바라제목차에는 이 모든 것이 생략되어 있어도, 임신부와 수유모에 관해서는 우리가 처음 생각했던 것보다 많은 내용을 담고 있기 때문이다.

---

24 이 계는 '수계'를 언급한 것이 아니라 '출가의식'을 구체적으로 언급한 것 같다. 후자를 말한다면 문제는 없다: 비구니는 2년 동안 정상적인 수습 생활을 하면서 임신을 알았겠지만, 모든 율장이 같지는 않다(『근본설일체유부율』을 제외한 모든 율장은 '수계'를 암시하고 있다): 『팔리율』(Vin 4:317.21-.25; BD 3:361.18-.25): yā pana bhikkhunī gabbhiniṃ vuṭṭhāpeyya, pācittiyan ti … (그리고 주석이라는 용어) vuṭṭhāpeyyā 'ti upasampādeyya. 팔리어 동사 vuṭṭhāpeti(계를 받다)는 BD 3:xlvff 참조. Norman 2001. Norman은 이것을 '(수계) 후원자'로 번역했다(2001, 131). 『사분율』은 '입문, 수계'(T.1428〔xxii〕 754c2-3(권27))라고 보았다. 『오분율』도 '수계'라고 보았다(T.1421〔xxii〕 92b3-4(권13)). 의정이 한역한 『근본설일체유부필추니비나야』에서는 '입문', 신참자를 위한 계라고 보았다(T.1443〔xxiii〕 1006a2-4(권18)). 티베트어본 『Vinaya-vibhaṅga』에서는 upa-saṃ√pad(입문, 수계 아님)가 아닌 pra√vraj를 말했다(sTog, *'Dul ba*, NYA 381b5-7). 그러나 내용은 임신한 여성이 이미 임신했음을 보여주는 것이라고 분명히 말했다. 나중에야 자신이 임신했다는 것을 알게 된 여성인 경우가 아니다. Horner가 번역한 것처럼 그녀는 이미 '아이가 있어 몸이 무거웠다.'(BD 3:361)

2. 수유모 비구니

여기서는 다행히 바라제목차만이 유일한 자료가 아니다. -최고도 아니다.- 우리는 바라제목차가 임신부와 수유모 수계라든지 거의 모든 다른 주제에 얼마나 많은 관심이 있었을까를 질문해 볼 수 있다. 지금까지 율장에서 자세하게 다룬 이야기와 이 율장이 다룬 바라제목차에 있는 차이를 강조하기 위해 이제 『사분율』로 향할 것이다.

『사분율』에는 수유모인 어떤 여성〔度他乳兒婦女〕이 구족계 수계 후 비구니가 된 이야기가 있다.[25] 이 여성은 아이를 집에 두고 출가했다. 그런데 집에서는 이 아이를 비구니승가에 있는 이 비구니에게 보냈다.[26] 이 비구니가 아이를 안고 탁발하러 마을에 갔을 때 재가자들로부터 비난을 받았다. 부분적으로는 이 율장에서 상투적으로 사용했던 말이다: "여기에 참된 법이 어디 있습니까? 아이를 낳고 탁발하러 다니는 이 수행자를 보십시오!"[27] 이런 사회적 책망이나 두려움 때문에, 저자/편찬자들은 비구니가 수유모에게 구족계를 주면 죄라는 계를 붓다가 말하게 했다.[28] 이 계는 비구니들이 다른 여성을 만난

---

25 T.1428〔xxii〕 754c16-755a3(권27). 여기서는 우리가 항상 度를 '입문'과 대조하는 '수계'로 받아들일 수 없음을 분명히 했다. 이 여성은 몇 줄 밑에서 비구니라고 불렸다. 한역은 여기와 아래에 他 '다른'을 추가했다. 의도한 의미가 이 여성이 다른 사람의 아이에게 수유하는 것이라면 이 문장은 잘못된 것이다. 이것은 '어떤'이라는 의미여야 이해할 수 있다(BHSD, s.v., anyatara(둘 중 하나, 여러 개 중 하나) 참조).

26 T.1428〔xxii〕 754c17-18(권27).

27 T.1428〔xxii〕 754c18-21(권27).

후 수정했다. 비구니가 이 여성이 수유모인지 모른 상태에서 구족계를 주었다는 것을 알았기 때문이다.[29] 수유모가 '고의로' 구족계를 받으면 죄라고 계를 수정했다.[30] 바라제목차는 비구나 비구니가 해서는 안 되는 내용을 보통 한두 줄로 말했다. 율장은 더 적당하게 무엇을 해야 하는지, 무엇을 받아 지녀야 하는지, 무엇이 범법 행위를 구성하는지, 어디서 어떻게 선을 그어야 하는지를 설명했다. 지금부터는 율사들이 기록한 많은 세부 내용 가운데, 한 율장이 담고 있는 전통을 의심해 볼 여지도 없이 적어도 잠재적으로, 다소 까다로운 상황을 율사들이 어떻게 처리했는지 살펴볼 것이다.

여기서는 구족계 수계 단계마다 죄를 짓는 세부 단계를 추가해놓았다.[31] 만약 비구니가 수계 때 한 말을 믿었거나, 믿을 만한 사람이 한 말을 믿었거나, 수계 때 부모가 한 말을 믿었거나 해서 이 여성에게 구족계를 주었다면 죄가 없다고 말했다.[32] 이 여성에게 아이가 올 수 있는 상황을 알지 못했기 때문이다. 여기서 요점은 이 여성이 수유모인지 확인하기 위해 승가가 열심히 노력했다는 것이다. 이 여성이 수유모인 것이 밝혀지면 구족계를 준 비구니는 죄를 지은 것이다. 그러나 이 여성이나 부모가 거짓말을 해 구족계를 주었는데 아이가 온다면, 구족계를 준 비구니는 죄를 짓지 않은 것이다. 율장이

---

28 T.1428〔xxii〕 755a2-3(권27).

29 T.1428〔xxii〕 755a4-5(권27).

30 T.1428〔xxii〕 755a5-6(권27).

31 T.1428〔xxii〕 755a7-12(권27).

32 T.1428〔xxii〕 755a13-15(권27).

가진 입장은 분명하다. 승가는 수유모를 받아들이지 않는다. 하지만 구족계를 주었다면 이 구족계가 가진 유효성은 의심할 여지 없이–결단코 취소하지 않았다.[33] 비구니가 수유모에게 구족계를 준 것은 가벼운 죄가 되었다. 하지만 수계 자체는 무효화 하지 않았다. 율장을 기록한 저자/편찬자들이 명확히 했듯, 구족계를 받은 비구니가 수유모 역할도 했던 것은 의심할 필요가 없다.[34]

> 이 어머니는 의심이 들어 감히 아이를 품에 안지 못하고 양육하지 못했다. 세존께서는 "아이가 아직 스스로 살 수 없다면, 나는 〔비구니에게〕 권한을 주어 〔이 아이를〕 돌보고 양육할 수 있게 할 것이다.[35] 모성〔如母法〕에 따라 〔아이가〕 이유식을 하고 〔수유〕를 중단할 수 있을 때까지."라고 말씀하셨다.[36]

이 말은 지금까지 우리가 인도 비구니들과 관련해 들어왔던 내용을 고려해 볼 때 아주 주목할 만하다. 여기서 붓다를 등장시킨 것은 어머니 비구니가 다른 어머니들처럼 아이가 젖을 뗄 수 있을 때까지

---

33 '잘못된' 수계를 문제 삼지 않는 효력은 Clarke 2010a 참조.

34 서두에서 언급한 '그 어머니(基母)'는 수유모이다. 수유모인데 구족계를 받아 수계와 관련한 계를 제정하게 만든 여성이다.

35 Heirman(2002, 2:766)은 '유모와 양육'으로 번역했는데 의미를 잘 포착한 것 같다. 두 단어를 합성한 乳養은 바로 앞에서 볼 수 있는 乳哺長養을 축약한 것인데, 4장 각주 40-45가 있는 본문 내용에서 논의할 것이다. 전근대 전통에서 모유 수유는 Stuart-Macadam 1995, 75 참조.

36 T.1428〔xxii〕 755a15-16(권27). 다른 번역은 Heirman 2002, 2:766 참조.

아이를 돌보아야 한다고 말하게 하려고 한 것이다.

이 짧은 글에는 훨씬 더 많은 언급이 들어있다: 이제 붓다가 말하게 만든 동사를 살펴볼 것이다. 한자 聽은 때로 '허락하다'라고 번역한다. 하인츠 베헤르트(Heinz Bechert)가 말한 것처럼, 종종 직접적인 명령으로 쓰는 산스크리트 anu√jñā를 번역했을 것이다.[37] 따라서 聽이 있는 문맥은 아마도 '결정하다'나 '명하다'로 번역하는 게 문장에 따라 가장 적절할 것이다. 이 율장을 기록한 저자/편찬자들은 비구니가 자녀를 양육할 수 있거나 그렇게 할 수 있도록 허락한다는 단순한 권고 이상을 붓다가 말하게 하는 것으로 구성했다. 이들은 이렇게 하도록 명령이나 지시나 권한을 받았다.

비록 붓다가 허락해서 이 계율을 제정했다 하더라도 비구니승가에서 아이들을 양육했다면 비구승가와 협상하는 과정에서 추가 문제가 발생했을 것이다. 아이를 양육하는 비구니는 아이와 함께 생활할 주거 공간을 마련하는 것이 문제였는데 쉽게 해결했다.

나중에 어머니는 이 아이와 같은 곳에서 밤을 보내게 되는데

---

37 Monier-Williams[1899] 2000, q.v. 참조; Bechert 1968; Schopen(1998) 2004a, 282-283 각주 56; Schopen(1996a) 2004a, 235. Schopen(2007a)은 비구가 부모를 부양해야 할 의무가 있는 것과 관련해서도 같은 주장을 했다. 쇼펜이 쓴 논문은 현재 논쟁과 관련 있는 모델을 제공했다. 『사분율』 단편(T.1428[xxii] 584a16-18(권3))에서 산스크리트 anu√jñā와 한역본 聽을 입증한 사항은 Chung과 Wille 1997, 73(8r4-5) 참조. 권위자들이 인용하지는 않았지만 『Hirakawa's Buddhist Chinese-Sanskrit Dictionary』 참조(Hirakawa平川彰 1997, s.v., 2981). 여기서 필자는 한역본 聽을 보통 '인정하다'라는 anu√jñā 의미로 번역했다.

의심이 들었다. 세존께서는 "그러므로, 아직 젖을 떼지 않은 사람에게 내가 허락한다. 〔아들과 함께 밤을 보내도〕-여기에 허물은 없다."[38]라고 말씀하셨다.

여기서는 분명하게 언급하지 않았지만 아이 성별이 문제였다: 비구니는 남자와 잠자리를 같이하면 안 된다. 이 비구니가 낳은 아이는 의심할 여지 없이 아들이다.[39] 여기서는 아이가 젖을 뗄 수 있을 때까지 비구니가 아들과 주거 공간을 같이 사용할 수 있다고 『사분율』이 허락한 것을 볼 수 있다. 여기서 어머니는 여성인데 아들이 남성인 것이 문제였다. 여성인 딸은 문제가 없기에 계를 제정할 필요도 없었다.

법장부 율사들이 수유모에게 의도적으로 구족계를 주면 가벼운 죄를 짓는 것으로 결정한 것과 수유모에게 구족계 수계를 금한 것은 분명 다른 것이다. 이 구별은 좋은 것일 수 있지만 중요한 것일 수도

---

38 T.1428〔xxii〕 755a16-18(권27).

39 T.1428〔xxii〕 734c14(권24)에서 언급한 법장부 바라제목차와 T.1431〔xxii〕 1034c15 비구니 바라제목차 참조. 다른 가능성은 훨씬 낮다. 계를 받지 않은 여성과 잠자리를 공유하면 죄라고 한 계를 염두에 두고 제정했을 가능성이 크다. 『사분율』에서 비구니 *바일제 no.5는 다음과 같이 읽는다: "비구니가 구족계를 받지 않은 여성과 같은 방에서 밤을 보낼 때, 3일 이상 밤을 보낸다면 그녀는 *바일제를 범하는 것이다."(T.1428〔xxii〕 734c15-16(권24)). 여기서 문제는 아이가 가진 성별이다. 이 율장과 다른 율장이 비슷하다는 점에서 분명하다. 4장 각주 46-48이 있는 본문 내용에서 논의한 바로 앞에 있는 계와 관련하여 전달한 이야기 참조.

있다. 비구니가 아들을 양육해도 되며 아들과 같이 잠도 잘 수 있다고 허락한 이런 계는, 하트(Hart)가 현대 형법을 읽는 방식으로 역사적으로 읽어야 한다. 여기서는 수유모가 구족계를 받을 수 없다거나 일단 구족계를 받았다면 수계(의도)는 의심했어도–그래도 수계는 가능했다– 구족계를 무효화 했다는 암시는 없다. 여기서 알 수 있듯, 이 어머니는 비구니로 인정받았다. 『사분율』 저자/편찬자들은 수유모가 비구니승가에서 안전하게 있을 수 있는 장소를 확보하려고 이미 제정했던 계율까지 수정했다.

수유모에 대한 『사분율』 입장을 살펴보았듯, 법장부 율사들처럼 다른 부파에서도 임신부가 비구니가 되는 것을 허락했을 가능성이 있다.–반드시 권장하지는 않았겠지만– 비구니가 출산하는 것을 권장하지는 않았겠지만, 이 논의도 이 율장에서 확인할 수 있다. 수유모 바로 앞에 있는 내용에서, 비구니 *발라(Balā; 婆羅)는 임신부로 승가에서 구족계를 받고 출산까지 했다.[40] 갓 출산한 산모 비구니는 갓 태어난 아이를 데리고 탁발하러 마을로 갔다. 이를 본 재가자들이 "이 비구니는 부끄러움을 모른다.[41] 이들은 〔종교 생활에서〕 청정한 행을 범한다. 겉으로는 내가 '바른 법을 닦는다'라고 자칭하지만, 여기에 바른 법이 어디 있는가? 갓난아이를 안고 있는 이 수행자를 보라(看此出家人新生兒)!"[42] 이렇게 재가자가 비난하자, 붓다는 비구니

---

40 T.1428〔xxii〕 754b12-14(권27).

41 T.1428〔xxii〕 754b14-15(권27). 복수형 표시가 없으니 '이 비구니'로 번역하는 것이 더 타당할 수 있다. 그러나 이와 관련한 문장은 주로 일반적인 표현이지 구체적인 표현이 아니다.

가 임신한 여성에게 구족계를 주면 죄를 짓는 것이라고 계를 제정했다.[43] 어떤 일을 몰라서 했다면 이 일을 수용하도록 수정하면서, 비구니가 임신부인 것을 알면서도 이 여성에게 구족계를 주었다면 죄를 지은 것이라는 계를 최종적으로 확정했다.[44] 수유모에게 구족계를 주면 죄라고 계를 제정했던 것과 같이 이것도 죄라고 계를 제정했다. 하지만 처음부터 임신부 수계를 막지는 않았다. 지금부터는 비구니가 갓 태어난 아이에게 수유할 수 있다고 허락한 내용을 살펴볼 것이다:

> 그녀가 출산했을 때 〔비구니〕는 〔적정한기〕를 의심했다. 감히 〔아이〕를 안을 엄두를 내지 못했다. 세존께서는 "〔아이가〕 아직도 어머니와 헤어지지 못하고 홀로 살 수 없다면 〔이 경우 어머니에게는〕 모성〔如母法〕에 따라 기르고 양육할 수 있는 모든 것을 허락한다."라고 말씀하셨다.[45]

여기서도 주목할 만한 여러 상황을 볼 수 있다. 이 율장을 기록한 저자/편찬자들은 무엇보다도 비구니가 아이를 낳을 것이라고 예상했지만 눈 하나 깜짝하지 않았다. 붓다도 빌리지 않았다. 저자/편찬자들은 갓 태어난 아이와 산모를 보고 비구니가 지켜야 할 독신과 관련해

---

42 T.1428〔xxii〕 754b15-17(권27).

43 T.1428〔xxii〕 754b26-27(권27).

44 T.1428〔xxii〕 754b27-c3(권27). 이 비방가 주석에도 죄에는 등급이 있다. T.1428〔xxii〕 754c3-9(권27).

45 T.1428〔xxii〕 754c11-12(권27).

근거 없는 소문이 났을 때, 비록 낡고 상투적인 표현이기는 하지만 임신부에게 구족계 주는 상황을, 붓다가 비구니 발라를 나무라는 상황으로 만들기는 했다. 하지만 비구니승가에서 아이를 낳는 서사적 사건에는 율사들이 직접 논평하거나 비판하지 않았다. 여기서도 율사들은 승가가 입을 손상을 방지하는 일에 더 관심을 기울였다. 율사들은 비구니가 승가에서 출산할 수도 있는 상황을 걱정했던 것이 아니다. 비구니가 밖에서 아이를 안고 있는 모습을 재가자가 보고 좋지 않은 소문을 내면 승가에 혼란과 불신이 생길 수 있다는 것을 더 걱정했다.

지금까지는 구족계를 받고 출가해 비구니가 되어 출산한 여성 이야기를 다루었다. 비구니가 출산하는 것을 금지하거나 출산하면 죄라는 계율이 없다고 해서 승가에서 출산이나 양육 문제가 전혀 없었던 것은 아니다. 율장을 보면 비구니가 아이를 낳고 양육할 때 발생했던 문제들은 모두 하나에서 비롯되었다: 아들일 때였다. 율사들에게 비구니와 딸은 큰 문제가 아니었다. 딸이 있는 비구니, 딸과 같은 주거 공간을 사용하는 비구니, 딸을 품에 안은 비구니는 율장에서 문제가 없었다. 여기에는 어떤 협상도 필요 없었다. 계를 제정할 필요도 없었다.—비록 비구니들이 탁발할 때 딸과 같이 가지는 않았겠지만, 그렇다고 단순히 해결할 수 있는 문제도 아니었을 것이다.

비구니가 수유모인 경우를 앞에서 보았듯, 여기서도 갓 태어난 아들인 남성과 같은 주거 공간을 사용할 때 비구니가 삼가는 태도에서 비구니가 알고 있는 계율 지식을 볼 수 있다:

나중에 〔어머니는〕 의심이 생겨 감히 이 아이〔男兒〕와 같은 방에서 밤을 지낼 수 없었다. 세존께서는 "〔아이가〕 어머니와 떨어져 밤을 보낼 수 없다면, 〔어머니가〕 〔아이와 함께〕 같은 곳에서 밤을 지낼 수 있게 허락한다. –여기에 허물은 없다."라고 말씀하셨다.[46]

다시 어머니와 아들에게만 문제가 국한된 것을 볼 수 있다. 이는 아이의 성별을 명확히 파악함으로써 확인할 수 있다. 여기서 율장을 기록한 저자/편찬자들은 이미 존재하는 것처럼 보이는 또 다른 계를 암묵적으로 인정했다: 비구니가 남성과 함께 밤을 보내면 〔비구니가 저지른 것은〕 *바일제(pācattika)이다.[47] 붓다는 이 남성이 비구니의 아들이면 이 계를 적용하지 않는다고 했다. 어머니와 아들은 아들이 어머니 품을 떠날 때까지는 주거 공간을 공유할 수 있었다.

지금까지는 임신부와 수유모가 구족계를 받고 비구니승가에서 출산하거나 양육할 수 있었던 상황을 『사분율』에서 살펴보았다. 그렇다고 비구니가 독신을 지켜야 하는 계를 위반하도록 허용했다는 의미는 아니다; 임신부는 비구니가 될 수 있었다. 하지만 출가한 비구니가 임신부가 되는 것을 허용했던 내용은 어디에서도 찾아볼 수 없다. 지금까지는 임신부와 수유모에게 구족계를 주는 내용을 단독으로

---

46 T.1428〔xxii〕 754c12-14(권27).

47 필자가 아는 한, 법장부 형태에 대한 정확한 용어는 아직 알려진 게 없다. 여기서 필자는 Hirakawa平川彰(1993~1995, 2:49)를 따라 대중부-설출세부 용어를 사용했다. 2장 각주 110 참조. T.1428〔xxii〕 734c14(권27). Tsomo 1996, 42, Kabilsingh 1998, 181 규칙 4 참조; Heirman 2002, 2:530 참조.

구체적으로 살펴보았다. 하지만 이미 구족계를 받은 비구니가 임신한 경우는 그렇지 않다. —이것은 아주 다른 문제이다. 지금까지는 승가가 가진 독신에 대한 태도가 아니라 승가가 가진 모성애에 대한 태도를 살펴본 것이다.[48] 율장을 기록한 저자/편찬자들은 임신부와 수유모, 특히 종교 생활을 하겠다고 승가라는 문을 두드린 여성들에게 문을 열어주었다. 그러나 일단 문을 열면 닫는 것은 어렵다; 또한 누가 앞문을 통과했는지도 정확히 알기 어렵다.

3. 승가에서 볼 수 있는 모성애

법장부는 인도 부파(nikāya)불교를 대표한다고 볼 수 있다. 이 법장부가 이해했던 모성애는 어떤 것이었을까? 이 질문에 답하려면 다른 율장도 살펴보아야 한다. 그렇다고 모성애와 관련한 모든 계율을 살펴보는 것은 이 연구에서 설정한 범위를 벗어나게 된다. 다음은 율장을 간단하게 살펴본 것이다.

먼저 『오분율』로 향할 것이다. 이 『오분율』은 『팔리율』과 매우 비슷하다는 연구가 있다. 『오분율』에는 비구니가 임신부〔懷妊女〕에게 구족계를 준 이야기로, 임신부에게 구족계를 주면 가벼운 죄를 짓는 것이라는 계를 제정한 내용이 있다. 그녀가 탁발하러 마을에 갔을 때 그녀는 재가자들에게서 놀림을 받았다:

---

48 승가가 지켜야 할 독신은 Clarke 2009a, 2009b 참조.

"이 비구니는 무거운 짐을 지고 있습니다; 우리는 빨리 음식을 주어야 합니다!" 어떤 사람들이 말하길, "이 배 좀 보십시오!" 다른 사람들이 말하길, "그들은 청정한 행을 수행하지 않습니다." 〔그러나〕 다른 사람들이 말하길, "이 사람은 청정한 행을 수행합니다; 이것은 〔단순히〕 그녀가 〔종교 생활을 하려고〕 출가하기 전에 〔있었던〕 행동에 따른 〔결과〕일 뿐입니다." 이런 일이 있자, 다른 비구니들이 "어찌하여 출산 후까지 기다리지 않고 〔종교 생활을 하려고〕 출가했습니까!"라고 나무랐다.[49]

이전 논의에서는 임신부에게 구족계를 주면 안 된다는 계가 바라제목차에 명시된 것이 아니라, 단순히 구족계를 받으려는 여성이 임신부인 것을 알면서도 비구니가 이 임신부에게 구족계를 주었다면 이 비구니가 죄를 지은 것이라고 언급한 내용을 살펴본 것이다. 이 율장에서는 예비 어머니가 구족계를 받았기에 승가에서 얻은 지위는 당연히 유지했다. 하지만 다른 비구니들은 이 여성이 출산할 때까지 '출가하는' 것을 미루어야 했다고 말했다. 앞으로 보겠지만 어떤 비구니는 서술적으로 이 조언을 따랐다.

이 내용 바로 뒤에 나오는 어떤 비구니는 한 손에는 발우를, 다른 한 손에는 아이를 안고 탁발하러 갔다. 재가자들이 어머니와 아이를 놀리며 말했다. "이 둘에게 음식을 빨리 좀 주십시오!"[50] 이것이 비구니들에게 보고되었다. 붓다는 갓 출산한 산모〔新産婦〕에게 구족계를

49 T.1421〔xxii〕 92a24-28(권13).

50 T.1421〔xxii〕 92b7-12(권13).

주면 죄라고 계를 제정했다. 여기서 재가자들은 수유모는 비구니가 될 수 없다고 어느 정도 기대했을 것이다. 하지만 율사들이 문제라고 걱정했던 것은 수유모 비구니가 재가자들에게서 받을 비난이었다. 재가자들은 임신한 비구니나 수유모 비구니가 언제 임신했는지, 언제 출산했는지 알 방법이 없었다. 어떤 비구니가 청정한 행을 범했다는 비난에 직면했다. 일부 재가자들은 그녀와 그녀가 지켰어야 할 독신 생활을 옹호하려고 목소리를 높였다. 실제로는 구족계를 받은 비구니가 임신한 것이 아니라 임신부일 때 비구니로 출가했다고 옹호했을 것이다. 이렇게 말하면 승가가 말한 독신 유지는 그대로 유지한 것이다.

율장을 기록한 저자/편찬자들은 임신부나 수유모에게 수계를 금할 수 있었다. 하지만 그렇게 하지 않았다. 율사들은 재가자들이 사회적으로 비난할 때 생길 재정적 손실을 막기 위해 합리적이지만 과감하지 않은 예방 조치를 취하는 일에만 관심을 가졌다. 『오분율』 비방가에서 이런 관심을 확인할 수 있다.

> 구족계를 주는 사람은 먼저 구족계를 받는 여성의 가슴을 살펴보아야 한다; 임신 징후가 없다면 〔구족계를 주는 것이〕 죄를 짓는 것은 아니다. 수계를 마치고 〔이 구족계를 받은 비구니〕가 임신했다는 것을 알아도 죄를 지은 것은 아니다.[51]

---

51 T.1421〔xxii〕 92b4-6(권13). 『오분율』에서는 이 내용을 포함할 수 있게 판결을 수정하지 않았다. 다른 율장은 이 계를 바라제목차에 포함하여 임신한 여성에게 고의로 구족계를 주면 안 된다고 했다. 이 경우 화지부 율장이 계율 제정에서

우리가 법장부에서 보았듯, 화지부도 임신부나 갓 출산한 산모에게 구족계를 주면 가벼운 죄라고 분명히 선언했으면서도, 실제로는 임신부가 구족계를 받을 가능성까지 언급했다.[52]

이 내용은 화지부 율장에서 개별 비구니를 규율하는 비구니계에서 살펴본 것이다. 지금부터는 제도적 계율로 단체로서 공동체가 행동을 규율하는 건도부로 이동할 것이다.[53] 1장에서 간략하게 보았듯 화지부가 모성애를 어떻게 처리했는지 감지할 수 있다.

> 한 비구니가 아들을 낳았다. 비구니는 어찌할 바를 몰라 세존께 이 일을 말씀드렸다. 세존께서는 "이 비구니를 돌봐 줄 비구니를 임명하는 요청을 2번 해야 한다. 아무개 비구니는 승가에서 큰 소리로 말해야 한다, '비구니들이시여, 비구니승가는 들으십시오! 이 아무개 비구니는 아들을 낳았습니다〔此某甲比丘尼生男兒〕. 이제 우리는 아무개 비구니가 이 비구니를 돌보도록 지명하려 합니다. 만약 승가가 〔적절한〕 때에 이르렀다면 승가는 승인하고 허락하십시오.' '비구니들이시여, 비구니승가는 들으십시오! 이 아무개 비구니가 아들을 낳았습니다. 이제 우리는 어떤 비구니가 이 아무개 비구니를 돌보도록 지명하려 합니다. 허락하는 사람들은 침묵하십시오; 허락하지 않는 사람들은 말씀하십시오![54] 승가

오래된 층을 담고 있다고 볼 수 있다.

52 T.1423〔xxii〕 211b9-10.

53 1장 각주 191-196이 있는 본문 내용 참조.

54 2장 각주 81, 침묵하는 의미 참조.

는 침묵으로 아무개 비구니가 아무개 비구니를 돌보도록 임명하는 일을 마쳤습니다. 그러므로 이 일은 (이렇게 되었으니) 이처럼 지니겠습니다'라고 요청해야 한다."라고 말씀하셨다.[55]

어떤 비구니가 아들을 낳았는데도 승가에서는 비난하거나 한탄하지 않았다; 이것은 우연히 발생했다. 승가는 이것을 받아들였다. -언뜻 보기에는 평소처럼 무언가를 박탈하려는 비난이나 비판 없이- 붓다는 갓 출산한 비구니를 돌봐줄 동행 비구니를 임명하라는 계를 제정했다. 비구니가 낳은 아이가 아들인지 딸인지 하는 문제처럼 비구니승가에서 아들을 양육할 때 생길 수 있는 잠재적 문제들이 다시 전면에 등장했다.

두 비구니는 아이를 안고 〔그들이 죄를 지은 것인지〕 의심했다. 세존께서는 "범한 것이 아니다."라고 말씀하셨다. 두 비구니[56]는 아이와 같이 자고 나자 의심이 들었다. 세존께서는 "역시 범한 것이 아니다."라고 말씀하셨다.[57]

이 두 내용에서도 『사분율』에서 보았던 양육과 관련 있는 잠재적 문제들을 볼 수 있다. 하지만 『오분율』을 기록한 저자/편찬자들이

---

55 T.1421〔xxii〕 189c19-26(권29).

56 필자는 이 내용을 번역할 때 정관사를 사용해야 의미가 맞는다고 본다. 문맥에 따르면 이 두 비구니는 어머니와 조력자이다.

57 T.1421〔xxii〕 189c26-28(권29).

해석한 내용은 약간 다르다. 어머니가 된 비구니를 동행 비구니가 돕도록 허락했던 것을 보면 이것은 아마도 예상 가능했던 일인 것 같다. 어머니가 된 비구니만 아이와 함께 자는 것을 허락한 『사분율』보다는 훨씬 더 관대한 입장을 볼 수 있다.

더욱이 『오분율』에서는 모성애와 관련해 보기 드문 통찰력까지 볼 수 있다:

> 아이를 치장한 후, 〔이 비구니들은〕 같이 〔그를〕 즐겁게 해주었다.[58] 세존께서는 "그렇게 해서는 안 된다. 나는 너희들이 아이를 목욕시키고 돌보는 것을 허락한다. 너는 아이가 품을 떠날 〔나이가 되면〕 그를 비구에게 보내 〔출가〕할 수 있게 해야 한다. 그가 〔출가〕를 원하지 않으면 친척에게 보내 양육해야 한다."라고 말씀하셨다.[59]

『오분율』은 여기서 어머니가 된 비구니가 아들을 양육하는 책임을

58 이 표현은 불분명하다. 대정(Taishō)에는 변형 목록이 없다. 嗚은 일반적으로 '울다'(예: 새나 동물)이거나 "울리다"(예: 북)를 의미한다. 『Mathews' Chinese English Dictionary』에서 '후회하는 감탄사'(1943, s.v., wu[no.7167])라고 설명하는데 눈으로 보기에 비슷한 嗚을 鳴으로 이해해야 한다. 권위 있는 Morohashi 諸橋轍次도 같은 설명을 했다(〔1955~1960〕 1986, 2.4084.A1: 감탄하는 소리, 오호, 감탄사). 여기서는 슬픔이나 후회는 사용하지 않았기에 동사로 볼 수 있다. 두 문자(〔입+새〕, 〔입+까마귀〕)에서 새 이미지를 떠올리면 '꾸꾸 울다'로 번역할 수 있다. 비구니들은 분명히 아이에게 옷을 입히며 소란을 피웠을 것이다.

59 T.1421〔xxii〕 189c28-190a1(권29).

질 수 있게 전적으로 허락한 특정 기간을 묘사했다. 명확하지는 않아도 유아기 동안이다.[60]

이 율장을 기록한 저자/편찬자들은 어린 소년이 까마귀를 쫓아낼 수 있으면 출가할 수 있다고 말했다. 이 계에서는 출가 최소 나이가 각각 7세와 8세로 어린 소년 2명을 기준으로 언급했지만, 나이를 제한하지는 않았다. 계가 가진 이런 모호성은 심지어 더 어린 소년들이라도 '허수아비' 요건을 충족한다면, 승가에 어느 정도 도움이 된다면 출가를 허용했던 것이 화지부에서 시작되었을 수도 있다.[61] 보수적이면서도 잠정적으로, 어머니가 된 비구니가 아들을 7세 즈음에 비구승가에 출가시킬 수 있을 만큼 성장할 때까지 비구니승가에서 돌보았다고 결론 내릴 수도 있다. 이 율장은 비구니들이 출산하고 모유를 수유하는 것은 물론 공식적으로 출가할 수 있는 나이가 될 때까지 자녀를 양육할 수 있는 계를 제정했던 선례를 만들었다.

아이가 젖을 뗄 수 있게 되면 어머니는 여러 결정을 내려야 했다. 아들이 승가에 남아 어머니와 같이 있기를 원치 않으면 친척에게 맡겨야 했다. 이 상황은 아이가 법적으로 미성년자이면 본인이 결정할 수 없었을 것이고 어머니가 자연스럽게 결정했을 것이다.[62] 딸이면 그녀가 있던 바로 그 자리에 그대로 머물렀거나 젖을 떼기에 충분한 나이가 되면 친척과 살았을 수도 있다. 여기서는 승가에서 아이가

---

60 영장류와 다르게 인간이 이유식을 시작하는 나이대와 관련해서는 Dettwyler 1995, 45, 66 참조.

61 T.1421〔xxii〕 117a16-28(권17).

62 성년은 Fezas 2001 참조.

태어났다는 것을 법장부와 화지부를 통해 선명하게 살펴보았다.

승가에서 모성을 수용한 계율은 임신부에게 구족계를 주면 가벼운 죄라고 계를 제정한 바라제목차를 가지고 있는 부파에서 볼 수 있었다. 법장부, 화지부와는 달리 근본설일체유부와 대중부는 임신부에게 구족계를 주면 바라제목차에서 죄라고 제정할 정도까지는 아니라고 보았던 것 같다.[63] 그렇지만 설일체유부 십송바라제목차계본에서는 모성애가 문제라고 생각했던 것 같다. 과부가 된 우바이가 비구니승가에 출가한 후 임신 징후를 보이기 시작하자, 비구니들은 그녀가 성적으로 (부석설하게) 행동했다고 비난하며 승가에서 내쫓았다.[64] 하지만 이것은 오해였다; 이 여성은 출가 후에는 비구니로 독신 생활을 했다. 하지만 구족계 수계 때 이미 아이와 함께였다. 이런 상황에서, 율장을 기록한 저자/편찬자들은 출가하려는 여성들에게 2년 동안 식차마나 수행이나 수습 비구니 지위에 있도록 구성해서 붓다가 계를 제정하게 했다.[65] 붓다는 비구니들에게 말했다.

---

63 Nishimoto西本龍山 1928, 비교표 4.2(比丘尼波逸提法其二). Hirakawa平川彰 1998, 552. Waldschmidt〔1926〕 1979, 135, 제공(Pā61=Dha119=Mī116=Mū111=T87). Nanden daizōkyō 표 2(比丘尼戒本) 참조. 비구니는 남방상좌부, 법장부, 화지부 바라제목차(Takakusu高楠順次郎〔1936~1940〕)만 비교했다. 이 책에서 '21'로 번호를 정한 3쪽.

64 T.1435〔xxiii〕 326b5-14(권45).

65 Śikṣamāṇā(와 gurudharmas)는, 특히 이 지위가 생긴 기원과 많은 부파에서 이 지위는 어떻게 이해되고 실행되었는지 더 많은 연구가 필요하다. 순조로운 출발을 위해 Naoko Nishimura西村直子 1999 참조. 대중부에서 Śikṣamāṇā와 Śikṣādattaka(Clarke 2009a 참조)에는 직접적인 차용은 아니지만 비슷한 점이 있다(Clarke 1999, 118ff 참조). 특히 Naoko Nishimura西村直子 1999, 110에서

> 너희들은 이 비구니에게 그런 말을 〔해서는〕 안 된다. 이 비구니는 청정한 행을 깨뜨린 것이 아니다; 이 비구니는 이전에 재가자였을 때 임신한 것이다. 이제부터 나는 사미니(śrāmaṇerī)가 2년 동안 6가지를 수행하기를 허락한다. 〔그러면〕 임신했는지 아닌지 알 수 있다.[66]

이 결정은 2년이라는 수습 기간을 두어 임신한 여성에게 바로 구족계를 주는 상황을 방지한 것이다. 일단 계를 제정했으니 임신한 여성에게 구족계를 주는 것과 다르게 수계 비구니가 될 가능성을 줄여야 했다. 아마도 임신한 여성은 출가하여 2년 동안 식차마나로 훈련했을 것이다. 이 기간이면 임신을 확인하고 출산도 할 수 있었을 것이다. 이 2년 동안 독신 생활을 철저하게 했다면 임신한 여성이 구족계를 받는 일은 없었을 것이다. 임신부가 구족계를 '수계'하면 죄라고 제정한 법장부 바라제목차에는 식차마나가 없었거나 이 계를

언급한 바와 같이, 식차마나 지위는 나이와 관계없이 모든 여성에게 의무였던 것으로 추정하며 일부 연구자들이 말한 것처럼 어린 여성만을 위한 훈련 기간은 아니었던 것 같다(라모뜨에게는 실례지만, Lamotte〔1958〕 1988, 57). 『십송율(계 1번)』과 『근본설일체유부율(계 2번)』은 gurudharmas(비구니 8경법) 목록에서 이 2년을 언급하지 않은 것 같다. T.1435〔xxiii〕 345c8-18(권47) 참조; 『잡사』 T.1451〔xxiiii〕 351a1-25(권29). 『십송율』이나 『근본설일체유부율』과 나머지 율장에서 훈련 기간을 2년으로 제정한 것에는 큰 차이가 있는 것을 볼 수 있다.

66 T.1435〔xxiii〕 326b16-18(권45). 식차마나계를 도입한 이유를 분명하게 언급한 것은 『십송율』 뿐이다(Hirakawa平川彰〔1964〕 2000, 2:242-243; Sasaki佐々木閑 1999, 285 각주 11; Naoko Nishimura西村直子).

제정하기 이전에 이 계를 제정했을 것이다.[67]

식차마나나 바라제목차에는 승가가 임신한 비구니에게 보인 반응이 많지 않다.[68] 비구니가 된 어머니 문제를 해결할 수 있는 것은 한 가지였다; 어머니가 된 비구니와는 전혀 다른 것이다. 다음 절에서 살펴볼 것이다. 비구니승가에서는 임신한 비구니와 자녀 양육을 허용하기 위해 더 많은 협상과 계를 제정하는 것이 필요했을 것이다.

4. 어머니가 된 비구니

우리는 앞에서 임신부나 수유모가 비구니가 될 수 있었던 몇 가지 계를 논의해 보았다. 3장 5절에서는 굽따 비구니가 존자 우다인의 아들로, 아라한이 될 꾸마라 까샤빠를 낳은 이야기를 살펴보았다. 그렇다고 바라제목차가 임신한 비구니에게 어떤 편의를 제공했을 증거는 찾지 못했다. 승가에서 독신이 보여주는 중요성을 재가자가 보는 눈으로 인식했던 것을 승가에 투영하지는 않더라도 유지할 필요가 있다고 생각했다면 우리는 임신한 비구니를 허용한 계를 율장에서 찾을 수 있겠다고 기대하면 안 된다. 그러나 승가가 어떤 어머니들에게 문을 개방했다면 이 문은 닫기 어려웠을 것이다. 여기서는 출산한

67 또 다른 가능성은 경전을 기록한 저자/편찬자들이 이 명백한 불일치를 간과했다는 것이다.

68 설일체유부에 있는 식차마나계에서는 동행 수행자들이 독신을 위반했다고 생각해 그녀를 순순히 받아들이지 않았다; 우리는 이 비구니들이 임신한 비구니를 쫓아낸 것을 보았다.

비구니에게 육아를 허용했던 계를 살펴볼 것이다.

우리는 3장에서 존자 우다인의 아내, 비구니 굽따가 아들을 출산하고 양육한 내용을 살펴보았다. 이 굽따 이야기는 『십송율』에도 나온다. 여기서는 비구니 굽따를 자세하게 다루지는 않았다. 그녀는 이미 서사적으로 구족계를 받았던 것이 분명하다. 이 율장에 담긴 여러 이야기에 우다인과 굽따가 주인공으로 나온다. 굽따는 어디서는 우바이이고,[69] 어디서는 비구니이다.[70] 이 율장에는 굽따가 임신한 이야기가 두 번 나온다.[71] 굽따가 이미 구족계를 받았다고 분명하게 기록해 놓은 것이다. 비구니 굽따가 임신해서 생긴 육아 상황은 재가자일 때 임신해서 구족계를 받은 비구니에게 제공하는 육아 상황과는 다르다. 어떤 식으로든 비구니일 때 임신해서 생긴 육아와 관련 있다.

『십송율』을 보면 비구니 굽따는 출산했다. -여기서는 분명 아들(崛多生男兒)을 낳았다- 그녀는 이러지도 저리지도 못하는 난처한 상황에 직면했다. "내가 아들을 낳았다. 나는 이제 어떻게 해야 할까?"[72] 율장을 기록한 저자/편찬자들은 이 문제를 2가지 개별 이야기로 나누어 협상했다. 하나는 남성을 만지지 말라는 계를 굽따가 회고하는 장면으로 결정했다.[73] 다른 하나는 아들과 밤을 보내는 장면으로 결정

69 T.1435〔xxiii〕 28b9-c3(권4).

70 T.1435〔xxiii〕 43a26-b25(권6); T.1435〔xxiii〕 84b22-c13(권12); T.1435〔xxiii〕 344b29-c23(권47).

71 T.1435〔xxiii〕 43a26-b25(권6); T.1435〔xxiii〕 344b29-c23(권47). 3장 각주 144 참조.

72 T.1435〔xxiii〕 293a4-5(권40).

73 T.1435〔xxiii〕 293a4-8(권40).

했다.[74] 설일체유부 저자/편찬자들은 비구니와 아들일 때는 이미 제정한 계에서 예외를 두었다. 법장부, 화지부와 비슷한 방식으로 반응한 것이다.

설일체유부도 앞에서 논의한 법장부, 화지부가 판결했던 계가 함축했던 것처럼 많은 요점을 분명하게 드러냈다. 설일체유부에서는 어머니 비구니에게만 분명하게 예외를 적용했다: "다른 비구니들은 그를 만지면 안 된다. 만약 그를 만지면 죄를 짓는 것이다."[75] 더욱이 어머니 비구니에게도 이 예외는 아이가 젖을 떼기 전까지만이었다: "만약 〔아이가〕 어머니와 떨어질 수 있는데 어머니가 그를 만지면, 〔그녀는〕 부정을 범하는 것이다."[76] 이처럼 비슷한 예외를 허용했어도 잠자리를 준비하는 것에는 제한을 두었다: "만약 아이가 젖을 뗀 후에도 〔어머니가〕 〔아이〕와 함께 밤을 보내면 어머니는 죄를 짓는 것이다. 〔만약〕 다른 비구니들이 〔아들과 함께 밤을 보내면 이들은〕 바일제(pāyattika)를 범한 것이다."[77] 딸일 경우에는 비구니들이 같은 방에서 함께 잠을 자는 것이 죄를 짓는 것은 아니었다고 추측해 볼 수 있다. 여기서는 비구니가 낳은 자녀가 아들인 남성일 때만 문제가 되었다. 딸도 예외일 수 있지만 신중한 율사들이 이것까지는 문제 삼지 않았다.

마지막으로 이 설일체유부에는 넘어야 할 장애물이 하나 더 있다. 율사들은 어떤 단계에서 처음으로 비구니가 출산하는 일을 도우려고

---

74 T.1435〔xxiii〕 293a9-13(권40).

75 T.1435〔xxiii〕 293a7(권40).

76 T.1435〔xxiii〕 293a7-8(권40). 죄를 짓는 행위는 2장 각주 123 참조.

77 T.1435〔xxiii〕 293a12-13(권40). 이러한 유형을 가진 죄는 2장 각주 110 참조.

비구니승가를 인정했던 것이 아님을 깨달았다. 그래서 결국 율사들은 비구니승가에 임신부와 수유모를 위한 육아 공간까지 마련했다. 율사들은 바로 이 목적을 위해 공식적인 계를 제정했다.

> 세존께서 쉬라바스띠에 계셨다. 이때 〔비구니〕[78] 굽따는 아들을 낳고 생각했다. '세존께서는 "비구니는 하룻밤이라도 독방에서 밤을 보낼 수 없다. 비구니는 다른 비구니와 방에서 밤을 보내야 한다"라고 말씀하셨는데,[79] 이제 어떻게 하지?' 굽따는 이 일을 세존께 말씀드렸다. 세존께서는 이 일로 비구니들을 모아 놓고 말씀하셨다. "너희는 비구니 굽따를 위해 독방 〔배정〕을 공식적으로 해야 한다. 만약 이런 비구니가 더 있다면 이들을 위해 독방

---

78 굽따가 비구니였다는 것은 본문 후반부에서 확인할 수 있기에 의심할 필요가 없다. 이 단락은 승가 청중이나 독자가 이 비구니를 잘 알고 있었다는 것을 전제로 할 수밖에 없다.

79 이 표현이 흥미롭지만, 필자는 지금까지 이것을 정확히 추적할 수 없었다(특히 비구니가 방을 공유해야 한다는 부분). 이 이야기와 가장 비슷한 것은 까삘라(Kapila) 브라만의 딸인 비구니(*Bhadrā)가 언니가 사망했다는 소식을 듣고 언니의 남편 집에 갔다 온 후 제정한 계로 볼 수 있다. 그녀는 해가 질 때까지 법을 설한 후, 승가로 돌아가기에는 너무 위험하다고 판단해 그곳에서 하룻밤을 보내기로 했다. 그러나 홀아비는 이 의도를 오해했다. '이 비구니가 떠나지 않은 이유는 계를 지키지 않으려고 그런 것이다; 나는 언니를 대신해 그녀를 얻어야겠다.' 남편은 비구니에게 자신의 아내가 되어 자녀의 엄마가 되어달라고 말했다. 그녀는 너무 두려워 아무 말도 할 수 없어 그곳에 앉아 있었다. 그런데 한밤중과 새벽녘에도 이런 부탁을 받았기에 동이 틀 때 탈출했다. T.1435〔xxiii〕 307c15-308a8(권42).

〔배정〕을 공식적으로 다시 해야 한다."[80]

율장을 기록한 저자/편찬자들은 많은 것을 협상해서 붓다가 말하게 만들어 계를 제정했다. 우선, 산모와 아이를 위한 주거 공간을 비구니 승가에 마련했다. 비구니는 남자와 밤을 보내서는 안 된다는 계를 수정해서 아들을 낳은 비구니가 아들과 같이 지낼 수 있게 했다. 하지만 이렇게 하면 다른 비구니들이 아들과 주거 공간을 같이 사용하면서 더 심각한 죄를 짓게 되는 것이었다. 이 계는 이 부분을 충분히 생각해서 어버니인 비구니와 일반 비구니가 거주하는 공간을 분리해 배정했다. 게다가 굽따가 처한 상황으로 인해 제정한 이 계를 굽따로만 제한해 적용할 수도 없었다. 붓다는 이와 비슷한 상황에 있는 비구니라면 누구라도 똑같이 허락해 주어야 한다고 말해야 했다.

율장은 승가가 이런 경우에 사용하는 관용 표현을 자세히 기록해 놓았다. 잠재적으로 민감했을 주제를 율사들이 협상했던 내용도 추가로 확인할 수 있다. 이 내용은 조금 반복된다. 굽따는 자신이 처한 상황을 공식적으로 발표한 후 독방을 배정해 달라는 청원 방식 순서를 따라가며 말한다:

이 〔회합〕에서 한 비구니는 승가에 선언합니다. "거룩한 〔비구니〕, 승가는 들어주십시오! 이 굽따는 아들을 낳았습니다. 〔저에게〕 독방을 〔배정〕해 주시기를 공식으로 승가에 청원합니다. 만약

---

80 T.1435〔xxiii〕 293a14-19(권40).

승가에서 〔적절하다고 생각하는〕 시간이 되었다면 승인해서 비구니 굽따를 위한 독방 〔배정〕을 공식으로 수행하도록 승가는 승인해 주십시오. 이것을 알립니다. 〔이것은〕 백이갈마(jñapti-dvitīya karman)입니다.[81] 승가는 비구니 굽따에게 독방을 〔배정〕하는 공식 회합을 마쳤습니다. 승가는 침묵으로 동의합니다. 따라서 저에게 이 문제는 이로써 끝났습니다(받아 지닙니다)."[82]

이 갈마에서 알 수 있듯 비구니 굽따는 아들을 키울 수 있게 혼자 방을 사용해도 된다는 공식 승인을 받았다. 만약 비구니 굽따가 아이를 낳았다는 사실을 지금까지 몰랐다면 이제 확실히 알게 된 것이다. 그녀가 공개적으로 승가에 선언했기 때문이다. 게다가 승가는 그녀가 아들을 키울 수 있게 독방도 배정해 주었다.[83] 『십송율』을 기록한 저자/편찬자들은 비구니승가와 협상해 비구니이면서도 출산한 비구니에게 육아 공간을 확보해 주었다. 설일체유부 율사들은 육아와 이에 따른 모든 의무를 수행하게 될 비구니를 위해, 심지어 미래에

---

81 동의와 결의로 통과시키는 2부로 구성한 의사진행 방법.

82 T.1435〔xxiii〕 293a23-27(권40).

83 필자는 굽따가 임신한 상황이 문제가 안 된다고 말하는 것이 아니다. 다른 판본에 있는 이야기는 약간 다른 세부 내용을 설명하지만, 대체로 아이는 매우 성공한 비구 꾸마라 까샤빠로 성장한 것으로 보이며, 이 이야기는 심지어 아비달마(Abhidharma)에서 토론 주제로도 삼았다. La Vallée Poussin 각주(〔1923~1971〕 1971, 3:213 각주 5; Pruden 1988~1990, 2:751 각주 467) 참조. 『아비달마순정리론』 T.1562〔xxviiii〕 588c10ff. 이 가족과 꾸마라 까샤빠 인생에 대한 자세한 내용은 3장 5절 참조.

임신할 비구니를 위해 이 계를 공식적인 선례로 제정해 놓았다.

설일체유부는 근본설일체유부와 밀접한 관련이 있다고 한다. 어떤 연구자는 이 두 율장이 하나일 수 있다고 보았다.[84] 이것이 사실이든 아니든, 『십송율』과 『근본설일체유부율』이 왜 두 율장이 되었는지는 근본적으로 의문을 가질 수 있다.[85] 지금은 만족할만한 답변을 할 수 없다.[86] 지금까지 살펴본 것과 비슷한 계율이 『근본설일체유부율』에도 있는 것에는 주목할 가치가 있다. 이 율장은 서력기원 후 몇 세기 동안이라는 시대 배경과 인도 북서부 지역이라는 장소 배경을 가지고 있다.[87]

여기서도 비구니 굽따를 통해 육아를 관리하는 계를 제정했다. 굽따가 임신한 이야기를 잘 요약한 판본은 『잡사(Kṣudrakavastu; phran tshegs kyi gzhi)』나 『문집(Chapter on Miscellany)』에 있다.[88] 『근본설일체유부율』에서 볼 수 있는 내용은 『십송율』에서 볼 수 있는 내용과 매우 비슷하기에 여기서는 간략하게 다룰 것이다. 『잡사』를 기록한 저자/편찬자들은 내용 전체를 반복하지 않았다. 하지만 이것을 암시하며 굽따가 성관계를 하지 않고 어떻게 임신했는지 짧게 설명해

84 Enomoto 1998, 2000. 이 논문이 가진 단점은 Yao 2007 참조. Frauwallner 1956에 대한 비평에서 Tokuoka德岡亮英 1960, 초기 논의를 주목해야 한다. Wynne 2008은 거의 추가하지 않았다.

85 『근본설일체유부율』은 적어도 2본이 있었던 것 같다. Clarke 2011a, 2011b, 2012a, 아래 각주 138 참조.

86 Clarke 2010b 참조.

87 이 본문 연대는 1장 각주 122-133이 있는 본문 내용 참조.

88 비방가 참고문헌은 밑에 주 참조.

놓았다.[89] 일부 비구들이 이 설명을 받아들이기 어려워하면서도 암묵적으로 인정한 것을, "중생이 하는 행동이 성숙한 것인지 헤아리기 어렵다"라는 말로 결론 내린 것을 보면 알 수 있다.[90] 또한 저자/편찬자들은 비구니 굽따가 자녀를 양육한 방법도 설명해 놓았다:

> 결과적으로 굽따는 임신하여 꾸마라 까샤빠를 낳았다. 그러자 비구니 굽따는 감히 그를 만지지 못했다. 그러자 아이가 울었다. 굽따 친척들은 "아이가 왜 웁니까?"라고 물었다. 어떤 비구니들은 이 말을 듣고 침묵을 지켰다; 어떤 비구니는 "세존께서는 〔비구니가〕 남자를 만지면 안 된다는 계를 제정하셨습니다. 그러므로 굽따는 감히 다가가지 못하고 아이는 이것 때문에 울고 있는 것입니다."라고 대답했다. 친척들은 "세존께서는 아주 자비로운 분이십니다; 자기 아들을 만지는 것을 어떻게 허락하지 않으시겠습니까? 만약 어머니가 아이를 만지지 못한다면 아이가 어떻게 살아남겠습니까?"라고 대답했다.[91]

---

89 『잡사』 sTog, *'Dul ba*, THA 213b3-4; T.1451〔xxiiii〕 360b4-6(권31). 여기에서 '정액'에 대한 용어는 不淨(문자적으로 '불순한')이다. 이런 의미는 율장 문헌에서 자주 볼 수 있다. 티베트어본에는 gcin '소변'이 있다. 이 문장이 암시하는 것은 비방가 전체 판본에서 티베트어본(적어도 스도그(sTog)에서는)는 khu ba이고 한역본에서는 精이다. 둘 다 '정액'을 의미한다. 비방가는 sTog, *'Dul ba*, CHA 7b6-7; T.1442〔xxiii〕 722a6-7(권18) 참조.

90 각주 140-147이 있는 본문 내용 참조.

91 『잡사』 sTog, *'Dul ba*, THA 213b4-7; T.1451〔xxiv〕 360b6-10(권31).

비구니들은 이 조언을 칭찬했다.[92] 비구니들은 이것을 비구들에게 말했고 비구들은 이것을 붓다에게 말씀드렸다. 붓다는 "자기 자식은 만져도 된다. 잘 키우기 위해 품에 안는 것은 잘못이 없다"라고 말했다.[93] 여기서 한역본은 산스크리트본이나 티베트어본보다 구체성과 정확성이 부족해도 비교적 명확하다. 티베트어본은 다음과 같다: "그가 먹게 해야 한다. 그를 양육해야 한다. 그를 키워야 한다."[94] 티베트인들은 비구니가 단순히 마음만 먹는다고 해서 할 수 있는 일이 아니라고 설명했다; 붓다는 비구니에게 아들을 만지고, 먹을 것을 주고, 간호하고, 양육할 수 있는 권한을 주었다. 아들을 출산한 비구니는 남성과 신체 접촉을 하면 안 된다는 계를 지켜야 하기에 잘못된 두려움으로 아들을 방치하면 안 되었다.

이 계는 일반적으로 그랬듯 익명으로 처리된 재가자들이 비난해서 제정한 것이 아니다. 여기서는 굽따가 육아를 태만하게 한다고 친척들이 비난한 것이다. 아이가 울면 굽따 친척들은 아이가 왜 우는지 물었다. 이제 막 아들을 낳은 비구니가 있다.[95] 아마도 여성 재가자들인

---

92 sTog, *'Dul ba*, THA 213b7; T.1451〔xxiv〕 360b10(권31).

93 T.1451〔xxiv〕 360b11-12(권31).

94 sTog, *'Dul ba*, THA 214a1-2.

95 『잡사』에서 암시한 내용은 붓다가 다음과 같이 말하도록 만들었다: "비구들아, 이 비구니는 바라이를 범하지 않았다. 이 비구니를 숨겨진 장소로 보내야 한다(한역본은 칸막이 방 "屛室"). 너희들은 그녀를 돌보지 않고 내버려 두어서는 안 된다. 꾸마라 까샤빠라는 아이가 태어난 후 그는 내 가르침에 따라 모든 불순물을 제거하고 아라한과를 얻은 후 수행자 꾸마라 까샤빠는 으뜸이 될 것이다. …" sTog, *'Dul ba*, CHA 8a5-b1; T.1442〔xxiii〕 722a15-18(권18). 출산은 숨겨진

것 같다. 굽따 친척들은 굽따가 출산했다고 비난하지 않았다. 오히려 아이를 돌보지 않고 내버려 둔 상황을 비난했다. 굽따 친척들은 육아와 관련해 비구니들에게 조언했다. 비구니들은 이 조언을 듣고 칭찬한 후 붓다에게 말했고 붓다는 계를 제정했다.

다른 율장에서 볼 수 있는 내용과 일치하는 『근본설일체유부율』도 비구니가 아들을 양육할 수 있게 2가지 계를 제정했다. 아이에게 음식을 주고, 간호하고, 키워야 한다는 말을 비구니들이 듣고 모든 비구니가 무릎에서 무릎으로 아이를 보호했다. 하지만 아이는 쇠약해지고 성장을 멈추었다. 굽따의 친척들이 다시 나섰다. 붓다는 "비구니는 다른 사람의 아이를 만지면 안 된다; 만약 비구니가 다른 사람의 아이를 만지면 비구니는 법이 지배하는 것을 위반하는 죄를 짓게 되는 것이다"[96]라고 말했다.

붓다가 비구니는 남성과 주거 공간을 같이 사용하면 안 된다고 말했기에 굽따는 아들을 밖에서 재웠다. 친척들은 아이가 우는 소리를 듣고 굽따에게 무슨 일이 있냐고 물으며 다시 질책했다. 또 붓다에게 말씀드리자 붓다는 굽따에게 아들과 한 지붕 아래서 자도 된다는 허락을 받는 비구니승가 공식 결의(sdom pa)를 요청하라고 말했다.[97] 비구니승가는 이것을 승인해주고 전체 절차를 마무리했다. 비구니 굽따가 아들과 같은 방을 사용해도 된다고 허락받았던 것은 다른

장소(pratigupte pradeśe)에서 하는 승가에서 할 수 있는 많은 일 중 하나이다. 2장 각주 105 참조.

96 『잡사』 sTog, *'Dul ba*, THA 214a2-6; T.1451〔xxiv〕 360b13-17(권31).

97 아래 각주 100 참조.

비구니들과 같은 장소에서 자도 된다는 의미였다. 하지만 아들이 성장하면 어머니와 방을 공유하는 상황이 되기에 계를 범하게 된다.[98]

아들을 돌보는 방법이 서투른 굽따가 그녀의 친척들로부터 자주 질책을 받는 흥미로운 내용은 다른 율장에서 볼 수 없고, 『근본설일체유부율』에만 있다. 굽따는 밤에 아들 꾸마라 까사빠를 밖에 두었다.[99] 굽따 친척들은 아이가 우는 소리를 들었다. 이런 일이 어디서 일어났던 것인지는 불분명하다. 장소를 특정하지는 않았는데 비구니승가라고 볼 수 있다.[100] 이 모든 일이 비구니승가에서 일어났다면 우바이들도 비구니승가에서 살았던 것인가? 비구니승가가 굽따 친척들 집과 너무 가까워 아이 우는 소리를 들을 수 있었던 것인가? 지금은 이런 질문에 대답할 수 없다. 이것은 재가와 승가 관계에서 인도 승가가

---

98 sTog, *'Dul ba*, THA 214b2-216a5; T.1451〔xxiiii〕 360b25-c28(권31). 구나쁘라바 자서 주석에 이 논의가 있는데, 편의상 Jyväsjärvi 2011, 563 참조. 비구니가 아들과 함께 장마철을 보내게 되어 근친상간한 이야기는 『앙굿따라니까야』(Hare〔1934〕 55-571) 참조.

99 한역본에서는 분명히 밤이었다.

100 한역본에 따르면 굽따는 '〔그녀의〕 아이와 같은 방에서 하룻밤을 함께 보낼 수 있도록 청한다(與子同室宿羯磨).' 티베트어본에서는 더 짧은 형식인 bu dang lhan cig khang pa gcig tu nyal ba'i sdom pa라고 말했다. 티베트어 sdom pa는 '묶다'라는 동사에서 유래했는데 '해결'이나 '허가'를 의미한다(Kisher-Pülz 1992, 369, 산스크리트 saṃvṛti(덮다, 은폐) 번역으로 sdom pa 참조, Kishino岸野亮示 2011 참조). 티베트어가 khang pa '집'을 제공한다는 점에 유의한다. 필자는 한역본 室 '방'으로 번역했다. 티베트어본과 한역본에서 판결한 것은 원래 계율 용어를 따랐다고 본다. 비구니는 남자와 같은 집/방에서 자면 안 된다. 이 문장은 '한 지붕 아래'로 번역하는 것이 가장 좋다.

도시에 있었는지를 추가로 살펴볼 수 있는 주제이므로 고려해 볼 가치가 있다.[101]

지금까지는 1장 3절에서 언급했던 내용으로, 불교에 부파 분열이 있었다고 추정하여 한쪽 흐름에서만 유래했다고 주장한 율장들만 다루었다.[102] 우리는 부파불교 이전 시대로 돌아갈 수 있다는 근거로 승가에서 허락했던 모성과 관련 있는 이런 계율을 제정했던 고대 제도를 받아들일 것인지 결론 내리라고 여전히 강요받을 것이다. 하지만 승가에서 아주 최소한도로 모성을 허용했던 상황은 지금까지 살펴본 부파 전체에서 볼 수 있었다. 종파를 뛰어넘은 이해라고 볼 수 있는 것이다. 어느 한 부파에만 국한되었던 것이 아니다.

지금부터는 『마하승기율』에서 볼 수 있는 꾸마라 까샤빠 이야기를 살펴볼 것이다. 약간 다른 맥락이지만 대중부가 기록한 율장에도 꾸마라 까샤빠가 출생한 이야기가 있다. 시작은 전체 번역이 가능할 정도로 짧다:

> 당시 쉬라바스띠에는 임신은 했지만, 아직 출산하지 않은 두 자매가 있었다. 이들은 집에서 〔재가자로〕 〔세존이 가르치는 것을〕 믿고 〔종교적〕 길을 따르려고 출가했다. 다른 비구니들이 이 자매의 배를 보고 쫓아냈다. 이들은 세존께 가서 이 일을 말씀드렸다. 세존께서는 "이들은 집에 있었을 때 〔재가자로〕 임신했다; 죄가

101 비구니승가가 도시에 있었다는 것은 Schopen 2008a, 2008b, 2009 참조.

102 1장 각주 99-121이 있는 본문 내용 참조. 고등비평원리와 관련해 유보적 표현을 언급한 것은, 1장 각주 109 참조.

없다."라고 말씀하셨다. 이 비구니 가운데 한 명은 나중에 꾸마라 까샤빠라는 아들을 낳았다. 그는 여덟 살이 되었을 때 종교적인 길을 가려고 출가했으며 아라한이 되었다.[103]

비록 처음에는 다른 비구니들에게 쫓겨났어도 두 자매는 구족계를 받았다. 이들을 비구니(bhikṣuṇī; biqiuni)라고 말한 것에서 알 수 있다. 승가에서 이들이 가진 위치를 의심할 필요가 없는 것은 붓다가 한 말로 울려 퍼졌다: "이들은 집에 있을 때 〔재가자로〕 임신했다; 죄가 없다." 다른 율장에서 보았듯, 여기서도 두 자매가 구족계를 받은 후 임신 징후를 보이자 비구니들이 두 자매가 부적절하게 행동했다고 생각해 이들을 쫓아낸 상황에 의미가 있는 것이다. 붓다가 이 비구니에게 죄가 없다고 말한 것은 임신한 상태에서 비구니가 된, 이제 어머니가 된 비구니는 아무 죄도 짓지 않았다는 것이다. 하지만 이들이 구족계를 받았다고 해서 죄가 없는 것은 아니다.—여기서 문제 삼지 않았을 뿐이다. 『마하승기율』에서 꾸마라 까샤빠가 이름 없는 비구니에게서 태어났다고 한 이야기에는, 대중부에서도 비구니가 임신부일 때 구족계를 받았다면 승가에서 출산을 허용했을 것이라는 의미가 담겨 있다.

이와 관련해 간략히 살펴보아야 할 내용이 대중부에 하나 더 있다. 이 이야기는 한역본과 대중부-설출세부 비구니율[104]로 알려진 산스크

---

103 T.1425〔xxii〕 380a24-28(권19). 여기서 제정한 계는 임신부 수계와 관련 없고 물놀이와 관련 있다.

104 T.1425〔xxii〕 536a15-28(권39); Roth 1970, 247(§216). 한역본 영어 번역은

리트본에 있다. 비구니 깔리(Kālī)는 왕실 소속 장관의 아내 수딘나(Sudinnā)를 출가시켰는데 그녀가 임신한 것으로 밝혀졌다. 비구니들은 그녀를 내쫓자고 했다.[105] 이것을 붓다에게 말씀드렸다. 율장을 기록한 저자/편찬자들은 그녀가 출가하기 전 성적인 만남이 있었다고 주장한 말을 옹호했다.[106] 붓다는 다음과 같이 말했다:[107]

> 만약 이와 같다면 그녀에게 지금 구족계를 주어서는 안 된다;[108] 그녀가 출산할 때까지 기다려야 한다. 만약 그녀가 딸을 낳는다면 산실을 나오자마자[109] 구족계를 주어야 한다. 만약 그녀가 아들을 낳는다면 아이가 젖을 뗄 수 있을 때까지 기다렸다가 구족계를 주어야 한다. 친척이나 자매가 말하길, "이 아이를 우리에게 주십시오; 우리가 이 아이를 키울 것입니다." 이런 경우라면 〔즉시〕

Hirakawa平川彰 1982, 311-312 참조. Roth 연구를 프랑스어로 번역한 것은 Nolot 1991, 267-268 참조.

105 임신한 비구니를 정체 모르게 추방한 것과 관련한 다양한 문제는 Clarke 2008 참조.

106 Roth 1970, 247(§216); T.1425〔xxii〕 536al 7-20(권39).

107 인도 판본은 upa√sthā 동사를 사용했는데, Nolot은 이를 'prendre en charge'로 번역했다. 그러나 한역본은 일관되게 與受具足이라고 했는데, 이것은 의심할 여지 없이 upa-saṃ√pad를 번역한 것이다. Nolot 1991, 393-395, 이 두 동사가 같은 의미라고 보았다. 같은 형태는 『팔리율』에서도 볼 수 있다. 위 각주 24 참조.

108 Lit. '아직(未)'

109 Lit. 'grass-mattress'는 草蓐. 蓐은 분명 출산과 관련 있다. Morohashi諸橋轍次〔1955~1960〕 1986, 9.31660,5: 산실産室 '출산실, 분만실' 참조.

구족계를 주어야 한다.[110]

대중부-설출세부에서 취한 입장도 다른 율장을 기록한 저자/편찬자들이 취한 입장과 다르지 않다. 히라카와(平川彰)나 다른 연구자들이 언급했듯, 이 율장에는 임신부가 구족계를 받으면 죄를 짓는 것이라고 말한 바라제목차가 없다.[111] 그러나 여기서는 임신부에게 구족계를 주어서는 안 된다고 분명하게 밝혀 놓았다. 하지만 다른 부파에 속한 율사들은 비구니가 아들을 낳은 것과 관련해 모호한 입장이거나 단지 있는 그대로만 드러냈다. 이 율장은 아들과 딸을 다루면서 간단하게 결론 냈다. 이 부파 율사들은 비구니가 되려는 수계 후보자(이미 '출산한' 여성)가 아들을 낳으면 구족계를 즉시 받지 못하게 계를 제정했다; 아들이 젖을 끊을 때까지 기다려야 한다고 말했다. 이것이 정식 구족계 수계 방법이다. 이것은 비구니승가에서 식차마나나 수습 비구니로 남아 아들을 키울 수 있다는 의미일 수도 있다. 또 가족이 아들을 양육하겠다고 하면 갓 출산한 산모는 즉시 수계가 가능했다. 딸을 낳았다면 수계는 전혀 지장이 없었다. 출산하자마자 구족계를 받을 수 있었다.[112]

임신부나 갓 출산한 산모에게 구족계를 주는 대중부 입장은 지금까지 살펴본 율장 가운데 가장 엄격했다. 이것은 계율과 관련해서는

110 T.1425〔xxii〕 536a20-24(권39).

111 위 각주 63 참조.

112 한역본에 따르면, 그녀가 산실을 떠날 때이다. 쁘라끄리뜨(Prakrit) 판본에서는 Nolot 번역(1991, 268)을 사용하여 'la chambre'라고 했다.

느슨하다고[113] –이것은 잘못된 것처럼 보인다– 비난받아 온 대중부와 관련해 무언가를 알 수 있는 것이다. 대중부가 가장 엄격했다: 아들을 갓 출산한 어머니는 아들이 젖을 뗄 때까지 구족계를 받을 수 없었다. 그러나 이 계는 임신부에게 구족계를 줄 때만 적용했다. 이미 구족계를 받은 비구니가 임신했을 때 적용했던 계가 아니다.[114]

법장부, 화지부, 근본설일체유부 율장과 달리 『팔리율』은 임신부와 수유모에게 구족계를 주면 죄를 짓는 것이라는 계를 제정했다. 이런 계율을 제정했기에 모성 전통 자체를 어떻게 다루었는지는 잘 파악할 수 없다. 비방가에서 팔리 바라제목차(pātimokkha; Skt. prātimokṣa)가 말한 입장은 분명하다: 비방가에서는 이 여성이 '임신'하지 않았거나 '젖을 빨게 하는' 것이 아니면 이 여성에게 구족계를 주는 것이 죄를 짓는 것은 아니라고 말했다.[115] 그러나 『사분율』과 달리 『팔리율』과 『오분율』은 이런 견해를 통합해서 수정하지 않았다. 법장부 율사들은 임신부나 수유모 수계와 관련한 계를 수정하여 비구니가 알면서도 이런 여성에게 구족계를 주면 죄를 짓는 것이라고 확정했다.[116] 그러나 남방상좌부와 화지부 의견은 anāpattis(문자상으로는

---

113 Nattier and Prebish 1977 참조.

114 필자는 육아를 지원하거나 별도 주거 공간을 제공하거나 아들과 침실을 공유할 수 있게 특별히 허락한 내용이 대중부와 비슷한 것을 다른 율장에서 찾지 못했다.

115 BD 3:361-363; pācittiyas(바일제) lxi-lxii.

116 T.1428〔xxii〕 754c2-3(권27); T.1428〔xxii〕 755a5-6(권27). 『사분율』에는 임신부와 수유모 수계와 관련 있는 계가 있다. 율장에 있는 이런 계와 관련한 참고문헌은 Hirakawa平川彰 1998, 551-553 참조. 『근본설일체유부율』은 상황

죄가 아니다)라는 계를 제정한 초기 층에 속한다고 볼 수 있다.[117] 법장부와 달리 남방상좌부와 화지부 율사들은 이후에도 이 계를 수정해 통합하려 하지 않은 것 같다.[118]

이 계율을 확립한 시대나 장소에 상관없이 남방상좌부 입장도 대부분 다른 율장과 같다: 만일 임신부나 수유모에게 구족계를 주었다면 이 수계는 그대로 유지되었다. 여기서 가벼운 죄를 지은 사람은 구족계를 받은 비구니가 아니라 구족계를 준 비구니이다. 이것은 임신부나 수유모가 구족계를 받으면 죄라고 분명하게 드러내 금지하지 않으면서 대조적으로 구족계를 준 비구니가 죄라고 규정한 계율이 가진 의미이다.

『팔리율』을 더 깊이 파고들면, 이 부파도 틈새를 빠져나와 임신부가 구족계를 받은 비구니가 될 수 있게 수계를 실제로 허락했음을 알 수 있다. 호너(Horner)가 번역한 『팔리율』에 이 내용이 있다.

이 복잡하다. 『근본설일체유부율』은 수유모와 관련 있는 계가 아니라 임신부가 출가(수계 아님)하는 것과 관련한 계만 있다. 그러나 티베트어본 『Vinaya-vibhaṅga』에서 계를 최초(그리고 유일하게)로 공식화한 부분에는 이미 '알면서(shes bzhin du)'라는 용어가 포함되어 있다; sTog, *'Dul ba*, NYA 381b5-6. 『Ārya-sarvāstivādi-mūla-bhikṣuṇī-prātimokṣa-sūtra-vṛtti』에는 알면서 출가하면 죄를 짓는 것이고 알지 못하면서 출가하면 죄를 짓는 것이 아니라고 했다. Peking, bstan 'gyur, *'Dul ba'i 'grel pa*, (vol. 122) DZU[DSU] 143b3-4. 한역본에는 '알면서' 한다는 언급이 없다. T.1443〔xxiii〕 1006a2(권18).

117 anāpatti(죄가 아니다)와 관련 있는 시대는 공식적으로 '더 아래'로 내려갈 것이다. von Hinüber 1996, 14 참조.

118 율장에서 볼 수 있는 다양한 시대 구분 층에서 결론 내린 것을 비교하는 연구가 있었으면 한다.

그때 이미 어떤 여인이 임신하여 비구니들에게로 나아갔다. 나아간 후 아이를 낳았다. 이때 이 비구니(bhikkhunī)는 생각했다: "이제 이 아이를 어떻게 해야 할까?" 이들은 이 일을 세존께 말씀드렸다. 세존께서는 "비구들이여, 나는 그녀에게, 그녀가 결정권을 가질 때까지 몇 년 동안 아이를 돌볼 수 있도록 허락한다〔anujānāmi〕."라고 말씀하셨다.[119]

여기서 어떤 비구니는 분명히 비구니(bhikkhunī)로 확인할 수 있다. 이 비구니는 임신했을 때 출가했고 비구니가 되어 출산했다. 여기서도 앞에서 살펴본 것처럼[120] 이 비구니가 의무적으로 식차마나로 2년간 훈련을 하지 않았거나 서술적으로 이 수습 기간을 아직 확립하지 못했던 시기라고 결론 내려야 할 것 같다. 일부 율장에서는 붓다에게 이모이자 계모인 마하쁘라자빠띠가 비구니승가를 설립하는 조건으로 받아들였다고 전하는 비구니 8경법이나 구루다르마(gurudharma)를 통해 식차마나 수습 기간을 요구했다. 일부 구루다르마에는 이미 제정되어 있었지만,[121] 수습 기간을 2년으로 정한 계는 꽤 늦게 도입한 것 같다.[122]

『팔리율』을 기록한 저자/편찬자들은 비구니에게 자녀 양육을 '허

119 BD 5:385; Vin 2:278-279.

120 4장 각주 61-68에 있는 본문 내용 참조.

121 BD 5:354 각주 2 참조.

122 이것은 Hüsken 1997, 258에서 『팔리율』과 관련해 언급했다. 비구니승가 설립은 von Hinüber 2008a, Anālayo 2008 참조. 비구니승가 설립과 붓다 어머니에 대한 은혜는 Ohnuma 2006 참조.

용'하는 양보가 아니라 이들에게 그렇게 하도록 명령하는 직접 명령(anujānāmi, "나는 허락한다/명령한다")을 붓다가 말하게 했다.[123] 저자/편찬자들은 추가 판결도 2가지 제시했다. 하나는 "나는 아들과 둘이서만 살 수 없다. 다른 비구니들은 아들과 살 수 없다"라는 상황을 그녀가 깨달았을 때, 붓다는 어머니가 된 비구니에게 동행(dutiyaṃ)을 지정해 주었다.[124] 다음 내용은 그녀가 무엇을 허락받았는지 의심하는 동행 비구니(dutiyikā bhikkhunī)가 주인공이다. 붓다는 동행 비구니에게 "이 아들과 같은 지붕 아래서 자는 것 이외에는 아들이 다른 남자에게 하는 것처럼 하면 된다"라는 계를 제정해 주었다.[125] 『팔리율』에 따르면, 동행 비구니는 이제 막 아들을 출산한 비구니에게 동행 자격으로 남성과 같은 지붕 아래서 자면 안 된다는 계를 면제받은 것이다.[126]

---

123 4장 각주 37-38이 있는 본문 내용은 nu√jñā 번역에 관한 것이다.

124 비구니가 한 진술은 BD 5:385 참조; Vin 2:278.31-.33. 붓다가 승인한 것은 Vin 2:278.35-279.1 참조. Horner는 다음과 같이 번역했다: "비구들이여, 한 비구니가 동의한 후 그녀가 이 비구니에게 동행이 되는 것을 허락한다." 다시 말하지만, 여기서 '허락'은 아마도 '승인' 또는 이와 비슷한 의미로 수정해야 한다. 이런 다음 『팔리율』은 계속해서 승가가 해야 할 행동을 자세히 설명한다. 이 세 구절에 대한 초기 번역은 Rhys Davids and Oldenberg[1882~1885] 1996, 3:364-365 참조; 그러나 Rhys Davids와 Oldenberg는 gabbho vuṭṭhāsi(Horner, '그녀는 아이를 낳았다')를 '그녀 자궁이 그녀 안에서 움직였다'로 번역했다.

125 BD 5:386; Vin 2:279.15-.17.

126 Horner가 번역한 BD 5:386 각주 1에서 말한 것처럼, 5세기(?) 『팔리율』 주석서인 『사만따빠사디까』에는 어머니-즉, 비구니인 어머니-가 그를 목욕시키고, 먹이고, 입힐 수 있다는 것이 추가되어 있다(Sp 6:1295.23-.24).

『팔리율』에서도 다른 율장이 말했던 증언과 모순되기는커녕 이와 같은 것을 확인할 수 있었다. 지금까지 살펴본 모든 율장은 승가가 모성을 대할 때 입장이 단순하지 않았다. 그 이상이었다. 필자도 6대 광율이－법장부, 대중부, 화지부, 근본설일체유부, 설일체유부, 남방상좌부－ 승가에 흩어져 있는 단편적인 기록 이상을 담고 있는 유일한 기록들이라는 것에 동의한다. 승가에서 자녀를 양육한 비구니와 승가에 있었던 어머니와 관련해 인도불교가 가진 태도를 현재 설명 가능한 범위 안에서 살펴보았다.[127]

5. 유모와 육아를 하는 비구니

이제 마지막으로 바라제목차를 검토해 볼 것이다. 티베트어를 영어로 번역한 이 계를 보면 어머니가 되는 것이 인도 승가에서는 적절치 않았다. 이 계는 티베트어본과 한역본이 있는 근본설일체유부 율장에서만 볼 수 있다.[128] 1884년 초에 록힐(W. W. Rockhill)은 프랑스어 번역을 "비구니가 아이를 양육하면, 등등. 〔고백해야 할 죄〕"[129]라고

---

127 다른 입장이 있을 수 있지만, 자료가 부족해서 Haimavatas, Vātsīputrīyas, Kāśyapīyas, Bahuśrutīyas와 같은 승가 부파는 언급할 수 없다.

128 Nishimoto西本龍山 1928, 비교표 4.3(比丘尼波逸提法其三).

129 이것이 비구니가 아이를 파는(vendre) 것과 관련 있는 계인 것을 믿을 수 없었던 Rockhill은 각주에서 언급했듯 단지 '아이를 팔면'으로 번역할 수 있는 bu hts'ong('tshong) na로 읽는 것을 의심했다. 'tshong(파는)이라고 읽는 것은 'tsho "키우다, 양육하다, 키우다"에 대한 필사筆寫 오류일 수 있다. Rockhill은 비방가를 읽을 때 bu len na(아이를 입양하면)에 주목하여 이를 rtse na(si

했다. 카르마 렉시 초모(Karma Lekshe Tsomo)는 영어 번역을 "만약 비구니가 아이를 양육하면 바일제를 범하는 것이다"라고 번역했다.[130] 초모는 비구니가 아이를 양육하면 죄라고 제정한 계율에 근거한 것 같다. 하지만 이것은 가벼운 죄이다. 율장에 이런 바라제목차가 있다고 해서 비구니가 아이를 양육하는 것을 막지는 않았을 것이다. 율장이 아닌 실제 관행에서는 더 말할 필요도 없었을 것이다. 그래도 이 계에는 주의를 기울일 필요가 있다.

초모가 'raises(올리다)'[131]; 'tshong 〔ba〕[132]라고 번역한 동사는 여러 형태로 변형되어 티베트어본 비구니 바라제목치에 기록되어 있다: 'to sell(팔다)'; 'tsho 〔ba〕[133] 'to nurish(영양을 공급하다)'; 'tshol 〔ba〕은 아마도 'to try to obtain(얻기 위해 노력하다)'라는 의미일 것이다.[134] 그러나 문제는 동사가 아니다. 오히려 누군가의 자녀를 팔거나 음식을 주거나 단순히 돌보기만 해서는 안 되는 것이 문제였을 것이다. 다행히 의정 한역본에는 이 계를 제정한 의도를 추가로 설명해 놓은 것이

---

elle amuse; 놀 때)라고 주석 처리했다. 그렇다면 이 계를 2가지로 번역해 볼 수 있다. Rockhill은 이것이 아이를 돌보는(soigner) 비구니계라고 말했지만, Tsomo는 아이를 '기르는' 비구니라고 말했다. 아이를 파는 것은 5장 각주 31-39가 있는 본문 내용 참조.

130 Tsomo 1996, 112(바라제목차, 109).

131 Tsomo 1996, 필자는 여기서 어떤 판본을 번역했는지 중요하게 생각하지 않는다.

132 Kawaguchi 사본, *'Dul ba*, CA 25a5; sNar thang, *'Dul ba*, TA/ 28b5(읽기는 불분명); sTog, *'Dul ba*, NYA 27a3.

133 sDe dge, *'Dul ba*, TA 20a1; Urga, *'Dul ba*, TA 20a1; lHa sa, *'Dul ba*, TA 27b1.

134 Co ne, *'Dul ba*, TA 21a2. Jäschke〔1881〕 1958, q.vv. 설명.

있다:[135] "비구니가 다른 사람의 아이(他核兒)를 돌보는(給養) 것이 어떤 것이든 〔그녀는 범하는 것이다〕 바일제를." 이 계는 동사를 어떻게 번역하든지[136] 비구니가 자신의 자녀가 아닌 다른 사람의 아이를 돌볼 때 어떻게 행동해야 하는지를 구체적으로 다룬 것이라고 보아야 한다.[137] 이것은 승가가 재가에 있는 아이를 양육하는 상황과 관련 있는 계이다. 비구니가 본인의 자녀를 양육하는 것을 반대한 계가 아니다.

『근본설일체유부율』에 있는 『근본설일체유부필추니비나야』를 보면 이 계가 정확히 어떤 의도로 어떤 행동을 억제하려고 했는지를 알 수 있다.[138] 비구니 스툴라난다(Sthūlanandā)는 탁발하러 갔다가

---

135 T.1455〔xxiv〕 515a24-25.

136 Waldschmidt〔1926〕 1979, 167에서 한역 給養을 독일어 동사 pflegen으로 번역했는데, 이것은 Rockhill이 soigner라고 한 것과 매우 가까운 것으로 보인다. Waldschmidt(같은 책)는 티베트어 'tsho를 독일어 nähren으로 번역했다: "W. f. e. Nein Kind nährt … ." sDe dge, *'Dul ba*, TA 20a1.

137 자신의 아이를 만지는 것은 죄가 아니라고 티베트어본 주석에 분명히 나와 있다. 구나쁘라바 자서 주석은 다음과 같이 읽는다: (Peking, bstan 'gyur, *'Dul ba'i 'grel pa*, 〔vol. 124〕 YU 40b4-5): gang gi bu la reg pa rjes su gnang ba'i phyir rang gi bu 'tsho ba la ni nyes pa med do //.

138 sTog, *'Dul ba*, NYA 398a3-399a7; sDe dge, *'Dul ba*, TA 297b1-145 298a7. T.1443〔xxiii〕 1010c11-1011a1(권19). 티베트어본과 한역본 사이에는 몇 가지 흥미로운 차이점이 있다. 이 계는 거의 연구하지 않은 『Ārya-sarvāstivādi-mula-bhikṣuṇī-prātimokṣa-sūtra-vṛtti』(Peking, bstan 'gyur, *'Dul ba'i 'grel pa*, 〔vol. 122〕 DZU[DSU〕 149b2-150a5)에서도 아주 세밀하게 찾아볼 수 있다. 이 판본과 관련해서는 Schopen 2004c 부록 참조. 우리는 이제 2종류 비구니계본에 『근본설일체유부율』 전통이 있는 것을 알게 될 것이다. 14세기

갓 출산한 산모를 만났다.[139] 이 초보 어머니는 아들을 어떻게 목욕시킬지 몰랐다. 그래서 비구니 스툴라난다에게 "귀한 분이여, 제 아들을 목욕시켜 주세요!"라고 부탁했다.[140] 스툴라난다는 "누가 나에게 보시

티베트에서 견문이 넓은 훌륭한 부톤(Bu sTon)은 티베트어본 『Bhikṣuṇī-vibhaṅga』와 『Bhikṣuṇī-prātimokṣa』가 일치하지 않는다고 보았다(Claus Vogel 1985). 두 판본 가운데 하나는 다른 부파에 속할 것이라고 보았다: 부톤(Bu sTon)은 우리가 현재 근본설일체유부 『Bhikṣuṇī-vibhaṅga』로 알고 있는 것을 근본설일체유부에서 만든 것이 아니라고 결론 내렸다. 그러나 부톤은 어쩌면 인도 근본설일체유부 전통(들)과 관련해 가장 믿을 만한 목격자에게 접근하지 못했던 것 같다: 의정. 근본설일체유부 『Bhikṣuṇī-vibhaṅga』 한역본인 『근본설일체유부필추니비나야』는 일반적으로 티베트어본 『Bhikṣuṇī-vibhaṅga』와 티베트어본 『Bhikṣuṇī-prātimokṣa』와 일치한다. Schopen 2004c, 181은 '비구니를 위한 근본설일체유부 계율과 관련해 얽혀 있는 공(문제들)'에 대해, "티베트어본 『vibhaṅga』와 한역본 『바라제목차』 … 근본설일체유부가 아닌 다른 출처에서 파생했기에 오히려 티베트어본 『Bhikṣuṇī-prātimokṣa』에 문제가 있다"라고 말했는데, 필자는 경솔하게 여기에 동의했었다(2006b, 319 각주 124). 이제 『근본설일체유부율』 최고 주석가인 구나쁘라바가 제시한 『Bhikṣuṇī-prātimokṣa』 계목 순서가 티베트어본 『Bhikṣuṇī-prātimokṣa』와 거의 완벽하게 일치한다는 점에서 티베트어본 『Bhikṣuṇī-prātimokṣa』 진위를 확인하게 되었다. 2종류 율장이 진위를 경쟁했지만 둘 다 『근본설일체유부율』이다. 이 자료에 근거해, 필자는 우리가 더는 『근본설일체유부율』을 단수로 말할 수 없다고 제안한다; 우리는 최소 2종류 근본설일체유부 율장을 갖고 있다(Clarke 2011a, 2011b). 이것이 근본설일체유부 비구니계본일 경우 특히 그렇다. 아직 확정적이지는 않지만, 비구계 관련 문헌에도 적용할 수 있는 자료가 추가되고 있다(Clarke 2012a; Emms 2012).

139 T.1443〔xxiii〕 1010c12-13(권19); sTog, *'Dul ba*, NYA 398a3-4.

140 sTog, *'Dul ba*, NYA 398a4-b1; cf. T.1443〔xxiii〕 1010c13-16(권19).

하겠습니까?"라고 대답했다. 갓 출산한 산모는 비구니에게 보살핌을 받는 육아 초보자였다. 산모는 그녀에게 개인 교사이자 보호자인 비구니에게 보시했다.[141] 스툴라난다는 발우를 옆에 놓고, 겉옷을 접고, 팔에 아이를 안고 잠시 흔들어 주었다. 비구니는 진흙과 따뜻한 물로 아이를 문지르고, 눈에 점안액을 넣고, 이마를 재로 표시하고 머리를 감긴 후 아이에게 꿀과 버터를 먹이고 침대에 눕혔다. 스툴라난다는 이런 일을 한 대가로 많은 보시를 받고 비구니승가로 돌아왔다.[142] 그러나 이 갓난아이를 돌봐준 것으로 비구니 스툴라난다는 같은 집을 방문할 다른 비구니에게 놀라운 영향을 미칠 선례를 남겼다.

저자/편찬자들은 여기서 희극적 만남을 위한 무대를 마련했다. 이런 유형은 율장 문학에서 드문 일이 아니다. 또 다른 경우, 붓다에게 이모이자 계모이며 비구니들에게는 수장인 비구니 마하쁘라자빠띠 가우따미가 보시를 받으려고 바로 이 집으로 갔다. 마하쁘라자빠띠가 보시를 청하자 이 어머니는 아이를 목욕시켜달라고 부탁했다.[143] 마하쁘라자빠띠는 놀랐다. "자매님, 저는 보살을 목욕시킨 이후로 다른 남자아이를 목욕시키지 않았어요. 자매님, 당신은 지금 덕성을 지닌 비구니와 이야기하고 있어요! 그런데 나에게 하녀가 하는 일을 하라고 하나요? 여하튼 자매님, 비구니가 남자아이를 목욕시키는 모습을

---

141 sTog, *'Dul ba*, NYA 398b1-2; cf. T.1443〔xxiii〕 1010c16-19(권19); Peking, bstan 'gyur, *'Dul ba'i 'grel pa*, (vol. 122) DZU[DSU〕 149b4-5.

142 sTog, *'Dul ba*, NYA 398b2-5; T.1443〔xxiii〕 1010c19-21(권19).

143 sTog, *'Dul ba*, NYA 398b6-399a1; cf. T.1443〔xxiii〕 1010c22-23(권19); Peking, bstan 'gyur, *'Dul ba'i 'grel pa*, (vol. 122) DZU[DSU〕 148b8-150a1.

어디서 보았거나 들은 적이 있나요?"[144] 이 산모는 스툴라난다가 이 아이를 목욕시켰다고 대답했다. 이에 붓다는 비구니가 다른 사람의 (아마도 재가자의) 아이를 돌본다면 죄를 짓는 것이라고 말했다. 비구니는 하녀가 아니다. 이런 일을 해서는 안 된다; 만약 비구니들이 이렇게 한다면 비구니들은 언제든지 도와달라는 요청을 받을 것이다; 그러면 아마도 비구니들은 보시를 받으러 어디든 갈 것이다. 이것은 해서는 안 된다.

예쉐 팔모(Yeshe Palmo)는, 비구니 카르마 케초 팔모(Karma Kechog Palmo; Mrs. Freda Bedi)가 세운 비구니승가(Tilokpur Nunnery)에서는 '비구니들'에게 어울리지 않게, "한밤중에 일어나 아이에게 기저귀를 갈아 주어야 했다"라고 말했다.[145] 『Ārya-sarvāstivādindi-mūla-bhikṣuṇī-prātimokṣa-sūtra-vṛtti』를 쓴 알려지지 않은 저자에 따르면 인도에서 비구니들은 재가자의 자녀를 양육하지 않았다. 목욕시키거나, 청소해 주거나, 옷 입혀주거나, 먹여주거나 다른 사람의 아이들과 놀아주지 않았다.[146] 그렇다면 이 율장이 말한 맥락은 초모가 한 번역을 인정하지 않는 것이다. 이 계는 비구니가 본인 자녀를 양육하는 상황을 금지했던 것이 아니라 비구니 본인 가족이 아닌 재가자 가족과 교류하는 방법으로 재가자 아이를 양육하거나 유모 역할을 하면 안 된다고

---

144 sTog, *'Dul ba*, NYA 399a1-3; T.1443〔xxiii〕1010c23-25(권19); Peking, bstan 'gyur, *'Dul ba'i* 'grel pa, (vol. 122) DZU[DSU〕150a1-3.

145 Havnevik 1989, 90. 아이들은 고아였거나 '음식을 먹을 수 있게 부모가 비구니승가에 보냈다'라고 묘사했다.

146 Peking, bstan 'gyur, *'Dul ba'i 'grel pa*, (vol. 122) DZU[DSU〕150a4-5.

금지했던 것과 관련 있는 것이다.

6. 결론

율장에서 모성과 관련 있는 내용을 살펴보면, 율장을 기록한 저자나 편찬자가 구족계를 받아 비구니가 되려고 자신을 승가에 던진 어머니나 임신부만이 아니라 어떤 경우는 비구니가 되어 임신한 자신을 발견한 비구니까지 예견했거나 마주했던 것을 볼 수 있다. 인도 승가에서는 임신·출산·육아가 큰 장애물은 아니었다. 율장을 기록한 저자/편찬자들은 승가가 보여줄 단체 이미지를 보존하는 방법에 관심을 기울여왔다. 임신부나 수유모인 비구니가 탁발할 때 경멸당하는 모습은 의심할 필요 없이 재가자가 지원을 끊게 만들 수도 있었다. 율장을 기록한 저자/편찬자들은 임신부나 수유모가 승가에 접근하는 방식을 강경하게 금할 수도 있었다. 하지만 임신한 비구니나 수유모인 비구니를 추방하면 더 신랄한 비판에 노출될 위험도 있었다. 율사들은 이것을 무시하기보다는 임신부나 수유모인 비구니에게 육아 공간을 승가 내로 제한한다는 계를 제정했다. 율사들이 실제로 이런 방식으로 문제를 해결했다면 아마 틀림없이 승가가 보여줄 이미지는 더 잘 통제할 수 있었을 것이다.[147]

이제 몇 가지 일반적인 의견을 제시할 수 있는 위치까지 왔다. 첫 번째는 인도불교 연구에서 바라제목차가 가진 유용성이다. 우리가

147 어머니를 은폐된 장소로 옮겨야 한다는 근본설일체유부(위 주 95) 입장에 유의해야 한다.

이미 보았듯, 일반적으로 바라제목차에 있는 계로는 인도 사람이 어떠했는지 거의 알 수 없다. 그런데 다소 역설적이게, 필자는 율장에 담긴 모성 시각을 연구하면서 중심으로 삼았던 것이 바로 이 문헌들이다.[148] 카르마 렉시 초모(Karma Lekshe Tsomo)는 법장부와 근본설일체유부가 기록한 『비구니바라제목차』를 연구한 서문에서 이 번역을 다음과 같이 정당화했다:

> 오늘날에도 수많은 여성 공동체는 마음 수행과 사회를 조직할 수 있는 기초를 구성해 놓은 비구니바라제목차를 활용할 수 있다. 이런 문헌을 번역하는 것은 단순히 학문만 실천하는 것이 아니라, 실천적인 면에서도 현대 세계에서 비구니승가 질서를 회복할 수 있고 지속할 수 있다는 것에 의미를 둘 수 있다.[149]

초모(Tsomo)는 이 바라제목차가 가진 중요성만 강조했지, 전통 자체로 전승된 맥락은 무시했다. 이런 접근 방식은 그 중요성과 의미까지 놓칠 수 있다. 초모가 번역한 바라제목차를 읽어보면 임신부나 수유모는 구족계를 받을 수 없다고 가정해 놓은 것을 알 수 있다. 이렇게 하면 적어도 인도 승가에서 출산과 양육이라는 의미에서 모성은 거의 설 자리가 없을 것이다. 이렇게 바라제목차만으로 한정해

148 Pachow〔1955〕 2000; Prebish〔1975〕 1996; Tsomo 1996; and Kabilsingh 1998. 바라제목차와 비방가 관계는 Schlingloff 1964, Schopen(2000a) 2004a, 12-13. 참조.

149 Tsomo 1996, x.

승가를 연구하면 이런 결론을 피할 수 없다. 그러나 모든 율장이 담고 있는 전통은 정반대였다. 초모가 틀에 박힌 서사적 맥락으로 연구한 바라제목차에, 율장을 기록한 저자/편찬자들은 비구니승가에서 아이를 출산한 비구니가 모유를 수유하고 자녀를 양육할 수 있다고 붓다가 계를 제정한 사실을 분명하게 밝혀 놓았다. 초모가 말했듯 '오늘날에도 수많은 여성 공동체가 마음을 수행하고 사회를 조직하는 일'에 관심 있는 사람들에게 생각할 시간을 주어야 한다. 분명히 인도 승가 연구를 위해 바라제목차가 가진 유용성을 재고해 보아야 한다.

율장이 기록한 임신부나 수유모 수계와 관련한 다양한 이야기에는 부파를 초월한 개방성이 들어있다. 이런 단서는 비구니가 임신했다는 것을 인지하고 승가에서 아이를 낳아 키울 수 있게 육아를 허락한 것에서 알 수 있다. 율장을 기록한 저자/편찬자들은 비구니에게 이 위치를 허락해 계로 제정했다. 그렇다고 비구니가 임신하고 출산하는 것을 율사들이 옹호했다고 말하려는 것은 아니다. 승가에서는–'승가'라는 용어가 여전히 유용하다면– 독신을 많이 강조했다. 계율은 비구니가 된 어머니와 어머니가 된 비구니에게 모두 적용했다. 승가에서 독신을 지키지 않은 것과 관련해 어떤 암시를 볼 수 있는 것은 비구니가 임신했을 때였다.

임신 초기에 있던 여성 수계나 수유모 수계와 관련해 계율을 제정했던 것은 다음에도 생길 일들이기에 미리 닦아 놓은 길일 가능성이 크다. 비구니승가에서 임신부와 수유모를 위한 자리를 협상하려면 피할 수 없이 받아들여야 했던 작은 단계들이 있었을 것이다: 어떤 비구니가 성폭행으로 희생되었을 때, 어떤 비구니가 육체적 유혹에 굴복했을 때, 결국 어떤 비구니는 임신했을 것이다. 이때 임신한 비구니는 의심할 필요 없이 이미 임신부에게 구족계를 주려고 제정해 놓은 계로 혜택을 받았을 것이다. 율사들은 비구니가 임신한 상태에 관심을 가질 수밖에 없었을 것이다. 율장에는 승가에서 임신한 비구니를 추방한 내용이 있다. 그렇다고 임신했다고 추방한 것은 아니다: 이 비구니가 독신을 지켜야 하는 계를 위반했다고 보았기에 추방한 것이다. 붓다는 이런 예외 하나를 제외하고는 '추방해야 할' 임신한 비구니가 이미 임신한 상태에서 구족계를 받았다서나 비구니 굽따처럼 '기적으로' 임신했다고 개입해, 이들은 죄가 없다고 선언했다.

율장에서 유일하게 추방했다고 알려진 임신한 비구니는 멧띠야(Mettiyā)이다. 비구니 멧띠야를 추방한 근거는 애매하다.[150] 멧띠야가 임신한 것을 언급하지 않은 남방상좌부에서는, 멧띠야가 비구에게 성폭행당했다는 거짓말로 결백한 비구에게 죄를 씌었다. 그러나 이 계가 가진 수수께끼는 다른 율장들에서는 비구니가 비구를 근거 없이 고발했다고 추방하지 않았는데 남방상좌부에서는 추방한 것이다. 멧띠야를 추방한 이유는 거짓으로 비구를 고발해 그런 것이 아니다. 멧띠야가 독신을 지켜야 하는 계를 위반했다고 유죄를 인정했기에 추방한 것이다.[151]

율장에 따르면, 수계 전 임신한 비구니는 승가가 허락하면 비구니로 있는 동안 승가에서 아이를 낳고 키울 수 있었다. 대조적으로

---

150 Clarke 2008, 115.

151 Clarke 2008.

오누마(Ohnuma)는 "구족계를 받기 전에 임신한 여성에게만 모성을 허락했다"라고 주장했다.[152] 하지만 율장에서는 비구니 굽따에 근거해 계를 제정했던 경우처럼 수계 후 임신한 비구니에게도 분명 육아를 허락했다.

기원후 초기 몇 세기 동안 인도 여성들에게 비구니라는 의미는 반드시 자녀를 포기해야만 선택할 수 있는 지위가 아니었을 것이다. 게다가 젊은 여성과 나이 든 과부에게만 국한된 종교적 선택도 아니었을 것이다; 이 시대 여성에게는 이러지도 저러지도 못하는 난처한 상황이 없었다; 이들은 리아 레이스(Ria Reis)가 연구한 동시대 라다키(Ladakhi) 여성들과는 다르게, '번식이나 은둔'인 경로를 배타적으로 생각하지 않았다.[153] 반면에 율사들은 승가에서 실패라고 볼 수도 있는 일을 종교적으로 성공한 일로 바꾸어 놓았다. 승가가 가진 대중적 이미지를 통제하기 위해서였을지라도 율사들은 비구니승가에서 임신·출산·육아와 관련 있는 계를 제정해 모성을 자매애로 통합할 때 마주할 수 있는 어려운 상황을 완화하는 방법까지도 찾아냈다.

---

152 Ohnuma 2012, 191-192; 원문에서 강조. 이 주장과 관련해 Ohnuma가 제시한 자료는 문제가 있다; 그녀는 위에서 논의한 비구니 멧띠야(Mettiyā)와 관련해 필자 연구를 인용했다. 멧띠야는 비록 임신한 비구니 가운데 추방당한 한 명이지만 승가에서 볼 수 있는 모성애와 관련한 계율 입장을 설명하는 자료가 전혀 아니기 때문이다.

153 Reis 1983.

제5장 재검토해 보는 출가

가족과 사이가 좋은 승가

우리는 인도에서 승가가 맺어온 가족 관계나 혼인 관계와 관련해 지금까지 들어왔던 많은 내용이 우리가 생각해 왔던 것과는 크게 다르며 극명하게 대조를 이루고 있었던 것을 앞에서 살펴본 연구 결과들로 알게 되었다. 기존 연구자들은 비구나 비구니가 문자 그대로 출가 고행을 선택했다고 이해했다. 속세를 떠나는 것도 비구나 비구니가 가족과 모든 관계를 단절하고 사회적으로 죽었다는 것을 수반하지는 않더라도 암시하는 정도로 받아들여 왔다. 그렇지만 이런 사례를 충분히 제시한 것은 볼 수 없었다. 훨씬 적게 입증한 것만 보았다; 이것은 주장하는 것과 수용하는 것 사이에서 중요한 단계를 놓쳤기 때문이다. 이 연구에서는 이것을 밝혀보려고 노력했다. 필자는 여기서 답할 수 있는 것보다 많은 질문을 했고 부분적으로는 답할 수 없음도 예상했다: 이 질문에는 실험하고 탐구하려는 의도를 담았다.

1. 자료와 관련한 생각

이 책 2장에서는 초기 금석문 자료에 기록된 기부 내용으로 출가한 비구나 비구니가 자신을 가족과 동일시했던 부분을 살펴보았다. 이런 외부 금석문 자료와 내부 율장 자료는 불교 '내부' 전통을 더 자세히 들여다볼 수 있는 자료들이다. 율장에는 비구나 비구니가 고행하면서도 가족을 만나거나 식사하러 집에 가서 하루나 며칠 머문 이야기가 있다. '집에서 길 위의 삶으로 나아간다'라는 말은 출가해서 승가에 합류했다는 뜻이지 다른 뜻이 있는 말이 아니다. 승가에서는 출가자들에게 가족 관계를 포기하라고 요구하지 않았다. 수딘나(Sudinna)와 다르마딘나(Dharmadinnā) 이야기에서 보았듯, 비구가 육체적으로는 어느 정도 가족과 떨어진 삶을 선택했지만, 승가에서는 출가자에게 육체적으로나 심리적으로나 가족과 단절하라고 종교적으로 엄격하게 요구하지 않았다. 어떤 상황에서는 비구가 되었어도 계속 집에서 생활했다. 승가에는 부모와 자녀들이 같이 출가한 예도 있기에 고행하는 삶이 반드시 가족이 없는 상태는 아니었다. 우리는 비구나 비구니가 가족을 위해 공덕을 쌓는 기부에 계속 관심을 보인 것을 금석문으로도 확인했다.

3장에서는 다소 모호한 호칭으로 '전' 아내라고 부르면서 비구가 되기 '이전' 생활과 관련해서는 아내 외에 어떤 내용도 언급하지 않은, '전' 아내가 유혹하자 넘어간 노비구 이야기를 살펴보았다. 율사들은 비구들에게 아내가 가진 여성적 매력을 조심하라고 경고는 했어도 '전' 아내와 만나면 안 된다거나 하룻밤을 함께 지내면 안 된다는 계는 제정하지 않았다. 우리는 비구가 자녀들에게 혼인을 주선한 이야기도 주목해 보았다. 여기서도 출가해 '떠난' 수행자가 아내와 가족을 계속 만났고 가족과 관련한 전통적 의무도 진지하게 받아들였던 것을 볼 수 있었다. 더욱이 비구나 비구니가 재가에서 혼인하는 일에 개입했다는 사실을 '내부' 율장 밖인 산스크리트 희곡과 학문적인 브라만 문헌을 통해 부분적으로 살펴보았다. 이런 자료는 인도불교 전통에 적대적이지는 않더라도 상반된 태도를 동시에 가지고 있던 외부 출처들이다.

우리는 율장을 바탕으로 비구가 미혼이었다거나 더는 혼인하지 않았다는 가설에 의문을 제기해 볼 수 있다. 율장을 기록한 저자/편찬자들도 혼인 파기에 대한 사회 규범은 알고 있었겠지만-더 중요한 것은- 이 규범을 행사하려고 자신들이 가진 권위를 사용하지 않았다는 것이다. 율장을 기록한 저자/편찬자들은 남성과 여성이 출가하기 전 이들에게 혼인 관계를 파기하라고 요구하지 않았다. 오히려 혼인 관계를 법적으로 유지하도록 허락했다.

인도에서는 기혼 남성이 출가할 때 그의 아내도 같이 출가한 경우가 있다. 불교 율장에도 기혼 수행자 부부가 평범하게 등장하고 남자와 여자, 남편과 아내가 같이 출가한 내용을 묘사한 것이 있다. 불교 최고 수행자인 마하까사빠도 아내와 같이 출가하여 마지막 생을 포함해 여러 생을 같이 보냈다는 내용을 예로 살펴보았다. 율장에는 부부가 함께 출가한 이야기나 가족과 관련한 정교한 이야기가 있다. 승가에 살던 부모에게서 태어난 비구로부터 그 뿌리가 시작되었다는 이야기가 한 불교 단체에 전해 오는 것을 보면, 승가에서 가족이 함께 살았던 상황도 짐작해 볼 수 있을 것이다: 라모뜨(Lamotte)에 따르면, 비구 우다인; 아내 비구니 굽따; 아들 꾸마라까샤빠는 까샤삐야(Kāśyapīya)나 수바르샤까 니까야(Suvarṣaka nikāya)에서 원로였다.[1]

4장에서는 승가가 기록한 서사적 맥락에 따라, 임신했는데도 구족계를 받으려는 여성과 아이에게 모유를 수유하면서도 구족계를 받으려는 여성에게 수계를 금지했다고 생각했던 바라제목차가 실제로 이렇게 하지 않았다는 것을 살펴보았다. 오히려 율사들은 수계를 원하는 임신한 여성뿐만 아니라 자신이 임신한 것을 알게 된 비구니까지도 주저하면서 허락했다. 율장을 기록한 저자/편찬자들은 비구니에게 육아 장소를 제공했고, 모유를 수유하고 아이 곁에서 잠도 잘 수 있게 계를 수정해주었고, 아이를 돌보라고 동행 비구니까지 임명해 주었다. 더욱이 2장 금석문에서 비구니가 기부한 내용에 나오는 아이도 비구니에게서 태어나 비구니승가에서 자랐을 가능성이 크다. 이것이 결정적인 것은 아니지만, 우리는 율장에서 새로운 탐구 경로를 열었다; 이전에는 생각해 볼 수 없었던 주제들을 합리적으로 생각해 볼 수 있게 되었고, 다시 또 생각해 볼 수 있게 되었다.

2. 가족과 사이가 좋은 승가

우리는 승가가 가족을 대하는 태도에서 뚜렷하게 일관된 범-부파적, 범-인도적 모습을 보았다. 지금까지 기존 연구자들은 승가가 가족적

---

1 3장 각주 154 참고.

이지 않았고 가족과는 잘 어울리지 않는 모습이라고 생각해 왔다. 하지만 율장을 기록한 저자/편찬자들은 이런 생각을 하지 않았다. 만약 불교가 내적이거나 외적인 바탕으로 중도와 방종과 금욕 사이에 행복한 매개체를 가지고 있었다면, 불교가 반사회적이고 반가족적인 관습을 옹호하지는 않았을 것이다. 어떻게 이런 것이 중도中道가 될 수 있겠는가? 종교적 생활에 가족과 친구들을 포용한 것은-많은 인도불교 금석문에도 기록되어 있고 율장에도 기록되어 있다- 기존 학문적 담론에서 사회적 유대 관계를 포기했기 때문이라거나 가족 관계를 포기했기 때문이라고 자주 묘사해 왔던 상황보다는 종교적으로 절제했던 상황에 더 가까웠을 것이다.

우리가 기존 연구자들이 지금까지 승가 가족과 관련해 그려왔던 그림과는 다른 그림으로 승가에 담긴 본질을 마주하게 된다면 이 차이는 의심할 필요 없이 거의 전적으로 지금까지 사용해 왔던 자료들 때문이다. 기존 연구자들은 지금까지 인도 승가에서 이상理想을 대표할 모델을 어느 정도 선별해 왔다; 우리는 모든 달걀을 팔리어 경전인 숫따삐따까(Suttapiṭaka) 한 바구니에만 담았다.[2]

율장을 자세히 읽어보면 율사들이 통찰했던 세계관을 알 수 있다. 율장을 기록한 저자/편찬자들이 매우 실용적이지 않았다면 이것은 아무것도 아니었을 것이다. -기업을 변호하는 훌륭한 변호사들과 마찬가지로- 율사들은 승가가 보여줄 대중적 이미지를 보호하기 위해 항상 주의했다. 율사들도 「무소의 뿔경」에서 주장한 것과 같은 종교적

2 1장 1-2절 참고.

목표와 이상을 알고 있었을 것이다. 이들은 1913년 워크맨(Herbert B. Workman)이 언급한 것처럼 이 사실을 예리하게 알고 있었다. "출가는 개인주의 관점에서 시작했겠지만, 여기에 오래 만족할 수는 없었을 것이다. 출가자가 지켜야 할 계율을 자신에게만 적용할 수는 없었을 것이고 자신을 구원해줄 조건도 아니었을 것이다."[3] 불교 성인전기 문학, 전설, 설화를 쓴 저자들도 이것을 알고 있었을 것이다. 붓다는 초기에 거의 전적으로 가족, 친척, 친구로 승가를 구성했다. 이렇게 시작해서 발전하는 것이 자연스럽다. 워크맨(Workman)은 다음과 같이 말했다:

> 그러나 우리는 수도원에서 만든 제도가 너무 빨리 단순한 개인주의 단계를 통과해, 이 낭만적인 이야기가 안개 속에서 역사라는 빛으로 등장하자마자 고독한 수도사를 발견하게 된다 … 자신을 공동체 규칙에 맞추려고 노력하면서 다른 사람들과 합류한다. … 수도원 개인주의가 수도원 공동체주의로 대체된 것이다.…[4]

승가를 연구하는 방법도 기독교를 연구하는 방법과 비슷한 운명을 겪었다. 워크맨(Workman)이 다채롭게 관찰한 것처럼, "수 세기 동안 낭만적 이야기를 사실이라고 착각해 온 방식으로 사실을 가렸고 사실이 드러나는 것을 방해했다. 대중적인 글에서 종교적인 로빈슨 크루소

---

3 Workman〔1913〕 1962, 125. Elizabeth Clark 1999, 33에서, 연구자들은 "승가 생활이 은둔자처럼 정말 고독했을지 의문을 제기했다"라고 말했다.

4 Workman〔1913〕 1962, 124.

처럼 생각했던 것이 실제로 성취했던 것과 비례하지 않았다."[5] 더욱이 동아시아, 중앙아시아, 남아시아, 동남아시아 불교 수행자는 인도 승가 모델을 잣대로 삼아 왔기에 인도 땅에서도 결코 실현하지 못했을 수행자와 비교당했다. 이것은 학문적으로 이전 세대들이 즐겨 사용했는데 미사여구로 충만한 낭만적 불교 승가에서나 존재했을지 모르는 견해들이다. 낭만적 이상을 고수할 때 인도 이외 지역 불교는 자주 부당한 대우를 받았다. 순수한 종교 형태에서는 중앙아시아, 몽골, 네팔, 티베트에 있는 기혼 비구들이 '부패'한 형태라고 생각했던 경향도 있었다. 이런 전통을 부패했다고 본 기존 연구자들은 이것을 암묵적으로 불교 실험이 실패한 것이라고 분류했다. 이것이 실패라면 이 잘못은 출발점이 원인이다. 이것을 고행이 이상인 무소의 뿔과 비교한다면 불교에서는 어떤 형태로도 만족을 얻지 못할 것이다. 어떻게 그럴 수 있겠는가? 이 낭만적 이상이 인도에서 붓다가 불교를 창시했을 때부터 거의 15세기 후반 인도에서 불교가 사라질 때까지 인도불교와 거의 관련 없었다는 것을 우리가 받아들인다면, 불교가 부패했다거나 종교적으로 실패했다는 말이 매우 다른 관점에서 만들어졌다는 것을 알게 될 것이다. 이러면 승가 생활이 갑자기 찬란하게 성공한 이야기가 되는 것이다.

이 연구는 주류 불교 가운데 한 단면을 조금 더 자세히 탐구해 본 것이다. 이 연구에서는 지나치게 단순화시켜 현재 일반적으로 대승(Mahayāna)이라고 분류하는 불교는 거의 언급하지 않았다. 초기

---

5 같은 책, 125. Workman 연구는 David Knowles 1962년 판 서문과 비교하면서 읽어야 한다.

대승 불교는 동시대 주류 불교가 아내와 자녀를 두고 있으며 많은 수행자가 윤리적으로, 법적으로 (율장 관점에서) 부패한 생활을 한다고 신랄하게 공격했다.[6] 이 시대에 공격당한 주류 불교에서 수행자가 꿈꾸던 이상은 율사들이 율장에서 지지했던 승가가 꿈꾸던 이상을 실현했던 것에 더 가까울 수 있다. 초기대승불교 일부에서 이런 불교에 어떤 반응을 보였는지 완벽하게 이해하려면 이 세속적인 승가에 대한 비판을 적절한 맥락에서 살펴보는 것이 중요하다.

이상하게 우리가 주류 불교라고 생각해왔던 내용이 초기대승 불교에 훨씬 더 가까웠다는 것이 점점 더 분명해진 것처럼,[7] 주류 불교 자체도 네팔 후기대승불교에서 볼 수 있는 모습과 놀랍도록 점점 더 비슷하게 보이기 시작한다. 대승 승가에서 가장 반대했던 그 당시 주류 승가는 어떻게 하면 가장 훌륭한 수행자로 사는 것인지를 대승과 매우 다르게 생각했다. 이 수행자들은 무소처럼 홀로 가며 숲속에서 고행하며 살지 않았다; 이들은 자신들이 알고 있는 종교적 길을 따라 방황했고 정신적으로 항상(아마도 때로는 완벽함)되는 편을 선택했고—일부는 가족처럼— 약간 당당했지만 안이했고, 세련되지는 못하게 가정을 가졌던 남녀였을 가능성이 크다: 인도 승가에서는 가족을 중요하게 생각했다.

6 4장 각주 262-269가 있는 본문 내용 참조. 3장 각주 271 참조.

7 Schopen 2005b. 참조.

3. 경쟁이 치열한 종교 시장에서 가족과 사이가 좋은 불교

어떤 독자는 불교가 가족과 같이 출가하거나 계속 만나는 것을 허용했는데도 어떻게 인도 종교 시장에서 경쟁력을 유지할 수 있었는지 궁금해할 수 있다. 때로는 비구니승가에 임신했거나 수유하는 비구니가 있어 독신을 지키지 못했어도 우리는 이 상황을 이해할 수 있을 것이다.[8] 승가에는 공동체 정신에 정통한 비구나 비구니가 있었다. 여전히 개인 재산을 가지고 있었다는 자료도 있지만,[9] 일반적으로 승가 경제는 사회가 보시하는 관대함에 의존했다. 지금까지 인도에 세워진 많은 훌륭한 사원 건축을 가능하게 했던 재정 지원은, 아마도 승가에 투자하면 좋은 업보(karmic)로 이익을 얻을 수 있다고 생각해왔던 것에 기반을 두었을 것이다. 비구나 비구니를 좋은 '공덕을 가진 밭'이라고 생각했지만, 기부자들이 보상받을 수 있는 분야에서 풍요로움은 수행자가 지닌 미덕—진짜인지 인식한 것인지—에 따라 다양했다.[10] 그렇다면 가끔 독신 생활을 지키지 못했던 상황은 어떻게 이해할 수 있을까? 수행자가 유지해 왔던 가족 관계나 혼인 관계 사이에 있었던 긴장감은 어떻게 이해해야 할까? 승가는 재가자들에게 독신

---

8 Olivelle 1993, 167, Prājāpatya(브라흐마짜리의 딸을 집에 초대하여 찬미한 후 시집보내는 것)는 그가 아내와 육체관계를 하는데도 불구하고 결혼을 하지 않은 것으로 간주한다: "여기서 가정을 가진 것은 쾌락을 위해서가 아니라 의무를 다하기 위해서이다. 이것은 후기 문헌에서 흔히 볼 수 있는 일반적인 가정 금욕주의자로 볼 수 있다."

9 Schopen 2004a 참조.

10 인도불교에서 '보시'는 Ohnuma 2005 참조.

수행자 이미지를 보여 줄 필요성이 있었을까?

율사들과 재가자들은 가족 관계를 유지하거나 혼인 관계를 유지하는 비구나 비구니에게 특별한 관심을 두지 않았다. 율장을 기록한 저자/편찬자들은 비구나 비구니가 가족과 만나는 모습에 거의 긴장한 기색을 보이지 않았다. 붓다 가족이 승가에 참여했고 후원했던 사실을 참고해보면, 비구가 친척과 만나면 승가가 지켜야 할 질서나 순수성을 위협할 것이라고 여겼을 가능성도 거의 없다. 비구나 비구니가 보시를 받거나 식사하러 집으로 가는 관습은 인도에서도 잘 알려지지 않은 내용이다. 올리벨(Olivelle)은 인도에서 고전 수행자를 4가지로 분류했다. "꾸띠짜까(Kuṭīcaka)는 가장 낮은 계급인데 … 구걸하거나 더 정확하게는 그의 아들이나 친척 집에서 식사했다"라고 설명했다.[11] 비구가 자신의 '전' 아내와 만나는 것도 율사들이나 재가자들에게는 주요 관심사가 아니었다. '버려진' 전 아내는 대체로 대가족이 지지해 주는 환경 속에서 계속 살았을 것이다. 이 연구 목적을 위해 비구가 일가친척들을 만난 연장선상에서 '전' 아내를 만났다고 짐작해 볼 수도 있겠다. 율장을 기록한 저자/편찬자들은 비구에게 독신 생활을 할 때 조심해야 한다고 경고는 했다. 하지만 율사들이 보인 주된 관심사는 비구가 독신 생활을 해야 하는데 아내나 가족에게 가는 것을 재가자들이 본다면 어떻게 할 것인가에 있었을 것이다.

더 큰 우려는 배우자와 함께 출가한 것이라고 말하고 싶다. 브라만을 추종하는 사람들은 이것을 매우 파격으로 보았을 것이다. ―파격,

11 Olivelle 2008a, 78. Olivelle 1993, 165-170. 참조.

이것을 인도 고전 수행자인 삼냐신(saṃnyāsin)과 비교한다면 불공평하겠지만, 불교에서 말하는 '출가'를 브라만 사회에서 나눈 4단계 가운데 3단계인 숲으로 은퇴한 단계, 가정을 돌볼 의무에서 벗어난 단계와 비교하면 좋을 것이다. 올리벨(Olivelle)은 "수행자는 가족과 같이 지낼 수 있는 선택 권리가 있었다"[12]라고 보았다. 『마누법전』에는 "수행자는 아내와 숲으로 가거나 아내를 아들들에게 부탁해야 한다"라는 규정이 있다.[13]

율사들은 비구나 비구니들이 나태해 보이는 것을 원하지 않았다. 인도에서는 배우자와 함께 출가하는 것이 경쟁적으로 실행되었다. 데오(S. B. Deo)는 자이나교 관련 저술에서, "일반적으로 남편이 수행자가 되면 아내도 수행자가 되었다."[14] "뿌로히따(Purohita)의 아내 바쉬스티(Vāśiṣṭhī)는 남편과 아들들이 수행자가 되는 것을 보고 세상과 단절했다. 라지마띠(Rājīmatī)는 남편이 자신을 (고행으로) 극기해야 하는 대상이라고 한 말을 듣고 여성 수행자가 되었다.[15] 형제 수행자들은 자매 수행자들을 보호해야 했다"[16]라고 서술했다. 불교 승가가 가족과 사이가 좋았기에 배우자와도 사이가 좋았다는 것이 특별하게 독특한 것도 아니다. 배우자와 함께 승가로 출가하거나 승가에 친척들이 있다는 것은, 데오(Deo)가 말한 것처럼, 자이나교 여성 수행자와

---

12 Olivelle 1993, 113.

13 Olivelle 2005, 148, Manu vi 3 번역; 필자가 강조.

14 Deo 1956, 466.

15 같은 책, 465.

16 같은 책, 490.

이들의 '전 친척들'이 서로 교류했던 모습이 불교보다 훨씬 더 많이 제한적이었어도 자이나교에서도 볼 수 있다.[17] 자이나교에서도 남편과 아내가 함께 출가하는 것을 허용했던 자료가 있기에 배우자와 함께 출가하는 관행은 불교 승가에서만 발전시킨 독특한 출가제도가 아니었을 것이다. 재가자들은 이 관행을 심하게 비난하지도 않았을 것이다. 사실 하르 다얄(Har Dayal)이 말한 것과는 반대로, '인도에서 오랫동안 꿈꾸던 이상'을 혼인한 현자(ṛṣi) 때문에 불교 승가가 버렸다고 생각하기는 어렵다. 오히려 어떤 면에서는 이들이 이것을 따랐다고 생각해 볼 수도 있다.[18] 올리벨(Olivelle)은 아슈바고샤(Aśvaghoṣa)가 쓴 『붓다 생애(Life of the Buddha)』와 관련해 "현명한 브라만들은 싯다르타가 '깨달은 선지자'가 될 것이라고 선언하면서 그를 브라만 성자들 전통 속에 놓았다."[19]라고 언급했다.

재가자들에게 가장 부정적인 영향을 미칠 수 있는 승가 이미지에 대한 위험은 부적절한 행동을 하는 비구이거나 임신한 비구니이거나 수유하는 비구니였을 것이다. 율사들은 비구나 비구니가 독신 생활을 하지 않는다거나 그들이 적절하지 않다는 소문이 나면 재가자들이 어떤 반응을 보일지 정확히 알고 있었다. 율사들이 보기에 순결하지 못한 비구나 임신한 비구니보다 더 심각한 게 하나 있었다. 재가자들이 이것을 알아차리는 것이었다. 율사들에게는 육체적 관계가 있었다고

---

17 같은 책, 506.

18 Dayal〔1932〕 1978, 132에서 불자들은 "결혼하지 않은 외로운 은둔자이자 사상가인 'muni(성자)'가 채택한 새로운 생활 방식을 받아들였다"라고 말했다.

19 Olivelle 2008b, xxx. p.99에서 언급한 『근본설일체유부율』 예언과 비교.

알려진 비구(단순히 육체적으로 관계한 비구가 아님)는 심각한 골칫거리였을 것이다.

율사들이 이 지뢰밭을 해결하기 위해 협상할 때는 최소 2가지를 선택해야 했다: 정도를 벗어난 비구와 임신한 비구니를 승가 안으로 받아들이거나 밖으로 추방하는 것이다. 그러나 비구나 비구니를 추방한다면 승가가 지켜야 할 순수성이 사라졌다고 공개적으로 발표하는 것이다. 틀림없이 율장을 기록한 저자/편찬자들은 이것이 두려웠을 것이다. 이로 인해 재가자들이 지지를 철회할 수도 있기 때문이다. 3장 5절에서 보았듯, 율사들은 독신 생활을 지키지 못한 것을 참회한 비구나 비구니가 승가에 남아도 된다고 허락했다. 여학사미(śikṣādattaka) 지위를 생각해낸 것이다. 이것은 승가 안에서 이 문제를 처리해 재가자들이 모르게 주의를 끌지 않고 승가 이미지를 보존하는 방법이었다. 그렇다고 가장 심각한 범죄자를 추방하지 않았다는 것은 아니기에 이 말은 이해해야 한다.[20] 하지만 임신한 비구니를 추방하는 것은 더 복잡하다.

4장에서 논의했던 것처럼 임신한 비구니와 모유를 수유하는 비구니는 탁발할 때 재가자들로부터 비난을 받았다. 이런 비난을 방지하려고 임신한 여성이나 수유모에게 구족계를 주면 죄를 짓는 것이라고 계를 제정했다. 그러나 이 계율로 이들에게 구족계를 주는 것을 절대적으로 금하지 않았다. 고의로 독신 생활을 지키지 않았거나 강간 피해로 임신한 비구니도 다루지 않았다. 임신한 비구니를 추방한 강경한

20 Clarke 2009b 참조.

태도는 엄격한 독신주의자들이라는 승가 이미지를 확실히 각인시킬 수 있었을 것이다. 하지만 이런 강경한 태도는 이들을 승가로 받아들이는 것보다 승가 이미지에 더 큰 손해를 입힐 수도 있었을 것이다. 수행자가 극도로 고행하는 모습은 인도 율사들이 진출하려던 시장이 아니었을 것이다. 게다가 임신한 비구니가 거주할 만한 공간이 필요했던 것도 불교 승가만이 가진 문제는 아니었을 것이다.

일반적으로 여성, 특히 인도에서 여성 '수행자'가 가진 취약성을 살펴볼 때,[21] 자이나교에서도 이와 비슷한 문제를 다루었다는 것에 놀랄 필요는 없다. 그러나 데오(Deo)가 불교와는 다르게 자이나교는 '교단에 출가할 수 없는 사람들 목록'에 임신부를 포함했다고 말했지만,[22] 자이나교에도 예외는 있었다. 데오(Deo)는 '임신했으면서 여성 수행자가 된, 그때 남편과 헤어진 깜빠(Campā)의 여왕 빠드마바띠(Padmāvatī)'를 인용했다.[23] 그는 주술 관련 논의에서 "빼드할라(Pedhāla)라는 어떤 빠리브라자까(parivrājaka)가 쩨따까(Ceṭaka)왕의 딸인 수행자 수제스타(Sujyeṣṭhā)를 임신시켰다"라고 설명했다.[24] 이런 마법으로 임신했던 것 외에 강간당한 여성 수행자가 짊어져야 할 운명도 언급했다. 강간당한 여성 수행자는 그녀의 윗사람에게만 알린다; 다른 여성 수행자들에게는 말하지 않는다.[25] 데오(Deo)는 "이 여성

---

21 율장에서 비구니와 관련한 안전을 명확하게 다룬 많은 계율에서 알 수 있듯, 이 문제와 관련한 논의는 Jyväsjärvi 2011, 특히 3장 참조.

22 Deo 1956, 466.

23 같은 책, 467.

24 같은 책, 490.

수행자는 교단에서 쫓겨나지 않고 전문가나 '세자야라(sejjayara; 주거 공간을 빌려주는 사람)'에게 보살핌을 받기 위해 보내진다."[26]라고 설명했다. 이 사건이 널리 알려지면 "강간당한 여성 수행자는 교단(upāśraya)에 감금되고 탁발이나 다른 외출은 허가받지 못한다. 음식은 다른 여성 수행자가 가져다주는데 그녀가 임신했다면 헌신적인 재가자에게 보내진다. 그녀의 아이가 빨면 … 그녀가 맡은 여성 수행자 관련 직무는 모두 중단된다. 그녀가 남성 수행자들을 증오한다는 이유로 쫓겨나지는 않는다."[27] 여기에 상그하다사(Saṅghadāsa)가 쓴 『브르핫칼빠브하샤(Bṛhatkalpabhaṣya)』를, 네오(Deo)가 사용한 같은 출처에서 가져와 추가하면, 이 내용은 최근에 마리 지배스자르비(Mari Jyväsjärvi)가 여성 출가자와 관련해 자이나교와 불교가 보인 태도를 비교하며 연구한 글이다. "이런 사람들이 없으면 그녀는 친척들과 함께 있어야 하거나 〔이것이 가능하지 않다면〕 친척인 노수행자와 함께 있어야 한다."[28]

강간당하거나 임신한 비구니를 대하는 태도는 자이나교가 취한 입장과 불교가 별반 다르지 않다. 아주 비슷해 보인다. 하지만 가장 큰 차이점은 자이나교는 강간 문제를 정면으로 다루었다; 불교는 강간을 다루지 않았다. 하지만 비구니가 임신한 것과 관련해서는 거의 비슷하게 다루었다. 따라서 불교와 직접적인 경쟁 관계에 있던

25 같은 책.

26 같은 책, 494.

27 같은 책, 490-491.

28 Jyväsjärvi 2011, 456(v. 4141); 대괄호는 원문.

자이나교도 인도불교와 관련해 앞에서 언급했던 많은 부분을 적용했던 것 같다. 율사들은—불교와 자이나교를 막론하고— 임신한 비구니나 모유를 수유하는 비구니를 추방하지 않았다. 불교는 이들이 승가에 남을 수 있게 신중하게 계를 제정해 승가가 보여줄 수 있는 공적 이미지를 더 잘 관리하려고 했다. 이런 상황에서 불교는 비구니승가에서 자녀를 직접 양육했다. 자이나교는 아이가 젖을 뗄 수 있을 때까지 일반 가정에 위탁했다.

그런데 승가에 아이들이 있다면 어떤 생각이 들까? 이것은 승가에 어떤 문제가 있었다는 징후일 것이다. 여기서는 분명하지 않은 것을 분명하게 해야 한다: 아동기를 정확히 정의해야 한다. 승가에서는 7살 정도 어린 소년들이—침묵으로 허락한다면 더 어린 나이— 속세를 떠나 수행자로 출가하게 허락했다. 소녀들은—실제로는 기혼 여성— 10살에는 사미니가 될 수 있었고 12살에는 비구니가 될 수 있었다.[29] 다른 유형으로 출가하는 수행자들은 말할 것도 없다. 7세와 10세는 승가에서 수련생이 되거나 전문 수행자로 수행에 참여할 수 있는 가장 최소 나이다.[30]

불교 승가에만 아이들이 있었던 것은 아니다. 필리스 그라노프(Phyllis Granoff)는 중세 자이나교 사원에서 "어린 나이로 때로는 6세,

---

29 Bapat 1979, 48-49. 미혼 여성은 출가해서 구족계를 받을 수 있는
가 각각 18세와 20세였다. Altekar 1962, 55-56, 각주에서 "서기 100년 직후 … 사회는 사춘기 이전 혼인 허가를 결정했다"라고 말했다. Kapadia 1958, 138-140 참조.

30 3장 각주 265 참조.

종종 8세에 계를 받는 것이 드문 일이 아니었다"[31]라고 말했다. 하지만 3살에 (또는 아마도 태어났을 때) 자신이 가야 할 길을 선택한 수행자 바즈라(Vajra)는 예외라고 언급했다.[32] 이 아이는 수행자인 아버지와 어머니로부터 '교화'되었다. "어머니는 수행자가 되었다. … 그가 가족과 사는 동안 계속 방문하여 돌보았다"[33]라고 말했다. 승가에 7세 정도 아이가 있다고 해서 재가자들이 승가가 가진 순수성이나 승가를 지원해야 하는 가치에 의문을 제기하지는 않았던 것 같다.

그렇다면 7세 미만인 어린이는 어땠을까? 재가자들은 이 연령대를 가장 혼란스러워했을 것이다. 수행자라면 독신을 지켜야 한다는 요구가 정점에 달했을 것이다. 최근에 쇼펜은 '아동 복지와 관련해 승가가 실시했던 관행'으로 많은 관심을 끌었다.[34] 이 가운데 하나는 『근본설일체유부율』과 관련 있는 아바다나(avadāna) 문헌에 수록된 내용이다. '비천한 하인들(paścācchramṇa)'이라며 아이들을 승가에 보낸 이야기이다.[35] 안전한 출산을 보장하려는 부분적인 보호 조치로 아이들이 태어나기 전부터 부모가 승가와 약속을 했던 것 같다. 쇼펜(Schopen)은 모든 경우는 아니지만, 수행 생활에 몸을 바친 아동 대부분이 신체가 비정상으로 보인다고 설명했다.[36]

---

31 Granoff 2006, 624; Deo 1956, 471. Balbir 2001 참조.

32 Granoff 2006, 624.

33 같은 책.

34 Schopen 2013, 21.

35 같은 책, 21-24.

36 같은 책, 21 각주 11.

쇼펜은 아내나 아이를 승가에 보내면 승가가 부모나 남편에게 되팔거나 경매 붙이는 관행이 있었다고 설명했다. 이 관행은 유명한 『베싼따라 자따까(Vessantara Jātaka)』에 묘사되어 있다.[37] 이 '유아'나 '아이'가 얼마나 오래 승가에 머물렀는지 정확히 몇 살인지는 불분명하다. 이들이 승가를 떠날 때 '치유', '회복', 어떤 경우에는 '성장'했다고 언급한 것이 있다.[38] 『근본설일체유부율』과 이 언급을 보면 성인이 된 자녀가 부모와 함께 승가에 대한 감사와 보상을 논의한 내용이 있는데 승가가 이들에게 귀중한 사회봉사를 제공했던 것 같다. 승가에 아이가 있다고 해도 재가자들이 크게 우려할 만한 상황은 아니었을 것이다. 자이나교에도 비슷한 일이 있었던 것을, '사원에 아이를 기부하거나 파는 것'이 '광범위한 관행이었을 것'이라고 그라노프(Granoff)는 설명했다.[39]

요약해 보면, 앞에서 살펴본 가족 친화적이었던 인도 승가에 다른 '이교異教'나 인도 종교 생활에 대한 브라만교적이지 않은 해석을 적용한 면도 있지만, 근본적인 틀에서는 벗어나지 않았다고 본다. 불교와 자이나교에는 종류라는 차이가 아니라 정도라는 차이만 있었다. 비구나 비구니의 배우자, 자녀가-아이는 아니지만- 승가에서 같이 생활한다고 해서, 비구나 비구니가 배우자나 가족을 계속 만났다고 해서, 재가자들이 경제적으로 지원해야 할 가치 있는 대상이라고

---

37 이 맥락에서 『Vessantara Jātaka』는 Granoff 2006, 618 각주 33에서도 언급한 부분이 있다. 또한 1장 각주 60 참조.

38 Schopen 2013, 25-41.

39 Granoff 2006, 628.

생각하는 것에 심각하게 해를 끼치지는 않았을 것이다. 이 지원이 이들의 가족에게서 왔을 수도 있다.

그러나 승가가 가진 이미지를 훼손하는 것에는—사실이든 아니든— 승가가 독신을 주장했기에 율장을 기록한 저자/편찬자들은 부정한 행동을 한 비구와 임신한 비구니를 다룰 때 세심한 주의를 기울여야 했을 것이다. 율사들은 좋은 승가라는 평판에 큰 해를 끼친 비구나 비구니들이 승가와 반한다고 배척하거나 추방하기보다 이들 중 일부가 승가에서 계속 지낼 수 있게 계를 제정했을 것이다. 아마 틀림없이, 이것이 율사들이 승가가 보여줄 공적 이미지를 더 잘 통제할 수 있게 도와주었을 것이다.

물론, 다른 의견도 있었을 것이다. 율사들보다 더 고행하는 성향인 비구나 비구니들은—『불설호국존자소문대승경(Rāṣṭrapālaparipṛcchā-sūtra)』을 쓴 저자/편찬자들— 분명히 제도화된 승가에 안주하길 원하지 않았을 것이다. 이들은 이것을 가르침이 타락했다고 보았을 것이다.[40] 인도불교 승가에서 저자들이 가족 친화적인 형태로 비구나 비구니에게 허락했던 승가 '거주지'를 전통적인 경전에 공개하지 않고 오히려 비구의 눈과 귀만을 위한 '내부' 율장에만 기록했다 하더라도, 승가를 훌륭한 '공덕을 베푸는 장場'이라고 홍보하는 데 어려움을 겪을 수 있으리라는 것을 잘 알고 있었을 것이다. 그러나 이들 저자나 다른 저자들은 다른 각도에서 이번에는 교리적인 관점에서 재가자들을 위한 경전 문헌으로 전달한다는 뜻에서 이 기반을 덮었다. 『맛지마니

40 Boucher 2008, 특히 4장 참조.

까야(Majjhima-nikāya)』 가운데 「닥키나비방가숫따(Dakkhiṇāvibhaṅga-sutta)」에는 부도덕한 사람에게 개인적으로 보시하더라도 "보답을 천 배로 기대할 수 있다"라고 말한 것이 있다.[41] 게다가 승가에 하는 보시가 개인, 심지어 붓다에게 올리는 공양보다 더 중요하다고 말했다: "개인에게 하는 보시는 승가에 하는 보시보다 결코 더 유익하지 않다."[42] 다니엘 보쉐(Daniel Boucher)가 분석한 설명은 "비구에게 보시한 공덕은 비구가 하는 도덕적 가치에 영향받지 않는다"[43]라는 것이다. 이런 교리적 혁신은 승가에 가끔 잘못하는 수행자가 있었어도 종교 시장에서 경쟁력을 유지할 수 있었던 다양한 이유 중 하나였을 것이다.

4. 기존 학문이 했던 오해

이 연구에서는 인도불교 연구와 관련해 기존 학문이 오해해 왔던 내용을 강조해 보려고 했다. 기존 연구자들은 비구나 비구니의 가족과 관련해 거의 논의해 본 경우가 없었다. 이것은 일반적으로 비구나 비구니가 금욕적으로 포기한 언어와 수사적修辭的 언어를 통해 우리가 '포기'했다고 말한 가족과 의미 있는 관계를 유지했다고 기대하지 않았기 때문이다. 승가에서 어린아이를 돌본 내용도 불교 입문서나 학술서에서는 논의하지 않았다.[44] 일반적으로 이런 일이 없었다고

---

41 Ñāṇamoli and Bodhi〔1995〕 2001, 1104.

42 같은 책, 1105.

43 Boucher 2008, 233 각주 234.

44 이것과 관련한 인도불교 텍스트에서 모성 이미지는 Ohnuma 2012 참조.

생각해왔다. 우리는 육체관계를 한 비구나 비구니는 승가에서 뒤도 돌아볼 수 없게 즉시 추방했다고 들어왔다. 이런 진술은 승가에서 비구니가 아이를 낳아 키울 때 승가에 계속 머물렀을 수도 있는데, 승가가 제재해도—반대하지 않고— 이렇게 머물렀을 것이라는 가능성을 생각해 볼 여지도 거의 남겨두지 않았었다.

학문 연구에서 이렇게 오해를 형성할 수 있게 공헌한 주요 원인은 율장보다 경전에 가졌던—특히 팔리어 경전— 특권 때문이었다고 생각한다. 기존 연구자들은 비구가 가족을 포기하고 무소의 뿔처럼 홀로 다니는 모습을 받아들여 단정하고 깔끔한 학문적 시사를 만들었다. 서양에서는 이상적 비구와 관련한 초기 전제를 세울 때도 이것을 편리하게 사용했다.

이 책 1장에서는 인도 비구나 비구니에 대한 가장 기본적인 개념을 구성할 때 지금까지 논의한 율장 내용 가운데 일부만이라도 고려했다면 불교 연구 분야가 어떻게 발전했을까? 라는 질문을 했었다. 기존 연구자들이 비구나 비구니가 가족과 자주 만났던 상황은 승가에서 일탈한 것도 아니었고, 부정한 것도 아니었을 뿐만 아니라, 인도불교 승가 구조를 형성했던 일부였다고 설명했다면 기존 연구자들은 어떤 이익을 얻을 수 있었을까? 이렇게 연구했다면, 불교에서 여러 연구 분야 가운데 한 분야를 방해해 학문적으로 퇴보시키는 서사는 피할 수 있었을 것이다. 필립 알몬드(Philip Almond)가 증명했듯, 빅토리아 시대 연구자들은 19세기 중반부터 아시아에 근거한 불교를 '이상적인 경전불교'와 대조해왔다. 말할 필요도 없이, 붓다가 살았던 시대 불교는 누락시켜 놓고 결국 '부패, 변질, 타락한 언어'라고 특징지었다.[45]

불교적 이상과 살아있는 불교 전통에 담긴 이런 차이는, 아마도 실천과 가르침 사이에서 피할 수 없었던 균열이었다고 결론 낼 것이다. 중앙아시아, 몽골, 네팔불교는 경전 문헌이 가진 높은 이상과 거리가 멀었다. 불교는 어떤 의미에서 처음 시작하면서부터 항상 '변질'하여 왔을 것이다. 이 변질은 빅토리아시대 선조들이 창조한 '이상적 경전불교'와 비교될 것이다.

이 연구에서는 불교가 가진 이상과 이를 실천할 때 발생할 수 있는 차이는 강조하지 않았다. 오히려 율장으로 전해진 저자/편찬자들이 가졌던 이상을 우리가 완전히 이해했는지를 의문으로 제기했다. 우리는 철학적인 경전에서 아주 빠르게 도출해낸 이상들을, 우리가 만든 이상들을 이들에게 투사했던 것은 아닌가? 율장을 기록한 저자/편찬자들이 경전에서 다른 수행자에게 말한 뜻을, 그들 자신에게 엄격한 '내부' 율장이 담고 있는 암시적이고 명시적인 뜻과 혼동했던 것일까? 우리도 대중이 소비하는 내용과 신앙 전파를 위한 설교를 승가 내부 눈과 귀로만 제한한 문헌과 혼동했던 것은 아닐까? 기원정사를 소개하는 해설자로 존자 우다인이 경건한 브라만 여성들에게 했던 말과 다르지 않은 이야기를 우리는 비판 없이 받아들일 수 있을까? 승가가 형성한 본질과 인도불교가 쌓은 종교적 경험을 재가자들이 믿어주었으면 하고 생각했던 것 말고, 다른 것을 배우고 싶다면 우리는 지금 여행하고 있는 동료와 헤어져야 한다; 우리는 경전처럼 잘 포장된 고속도로와 안내판을 벗어나 『근본설일체유부율』처럼 거의 알지

45 Almond 1988, 37.

못하는 영역인 '내부' 율장을 계속 탐구해야 하기 때문이다.[46]

5. 상대적인 승가

이 연구가 아시아와 관련 있는 역사적, 현대적 상황에서 불교를 이해하는 방식에 간접적으로 미리 알려줄 내용이 있다면, 이것은 승가를 비교 연구하는 방식에도 영향을 줄 수 있을 것이다. 율장을 기록한 저자/편찬자들이 상상했던 '비구나 비구니' 모습이 기독교인과 공통점이 있나면 무엇일까? 율징이 시술한 종교적 관습과 생활 방식을 설명하려고 '승가 생활'과 '금욕적 극기'라는 유용성에 정당한 의문을 제기할 수 있을까?

기존 연구자들은 인도불교 수행자를 산스크리트로 '비구'라고 결정함으로써 훨씬 더 젊고 훨씬 더 발전된 베네딕트회 형제들과 여러 면에서 겨루게 했다. 야생 무소는 이 분야에서 잘 지낼 수 있었지만, 율장에서 교화된 '수행자들'은 그러지 못했다. 인도 '비구와 비구니'는, "수도원에 입회한 후에도 생물학적 친족과 계속 만날 수 있었던",[47] '파코미안(Pachomian) 수도원 초기' 동시대인들에 비하면 더 나은 편에 속했을 것이다. 쉐누트(Shenoute)는 "화이트 수도원(White Monastery)에는 생물학적 가족인 부모, 형제자매, 자녀, 친척을 버린

46 필자는 매우 보수적으로, 팔리어본·산스크리트본·한역본·티베트어본으로 보존된 방대한 주석 전통은 말할 것도 없이 모든 경전 문헌을 영어로 읽을 수 있기까지는 적어도 반세기는 더 필요하다고 생각한다.

47 Krawiec 2002, 162.

수도자들이 함께 살고 있었다"[48]라고 말했다. 쉐누트가 그래도 수도원에서는 비교적 가족과 가깝게 지냈다고 말했어도 이 수도원은 생물학적 혈연과 엄격하게 단절할 것을 강요했던 것을 볼 수 있다.[49] 하지만 율사들은 율장에서 이런 단절을 분명하게 다루거나 은연중에라도 다루지 않았다.

인도 'bhikṣuṇī'를 'nun'으로 언급했으니 비구니들도 문화적으로 짊어져야 했던 것보다 훨씬 더 많은 짐을 짊어졌는지 모른다. 리보(Rievaulx) 수도원 원장 엘레드(Aelred)가 기록한 중세 길버틴(Gilbertine) 수도원에서 지냈던 왓튼(Watton) 수녀는 4살에 수녀원에 들어와 '음탕하고 경박한 젊은 여성으로 성장'했다; "왓튼 수녀는 그리스도의 동정녀로 외출했다가 간음한 여성으로 돌아왔다."[50] 이 사실이 알려지자 종교적 자매들은 "범인을 붙잡아 구타하고 머리에 쓴 베일을 찢었다. 하지만 연장자인 자매들은 왓튼 수녀를 태우거나 가죽을 벗기거나 낙인찍지 못하게 막았다. 왓튼 수녀는 양쪽 다리에 족쇄를 차고 감옥에 갇힌 후 빵과 물만 먹다가 이 가혹한 형벌에서 구원받았다. 임신이었다."[51] 아이를 낳은 수녀는 기적적으로 "완전히 회복되었다. … 배는 정상으로 줄어들었고 … 얼굴은 아가씨답지는 않아도 소녀다운 모습이 되었다."[52] 수녀가 낳은 아이는 주교가 데려갔을 것이고 수녀원

---

48 같은 책, 10-11.

49 같은 책, 169: "비구들은 그들이 지속해 온 가족 질서가 그들이 출가한 새로운 승가 서열순위에 영향을 미치지 않도록 그들 가족과 분리해야 했다."

50 Constable 1978, 206-207.

51 같은 책, 207.

밖에서 자랐을 것이다.[53]

보스웰(Boswell)이 다룬 중세 유럽에서 임신한 수녀나 대수녀원장과 관련 있는 폭넓은 예로,[54] 왓튼 수녀는 중세 기독교 수도원이 세운 목표와 임신·출산·양육이라는 모성이 서로 양립할 수 없었음을 보여주었다. 자일스 컨스터블(Giles Constable)은 이 사건을 '〔종교 공동체에서〕 가장 소중한 규범을 파괴한 도전'이라고 설명했다.[55] 앞에서 논의한 임신한 비구니 이야기와는 정도가 다르지만, 독신을 위반하지 않은—적어도 기술적으로는 아니지만— 비구승가나 비구니승가를 관리하는 관리자들도 이런 일을 두려워했을 것이다: 재가자들이 비난하고 지원을 중단하기 때문이다. 중세 수녀원에서는 수녀가 낳은 아이를 주교가 데려갔지만, 율사들은 비구니가 모성에 따라 아이를 출산한 후 직접 양육해도 된다는 계를 제정했다. 공동체가 가진 공적인 측면을 보호하려고 노력했던 것일지라도 율사들은 중세 기독교인들이 피하려고 했던 일을 실제로 허락했고 실천했다.

'비구니'는 계율로 허락받았기에, 아이를 출산하고 양육할 수 있었기에 아이와 함께 비구니승가에 남았다. 하지만 이것은 지금까지 기존 불교학자들이 거의 보편적으로 말해 왔던 내용이 아니다. 결국 승가 관련 자료가 불교 전공자에게서 일반 연구자에게로 넘어갔을

---

52 Boswell 1988, 456.

53 Constable 1978, 214, 엘레드(Aelred)는 아이가 어떻게 되었는지 우리에게 말해주지 않았다.

54 Boswell 1988, 371-372.

55 Constable 1978, 214; Boswell 1988, 372에서도 인용.

때, 엘리자베스 에벗(Elizabeth Abbott)이 종교학 분야에서, 불교는 "승가 생활을 엄격하게 구조화해 율장으로 통제했다"라고 말하거나 "불교는 기독교와 비교했을 때 성범죄를 저지르면 가혹하게 처벌했고 승가에서 추방했다. 특히 여성에게는 사회적 사망이었다"[56]라고 말했다. 에벗(Abbott)이 말한 내용은 기존 불교학자들 사이에서도 일반적인 견해였다. 하지만 율장을 비판적으로 자세히 살펴보아도 이를 뒷받침해 줄 만한 자료는 찾기 어렵다. 일반 연구자가 승가와 관련해 상대적으로 미묘한 차이를 이해하는 데 관심이 있다면, 불교 전문가는 승가가 말했던 목소리를 더 잘 들을 수 있게 전체 문헌에 잘 접근하도록 도움을 주어야 한다.

6. 인도불교 연구에서 율장이 갖는 유용성

우리는 인도불교를 연구할 때 율장을 활용할 수 있다. 지금부터는 이 율장이 갖는 유용성을 설명할 것이다. 최근까지는 율장 연구에서 소수를 제외하면 쇼펜이 가장 저명하다. 지금까지 율장을 참고하는 거의 모든 연구자는 『팔리율』을 사용해 왔다. 하지만 이 율장은 비교적 짤막해서 서술적으로 빈약한 현존하는 6부파 율장 중 하나일 뿐이다. 모든 주제가 다 그런 것은 아니지만, 『팔리율』도 비구나 비구니가 가족과 만나거나 비구니가 임신하고 아이를 양육한 것과 관련해 다른 율장과 유사한 부분이 있다. 『팔리율』은 바라이를 범한 비구나 비구니

---

56 Abbott〔1999〕 2001, 177.

가－예로 성적인 관계를 한 경우－ 승가에 남는 것을 허락하지 않은 유일한 율장이다. 『근본설일체유부율』에 기초한 쇼펜은, 『팔리율』에 나오는 비구나 비구니도 재산과 관련해 많은 기록이 있다고 일관되게 말해왔다. 『팔리율』이 남아시아 불교 연구를 위한 중요 정보를 기록한 자료이지만 그렇다고 인도불교 연구에서 유일하게 최고 자료라며 의심 없이 활용하면 안 된다. 우리는 있는 그대로 받아들여야 한다: 인도불교 율장으로서가 아니다. 티베트어로 전하는 『근본설일체유부율』이 영어로 번역되지 않은 이유도 있지만, 그렇다고 티베트 불교를 연구하는 학자들조차 서술적으로 풍부한 이 문헌보다 팔리어 자료와 영역본이 우월하다고 여긴다면 이 상황은 도를 넘은 것이다.[57] 『팔리율』을－어떤 율장도－ 다른 5부파 율장과 대조하며 충분히 검토하지 않고 인도불교를 대표한다고 말하면 안 된다; 인도 승가와 관련해 다시 읽기를 할 때는 가능한 모든 자료를 수집해야 한다.

필자는 지금 이 연구를 통해 이 율장들이 편집하거나 개정할 당시 현장에 있었던 불교를 여과 없이 접할 수 있게 도와줄 것이라고 주장하는 데서 멈출 것이다. 하지만 율장을 기록한 저자/편찬자들이 서술한 세계를 살펴볼 수 있다는 점에서 조심스럽게 논의할 수 있는 틀은 구성해 놓았다고 생각한다. 현존하는 문헌 자료들을 바탕으로 우리가 어느 정도까지 사회 역사상 현실을 재구성할 수 있는지는 생각해 볼 필요가 있다.

율사들은 계율을 제정할 때 승가가 세운 목표를 겉으로 분명하게

57 최근 2가지 예는 Gyatso 2005, Powers 2009 참조.

드러내지 않았다. 하지만 뜻은 분명하게 드러냈다. 이런 구성은 단순하게 상상만으로 만들어 낸 산물이 아니다. 하지만 계율을 설명하는 내용 가운데 일부는 지나치게 상상했던 산물이다. 비구가 독신 생활을 할 수 있는 방법을 광범위하게 논의한 부분에서 확실히 이런 인상을 받는다. 현대 독자들은 처녀 나가(nāga), 여성 야차(yakṣa), 여신, 소녀 간다르바(gandharva), 여성 아수라(asura) 같은 인간이 아닌 존재들과 성적으로 관계한 비구 이야기를 약간은 소금 한 알이라고 받아들일 수 있다.[58] 그러나 이런 이야기 뒤에 숨겨놓은 뜻을 무시하더라도, 비구나 비구니가 계율을 무시하더라도, 아무리 창의적으로 '성'을 다시 정의하더라도 독신을 지켜야 하는 계율을 대충 넘겨서는 안 된다.

굽따가 기적으로 임신한 이야기를 제외하고는 이 연구에서 검토한 내용은 지금 특징지은 것과 성격이 다르다. 율장을 기록한 저자/편찬자들은 비구와 가족이 만나는 모습을 우연히 목격했어도 가족과 만나는 것을 찬성하지도 반대하지도 않았다. 이들은 이런 만남을 간단하게 당연시했다. 그러나 율사들은 임신한 비구니를 승가로 받아들이려고 계율을 제정했다. 이런 계율이 어떻든 비구니가 아이를 갖게 된 현실에서 비구니들이 반응하지 않았는데도 다른 어떤 이유로 이 계를 제정했

---

58 T.1441〔xxiii〕 584a6-14(권3); sTog, *'Dul ba*, DA 405a2-7. 산스크리트 단편은 Clarke 2012b에서 자세히 논의한 SHT(V) 1063(Sander and Waldschmidt 1985) 참조. Chung(2002, 93)은 산스크리트 단편을 『십송율』에 속하는 『살바다부비니마득륵가』(T.1441)라고 생각했다. Chung이 증명한 것과 관련한 문제는 Clarke 2010b 참조(Vinītaka, *'Dul ba* byed pa; in Uttaragrantha).

을 가능성은 거의 없다. 이런 경우는 확실히 드물고 일반적이지도 않다. 모든 율장이 서술할 만큼 충분히 우려할 만한 상황이었을 것이다. 누구는 이 계가 예외라고 비난할 수도 있다. 이 연구가 인도불교에서 볼 수 있는 일탈행위를 지나치게 강조하기는 했다. 하지만 왜 계에 대한 많은 예외를 또 계로 제정했을까? 실제로 앞에서 언급했듯, 외부 문헌에서도 아시아불교 승가에서 살아 있는 전통은 대부분 불교 역사를 통틀어 '이례적'인 것이라고 밝혀졌다.

우리는 인도 승가에서 실제로 있었던 일을 입증할 수 없다는 이유로 율사들이 말한 모든 것을 무시하지 않도록 주의해야 한다. 지금까지 전해 내려온 불교 문헌에서 볼 수 있었던 그림을 역사적 허구라고 거부한다면, 같은 기준을 적용해서—우리는 그래야만 한다— 다른 비슷한 경우도 같은 자료를 바탕으로 인도불교와 관련해 우리가 알고 있는 거의 모든 것을 거부해야 한다. 문헌이 전달하는 내용을 내가 듣고 싶어 하는 것일 때만 들어서는 안 된다.

특히 쇼펜은 인도에서 비구나 비구니가 꾸준히 경제 활동을 해왔던 것과 관련해 우리가 알고 있는 것을 재평가할 필요가 있다고 여러 번 언급했다. 그러나 여기서 인도 승가와 가족 관계를 살펴본 결과, 인도 비구나 비구니가 가족과 상호작용했던 관계와 혼인 생활(그리고 아마도 성적인 생활)과 관련해 가장 기본적인 가설을 다시 세워야 한다. 우리는 무언가를 새로 발견할 때마다 새로 발견한 지식으로 무장해 현존하는 자료들을 다시 읽어 새로 발견할 무언가에 빈틈없이 대처해야 한다. 현존하는 6부파 율장 중 단 한 율장만을 현대어로 번역해 놓은 것을 생각해 보자. 이 한 율장에만 의존해 또 놓치고 있는 것은 무엇일까?

우리는 비구니가 낙태하거나 한 여성을 낙태시킨 이야기에서 율사들이 어떤 생각을 했는지 알 수 있을까? 이 연구에서는 별도로 다룰 가치가 있는 낙태라는 주제를 열심히 외면했다. 하지만 아마도 간단하게 대답할 수 있는 것은 많지 않을 것이다.—우리가 팔리어 경전을 통해 알고 있는 것과 같은 기본 입장을 인도 불자들이 지녔다고 가정했기 때문이다. 어떤 우바이가 외도 후 임신했기에 남편 모르게 낙태를 했다. 비구니 스톨라난다가 이 태아를 처리해주는 것에 동의했던 근본설일체유부 이야기를 우리는 어떻게 보아야 할까?[59] 이 사건을 해결하려고 제정한 계는 비구니 스툴라난다가 태아를 옮길 때 큰 발우를 들고 다녔던 상황만 가벼운 죄라고 말했다. 한 우바이가 자신이 낙태한 태아를 비구니가 처리했다고 말한 것이, 우바이가 단순히 꾸며낸 이야기일까? 우리는 이 계를 진지하게 생각해야 할까? 우리는 비구니가 높은 곳(高架)에 있거나 매달린 것처럼 보이는 화장실을 사용하면 죄라고 제정한 의미도 고려해 보아야 할까? 이 계는 '계를 범해' 임신한 비구니가 낙태한 모습을 보고 재가자들이 비난한 근거가 되었기에 제정한 것이다.[60] 태아를 죽이려는 의도로 배를 문지르다 결국 이 여성을 죽게 만든 비구나 비구니와 관련 있는 이야기와 같이 이런 내용도 고려해야 할까?[61] 그리고 율장에는 비구나 비구니가

---

59 『잡사』 sTog, *'Dul ba*, THA 212a7-213b2; T.1451〔xxiv〕 360a9-b3(권31).

60 T.1428〔xxii〕 930a9-15(권49).

61 『근본설일체유부비나야』 T.1442〔xxiii〕 662b12-15(권7); sTog, *'Dul ba*, CA 206b2-5. 필자는 이것을 티베트어본으로 읽었다. 한역본은 비구나 비구니가

고의로 사람을 살생한 바라이죄를 지은 후 승가에 복귀했다고 볼 수 있는 내용이 있다. 이 결과를 어떻게 이해해야 할까? 율장에 낙태한 내용을 기록한 것은 어떤 이유에서였을까?[62]

우리가 율장을 기록한 저자들과 편집자들이 추정해서 표현한 견해를 진지하게 받아들였다고, 인도불교에 대한 우리 견해가 어떻게 바뀔 것이라고 말하기는 아직 이르다. 우리가 생각했던 것과 매우 다른 비구니를 볼 수도 있고 우리 가운데 일부가 원했던 비구니가 아닌 모습도 볼 수도 있다. 인도에서 '비구니들'이 선술집에서만이 아니라 매춘 업소에서도 경제 활동을 했다는 자료가 있다. 이것은 무엇보다 낙태를 언급했던 입장을 다시 생각해야 할 추가적인 단서가 될 수도 있다.[63] 우리가 인도불교와 관련해 세웠던 가설과 기대가,

---

'배를 밟아 뭉개다(蹂蹋其腹)'라고 설명했다. 『근본설일체유부필추니비나야』 T.1443〔xxiii〕 925c19-22(권4). 티베트어본 『Bhikṣuṇī-vibhaṅga』는 한역본과 현저히 다르다. 4장 각주 138 추가 참조.

62 모든 바라이죄에 바라이 참회를 적용했을 가능성은 Clarke 2000, 154-157 참조.

63 Schopen 2007c 참조. 이렇게 진취적인 비구니와 관련 있는 자료가 『근본설일체유부율』에만 있는 것은 아니다. 『오분율』에는 선술집을 운영(作酒沽)하거나 (T.1421〔xxii〕 190a19-20(권29)), 돈을 빌려주고 이자를 받아(出息) 비난받은 비구니(T.1421〔xxii〕 190a23-25(권29))가 있다. 유흥업소(畜婬女坐肆賃之)를 운영하거나(T.1421〔xxii〕 190a25-26(권29)), 기름을 짜서 판매(壓油賣)하거나 (T.1421〔xxii〕 190a26-27(권29)), 밭을 경작하고 소나 노예를 부리고 경작지를 감독한(畜田犂牛奴自看耕種)(T.1421〔xxii〕 190a20-23(권29)) 이야기도 있다. 이에 대한 참고문헌은 Clark 2002b에서 간략하게 논의했다. 『사분율』에는 비구니들이 술을 거래(酤酒)하거나(T.1428〔xxii〕 928a23-24(권49)), 유흥업소 설립(安

율장을 기록한 저자/편찬자들이 세웠던 가설과 기대가 서로 충돌한다면 어느 한쪽은 포기해야 한다. 지금까지 인도불교 역사와 관련해 학문적 견해와 대중적 견해를 구성하는 과정에서 율사 6명 가운데 5명이 낸 목소리는 대체로 무시해 왔다. 이제 인도 비구와 비구니는 본인 이야기를 할 때가 되었다.

淫女在住處)에 관여한 (T.1428〔xxii〕 928a24-25(권49)) 짧은 이야기가 있다. 『십송율』에는 선술집을 차린 비구니(立沽酒店)나(T.1435〔xxiii〕 294c25-29(권40)), 술을 담근 비구니(作酒)나(T.1435〔xxiii〕 297c18-22(권41)), 상점을 임대(賃舍)한 비구니(T.1435〔xxiii〕 297c23-28(권41)) 이야기가 있다. 『마하승기율』에는 하인을 매춘부로 만들어 생계를 유지한 귀족 출신 비구니(貴人女將使人出家。使人端正。令與外人交通以自活命)(T.1425〔xxii〕 545b3-9(권40)) 이야기가 있다. 의심할 여지 없이 이런 참고문헌이 많기에 별도로 다룰 가치가 있다.

참고문헌

Abbott, Elizabeth. 〔1999〕 2001. *A History of Celibacy.* New York: Da Capo Press.

Adachi Kin'ichi 足立欽一. 1923. *Gedō zanmai* 外道三昧. Tokyo: Seichōsha 青潮社.

_______. 1924. *Karudai* 迦留陀夷. Tokyo: Shūhōkaku 聚芳閣.

Agrawala, Ratna Chandra. 1954. "Life of Buddhist Monks in Chinese Turkestan." In *Sarūpa-bhāratī; or, The Homage of Indology: Being the Dr. Lakshman Sarup Memorial Volume*, ed. Nath Agrawal Jagan and Dev Shastri Bhim, 173-181. Hoshiarpur: Vishveshvaranand Institute Publications.

Allen, Michael. 1973. "Buddhism without Monks: The Vajrayana Religion of the Newars of Kathmandu Valley." *South Asia: Journal of South Asian Studies* 3:1-14.

Almond, Philip C. 1988. *The British Discovery of Buddhism.* Cambridge: Cambridge University Press.

Altekar, A. S. 1962. *The Position of Women in Hindu Civilization from Prehistoric Times to the Present Day.* 3rd ed. Delhi: Motilal Banarsidass.

Anālayo. 2008. "Theories on the Foundation of the Nuns' Order—A Critical Evaluation." *Journal of the Centre for Buddhist Studies, Sri Lanka* 6:105-142.

_______. 2011. "*Chas sbyin gyi mdo*—Bhikṣuṇī: Dharmadinnā Proves Her Wisdom." *Chung-Hwa Buddhist Journal* 24:3-33.

_______. 2012. "The Case of Sudinna: On the Function of Vinaya Narrative, Based on a Comparative Study of the Background Narration to the First Pārājika Rule." *Journal of Buddhist Ethics* 19:396-438.

Anonymous. 〔1890〕 1957. "The Literature of Tibet." In *The Life and Teachings of Buddha*, by Alexander Csoma Korosi, 104-137. Calcutta: Susil Gupta (India) Private Limited.

Atwood, Christopher. 1991. "Life in Third-fourth Century Cadh'ota: A Survey of Information Gathered from the Prakrit Documents Found North of Minfeng (Niyä)." *Central Asiatic Journal* 35, nos. 3/4:161-199.

Ayyar, V. Ramanatha, and K. Parameswara Aithal. 1964. "Kārpāsa Cotton: Its Origin and Spread in Ancient India." *Adyar Library Bulletin* 28, nos. 1/2:1-40.

Aziz, Barbara Nimri. 1978. *Tibetan Frontier Families: Reflections of Three Generations from D'ing-ri.* New Delhi: Vikas Publishing House.

Bailey, Greg, and Ian Mabbett. 2003. *The Sociology of Early Buddhism.* Cambridge: Cambridge University Press.

Balbir, Nalini. 2001. "La question de l'ordination des enfants en milieu jaina." In *Les âges de la vie dans le monde indien*, ed. Christine Chojnacki, 153-183. Paris: Distributed by De Boccard.

Baldissera, Fabrizia. 2005. *The Narmamālā of Kṣemendra: Critical Edition, Study, and Translation.* Beiträge zur Südasienforschung 197. Würzburg: Ergon Verlag.

Banerjee, Gooroodass. 1879. *The Hindu Law of Marriage and Stridhan.* Calcutta: Thacker, Spink, and Co.

Banerji-Sastri, A. 1940. "Ninety-three Inscriptions on the Kurkihar Bronzes." *Journal of the Bihar and Orissa Research Society* 26, no. 3:236-251.

Bapat, P. V. 1979. "Guṇaprabha's Vinaya-sūtra and His Own Commentary on the Same." *Journal of the International Association of Buddhist Studies* 1, no. 2:47-51.

Bapat, P. V., and V. V. Gokhale. 1982. *Vinaya-sūtra and Auto-Commentary on the Same by Guṇaprabha.* Tibetan Sanskrit Works Series 22. Patna: K. P. Jayaswal Research Institute.

Bapat, P. V., and Akira Hirakawa. 1970. *Shan-Chien-P'i-P'o-Sha: A Chinese Version by Saṅghabhadra of Samantapāsādikā.* Bhandarkar Oriental Series 10. Poona: Bhandarkar Oriental Research Institute.

Bareau, André. 1955. *Les sectes bouddhiques du petit véhicule.* Paris: Publications de l'École française d'Extrême-Orient.

______. 1976. "Les reactions des families dont un membre devient moine selon le canon bouddhique pali." In *Malalasekera Commemoration Volume*, ed. O. H. de A. Wijesekera, 15-22. Colombo: Malalasekera Commemoration Volume Editorial Committee.

Barnett, L. D. 1924. "Some Notes on the Matta-Vilasa." *Bulletin of the School of Oriental Studies, University of London* 3, no. 2:281-285.

_______. 1930. "Matta-Vilasa: A Farce." *Bulletin of the School of Oriental Studies, University of London* 5, no. 4:697-717.

Basham, A. L. [1954] 1959. *The Wonder That was India: A Survey of the History and Culture of the Indian Sub-before the Coming of the Muslims*. New York: Grove Press.

_______. 1966. *Aspects of Ancient Indian Culture*. Bombay: Asia Publishing House.

_______. 1981. "The Evolution of the Concept of the Bodhisattva." In *The Bodhisattva Doctrine in Buddhism*, ed. Leslie S. Kawamura, 19-59. Waterloo: Wilfrid Laurier University Press.

Bechert, Heinz. 1968. "Some Remarks on the Kaṭhina Rite." *Journal of the Bihar Research Society* 54, nos. 1/4:319-329.

_______. 1973. "Notes on the Formation of Buddhist Sects and the Origins of Mahāyāna." In *German Scholars on India: Contributions to Indian Studies*, ed. Cultural Department of the Embassy of the Federal Republic of Germany, New Delhi, 1:6-18. Varanasi: Chowkhamba Sanskrit Series Office.

_______. 1993. "On the Origination and Characteristics of Buddhist Nikāyas, or Schools." In *Premier Colloque Étienne Lamotte (Bruxelles et Liège 24-27 Septembre 1989)*, 51-56. Publications de l'Institut Orientaliste de Louvain. Louvain-la-Neuve: Institut Orientaliste.

Bianchi, Ester. 2001. *The Iron Statue Monastery: "Tiexiangsi," a Buddhist Nunnery of Tibetan Tradition in Contemporary China*. Firenze: L. S. Olschki.

Bigandet, P. [1879] 1979. *The Life or Legend of Gaudama, the Buddha of the Burmese*. 3rd ed. 2 vols. Varanasi: Bharatiya Publishing House.

Bingenheimer, Marcus. 2006. "The Shorter Chinese Saṃyukta Āgama: Preliminary

Findings and Translation of Fascicle 1 of the Bieyi za ahan jing 別譯雜阿含經 (T.100)." *Buddhist Studies Review* 23, no. 1:21-60.

Bloch, T. 1905~1906. "Two Inscriptions on Buddhist Images." *Epigraphia Indica* 8:179-182.

Bloomfield, Maurice. 1924. "On False Ascetics and Nuns in Hindu Fiction." *Journal of the American Oriental Society* 44, no. 3:202-242.

Bond, George D. 1980. "Theravada Buddhism's Meditations on Death and the Symbolism of Initiatory Death." *History of Religions* 19, no. 3:237-258.

Bongard-Levin, G. M. 1975~1976. "New Sanskrit and Prakrit Texts from Central Asia." *Indologica Taurinensia* 3-4:73-80.

Bose, M. M., ed. [1934~1936] 1977. *Paramattha-Iti-Vuttakaṭṭhakathā (Iti-Vuttaka Commentary) of Dhammapālâcariya*. 2 vols. bound as one. London: Pali Text Society.

Boswell, John. 1988. *The Kindness of Strangers: The Abandonment of Children in Western Europe from Late Antiquity to the Renaissance*. New York: Pantheon Books.

Boucher, Daniel. 2008. *Bodhisattvas of the Forest and the Formation of the Mahāyāna: A Study and Translation of the Rāṣṭrapālaparipṛcchā-sūtra*. Honolulu: University of Hawai'i Press.

Boyer, A. M., E. J. Rapson, and E. Senart, eds. 1920~1929. *Kharoṣṭhī Inscriptions Discovered by Sir Aurel Stein in Chinese Turkestan*. 3 vols. Oxford: Clarendon Press.

Brobjer, Thomas H. 2004. "Nietzsche's Reading About Eastern Philosophy." *Journal of Nietzsche Studies* 28:3-35.

Bronkhorst, Johannes. 1986. *The Two Traditions of Meditation in Ancient India*. Alt- und neu-indische Studien 28. Stuttgart: Steiner Verlag.

_______. [1993] 1998. *The Two Sources of Indian Asceticism*. Delhi: Motilal Banarsidass.

_______. 2006. "The Context of Indian Philosophy." In *Conflict between Tradition and Creativity in Indian Philosophy: Text and Context*, ed. Toshihiro Wada,

9-22. Nagoya: Graduate School of Letters, Nagoya University.

Brough, John. 1965. "Comments on Third-Century Shan-Shan and the History of Buddhism." *Bulletin of the School of Oriental and African Studies, University of London* 28, no. 3:582-612.

Buchanan, Francis. 1799. "On the Religion and Literature of the Burmas." *Asiatick Researches; or, Transactions of the Society Instituted in Bengal, for Inquiring into the History and Antiquities, the Arts, Sciences, and Literature, of Asia* 6:163-308.

Bühler, G. 1894. "Further Inscriptions from Sânchi." *Epigraphia Indica* 2:366-408.

Buitenen, J. A. B. van. 1975. *The Mahābhārata*. Vol. 2. Chicago: University of Chicago Press.

Burnouf, Eugène. [1844] 1876. *Introduction à l'histoire du buddhisme indien*. 2nd ed. Paris: Maisonneuve et Cie, Libraires-Éditeurs.

_______. 2010. *Introduction to the History of Indian Buddhism*. Translated by Katia Buffetrille and Donald S. Lopez Jr. Chicago: University of Chicago Press.

Burrow, T. 1940. *A Translation of the Kharoṣṭhi Documents from Chinese Turkestan*. London: Royal Asiatic Society.

Buswell, Robert E., Jr. 2004. "Sugi's Collation Notes to the Koryŏ Buddhist Canon and Their Significance for Buddhist Textual Criticism." *Journal of Korean Studies* 9, no. 1:129-184.

Caner, Daniel. 2002. *Wandering, Begging Monks: Spiritual Authority and the Promotion of Monasticism in Late Antiquity*. Berkeley: University of California Press.

Chakravarti, Uma. 1987. *The Social Dimensions of Early Buddhism*. Delhi: Oxford University Press.

Chalmers, Robert. [1898] 1960. *The Majjhima-nikāya*. Vol. 2. London: Published for the Pali Text Society by Messrs. Luzac & Co.

_______. 1932. *Buddha's Teachings, Being the Sutta-Nipāta or Discourse-Collection*. Harvard Oriental Series 37. Cambridge, MA: Harvard University Press.

Chandra Vidyabhusana, Satis, ed. and trans. 2000. *So-sor thar pa (Khrims):*

Vol. 5 of the Dulwa Portion of the Kangyur (Leaves 1-29 and Top Line of Leaf 30). Calcutta: R. N. Bhattacharya. Previously published as "So-sor-thar-pa; or, a Code of Buddhist Monastic Laws: Being the Tibetan version of Prātimokṣa of the Mūla-sarvāstivāda School." *Journal of the Asiatic Society of Bengal* 11 (1915): 29-139.

Chapekar, Nalinee. 2003. "Buddhists [sic] Characters in Sanskrit Literature." In *Buddhism in Global Perspective*, ed. Kalpakam Sankarnarayan, Ichijo Ogawa, and Ravindra Panth, 2:431-450. Mumbai: Somaiya Publications.

Chen, Jinhua. 2002. "Family Ties and Buddhist Nuns in Tang China: Two Studies." *Asia Major*, 3rd ser., 15, no. 2:51-85.

Ch'en, Kenneth K. S. 1968. *Buddhism: The Light of Asia*. Woodbury, NY: Barron's Educational Series.

Childers, Robert Cæsar. [1875] 1979. *A Dictionary of the Pali Language*. New Delhi: Cosmo Publications.

Chung, Jin-il. 2002. "Sanskrit-Fragmente des sogenannten Daśādhyāya-vinaya aus Zentralasien: eine vorläufige Auflistung." In *Sanskrit-Texte aus dem buddhistischen Kanon: Neuentdeckungen und Neueditionen IV*, ed. Jin-il Chung, Claus Vogel, and Klaus Wille, 77-104. Sanskrit-Wörterbuch der buddhistischen Texte aus den Turfan-Funden 9. Göttingen: Vandenhoeck & Ruprecht.

Chung, Jin-il, and Klaus Wille. 1997. "Einige Bhikṣuvinayavibhaṅga-Fragmente der Dharmaguptakas in der Sammlung Pelliot." In *Untersuchungen zur buddhistischen Literatur: Zweite Folge*, ed. Heinz Bechert, Sven Bretfeld, and Petra Kieffer-Pülz, 47-94. Sanskrit-Wörterbuch der buddhistischen Texte aus den Turfan-Funden 8. Göttingen: Vandenhoeck & Ruprecht.

Clark, Elizabeth A. 1999. *Reading Renunciation: Asceticism and Scripture in Early Christianity*. Princeton, NJ: Princeton University Press.

Clark, Gillian, trans. 2000. *Porphyry: On Abstinence from Killing Animals*. Ithaca, NY: Cornell University Press.

Clarke, Shayne. 1999. "Pārājika: the Myth of Permanent and Irrevocable Expulsion

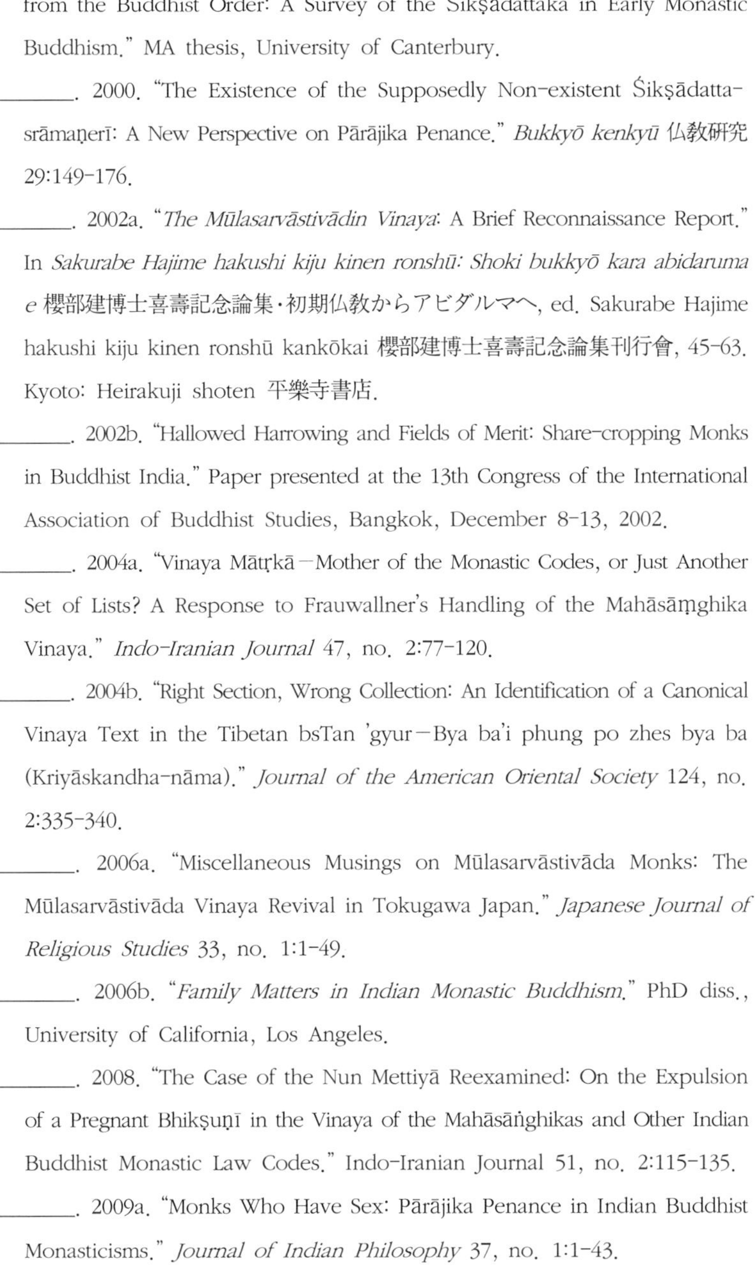

from the Buddhist Order: A Survey of the Śikṣādattaka in Early Monastic Buddhism." MA thesis, University of Canterbury.

_______. 2000. "The Existence of the Supposedly Non-existent Śikṣādatta-srāmaṇerī: A New Perspective on Pārājika Penance." *Bukkyō kenkyū* 仏教研究 29:149-176.

_______. 2002a. "*The Mūlasarvāstivādin Vinaya*: A Brief Reconnaissance Report." In *Sakurabe Hajime hakushi kiju kinen ronshū: Shoki bukkyō kara abidaruma e* 櫻部建博士喜壽記念論集・初期仏教からアビダルマへ, ed. Sakurabe Hajime hakushi kiju kinen ronshū kankōkai 櫻部建博士喜壽記念論集刊行會, 45-63. Kyoto: Heirakuji shoten 平樂寺書店.

_______. 2002b. "Hallowed Harrowing and Fields of Merit: Share-cropping Monks in Buddhist India." Paper presented at the 13th Congress of the International Association of Buddhist Studies, Bangkok, December 8-13, 2002.

_______. 2004a. "Vinaya Mātṛkā－Mother of the Monastic Codes, or Just Another Set of Lists? A Response to Frauwallner's Handling of the Mahāsāṃghika Vinaya." *Indo-Iranian Journal* 47, no. 2:77-120.

_______. 2004b. "Right Section, Wrong Collection: An Identification of a Canonical Vinaya Text in the Tibetan bsTan 'gyur－Bya ba'i phung po zhes bya ba (Kriyāskandha-nāma)." *Journal of the American Oriental Society* 124, no. 2:335-340.

_______. 2006a. "Miscellaneous Musings on Mūlasarvāstivāda Monks: The Mūlasarvāstivāda Vinaya Revival in Tokugawa Japan." *Japanese Journal of Religious Studies* 33, no. 1:1-49.

_______. 2006b. "*Family Matters in Indian Monastic Buddhism.*" PhD diss., University of California, Los Angeles.

_______. 2008. "The Case of the Nun Mettiyā Reexamined: On the Expulsion of a Pregnant Bhikṣuṇī in the Vinaya of the Mahāsāṅghikas and Other Indian Buddhist Monastic Law Codes." Indo-Iranian Journal 51, no. 2:115-135.

_______. 2009a. "Monks Who Have Sex: Pārājika Penance in Indian Buddhist Monasticisms." *Journal of Indian Philosophy* 37, no. 1:1-43.

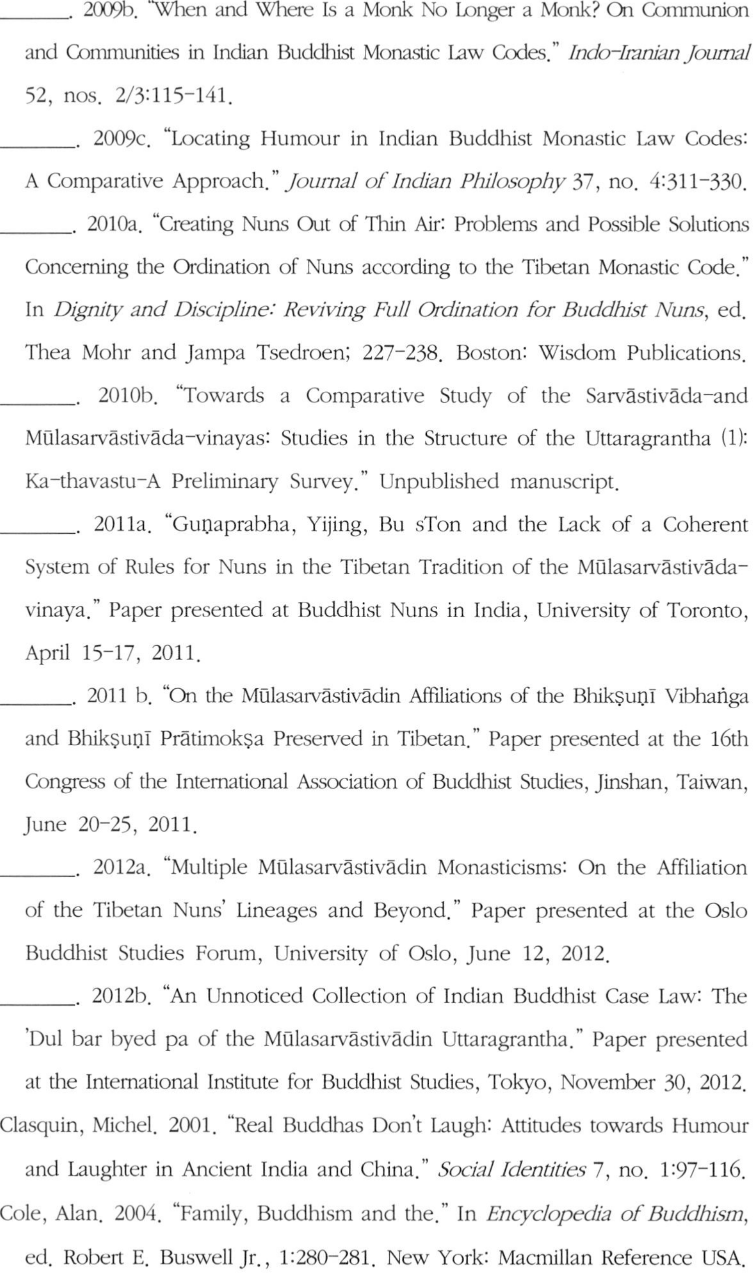

______. 2009b. "When and Where Is a Monk No Longer a Monk? On Communion and Communities in Indian Buddhist Monastic Law Codes." *Indo-Iranian Journal* 52, nos. 2/3:115-141.

______. 2009c. "Locating Humour in Indian Buddhist Monastic Law Codes: A Comparative Approach." *Journal of Indian Philosophy* 37, no. 4:311-330.

______. 2010a. "Creating Nuns Out of Thin Air: Problems and Possible Solutions Concerning the Ordination of Nuns according to the Tibetan Monastic Code." In *Dignity and Discipline: Reviving Full Ordination for Buddhist Nuns*, ed. Thea Mohr and Jampa Tsedroen; 227-238. Boston: Wisdom Publications.

______. 2010b. "Towards a Comparative Study of the Sarvāstivāda-and Mūlasarvāstivāda-vinayas: Studies in the Structure of the Uttaragrantha (1): Ka-thavastu-A Preliminary Survey." Unpublished manuscript.

______. 2011a. "Guṇaprabha, Yijing, Bu sTon and the Lack of a Coherent System of Rules for Nuns in the Tibetan Tradition of the Mūlasarvāstivāda-vinaya." Paper presented at Buddhist Nuns in India, University of Toronto, April 15-17, 2011.

______. 2011 b. "On the Mūlasarvāstivādin Affiliations of the Bhikṣuṇī Vibhaṅga and Bhikṣuṇī Prātimokṣa Preserved in Tibetan." Paper presented at the 16th Congress of the International Association of Buddhist Studies, Jinshan, Taiwan, June 20-25, 2011.

______. 2012a. "Multiple Mūlasarvāstivādin Monasticisms: On the Affiliation of the Tibetan Nuns' Lineages and Beyond." Paper presented at the Oslo Buddhist Studies Forum, University of Oslo, June 12, 2012.

______. 2012b. "An Unnoticed Collection of Indian Buddhist Case Law: The 'Dul bar byed pa of the Mūlasarvāstivādin Uttaragrantha." Paper presented at the International Institute for Buddhist Studies, Tokyo, November 30, 2012.

Clasquin, Michel. 2001. "Real Buddhas Don't Laugh: Attitudes towards Humour and Laughter in Ancient India and China." *Social Identities* 7, no. 1:97-116.

Cole, Alan. 2004. "Family, Buddhism and the." In *Encyclopedia of Buddhism*, ed. Robert E. Buswell Jr., 1:280-281. New York: Macmillan Reference USA.

_______. 2005. *Text as Father: Paternal Seductions in Early Mahayana Buddhist Literature*. Berkeley: University of California Press.

_______. 2006. "Buddhism." In *Sex, Marriage, and Family in World Religions*, ed. Don S. Browning, M. Christian Green, and John Witte Jr., 299-366. New York: Columbia University Press.

Collins, Steven. 1982. *Selfless Persons: Imagery and Thought in Theravāda Buddhism*. Cambridge: Cambridge University Press.

_______. 1988. "Monasticism, Utopias and Comparative Social Theory." *Religion* 18:101-135.

_______. 1990. Introd. to *Buddhist Monastic Life: According to the Texts of the Theravāda Tradition*, by Môhan Wijayaratna, ix-xxiv. Cambridge: Cambridge University Press.

_______. 1992. "Problems with Pacceka-buddhas." Review of *Ascetic Figures before and in Early Buddhism: The Emergence of Gautama as the Buddha*, by Martin G. Wiltshire. *Religion* 22:271-278.

Cone, Margaret. 2001. *A Dictionary of Pāli*. Part 1. a-kh. Oxford: Pali Text Society.

Cone, Margaret, and Richard F. Gombrich. 1977. *The Perfect Generosity of Prince Vessantara: A Buddhist Epic; Translated from the Pali and Illustrated by Unpublished Paintings from Sinhalese Temples*. Oxford: Clarendon Press.

Constable, Giles. 1978. "Aelred of Rievaulx and the Nun of Watton: An Episode in the Early History of the Gilbertine Order." In *Medieval Women*, ed. Derek Baker, 205-226. Oxford: Basil Blackwell.

Coomaraswamy, Ananda. [1916] 1956. *Buddha and the Gospel of Buddhism*. Bombay: Asia Publishing House.

Coomára Swámy, M. 1874. *Sutta Nipáta; or, Dialogues and Discourses of Gotama Buddha; Translated from the Páli, with Introduction and Notes*. London: Trübner & Co.

Costelloe, M. Joseph. 1992. *The Letters and Instructions of Francis Xavier*. St. Louis, MO: Institute of Jesuit Sources.

Cousins, L. S. 1985. *Review of The Group of Discourses (Sutta-nipāta)*, vol. 1, by K. R. Norman. *Journal of the Royal Asiatic Society of Great Britain and Ireland* 2:219-220.

Covill, Linda. 2007. *Handsome Nanda*. New York: JJC Foundation; New York University Press.

Crosby, Kate. 2005. "'Only If You Let Go of That Tree': Ordination without Parental Consent in Theravāda Vinaya." *Buddhist Studies Review* 22, no. 2:155-173.

Daizōkai 大藏會, ed. 1964. *Daizōkyō: Seiritsu to hensen* 大藏經·成立と變遷. Kyoto: Hyakka-en 白華宛.

Dani, Ahmad Hasan. 1963. *Indian Palaeography*. Oxford: Clarendon Press.

Das Gupta, C. C. 1949~1950. "Shelarwadi Cave Inscription." *Epigraphia Indica* 28:76-77.

Dayal, Har. [1932] 1978. *The Bodhisattva Doctrine in Buddhist Sanskrit Literature*. Delhi: Motilal Banarsidass.

Dehejia, Vidya. 1972. *Early Buddhist Rock Temples: A Chronology*. Ithaca, NY: Cornell University Press.

_______. 1997. *Discourse in Early Buddhist Art: Visual Narratives of India*. New Delhi: Munshiram Manoharlal Publishers Pvt.

Deleanu, Florin. 2006. *The Chapter on the Mundane Path (Laukikamārga) in the Śrāvakabhūmi: A Trilingual Edition (Sanskrit, Tibetan, Chinese), Annotated Translation, and Introductory Study*. Studia Philologica Buddhica. Monograph Series 20. 2 vols. Tokyo: International Institute for Buddhist Studies of the International College for Postgraduate Buddhist Studies.

_______. 2007. "The Transmission of Xuanzang's Translation of the Yogācāra-bhūmi in East Asia: With a Philological Analysis of Scroll XXXIII." In *Kongōji issaikyō no sōgōteki kenkyū to Kongōji shōgyō no kisoteki kenkyū* 金剛寺一切經の總合的研究と金剛寺聖教の基礎的研究, ed. Ochiai Toshinori 落合俊典 et al., 1:1-44. Tokyo: Kokusai bukkyōgaku daigakuin daigaku 國際佛教大學院大學.

Demiéville, Paul, Hubert Durt, and Anna Seidel, comps. 1978. *Répertoire du canon bouddhique Sino-Japonais: Édition de Taishō (Taishō Shinshū Daizōkyō).* Paris/Tokyo: Librairie d'Amérique et d'Orient Adrien-Maisonneuve.

Demoto Mitsuyo 出本充代. 1998. "*Avadānaśataka no bon-kan hikaku kenkyū Avadanasaḥtakaの梵漢比較研究.*" PhD diss., Kyoto University.

Deo, Shantaram Bhalchandra. 1956. *History of Jaina Monachism: From Inscriptions and Literature.* Deccan College Dissertation Series 17. Poona: Deccan College Postgraduate and Research Institute.

Dettwyler, Katherine A. 1995. "A Time to Wean: The Hominid Blueprint for the Natural Age of Weaning in Modern Human Populations." In *Breastfeeding: Biocultural Perspectives,* ed. Patricia Stuart-Macadam and Katherine A. Dettwyler, 39-74. New York: Aldine De Gruyter.

Devee, Sunity. 1989. *The Life of Princess Yashōdara: Wife and Disciple of the Lord Buddha.* Jammu Tawi: Jay Kay Book House.

Dietz, Maribel. 2005. *Wandering Monks, Virgins, and Pilgrims: Ascetic Travel in the Mediterranean World, A.D. 300-800.* University Park: Pennsylvania State University Press.

Dissanayake, Piyasena. 1977. *Political Thoughts of the Buddha.* Colombo: Department of Cultural Affairs.

Doniger, Wendy, and Sudhir Kakar, trans. 2002. *Kamasutra: A New, Complete English Translation of the Sanskrit Text with Excerpts from the Sanskrit Jayamangala Commentary of Yashodhara Indrapada, the Hindi Jaya Commentary of Devadatta Shastri, and Explanatory Notes by the Translators.* Oxford: Oxford University Press.

Doniger, Wendy, and Brian K. Smith, trans. 1991. *The Laws of Manu: With an Introduction and Notes.* London: Penguin Books.

Don Peter, W. L. A. 1990. *Buddhist and Benedictine Monastic Education: A Comparative Study of the Educational Implications of the Vinaya and the Rule of St. Benedict.* Colombo: Evangel Press.

Dull, Jack L. 1978. "Marriage and Divorce in Han China: A Glimpse at 'Pre-Confucian' Society." In *Chinese Family Law and Social Change: In Historical and Comparative Perspective*, ed. David C. Buxbaum, *Asian Law Series* 3:23-74. Seattle: University of Washington Press.

Dumont, Louis. 1960. "World Renunciation in Indian Religions." In *Contributions to Indian Sociology*, ed. Louis Dumont and D. Pocock, 4:33-62. Paris: Mouton & Co.

Durt, Hubert. 1980ş "Mahalla/Mahallaka et la crise de la communauté après le Parinirvāṇa du Buddha." In *Indianisme et bouddhisme: Mélanges offerts à Mgr Étienne Lamotte*, Publications de l'Institut Orientaliste de Louvain, 23:79-99. Louvain-la-Neuve: Université catholique de Louvain, Institut Orientaliste.

_______. 2002. "The Pregnancy of Māyā: I. The Five Uncontrollable Longings (dohada)." *Journal of the International College for Advanced Buddhist Studies* 5:43-66.

_______. 2003. "The Pregnancy of Māyā: II. Māyā as Healer." *Journal of the International College for Advanced Buddhist Studies* 6:43-62.

_______. 2004. "On the Pregnancy of Māyā III: Late Episodes." *Journal of the International College for Advanced Buddhist Studies* 7:55-72.

_______. 2005. "Kajaṅgalā, Who Could Have Been the Last Mother of the Buddha." *Journal of the International College for Postgraduate Buddhist Studies* 9:65-90.

Dutt, Nalinaksha. [1941] 1981. *Early Monastic Buddhism*. 2nd ed. Calcutta: Firma K. L. Mukhopadhyay.

_______, ed. [1942~1950] 1984. *Gilgit Manuscripts*. Vol. 3 in 4 parts. Bibliotheca Indo-Buddhica 16-19. 2nd ed. Delhi: Sri Satguru.

_______. 1978. *Buddhist Sects in India*. 2nd, ed. Delhi: Motilal Banarasidass Publishers.

Dutt, Sukumar. [1924] 1996. *Early Buddhist Monachism*. New Delhi: Munshiram Manoharlal Publishers.

_______. 1957. *The Buddha and Five After-Centuries*. London: Luzac & Company Limited.

_______. [1962] 1988. *Buddhist Monks and Monasteries of India: Their History and Their Contribution to Indian Culture*. Delhi: Motilal Banarsidass.

Edgerton, Franklin. [1953] 1998. *Buddhist Hybrid Sanskrit Dictionary*. Delhi: Motilal Banarsidass.

Edkins, J. 1881. "The Nirvana of the Northern Buddhists." *Journal of the Royal Asiatic Society of Great Britain and Ireland*, n.s., 13:59-79.

Eimer, Helmut. 1983. *Rab tu 'byun ba'i gži. Die tibetische Übersetzung des Pravrajyāvastu im Vinaya der Mūlasarvāstivādins*. Asiatische Forschungen 82. 2 vols. Wiesbaden: Otto Harrassowitz.

Elm, Susanna. 1994. *"Virgins of God": The Making of Asceticism in Late Antiquity*. Oxford: Clarendon Press.

Emms, Christopher. 2012. "Evidence for Two MūMūlasarvāstivādin Vinaya Traditions in the Gilgit Prātimokṣa-sūtras." MA thesis, McMaster University.

Enomoto Fumio 榎本文雄. 1998. "'Konpọnsetsuissaiubu' to 'Setsuissaiubu' 「根本說一切有部」と「說一切有部」." *Indogaku bukkyōgaku kenkyū* 印度佛教學硏究 47, no. 1:111-119.

_______. 2000. "'Mūlasarvāstivādin' and 'Sarvāstivādin.'" In *Vividharatnakaraṇḍaka: Festgabe für Adelheid Mette*, ed. Christine Chojnacki, Jens-Uwe Hartmann, and Volker M. Tschannerl, Indica et Tibetica 37:239-250. Swisttal Odendorf: Indica et Tibetica.

Ensink, Jacob. 1952. *The Question of Rāṣṭrapāla*. Zwolle: J. J. Tijl.

Faure, Bernard. 1998. *The Red Thread: Buddhist Approaches to Sexuality*. Princeton, NJ: Princeton University Press.

_______. 2003. *The Power of Denial: Buddhism, Purity, and Gender*. Princeton, NJ: Princeton University Press.

Fausböll, V., trans. 1881. *The Sutta-nipâta: A Collection of Discourses; Being One of the Canonical Books of the Buddhists*. Sacred Books of the East· 10, pt. 2. Oxford: Clarendon Press.

Feer, Léon. 1883. *Fragments extraits du Kandjour*. Annales du Musée Guimet 5. Paris: Ernest Leroux.

Fezas, Jean. 2001. "Responsabilité, âge de raison et indépendance dans la tradition juridique hindoue." In *Les âges de la vie dans le monde indien*, ed. Christine Chojnacki, 51-64. Paris: Distributed by De Boccard.

Findly, Ellison Banks. 2003. *Dāna: Giving and Getting in Pali Buddhism*. Buddhist Tradition Series 52. Delhi: Motilal Banarsidass.

Finnegan, Damchö Diana. 2009. "'For the Sake of Women, Too': Ethics and Gender in the Narratives of the Mūlasarvāstivāda Vinaya." PhD diss., University of Wisconsin-Madison.

Flood, Gavin. 2004. *The Ascetic Self: Subjectivity, Memory, and Tradition*. Cambridge: Cambridge University Press.

Formigatti, Camillo Alessio. 2009. "The Story of Sundarī and Nanda in the Mūlasarvāstivādavinaya." In *Pāsādikadānaṃ: Festschrift für Bhikkhu Pāsādika*, ed. Martin Straube, Roland Steiner, Jayandra Soni, Michael Hahn, and Mitsuyo Demoto, Indica et Tibetica 52:129-155. Marburg: Indica et Tiberica.

Frankfurter, O. 1883. *Handbook of Pāli: Being an Elementary Grammar, a Chrestomathy, and a Glossary*. London: Williams and Norgate.

Frauwallner, Erich. 1956. *The Earliest Vinaya and the Beginnings of Buddhist Literature*. Serie Orientale Roma 8. Rome: Istituto Italiano per il Medio ed Estremo Oriente.

Freiberger, Oliver. 2005. "Resurrection from the Dead? The Brāhmaṇical Rite of Renunciation and Its Irreversibility." In *Words and Deeds: Hindu and Buddhist Rituals in South Asia*, ed. Jörg Gengnagel, Ute Hüsken, and Srilata Raman, 235-256. Wiesbaden: Harrassowitz Verlag.

Fry, Timothy, ed. 1981. *RB 1980: The Rule of St. Benedict in Latin and English with Notes*. Collegeville, MN: Liturgical Press.

Geiger, Wilhelm. [1929] 1998. *Cūḷavaṃsa: Being the More Recent Part of the Mahāvaṃsa*. Edited by C. Mabel Rickmers. 2 vols. New Delhi: Asian Educational Services.

Gellner, David N. 1992. *Monk, Householder, and Tantric Priest: Newar Buddhism and Its Hierarchy of Ritual*. Cambridge: Cambridge University Press.

Gethin, Rupert. 1998. The Foundations of Buddhism. Oxford: Oxford University

Press.

Giles, Lionel. 1935. "Dated Chinese Manuscripts in the Stein Collection." *Bulletin of the School of Oriental Studies* 7:810-836.

_______. 1957. *Descriptive Catalogue of the Chinese Manuscripts from Tunhuang in the British Museum.* London: Trustees of the British Museum.

Gokhale, B. G. 1965. "The Theravāda-Buddhist View of History." *Journal of the American Oriental Society* 85, no. 3:354-360.

Gokhale, Shobhana. 1957. "Cultural Significance of the Personal and Place Names from Vākāṭaka Inscriptions." *Bulletin of the Deccan College Research Institute* 18:173-185.

Gombrich, Richard. 1975. "Buddhist Karma and Social Control." *Comparative Studies in Society and History* 17, no. 2:212-220.

_______. 1986. Review of *Le moine bouddhiste selon les textes du Theravāda*, by Môhan Wijayaratna. *Religion* 16:387-389.

_______. 1988. *Theravāda Buddhism: A Social History from Ancient Benares to Modern Colombo.* London: Routledge & Kegan Paul.

_______. 2000. "Buddhist Studies in Britain." In *The State of Buddhist Studies in the World, 1972~1997,* ed. Donald K. Swearer and Somparn Promta, 171-189. Bangkok: Center for Buddhist Studies, Chulalongkorn University.

_______. 2009. *What the Buddha Thought.* London: Equinox Pub.

Gombrich, Richard, and Gananath Obeyesekere. 1988. *Buddhism Transformed: Religious Change in Sri Lanka.* Princeton, NJ: Princeton University Press.

Granoff, Phyllis. 2006. "Fathers and Sons: Some Remarks on the Ordination of Children in the Medieval Śvetāmbara Monastic Community." *Asiatische Studien/Études Asiatiques* 60:607-633.

Greene, Eric. 2012. "Meditation, Repentance, and Visionary Experience in Early Medieval Chinese Buddhism." PhD diss., University of California, Berkeley.

Grimm, George. 1958. *The Doctrine of the Buddha: The Religion of Reason and Meditation. Translated from the German by Bhikkhu Sīlācāra.* 2nd rev. ed. Berlin: Akademie-Verlag.

Gutschow, Kim. 2001. "The Women Who Refuse to Be Exchanged: Nuns in Zangskar, Northwest India." In *Celibacy, Culture, and Society: The Anthropology of Sexual Abstinence*, ed. Elisa J. Sobo and Sandra Bell, 47–64. Madison: University of Wisconsin Press.

_______. 2004. *Being a Buddhist Nun: The Struggle for Enlightenment in the Himalayas*. Cambridge, MA: Harvard University Press.

Gyatso, Janet. 2005. "Sex." In *Critical Terms for the Study of Buddhism*, ed. Donald S. Lopez Jr., 271–290. Chicago: University of Chicago Press.

Hakamaya Noriaki 袴谷憲昭. 2011. "10 shu upasaṃpad(ā) to kaitai no mondai 10種upasaṃpad(ā)と戒體の問題." *Komazawa daigaku bukkyōgakubu kenkyū kiyō* 駒澤大學佛教學部研究紀要 69:1–45.

Hamilton, Sue. 2000. *Early Buddhism: A New Approach; The I of the Beholder*. Curzon Critical Studies in Buddhism. Richmond: Curzon.

Hansen, Valerie. 2004. "Religious Life in a Silk Road Community: Niya during the Third and Fourth Centuries." In *Religion and Chinese Society*, ed. John Lagerwey, 1:279–315. Hong Kong: Chinese University Press; Paris: École française d'Extrême-Orient.

Hao Chunwen 郝春文. 1998. *Tang houqi wudai songchu Dunhuang sengni de shehui shenghuo* 唐后期五代宋初敦煌僧尼的社會生活. Beijing: Zhongguo shehui kexue chubanshe 中國社會科學出版社.

_______. 2010. "The Social Life of Buddhist Monks and Nuns in Dunhuang during the Late Tang, Five Dynasties, and Early Song." *Asia Major*, 3rd ser., 23, no. 2:77–95.

Hardy, R. Spence. [1850] 1989. *Eastern Monachism: An Account of the Origin, Laws, Discipline, Sacred Writings, Mysterious Rites, Religious Ceremonies, and Present Circumstances of the Order of Mendicants Founded by Gautama Buddha*. Bibliotheca Indo-Buddhica Series 49. Delhi: Sri Satguru.

Hare, Edward M., trans. [1934] 1961. *The Book of the Gradual Sayings (Anguttara-nikāya); or, More-Numbered Suttas*. Vol. 3. London: Published for the Pali Text Society by Luzac.

Harrison, Paul. 1992. "Meritorious Activity or Waste of Time? Some Remarks on the Editing of Texts in the Tibetan Kanjur." In *Tibetan Studies: Proceedings of the 5th Seminar of the International Association of Tibetan Studies, Narita 1989*, ed. Shōren Ihara and Zuihō Yamaguchi, 1:77-93. Narita: Naritasan Shinshoji.

Hart, H. L.A. 〔1961〕 1988. *The Concept of Law*. Clarendon Law Series. Oxford: Clarendon Press.

Hartmann, Jens-Uwe, and Klaus Wille. Forthcoming. "The Manuscript of the Dīrghāgama and the Private Collection in Virginia." In *From Birch Bark to Digital Data: Recent Advances in Buddhist Manuscript Research*, ed. Paul Harrison and Jens-Uwe Hartmann.

Hasuike Toshitaka 蓮池利隆. 1996. "Shinkyō Niya iseki shutsudo no bukkyō bunken ni tsuite(1) 新疆ニヤ遺跡出土の佛教文獻について(1)." *Indogaku bukkyōgaku kenkyū* 印度學佛教學硏究 44, no. 2:164-166.

_______. 1997. "Shinkyō Niya iseki shutsudo no bukkyō bunken ni tsuite(2) 新疆ニヤ遺跡出土の佛教文獻について(2)." *Indogaku bukkyōgaku kenkyū* 印度學佛教學硏究 45, no. 2:183-187.

Havnevik, Hanna. 1989. *Tibetan Buddhist Nuns: History, Cultural Norms and Social Reality*. Oslo: Institute for Comparative Research in Human Culture, Norwegian University Press.

Heesterman, J. C. 1985. *The Inner Conflict of Tradition: Essays in Indian Ritual, Kingship, and Society*. Chicago: University of Chicago Press.

Heirman, Ann. 2002. *Rules for Nuns according to the Dharmaguptakavinaya: The Discipline in Four Parts*. 3 vols. Delhi: Motilal Banarsidass.

Herrmann-Pfandt, Adelheid. 2008. *Die lHan kar ma: Bin fruher Katalog der ins Tibetische übersetzten buddhistischen Texte*. Beiträge zur Kultur- und Geistesgeschichte Asiens 59. Vienna: Verlag der Österreichischen Akademie der Wissenschaften.

Hinüber, Oskar von. 〔1976〕 1994. "Linguistic Observations on the Structure of the Pāli Canon." In *Selected Papers on Pāli Studies*, 62-75. Oxford: Pali Text

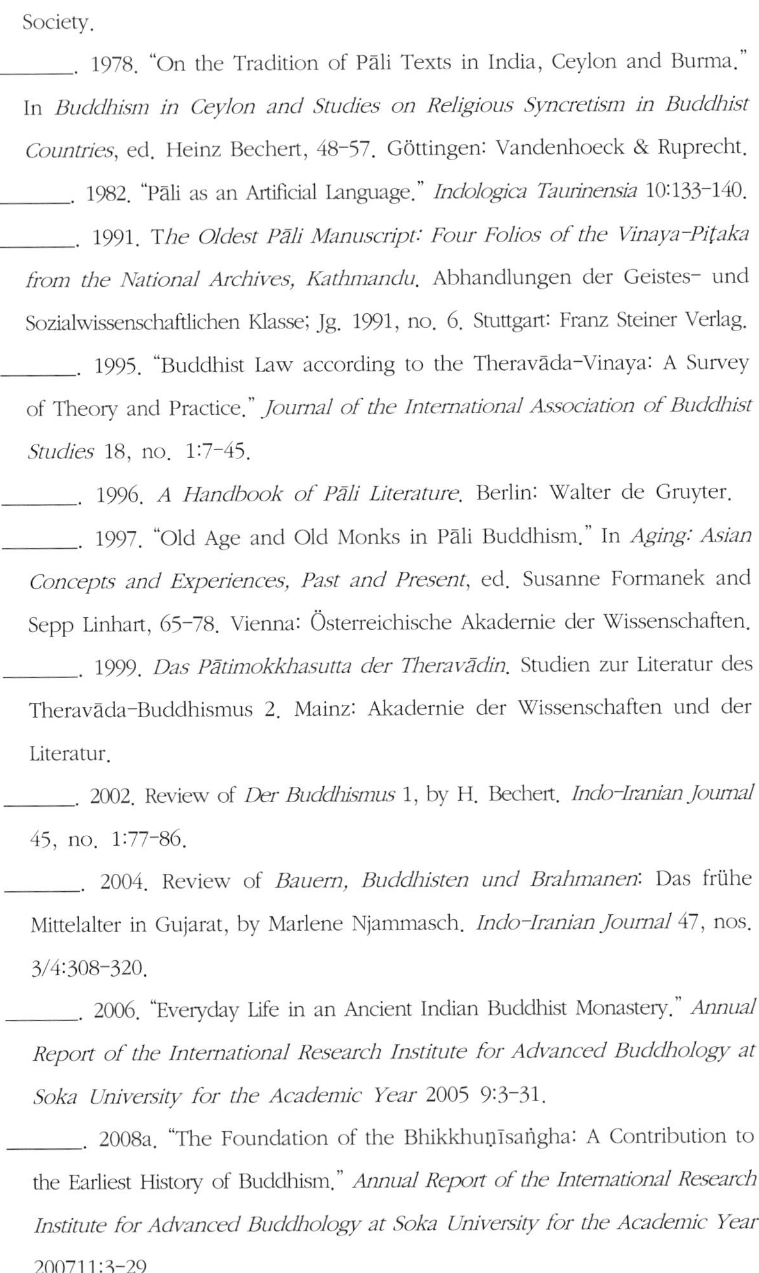

Society.

______. 1978. "On the Tradition of Pāli Texts in India, Ceylon and Burma." In *Buddhism in Ceylon and Studies on Religious Syncretism in Buddhist Countries*, ed. Heinz Bechert, 48-57. Göttingen: Vandenhoeck & Ruprecht.

______. 1982. "Pāli as an Artificial Language." *Indologica Taurinensia* 10:133-140.

______. 1991. T*he Oldest Pāli Manuscript: Four Folios of the Vinaya-Piṭaka from the National Archives, Kathmandu.* Abhandlungen der Geistes- und Sozialwissenschaftlichen Klasse; Jg. 1991, no. 6. Stuttgart: Franz Steiner Verlag.

______. 1995. "Buddhist Law according to the Theravāda-Vinaya: A Survey of Theory and Practice." *Journal of the International Association of Buddhist Studies* 18, no. 1:7-45.

______. 1996. *A Handbook of Pāli Literature*. Berlin: Walter de Gruyter.

______. 1997. "Old Age and Old Monks in Pāli Buddhism." In *Aging: Asian Concepts and Experiences, Past and Present*, ed. Susanne Formanek and Sepp Linhart, 65-78. Vienna: Österreichische Akadernie der Wissenschaften.

______. 1999. *Das Pātimokkhasutta der Theravādin*. Studien zur Literatur des Theravāda-Buddhismus 2. Mainz: Akadernie der Wissenschaften und der Literatur.

______. 2002. Review of *Der Buddhismus* 1, by H. Bechert. *Indo-Iranian Journal* 45, no. 1:77-86.

______. 2004. Review of *Bauern, Buddhisten und Brahmanen*: Das frühe Mittelalter in Gujarat, by Marlene Njammasch. *Indo-Iranian Journal* 47, nos. 3/4:308-320.

______. 2006. "Everyday Life in an Ancient Indian Buddhist Monastery." *Annual Report of the International Research Institute for Advanced Buddhology at Soka University for the Academic Year* 2005 9:3-31.

______. 2008a. "The Foundation of the Bhikkhuṇīsaṅgha: A Contribution to the Earliest History of Buddhism." *Annual Report of the International Research Institute for Advanced Buddhology at Soka University for the Academic Year* 200711:3-29.

_______. 2008b. "The Pedestal Inscription of Śirika." *Annual Report of the International Research Institute for Advanced Buddhology at Soka University for the Academic Year* 2007 11:31-35.

Hirakawa Akira 平川彰. 〔1960〕 1999~2000. *Ritsuzō no kenkyū* 律藏の硏究. Hirakawa Akira chosakushū 平川彰著作集, 9-10. 2 vols. Tokyo: Shunjūsha 春秋社.

_______. 〔1964〕 2000. *Genshi bukkyō no kyōdan soshiki* 原始佛教の教團組織. Hirakawa Akira chosakushū 平川彰著作集, 11-12. 2 vols. Tokyo: Shunjūsha 春秋社.

_______. 1982. *Monastic Discipline for the Buddhist Nuns: An English Translation of the Chinese Text of the Mahasa'sāṃghika-Bhikṣuṇī-Vinaya*. Tibetan Sanskrit Works Series 21. Patna: Kashi Prasad Jayaswal Research Institute.

_______. 〔1990〕 1998. *A History of Indian Buddhism: From Śākyamuni to Early Mahāyāna*. Translated by Paul Groner. Delhi: Motilal Banarsidass.

_______. 1993~1995. *Nihyaku gojikkai no kenkyū* 二百五十戒の硏究. Hirakawa Akira chosakushū 平川彰著作集, 14-17. 4 vols. Tokyo: Shunjūsha 春秋社.

_______. 1997. *A Buddhist Chinese-Sanskrit Dictionary: bukkyō kan-bon daijiten* 佛教梵漢大辭典. Tokyo: Reiyukai.

_______. 1998. *Bikuni ritsu no kenkyū* 比丘尼律の硏究. Hirakawa Akira chosakushū 平川彰著作集, 13. Tokyo: Shunjūsha 春秋社.

Hiraoka Satoshi 平岡聰. 2002. *Setsuwa no kōkogaku: Inda bukkyō setsuwa ni himerareta shisō* 說話の考古學·トンド說話に秘められた思想. Tokyo: Daizō shuppan 大藏出版.

Hodgson, Brian Houghton. 〔1828〕 1972. *Essays on the Languages, Literature and Religion of Nepal and Tibet; Together with Further Papers on the Geography, Ethnology and Commerce of These Countries*. Corrected and augmented edition... with a supplement of additions and corrections from the author's copy, edited by Mahadeva Prasad Saha and with other additions, omitted in the former edition. Amsterdam: Philo Press.

Hoernle, A. F. R. 1916. *Manuscript Remains of Buddhist Literature Found in*

Eastern Turkestan. Oxford: Oxford University Press.

Holt, John Clifford. 〔1981〕 1995. *Discipline: The Canonical Buddhism of the Vinayapiṭaka*. 2nd ed. Delhi: Motilal Banarsidass.

Hopkins, E. Washburn. 1906. "The Buddhistic Rule against Eating Meat." *Journal of the American Oriental Society* 27:455-464.

_______. 1918. *The History of Religions*. New York: MacMillan Company.

Horner, I. B. 〔1930〕 1999. *Women under Primitive Buddhism: Laywomen and Almswomen*. Delhi: Motilal Banarsidass.

_______, trans. 〔1938~1966〕 1996~1997. *The Book of the Discipline*. Sacred Books of the Buddhists. 6 vols. London: Pali Text Society.

_______, trans. 〔1957〕 1970. *The Collection of the Middle Length Sayings (Majjhima-nikāya)*. 3 vols. London: Published for the Pali Text Society by Luzac.

Hume, Robert Ernest. 〔1924〕 1942. T*he World's Living Religions: With Special Reference to Their Sacred Scriptures and in Comparison with Christianity; An Historical Sketch*. Rev. ed. New York: Charles Scribner's Sons.

Hüsken, Ute. 1997. *Die Vorschriften für die buddhistische Nonnengemeinde im Vinaya-Piṭaka der Theravādin*. Monographien zur indischen Archäologie, Kunst und Philologie 11. Berlin: Dietrich Reimer.

Ichikawa Yoshifumi 市川良文. 1999. "Niya iseki o meguru shomondai: Toku ni Chadōta ni okeru bukkyōsō no jittai o chūshin to shite ニヤ遺跡をめぐる問題點·特にチャドータにおける佛教僧の實態を中心として." *bukkyō shigaku kenkyū* 佛教史硏究 42, no. 1:1-37.

Ikeda On 池田溫. 1990. *Chūgoku kodai shahon shikigo shūroku* 中國古代寫本識語集錄. Tokyo: Daizō shuppan 大藏出版.

Inokuchi Taijun 井ノ口泰淳. 1995. *Chūō Ajia no gengo to bukkyō* 中央アジアの言語と佛教. Kyoto: Hōzōkan 法藏館.

Insler, Stanley. 1998. "Buddhism in the Niya Documents." Paper presented at the Silk Road Conference, Yale University, July 10-12, 1998.

Irisawa Takashi 入澤崇 1989. "Gusokukai o sazuku bekarazaru nijūnin 具足戒を授

くべからぎゐ二十人." *Pārigaku bukkyō bunkagaku* パーリ佛教文化學 2:105-117.

Ishida Mosaku 石田茂作. [1930] 1966. *Shakyō yori mitaru narachō bukkyō no kenkyū* 寫經より見たゐ奈良朝佛教の硏究. Tokyo: Tōyō bunko 東洋文庫.

Ishihama Yumiko 石濱裕美子, and Fukuda Yōichi 福田洋一. 1989. *A New Critical Edition of the Mahāvyutpatti: Sanskrit-Tibetan-Mongolian Dictionary of Buddhist Terminology* 新訂飜譯名義大集. Studia Tibetica 16. Tokyo: Tōyō bunko 東洋文庫.

Jaffe, Richard M. 2001. *Neither Monk nor Layman: Clerical Marriage in Modern Japanese Buddhism.* Princeton, NJ: Princeton University Press.

Jain, Rekha. 1995. *Ancient Indian Coinage: A Systematic Study of Money Economy from Janapada Period to Early Medieval Period (600 BC to AD 1200).* Reconstructing Indian History and Culture 8. New Delhi: D. K. Printworld.

Jamison, Stephanie W. 1996. *Sacrificed Wife/Sacrificer's Wife: Women, Ritual, and Hospitality in Ancient India.* New York: Oxford University Press.

Jäschke, H. A. [1881] 1958. *A Tibetan-English Dictionary.* London: Routledge & Kegan Paul.

Jenner, W. J. F. 1993. *Journey to the West.* 4 vols. Beijing: Foreign Languages Press.

Jessopp, Augustus. 1889. *The Coming of the Friars and Other Historical Essays.* New York: G. P. Putnam's Sons.

Johnston, E. H. 1932. *The Saundarananda; or, Nanda the Fair.* Panjab University Oriental Publications 14. London: Oxford University Press.

Jong, J. W. de. 1977. "*The Bodhisattvāvadānakalpalatā and the Ṣaḍdantāvadāna.*" In *Buddhist Thought and Asian Civilization: Essays in Honor of Herbert V. Guenther on His Sixtieth Birthday*, ed. Leslie S. Kawamura and Keith Scott, 27-38. Emeryville, CA: Dharma Publishing.

_______. 1997. *A Brief History of Buddhist Studies in Europe and America.* Tokyo: Kōsei Publishing.

Jyväsjärvi, Mari Johanna. 2011. "Fragile Virtue: Interpreting Women's Monastic

Practice in Early Medieval India." PhD diss., Harvard University.

Kabilsingh, Chatsumarn. 1998. *The Bhikṣuṇī Pātimokkha of the Six Schools.* Delhi: Sri Satguru Publications.

Kaempfer, Engelbert. [1727] 1998. *A Description of the Kingdom of Siam*, 1690. Itineraria Asiatica, Thailand 4. Bangkok: Orchid Press.

Kāle, M. R. 1967. *Bhavabhūti's Mālatīmādhava: With the Commentary of Jagaddhara.* Delhi: Motilal Banarsidass.

Kane, Pandurang Vaman. 1941. *History of Dharmaśāstra: Ancient and Mediaeval Religious and Civil Law.* Government Oriental Series, Class B, no. 6. Vol. 2, pt. 1. Poona: Bhandarkar Oriental Research Institute.

Kangle, R. P. 1965~1972. *The Kauṭilīya Arthaśāstra.* 3 vols. Delhi: Motilal Banarsidass.

Kapadia, K. M. 1958. *Marriage and Family in India.* 2nd ed. Bombay: Oxford University Press.

Kawagoe Eishin 川越英信. 2005. *dKar chag 'Phang thang ma.* Sendai: Tōhoku Indo-Chibetto kenkyūkai 東北インド・チベット研究會.

Kellogg, Samuel H. 1885. *The Light of Asia, and the Light of the World: A Comparison of the Legend, the Doctrine, and the Ethics of the Buddha with the Story, the Doctrine, and the Ethics of Christ.* London: Macmillan and Co.

Kher, C. V. 1979. "Buddhism and the Non-Philosophical Brahmanical Literature." In *Studies in Pali and Buddhism: A Memorial Volume in Honor of Bhikkhu Jagdish Kashyap*, ed. A. K. Narain, 207-216. Delhi: B. R. Publishing Corporation.

Kieffer-Pülz, Petra. 1992. *Die Simā: Vorschriften zur Regelung der buddhistischen Gemeindegrenze in älteren buddhistischen Texten.* Berlin: Dietrich Reimer.

_______. 1993. "Zitate aus der Andhaka-Aṭṭhakathā in der Samantapāsādikā." In *Studien zur Indologie und Buddhismuskunde: Festgabe des Seminars für Indologie und Buddhismuskunde für Professor Dr. Heinz Bechert*, ed. Reinhold Grünendahl, Jens-Uwe Hartmann, and Petra Kieffer-Pülz, Indica et Tibetica 22:171-212. Bonn: Indica et Tibetica Verlag.

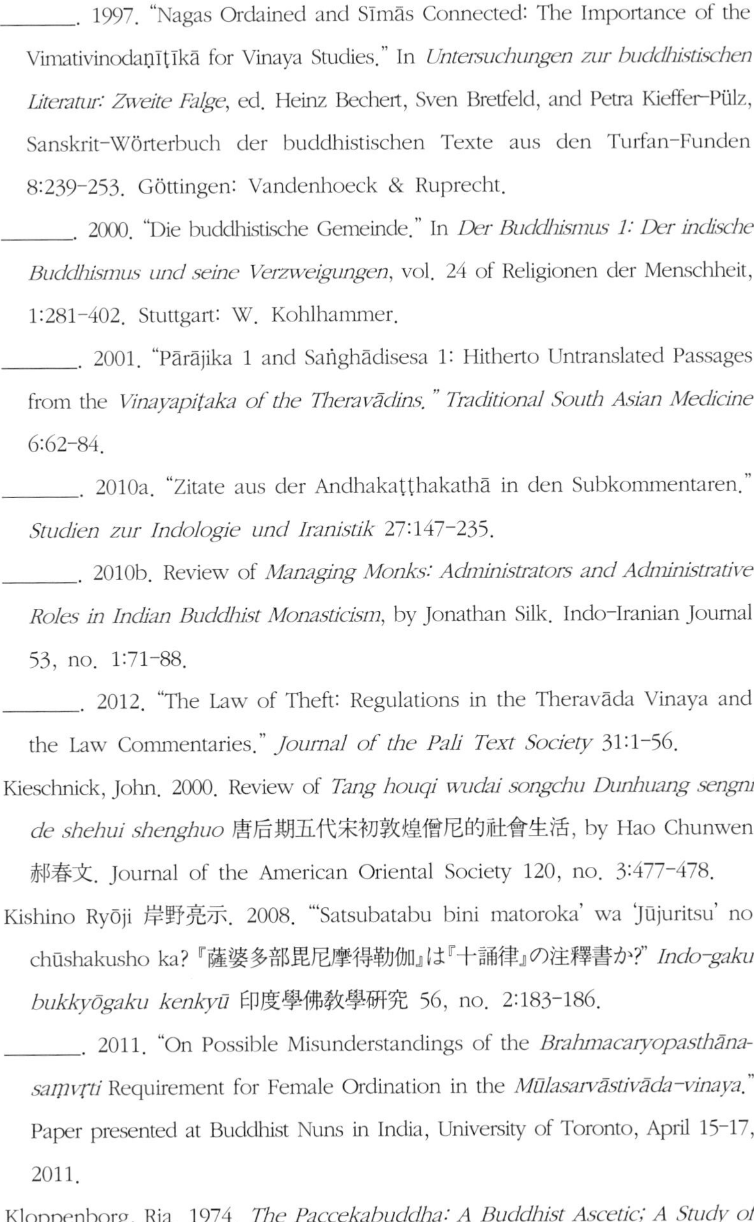

_______. 1997. "Nagas Ordained and Sīmās Connected: The Importance of the Vimativinodaṇīṭīkā for Vinaya Studies." In *Untersuchungen zur buddhistischen Literatur: Zweite Falge*, ed. Heinz Bechert, Sven Bretfeld, and Petra Kieffer-Pülz, Sanskrit-Wörterbuch der buddhistischen Texte aus den Turfan-Funden 8:239-253. Göttingen: Vandenhoeck & Ruprecht.

_______. 2000. "Die buddhistische Gemeinde." In *Der Buddhismus 1: Der indische Buddhismus und seine Verzweigungen*, vol. 24 of Religionen der Menschheit, 1:281-402. Stuttgart: W. Kohlhammer.

_______. 2001. "Pārājika 1 and Saṅghādisesa 1: Hitherto Untranslated Passages from the *Vinayapiṭaka of the Theravādins*." *Traditional South Asian Medicine* 6:62-84.

_______. 2010a. "Zitate aus der Andhakaṭṭhakathā in den Subkommentaren." *Studien zur Indologie und Iranistik* 27:147-235.

_______. 2010b. Review of *Managing Monks: Administrators and Administrative Roles in Indian Buddhist Monasticism*, by Jonathan Silk. Indo-Iranian Journal 53, no. 1:71-88.

_______. 2012. "The Law of Theft: Regulations in the Theravāda Vinaya and the Law Commentaries." *Journal of the Pali Text Society* 31:1-56.

Kieschnick, John. 2000. Review of *Tang houqi wudai songchu Dunhuang sengni de shehui shenghuo* 唐后期五代宋初敦煌僧尼的社會生活, by Hao Chunwen 郝春文. Journal of the American Oriental Society 120, no. 3:477-478.

Kishino Ryōji 岸野亮示. 2008. "'Satsubatabu bini matoroka' wa 'Jūjuritsu' no chūshakusho ka? 『薩婆多部毘尼摩得勒伽』は『十誦律』の注釋書か?" *Indo-gaku bukkyōgaku kenkyū* 印度學佛教學研究 56, no. 2:183-186.

_______. 2011. "On Possible Misunderstandings of the *Brahmacaryopasthāna-saṃvṛti* Requirement for Female Ordination in the *Mūlasarvāstivāda-vinaya*." Paper presented at Buddhist Nuns in India, University of Toronto, April 15-17, 2011.

Kloppenborg, Ria. 1974. *The Paccekabuddha: A Buddhist Ascetic; A Study of the Concept of the Paccekabuddha in Pāli Canonical and Commentarial*

Literature. Orientalia Rheno-Traiectina 20. Leiden: E. J. Brill.

Kohn, Livia. 2003. *Monastic Life in Medieval Daoism: A Cross-Cultural Perspective*. Honolulu: University of Hawai'i Press.

Kokusai bukkyōgaku daigakuin daigaku gakujutsu furontia jikkō iinkai 国际佛教学大学院大学·学术フロンティア实行委员会, ed. 2006. *Nihon genzon hasshu issaikyō taishō mokuroku* 日本現存八種一切經對照目錄. Tokyo: Kokusai bukkyōgaku daigakuin daigaku 国际佛教学大学院大学.

Krawiec, Rebecca. 2002. *Shenoute and the Women of the White Monastery: Egyptian Monasticism in Late Antiquity*. New York: Oxford University Press.

Kritzer, Robert. 2012. "Tibetan Texts of *Garbhāvakrāntisūtra*: Differences and Borrowings." *Annual Report of the International Institute for Advanced Buddhology at Saka University for the Academic Year 2011* 15:131-145.

Lalou, Marcelle. 1939~1961. Inventaire des Manuscrits tibétains de Touenhouang conservés à la Bibliothèque Nationale (Fonds Pelliot tibétain). 3 vols. Paris: Librairie d' Amérique et d'Orient (vol. 1); Bibliothèque Nationale (vols. 2-3).

Lamotte, Étienne. [1958] 1988. *History of Indian Buddhism: From the Origins to the Śaka Era*. Translated by Sara Webb-Boin. Louvain-Paris: Peeters Press.

______. 1966. "Vajrapāṇi en Inde." In *Mélanges de Sinologie offerts à Monsieur Paul Demièville*, 1:113-159. Paris: Presses universitaires de France.

Lancaster, Lewis R. [1984] 1986. "Buddhism and Family in East Asia." In *Religion and the Family in East Asia*, ed. George A. De Vos and Takao Sofue, 139-154. Berkeley: University of California Press.

Lariviere, Richard W. 1989. *The Nāradasmṛti*. University of Pennsylvania Studies on South Asia 4-5. 2 vols. Philadelphia: Department of South Asia Regional Studies, University of Pennsylvania.

______. 1991. "Matrimonial Remedies for Women in Classical Indian Law: Alternatives to Divorce." In *Rules and Remedies in Classical Indian Law*, ed. Julie Leslie, Panels of the 7th World Sanskrit Conference 9:37-45. Leiden: E. J. Brill.

La Vallée Poussin, Louis de. [1923~1971] 1971. *L'Abhidharmakosa de Vasu-*

bandhu: Traduction et annotations. Mélanges chinois et bouddhiques 16. 6 vols. Brussels: Institut Beige des Hautes Études Chinoises.

_______. 1962. *Catalogue of the Tibetan Manuscripts from Tun-huang in the India Office Library: With an Appendix on the Chinese Manuscripts by Kazuo Enoki*. Oxford: Oxford University Press.

Law, Bimala Churn. 1939~1940. "Bhikshunis in Indian Inscriptions." *Epigraphia Indica* 25:31-34.

Leclercq, Jean. 1979. *Monks and Love in Twelfth-Century France: Psycho-Historical Essays*. Oxford: Oxford University Press.

Leider, Jacques P. 2006. "*Araññavāsī and Gāmavāsī* Monks: Towards Further Study of Variant Forms of Buddhist Monasticism in Myanmar." In *Buddhist Legacies in Mainland Southeast Asia*, ed. Frarnçois Lagirarde and Paritta Chalermpow Koanantakool, 113-137. Paris: École française d'Extreme-Orient.

Lévi, Sylvain. [1890] 1978. *The Theatre of India*. Translated from the French by Narayan Mukherji. 2 vols. Calcutta: Writers Workshop.

_______. [1923] 1992. "Constitution of the Buddhist Canon." In *Literary History of Sanskrit Buddhism*, translated by J. K. Nariman, 2nd ed., 162-176. Delhi: Motilal Banarsidass.

Li, Rongxi. 1996. *The Great Tang Dynasty Record of the Western Regions*. BDK English Tripiṭaka 79. Berkeley, CA: Numata Center for Buddhist Translation and Research.

Lingat, Robert. 1937. "Vinaya et droit laique." *Bulletin de l'école française d'extrême-orient* 37:415-477.

_______. [1973] 1993. *The Classical Law of India*. Translated from the French with additions by J. Duncan M. Derrett. New Delhi: Munishiram Manoharlal.

Lopez, Donald S., Jr. 2004. "The Ambivalent Exegete: Hodgson's Contributions to the Study of Buddhism." In *The Origins of Himalayan Studies: Brian Houghton Hodgson in Nepal and Darjeeling, 1820~1858*, ed. David M. Waterhouse, 49-76. London: RoutledgeCurzon.

Lüders, H. 1912. *A List of Brāhmf Inscriptions from the Earliest Times to about*

A.D. 400 with the Exception of those of Aśoka. Appendix to Epigraphia Indica and Record of the Archaeological Survey of India 10. Calcutta: Superintendent Government Printing, India.

______. 1963. *Bhārhut Inscriptions.* Revised and supplemented by E. Waldschmidt and M. A. Mehendale. Corpus Inscriptionum Indicarum 2, pt. 2. Ootacamund: Government Epigraphist for India.

Luz, Ulrich, and Axel Michaels. 2006. *Encountering Jesus and Buddha: Their Lives and Teachings.* Translated by Linda M. Maloney. Minneapolis: Fortress Press.

Madan, T. N. 1987. *Non-Renunciation: Themes and Interpretations of Hindu Culture.* Delhi: Oxford University Press.

Makita Tairyō 牧田諦亮, and Ochiai Toshinori 落合俊典, eds. 1994~2001. *Nanatsudera koitsu kyōten kenkyū sōsho* 七寺古逸經典硏究叢書 6 vols. Tokyo: Daitō shuppansha 大東出版社. 大東出版社.

Malalasekera, George Peiris. [1937] 1960. *Dictionary of Pāli Proper Names.* 2 vols. London: Published for the Pali Text Society by Luzac.

Marshall, John, and Alfred Foucher. 1940. *The Monuments of Sāñchī.* Inscriptions edited, translated, and annotated by N. G. Majumdar. 3 vols. London: Probsthain.

Martini, Giuliana. 2012. "The Story of Sudinna in the Tibetan Translation of the MūlaSarvāstivāda *Vinaya.*" *Journal of Buddhist Ethics* 19:439-450.

Masefield, Peter. 1994. *The Udāna: Translated from the Pāli.* Sacred Books of the Buddhists 42. Oxford: Pali Text Society.

______. 1994~1995. *The Udāna Commentary (Paramatthadīpanī nāma Udānaṭṭhakathā) by Dhammapāla.* 2 vols. Oxford: Pali Text Society.

______. 2008~2009. *The Commentary on the Itivuttaka: The Itivuttaka-aṭṭhakathā (Paramatthadīpanī II) of Dhammapāla.* 2 vols. Oxford: Pali Text Society.

Masson, J. Moussaieff. 1976. "The Psychology of the Ascetic." *Journal of Asian Studies* 35, no. 4:611-625.

Masuzawa, Tomoko. 2005. *The Invention of World Religions; or, How European*

Universalism Was Preserved in the Language of Pluralism. Chicago: University of Chicago Press.

Mathews, R. H. 1943. *Mathews' Chinese English Dictionary*. Rev. American ed. Cambridge, MA: Harvard University Press.

Matsuda, Kazunobu. 1986. *Newly Identified Sanskrit Fragments of the Dharmaskandha in the Gilgit Manuscripts: (1) Sdnskrit Fragments Transliterated*. Kyoto: Bun'eido.

Matsunami Seiren 松濤誠廉 1981. *Memyō tansei naru Nanda* 馬鳴端正なゐ難陀. Edited by Matsunami Seiren sensei ikōshū kankōkai 松濤誠廉先生遺稿集刊行會. Tokyo: Sankibō busshorin 山喜房佛書林.

Menski, Werner F. 2001. *Modern Indian Family Law*. Richmond: Curzon Press.

Michaels, Axel. 2006. "Monks and Laity in Early Buddhism." In *Encountering Jesus and Buddha: Their Lives and Teachings*, ed. Ulrich Luz and Axel Michaels, trans. Linda M. Maloney, 159-172. Minneapolis: Fortress Press.

Mills, Martin A. 2003. *Identity, Ritual and State in Tibetan Buddhism: The Foundations of Authority in Gelukpa Monasticism*. RoutledgeCurzon Studies in Tantric Traditions. Richmond: Curzon.

Misra, G. S. P. 1979. "Some Reflections on Early Jaina and Buddhist Monachism." In *Jain Thought and Culture*, ed. G. C. Pande, 4-15. Jaipur: Department of History and Indian Culture, University of Rajasthan.

Monier-Williams, Monier. 1889. *Buddhism: In Its Connexion with Brahmanism and Hindūism, and in Its Contrast with Christianity*. 2nd ed. New York: Macmillan and Co.

______. [1899] 2000. *A Sanskrit-English Dictionary: Etymologically and Philologically Arranged with Special Reference to Cognate Indo-European Languages*. Oxford: Oxford University Press.

Morohashi Tetsuji 諸橋轍次, ed. [1955~1960] 1986. *Dai kan-wa jiten* 大漢和辭典. Rev. ed. 13 vols. Tokyo: Taishūkan shoten 大修館書店.

Morris, Richard, ed. [1885] 1961. *The Aṅguttara-nikâya*. Vol. 1. 2nd ed. Revised by A. K. Warder. London: Published for the Pali Text Society by H. Luzac.

Mulay, Sumati. 1972. *Studies in the Historical and Cultural Geography and Ethnography of the Deccan: Based Entirely on the Inscriptions of the Deccan from the 1st-13th Century A.D.* Deccan College Dissertation Series, D. 68. Poona: Deccan College, Postgraduate and Research Institute.

Muldoon-Hules, Karen. 2009. "Of Milk and Motherhood: The Kacaṅgalā Avadāna Read in a Brahmanical Light." *Religions of South Asia* 3, no. 1:111-124.

_______. Forthcoming (a). "Brides of the Buddha: How Brahmanical Marital Motifs Served Buddhist Ends." In *Conference Proceedings of the 4th International Sanskrit Workshop.*

_______. Forthcoming (b). "The Role of Brahmanical Marriage in a Buddhist Text." In *Women in Early Indian Buddhism: Comparative Textual Studies*, ed. Alice Collett. Oxford: Oxford University Press.

Murakami Shinkan 村上眞完, and Oikawa Shinsuke 及川眞介. 1985. *Hotoke no kotoba chū: Paramatta-jōtika* 仏のことば註·パラマッタ·ジョーティカー. Vol. 1. Tokyo: Shunjūsha 春秋社.

Namikawa Takayoshi 竝川孝義. 1997. "Rāfura (Ragora) no meimei to shakuson no shukke ラーフラ(羅睺羅)の命名と釋尊の出家." *bukkyō daigaku sōgō kenkyūsho kiyō* 佛教大學總合硏究所紀要 4:17-34.

Ñāṇamoli, Bhikkhu, and Bhikkhu Bodhi. [1995] 2001. *The Middle Length Discourses of the Buddha: A Translation of the Majjhima Nikaya.* 2nd ed. Boston: Wisdom Publications.

Nattier, Jan. 2003. *A Few Good Men: The Bodhisattva Path according to the Inquiry of Ugra (Ugraparipṛcchā).* Honolulu: University of Hawai'i Press.

Nattier, Janice J., and Charles S. Prebish. 1977. "Mahāsāṃghika Origins: The Beginnings of Buddhist Sectarianism." *History of Religions* 16, no. 3:237-272.

Nishimoto Ryūzan 西本龍山. 1928. "Rajū-yaku Jūju bikuni haradaimokusha kaihon no shutsugen narabi ni shobu sōni kaihon no Taishō kenkyā 羅什譯十誦比丘尼婆羅提木叉戒本の出現並諸部僧尼戒本の對照研究." Ōtani gakuhō 大谷學報 9, no. 2:27-60.

_______, trans. 1932~1935. Ritsubu 律部. Vols. 13-14 of *Kokuyaku issaikyō*

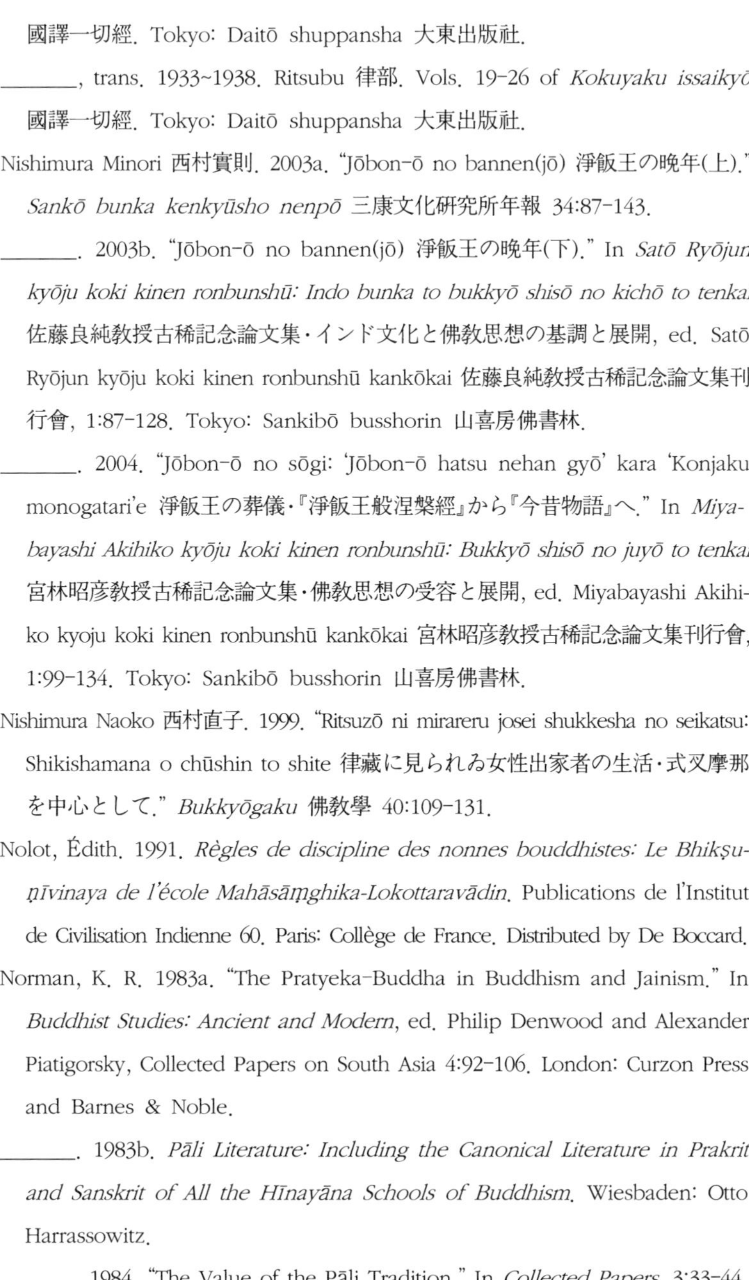

國譯一切經. Tokyo: Daitō shuppansha 大東出版社.

_______, trans. 1933~1938. Ritsubu 律部. Vols. 19-26 of *Kokuyaku issaikyō* 國譯一切經. Tokyo: Daitō shuppansha 大東出版社.

Nishimura Minori 西村實則. 2003a. "Jōbon-ō no bannen(jō) 淨飯王の晩年(上)." *Sankō bunka kenkyūsho nenpō* 三康文化研究所年報 34:87-143.

_______. 2003b. "Jōbon-ō no bannen(jō) 淨飯王の晩年(下)." In *Satō Ryōjun kyōju koki kinen ronbunshū: Indo bunka to bukkyō shisō no kichō to tenkai* 佐藤良純教授古稀記念論文集·インド文化と佛教思想の基調と展開, ed. Satō Ryōjun kyōju koki kinen ronbunshū kankōkai 佐藤良純教授古稀記念論文集刊行會, 1:87-128. Tokyo: Sankibō busshorin 山喜房佛書林.

_______. 2004. "Jōbon-ō no sōgi: 'Jōbon-ō hatsu nehan gyō' kara 'Konjaku monogatari'e 淨飯王の葬儀·『淨飯王般涅槃經』から『今昔物語』へ." In *Miyabayashi Akihiko kyōju koki kinen ronbunshū: Bukkyō shisō no juyō to tenkai* 宮林昭彦教授古稀記念論文集·佛教思想の受容と展開, ed. Miyabayashi Akihiko kyoju koki kinen ronbunshū kankōkai 宮林昭彦教授古稀記念論文集刊行會, 1:99-134. Tokyo: Sankibō busshorin 山喜房佛書林.

Nishimura Naoko 西村直子. 1999. "Ritsuzō ni mirareru josei shukkesha no seikatsu: Shikishamana o chūshin to shite 律藏に見られゐ女性出家者の生活·式叉摩那を中心として." *Bukkyōgaku* 佛教學 40:109-131.

Nolot, Édith. 1991. *Règles de discipline des nonnes bouddhistes: Le Bhikṣuṇīvinaya de l'école Mahāsāṃghika-Lokottaravādin*. Publications de l'Institut de Civilisation Indienne 60. Paris: Collège de France. Distributed by De Boccard.

Norman, K. R. 1983a. "The Pratyeka-Buddha in Buddhism and Jainism." In *Buddhist Studies: Ancient and Modern*, ed. Philip Denwood and Alexander Piatigorsky, Collected Papers on South Asia 4:92-106. London: Curzon Press and Barnes & Noble.

_______. 1983b. *Pāli Literature: Including the Canonical Literature in Prakrit and Sanskrit of All the Hīnayāna Schools of Buddhism*. Wiesbaden: Otto Harrassowitz.

_______. 1984. "The Value of the Pāli Tradition." In *Collected Papers*, 3:33-44.

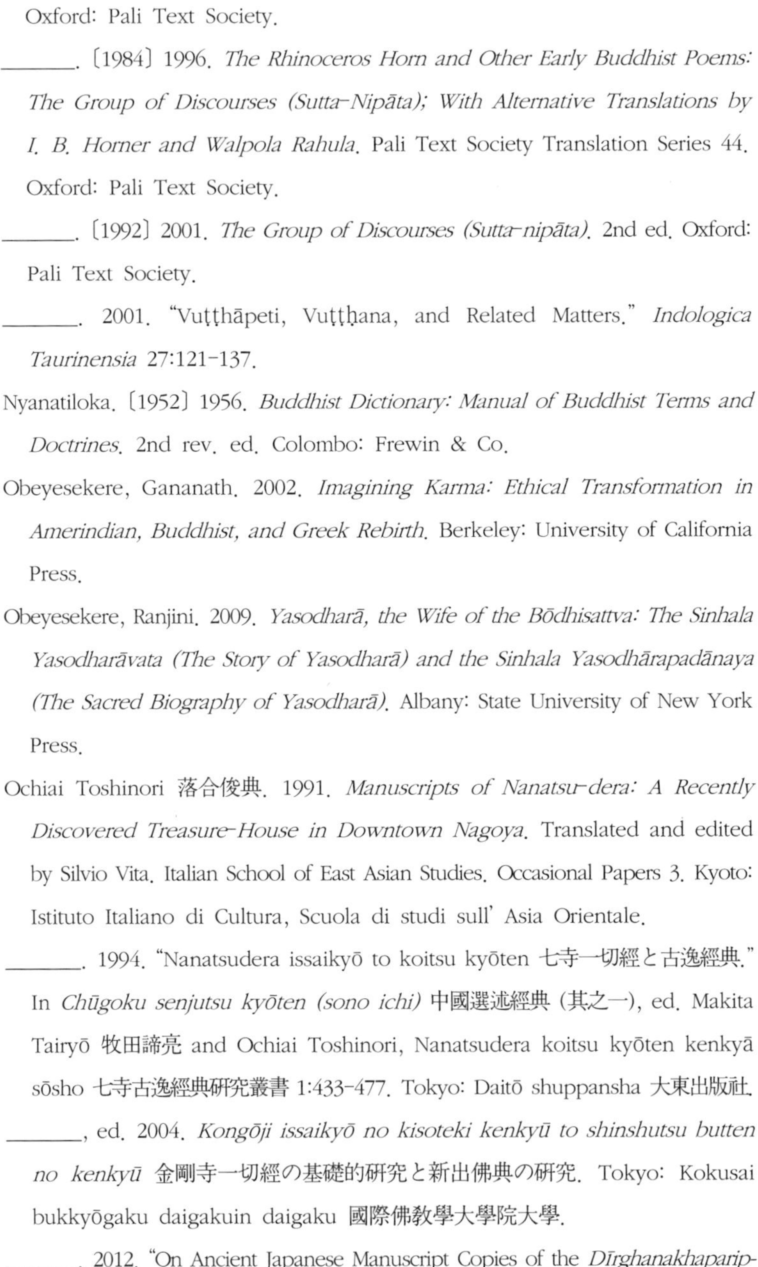

Oxford: Pali Text Society.

______. [1984] 1996. *The Rhinoceros Horn and Other Early Buddhist Poems: The Group of Discourses (Sutta-Nipāta); With Alternative Translations by I. B. Horner and Walpola Rahula*. Pali Text Society Translation Series 44. Oxford: Pali Text Society.

______. [1992] 2001. *The Group of Discourses (Sutta-nipāta)*. 2nd ed. Oxford: Pali Text Society.

______. 2001. "Vuṭṭhāpeti, Vuṭṭhana, and Related Matters." *Indologica Taurinensia* 27:121-137.

Nyanatiloka. [1952] 1956. *Buddhist Dictionary: Manual of Buddhist Terms and Doctrines*. 2nd rev. ed. Colombo: Frewin & Co.

Obeyesekere, Gananath. 2002. *Imagining Karma: Ethical Transformation in Amerindian, Buddhist, and Greek Rebirth*. Berkeley: University of California Press.

Obeyesekere, Ranjini. 2009. *Yasodharā, the Wife of the Bōdhisattva: The Sinhala Yasodharāvata (The Story of Yasodharā) and the Sinhala Yasodhārapadānaya (The Sacred Biography of Yasodharā)*. Albany: State University of New York Press.

Ochiai Toshinori 落合俊典. 1991. *Manuscripts of Nanatsu-dera: A Recently Discovered Treasure-House in Downtown Nagoya*. Translated and edited by Silvio Vita. Italian School of East Asian Studies. Occasional Papers 3. Kyoto: Istituto Italiano di Cultura, Scuola di studi sull' Asia Orientale.

______. 1994. "Nanatsudera issaikyō to koitsu kyōten 七寺一切經と古逸經典." In *Chūgoku senjutsu kyōten (sono ichi)* 中國選述經典 (其之一), ed. Makita Tairyō 牧田諦亮 and Ochiai Toshinori, Nanatsudera koitsu kyōten kenkyā sōsho 七寺古逸經典研究叢書 1:433-477. Tokyo: Daitō shuppansha 大東出版社.

______, ed. 2004. *Kongōji issaikyō no kisoteki kenkyū to shinshutsu butten no kenkyū* 金剛寺一切經の基礎的研究と新出佛典の研究. Tokyo: Kokusai bukkyōgaku daigakuin daigaku 國際佛教學大學院大學.

______. 2012. "On Ancient Japanese Manuscript Copies of the *Dīrghanakhaparip-*

ṛcchā sūtra 長爪梵志請問經" *Journal of the International College for Post-graduate Buddhist Studies* 16:39–47.

Ochiai Toshinori et al., eds. 2007. *Kongōji issaikyō no sōgōteki kenkyū to Kongōji shōgyō no kisoteki kenkyū* 金剛寺一切經の總合的硏究と金剛寺聖教の基礎的硏究. 2 vols. Tokyo: Kokusai bukkyōgaku daigakuin daigaku 國際佛教學大學院大學.

Ohnuma, Reiko. 2000. "Internal and External Opposition to the Bodhisattva's Gift of His Body." *Journal of Indian Philosophy* 28, no. 1:43–75.

_______. 2005. "Gift." In *Critical Terms for the Study of Buddhism*, ed. Donald S. Lopez Jr., 103–123. Chicago: University of Chicago Press.

_______. 2006. "Debt to the Mother: A Neglected Aspect of the Founding of the Buddhist Nuns' Order." *Journal of the American Academy of Religion* 74, no. 4:861–901.

_______. 2007. *Head, Eyes, Flesh, and Blood: Giving Away the Body in Indian Buddhist Literature*. New York: Columbia University Press.

_______. 2012. *Ties That Bind: Maternal Imagery and Discourse in Indian Buddhism*. New York: Oxford University Press.

Okimoto Katsumi 沖本克己. 1985. "Ritsu bunken 律文獻." In *Tonkō kogo bunken* 敦煌胡語文獻, ed. Yamaguchi Zuihō 山口瑞鳳, Kōza Tonkō 講座敦煌 6:395–418. Tokyo: Daitō shuppansha 大東出版社.

Olcott, Henry Steel. [1881] 1982. *The Buddhist Catechism*. 2nd Quest ed. Wheaton, Ill.: Theosophical Publishing House.

Oldenberg, Hermann, ed. [1879~1883] 1969~1982. *The Vinaya Piṭakaṃ: One of the Principal Buddhist Holy Scriptures in the Pāli Language*. 5 vols. London: Pali Text Society.

_______. [1882] 1998. *Buddha: His Life, His Doctrine, His Order*. Translated by William Hoey. Delhi: Pilgrims Books Pvt.

_______. 1896. *Ancient India: Its Languages and Religions*. Chicago: Open Court Publishing Company.

Olivelle, Patrick. 1975. "A Definition of World Renunciation." *Wiener Zeitschrift*

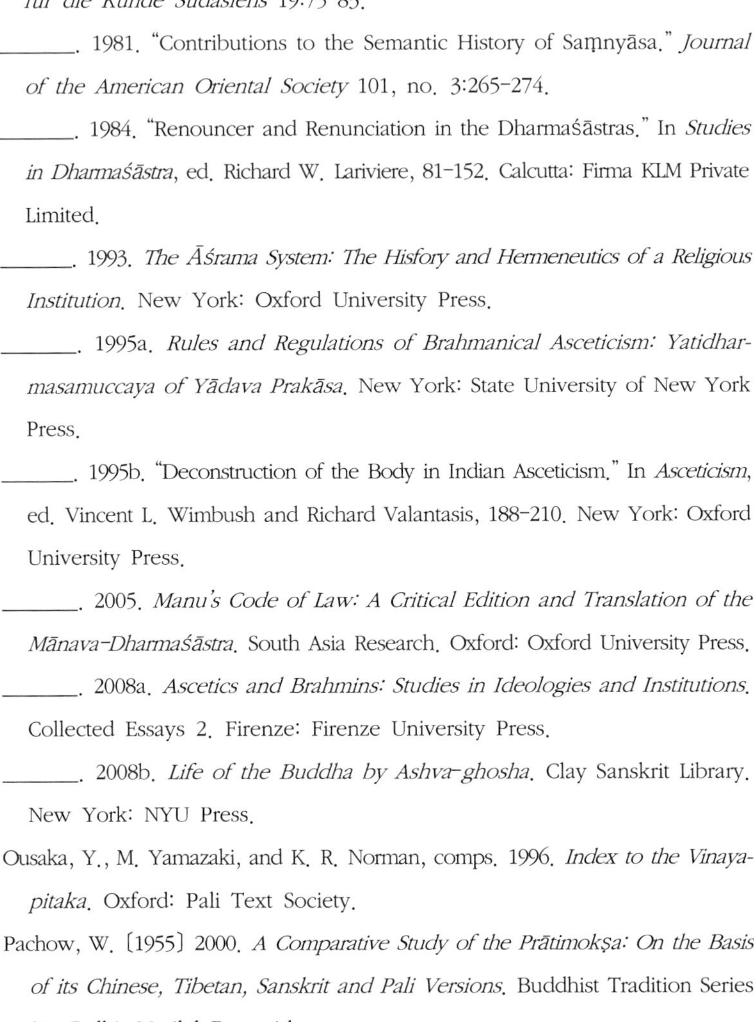

für die Kunde Südasiens 19:75-83.

_______. 1981. "Contributions to the Semantic History of Saṃnyāsa." *Journal of the American Oriental Society* 101, no. 3:265-274.

_______. 1984. "Renouncer and Renunciation in the Dharmaśāstras." In *Studies in Dharmaśāstra*, ed. Richard W. Lariviere, 81-152. Calcutta: Firma KLM Private Limited.

_______. 1993. *The Āśrama System: The Hisfory and Hermeneutics of a Religious Institution.* New York: Oxford University Press.

_______. 1995a. *Rules and Regulations of Brahmanical Asceticism: Yatidharmasamuccaya of Yādava Prakāsa.* New York: State University of New York Press.

_______. 1995b. "Deconstruction of the Body in Indian Asceticism." In *Asceticism*, ed. Vincent L. Wimbush and Richard Valantasis, 188-210. New York: Oxford University Press.

_______. 2005. *Manu's Code of Law: A Critical Edition and Translation of the Mānava-Dharmaśāstra.* South Asia Research. Oxford: Oxford University Press.

_______. 2008a. *Ascetics and Brahmins: Studies in Ideologies and Institutions.* Collected Essays 2. Firenze: Firenze University Press.

_______. 2008b. *Life of the Buddha by Ashva-ghosha.* Clay Sanskrit Library. New York: NYU Press.

Ousaka, Y., M. Yamazaki, and K. R. Norman, comps. 1996. *Index to the Vinayapitaka.* Oxford: Pali Text Society.

Pachow, W. [1955] 2000. *A Comparative Study of the Prātimokṣa: On the Basis of its Chinese, Tibetan, Sanskrit and Pali Versions.* Buddhist Tradition Series 31. Delhi: Motilal Banarsidass.

Panglung, Jampa Losang. 1981. *Die Erzählstoffe des MūlaSarvāstivāda-Vinaya: Analysiert auf Grund der tibetischen Übersetzung.* Studia Philologica Buddhica. Monograph Series 3. Tokyo: Reiyukai Library.

Paul, Diana Y. 1985. *Women in Buddhism: Images of the Feminine in Mahayana Tradition.* 2nd ed. Berkeley, CA: Asian Humanities Press.

Peters, Anne. 1997. "Die birmanischen Kammavācā-Sammlungen mit neun Abschnitten." In *Untersuchungen zur buddhistischen Literatur: Zweite Folge*, ed. Heinz Bechert, Sven Bretfeld, and Petra Kieffer-Pülz, Sanskrit-Wörter-buch der buddhistischen Texte aus den Turfan-Funden 8:273-284. Göttingen: Vandenhoeck & Ruprecht.

Pind, Ole Holten. 1992. "Buddhaghosa－His Works and Scholarly Background." *Bukkyō kenkyū* 佛教硏究 21:135-156.

Powers, John. 2009. *A Bull of a Man: Images of Masculinity, Sex, and the Body in Indian Buddhism*. Cambridge, MA: Harvard University Press.

Prebish, Charles S. [1975] 1996. *Buddhist Monastic Discipline: The Sanskrit Prātimokṣa Sūtras of the Mahāsaṃghikas and Mūlasarvāstivādins*. Delhi: Motilal Banarsidass.

______. 1994. *A Survey of Vinaya Literature*. The Dharma Lamp Series 1. Taipei: Jin Lueti Publishing House.

______. 2003. "Varying the Vinaya: Creative Responses to Modernity." In *Buddhism in the Modern World: Adaptations of an Ancient Tradition*, ed. Steven Heine and Charles S. Prebish, 45-73. Oxford: Oxford University Press.

Pruden, Leo M. 1988~1990. Abhidharmakośabhāṣyam: *Being a translation of Louis de La Vallée Poussin's* L'Abhidharmakośa de Vasubandhu. 4 vols. Berkeley, CA: Asian Humanities Press.

Pruitt, William, ed., and K. R. Norman, trans. 2001. *The Pātimokkha*. Sacred Books of the Buddhists 39. Oxford: Pali Text Society.

Radhakrishnan, [S]. [1929] 1971. *Indian Philosophy*. 2 vols. 2nd ed. London: George Allen & Unwin.

Ray, Reginald A. 1994. *Buddhist Saints in India. A Study in Buddhist Values and Orientations*. Oxford: Oxford University Press.

Reed, Annette Yoshiko. 2009. "Beyond the Land of Nod: Syriac Images of Asia and the Historiography of 'The West.'" *History of Religions* 49, no. 1:48-87.

Reis, Ria. 1983. "Reproduction or Retreat: The Position of Buddhist Women in Ladakh." In *Recent Research on Ladakh: History, Culture, Sociology, Ecology;*

Proceedings of a Conference Held at the Universität Konstanz, 23-26 November 1981, 217-229. Mānchen: Weltforum Verlag.

Reynolds, Frank E. 2000. "Buddhist Studies in the United States." In *The State of Buddhist Studies in the World, 1971~1997*, ed. Donald K. Swearer and Somparn Promta, 110-143. Bangkok: Center for Buddhist Studies, Chulalongkorn University.

Rhys Davids, T. W., and Hermann Oldenberg. [1882~1885] 1996. *Vinaya Texts*. 3 vols. Delhi: Motilal Banarsidass.

Rhys Davids, Thomas William, and William Stede. [1921~1925] 1997. *Pali-English Dictionary*. Delhi: Motilal Banarsidass.

Rockhill, William Woodville. [1884a] 2007. *The Life of the Buddha: Derived from Tibetan Works in the Bkah-Hgyur and Bstan-Hgyur*. London: Kegan Paul.

______. 1884b. "Le Traité d'émancipation ou Pratimoksha sutra." *Revue de l'Histoire des Religions* 9, no. 1:3-26.

______. 1884c. "Le Traité d'émancipation ou Pratimoksha sutra." *Revue de l'Histoire des Religions* 9, no. 2:167-201.

Rospatt, Alexander von. 2005. "The Transformation of the Monastic Ordination (*pravrajyā*) into a Rite of Passage in Newar Buddhism." In *Words and Deeds: Hindu and Buddhist Rituals in South Asia*, ed. Jörg Gengnagel, Ute Hüsken, and Srilata Raman, 199-234. Wiesbaden: Harrassowitz Verlag.

Roth, Gustav, ed. 1970. *Bhikṣuṇī-Vinaya: Including Bhikṣuṇī-Prakīrṇaka and a Summary of the Bhikṣu-Prakīrṇaka of the Ārya-Mahāsāṃghika-Lokottaravādin*. Tibetan Sanskrit Works Series 12. Patna: Kashi Prasad Jayaswal Research Institute.

Rousseau, Philip. [1985] 1999. *Pachomius: The Making of a Community in Fourth-Century Egypt*. Berkeley: University of California Press.

Ryder, Arthur W. 1927. *Dandin's Dasha-kumara-charita: The Ten Princes*. Chicago: University of Chicago Press.

Sagaster, Klaus. 2007. "The History of Buddhism among the Mongols." In *The*

Spread of Buddhism, ed. Ann Heirman and Stephan Peter Bumbacher, 379-432. Leiden: Brill.

Sakaki Ryōzaburō 榊亮三郎. [1916] 1998. *Bon-zō-kan-wa shiyaku taikō hon'yaku myōgi taishū* 梵藏漢和四譯對校飜譯名義大集. 2 vols. Kyoto: Rinsen shoten 臨川書店.

Salomon, Richard. 2000. *A Gāndhārī Version of the Rhinoceros Sūtra*. Seattle: University of Washington Press.

Samten, Jampa. 1992. *A Catalogue of the Phug-Brag Manuscript Kanjur*. Dharamsala: Library of Tibetan Works and Archives.

Samuel, Geoffrey. 1993. *Civilized Shamans: Buddhism in Tibetan Societies*. Washington, DC: Smithsonian Institution Press.

Sander, Lore. 1968. P*aläographisches zu den Sanskrithandschriften der Berliner Turfansammlung*. Verzeichnis der orientalischen Handschriften in Deutschland. Supplementband 8. Wiesbaden: Franz Steiner Verlag.

_______. 2007. "Confusion of Terms and Terms of Confusion in Indian Palaeography." In *Expanding and Merging Horizons: Contributions to South Asian and Cross-Cultural Studies in Commemoration of Wilhelm Halbfass*, ed. Karin Preisendaz, Beiträge zur Kultur- und Geistesgeschichte Asiens 53:121-139. Vienna: Österreichische Akademie der Wissenschaften.

Sander, Lore, and Ernst Waldschmidt, eds. 1985. *Sanskrithandschriften aus den Turfanfunden*. Verzeichnis der orientalischen Handschriften in Deutschland 10, bk. 5. Stuttgart: Franz Steiner Verlag.

Sankalia., H. D. 1942. "Cultural Significance of the Personal Names in the Early Inscriptions of the Deccan." *Bulletin of the Deccan College Research Institute* 3, no. 3:349-391.

Sankrityayana, Rahul. 1981. *Vinayasūtra of Bhadanta Gunaprabha*. Singhi Jain Śāstra Śiksāpītha Singhi Jain Series 74. Bombay: Bharatiya Vidya Bhavan.

Sarma, R. Naga Raja. 1931. "Ethics of Divorce in Ancient India." *International Journal of Ethics* 41, no. 3:329-342.

Sasaki Shizuka 佐々木閑. 1996. "Biku ni narenai hitobito 比丘になれない人々."

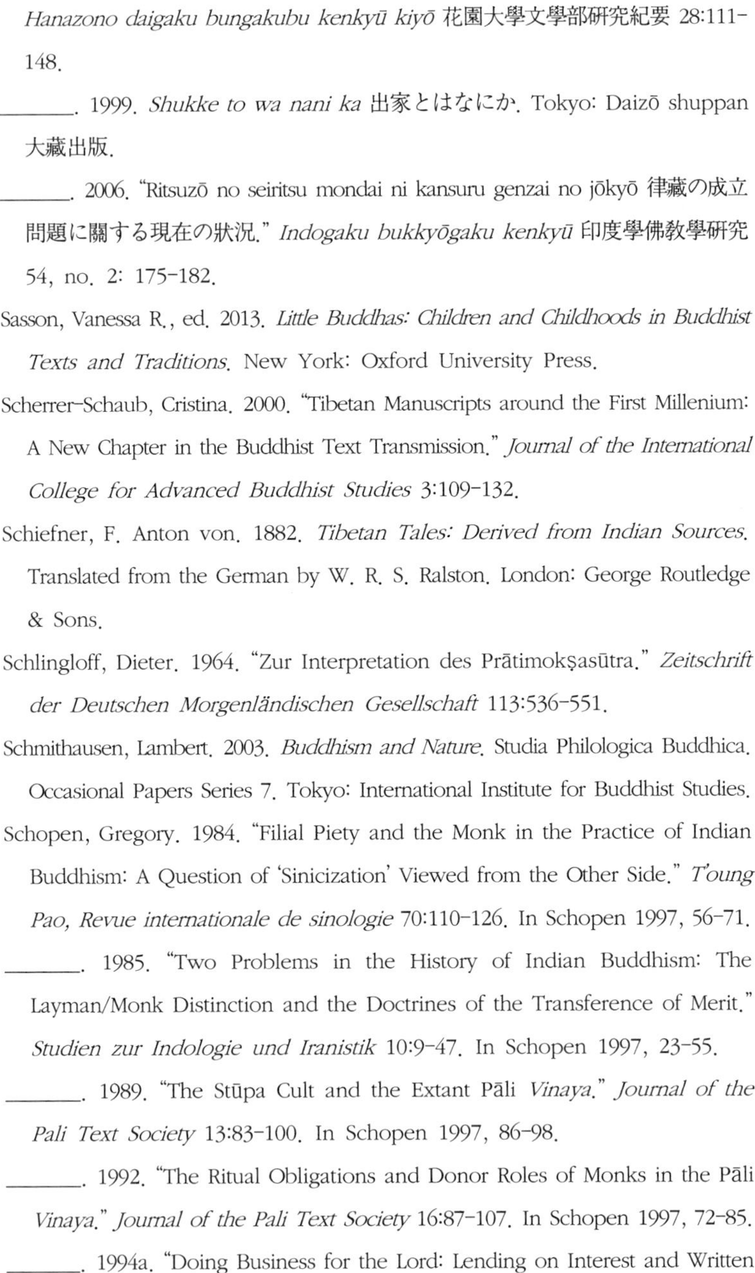

Hanazono daigaku bungakubu kenkyū kiyō 花園大學文學部研究紀要 28:111-148.

_______. 1999. *Shukke to wa nani ka* 出家とはなにか. Tokyo: Daizō shuppan 大藏出版.

_______. 2006. "Ritsuzō no seiritsu mondai ni kansuru genzai no jōkyō 律藏の成立問題に關する現在の狀況." *Indogaku bukkyōgaku kenkyū* 印度學佛教學研究 54, no. 2: 175-182.

Sasson, Vanessa R., ed. 2013. *Little Buddhas: Children and Childhoods in Buddhist Texts and Traditions*. New York: Oxford University Press.

Scherrer-Schaub, Cristina. 2000. "Tibetan Manuscripts around the First Millenium: A New Chapter in the Buddhist Text Transmission." *Journal of the International College for Advanced Buddhist Studies* 3:109-132.

Schiefner, F. Anton von. 1882. *Tibetan Tales: Derived from Indian Sources*. Translated from the German by W. R. S. Ralston. London: George Routledge & Sons.

Schlingloff, Dieter. 1964. "Zur Interpretation des Prātimokṣasūtra." *Zeitschrift der Deutschen Morgenländischen Gesellschaft* 113:536-551.

Schmithausen, Lambert. 2003. *Buddhism and Nature*. Studia Philologica Buddhica. Occasional Papers Series 7. Tokyo: International Institute for Buddhist Studies.

Schopen, Gregory. 1984. "Filial Piety and the Monk in the Practice of Indian Buddhism: A Question of 'Sinicization' Viewed from the Other Side." *T'oung Pao, Revue internationale de sinologie* 70:110-126. In Schopen 1997, 56-71.

_______. 1985. "Two Problems in the History of Indian Buddhism: The Layman/Monk Distinction and the Doctrines of the Transference of Merit." *Studien zur Indologie und Iranistik* 10:9-47. In Schopen 1997, 23-55.

_______. 1989. "The Stūpa Cult and the Extant Pāli *Vinaya*." *Journal of the Pali Text Society* 13:83-100. In Schopen 1997, 86-98.

_______. 1992. "The Ritual Obligations and Donor Roles of Monks in the Pāli *Vinaya*." *Journal of the Pali Text Society* 16:87-107. In Schopen 1997, 72-85.

_______. 1994a. "Doing Business for the Lord: Lending on Interest and Written

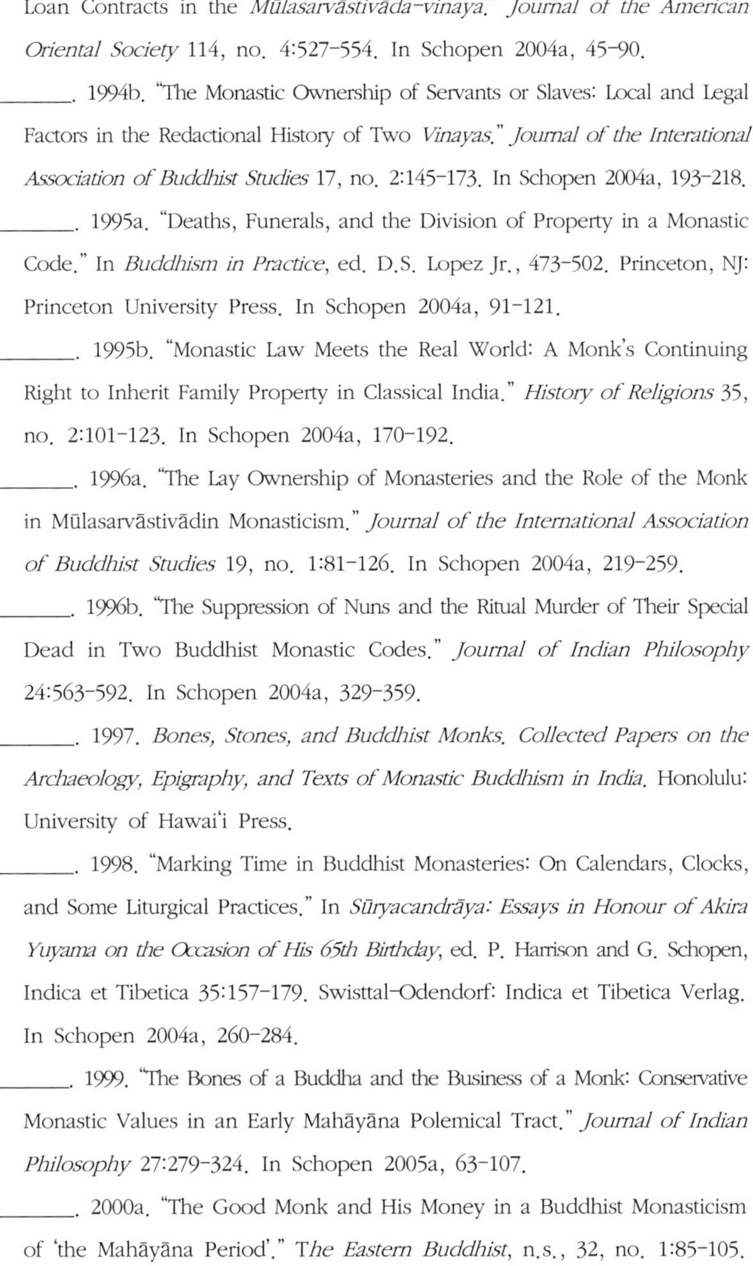

Loan Contracts in the *Mūlasarvāstivāda-vinaya*." *Journal of the American Oriental Society* 114, no. 4:527-554. In Schopen 2004a, 45-90.

_______. 1994b. "The Monastic Ownership of Servants or Slaves: Local and Legal Factors in the Redactional History of Two *Vinayas*." *Journal of the Interational Association of Buddhist Studies* 17, no. 2:145-173. In Schopen 2004a, 193-218.

_______. 1995a. "Deaths, Funerals, and the Division of Property in a Monastic Code." In *Buddhism in Practice*, ed. D.S. Lopez Jr., 473-502. Princeton, NJ: Princeton University Press. In Schopen 2004a, 91-121.

_______. 1995b. "Monastic Law Meets the Real World: A Monk's Continuing Right to Inherit Family Property in Classical India." *History of Religions* 35, no. 2:101-123. In Schopen 2004a, 170-192.

_______. 1996a. "The Lay Ownership of Monasteries and the Role of the Monk in Mūlasarvāstivādin Monasticism." *Journal of the International Association of Buddhist Studies* 19, no. 1:81-126. In Schopen 2004a, 219-259.

_______. 1996b. "The Suppression of Nuns and the Ritual Murder of Their Special Dead in Two Buddhist Monastic Codes." *Journal of Indian Philosophy* 24:563-592. In Schopen 2004a, 329-359.

_______. 1997. *Bones, Stones, and Buddhist Monks. Collected Papers on the Archaeology, Epigraphy, and Texts of Monastic Buddhism in India.* Honolulu: University of Hawai'i Press.

_______. 1998. "Marking Time in Buddhist Monasteries: On Calendars, Clocks, and Some Liturgical Practices." In *Sūryacandrāya: Essays in Honour of Akira Yuyama on the Occasion of His 65th Birthday*, ed. P. Harrison and G. Schopen, Indica et Tibetica 35:157-179. Swisttal-Odendorf: Indica et Tibetica Verlag. In Schopen 2004a, 260-284.

_______. 1999. "The Bones of a Buddha and the Business of a Monk: Conservative Monastic Values in an Early Mahāyāna Polemical Tract." *Journal of Indian Philosophy* 27:279-324. In Schopen 2005a, 63-107.

_______. 2000a. "The Good Monk and His Money in a Buddhist Monasticism of 'the Mahāyāna Period'." *The Eastern Buddhist*, n.s., 32, no. 1:85-105.

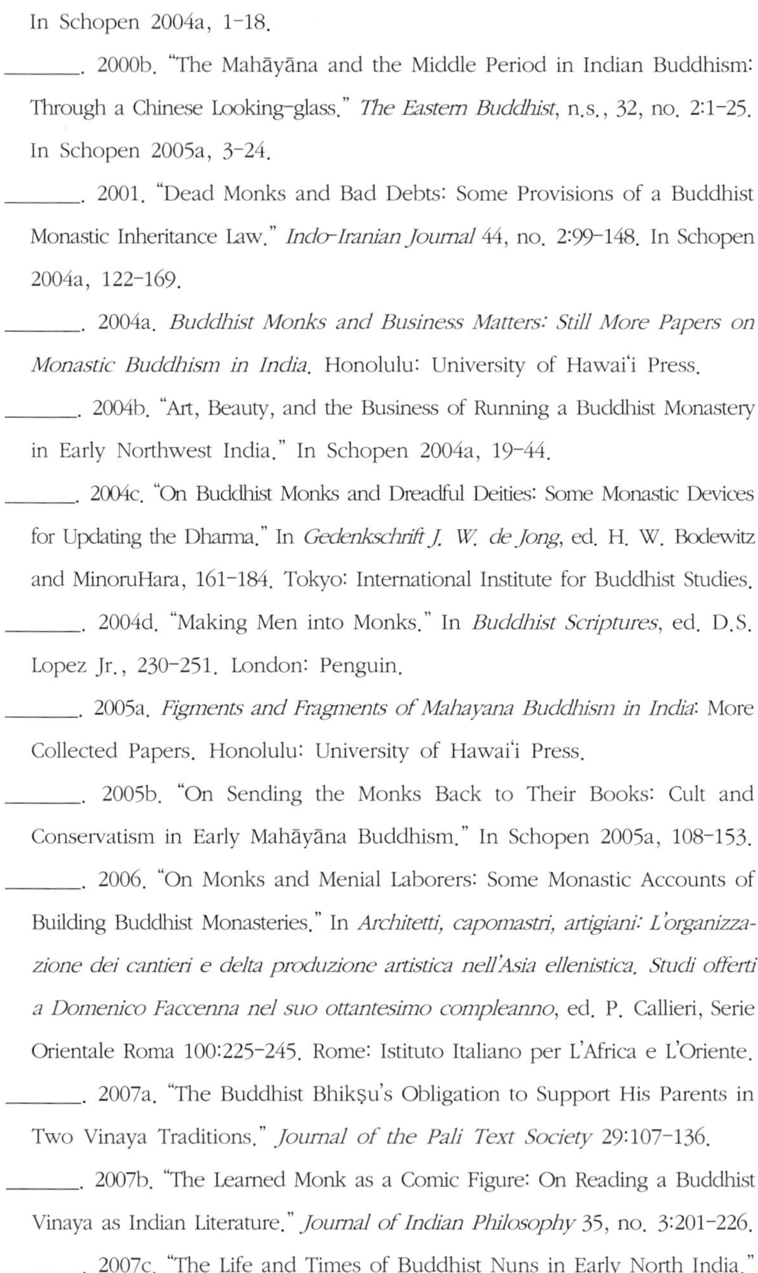

In Schopen 2004a, 1-18.

______. 2000b. "The Mahāyāna and the Middle Period in Indian Buddhism: Through a Chinese Looking-glass." *The Eastern Buddhist*, n.s., 32, no. 2:1-25. In Schopen 2005a, 3-24.

______. 2001. "Dead Monks and Bad Debts: Some Provisions of a Buddhist Monastic Inheritance Law." *Indo-Iranian Journal* 44, no. 2:99-148. In Schopen 2004a, 122-169.

______. 2004a. *Buddhist Monks and Business Matters: Still More Papers on Monastic Buddhism in India*. Honolulu: University of Hawai'i Press.

______. 2004b. "Art, Beauty, and the Business of Running a Buddhist Monastery in Early Northwest India." In Schopen 2004a, 19-44.

______. 2004c. "On Buddhist Monks and Dreadful Deities: Some Monastic Devices for Updating the Dharma." In *Gedenkschrift J. W. de Jong*, ed. H. W. Bodewitz and MinoruHara, 161-184. Tokyo: International Institute for Buddhist Studies.

______. 2004d. "Making Men into Monks." In *Buddhist Scriptures*, ed. D.S. Lopez Jr., 230-251. London: Penguin.

______. 2005a. *Figments and Fragments of Mahayana Buddhism in India*: More Collected Papers. Honolulu: University of Hawai'i Press.

______. 2005b. "On Sending the Monks Back to Their Books: Cult and Conservatism in Early Mahāyāna Buddhism." In Schopen 2005a, 108-153.

______. 2006. "On Monks and Menial Laborers: Some Monastic Accounts of Building Buddhist Monasteries." In *Architetti, capomastri, artigiani: L'organizzazione dei cantieri e delta produzione artistica nell'Asia ellenistica. Studi offerti a Domenico Faccenna nel suo ottantesimo compleanno*, ed. P. Callieri, Serie Orientale Roma 100:225-245. Rome: Istituto Italiano per L'Africa e L'Oriente.

______. 2007a. "The Buddhist Bhikṣu's Obligation to Support His Parents in Two Vinaya Traditions." *Journal of the Pali Text Society* 29:107-136.

______. 2007b. "The Learned Monk as a Comic Figure: On Reading a Buddhist Vinaya as Indian Literature." *Journal of Indian Philosophy* 35, no. 3:201-226.

______. 2007c. "The Life and Times of Buddhist Nuns in Early North India."

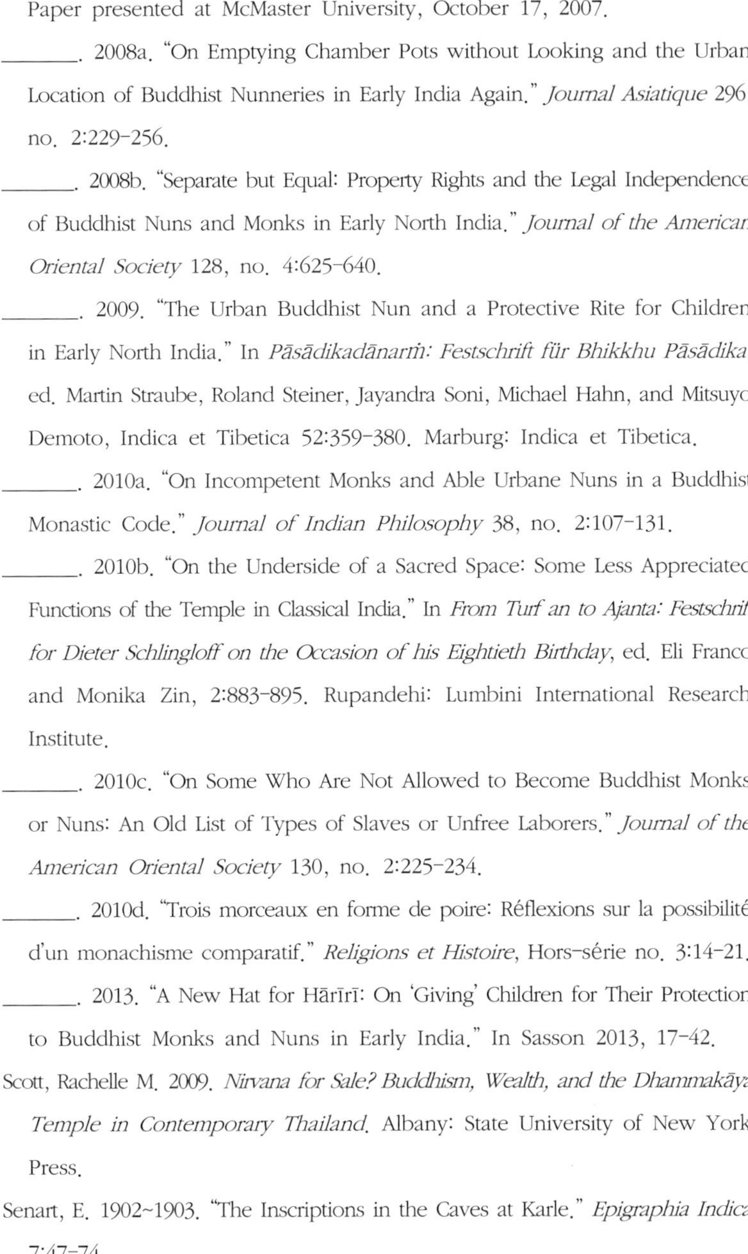

Paper presented at McMaster University, October 17, 2007.

_______. 2008a. "On Emptying Chamber Pots without Looking and the Urban Location of Buddhist Nunneries in Early India Again." *Journal Asiatique* 296, no. 2:229-256.

_______. 2008b. "Separate but Equal: Property Rights and the Legal Independence of Buddhist Nuns and Monks in Early North India." *Journal of the American Oriental Society* 128, no. 4:625-640.

_______. 2009. "The Urban Buddhist Nun and a Protective Rite for Children in Early North India." In *Pāsādikadānaṁ: Festschrift für Bhikkhu Pāsādika*, ed. Martin Straube, Roland Steiner, Jayandra Soni, Michael Hahn, and Mitsuyo Demoto, Indica et Tibetica 52:359-380. Marburg: Indica et Tibetica.

_______. 2010a. "On Incompetent Monks and Able Urbane Nuns in a Buddhist Monastic Code." *Journal of Indian Philosophy* 38, no. 2:107-131.

_______. 2010b. "On the Underside of a Sacred Space: Some Less Appreciated Functions of the Temple in Classical India." In *From Turf an to Ajanta: Festschrift for Dieter Schlingloff on the Occasion of his Eightieth Birthday*, ed. Eli Franco and Monika Zin, 2:883-895. Rupandehi: Lumbini International Research Institute.

_______. 2010c. "On Some Who Are Not Allowed to Become Buddhist Monks or Nuns: An Old List of Types of Slaves or Unfree Laborers." *Journal of the American Oriental Society* 130, no. 2:225-234.

_______. 2010d. "Trois morceaux en forme de poire: Réflexions sur la possibilité d'un monachisme comparatif." *Religions et Histoire*, Hors-série no. 3:14-21.

_______. 2013. "A New Hat for Hārīrī: On 'Giving' Children for Their Protection to Buddhist Monks and Nuns in Early India." In Sasson 2013, 17-42.

Scott, Rachelle M. 2009. *Nirvana for Sale? Buddhism, Wealth, and the Dhammakāya Temple in Contemporary Thailand.* Albany: State University of New York Press.

Senart, E. 1902~1903. "The Inscriptions in the Caves at Karle." *Epigraphia Indica* 7:47-74.

Shah, Kirit K. 2001. *The Problem of Identity: Women in Early Indian Inscriptions.* New Delhi: Oxford University Press.

Sharma, Mani Ram. 1993. *Marriage in Ancient India. Delhi: Agam Kala Prakashan.*

Shastri, Haraprasad. 1939. Saundarananda Kāvya of Ārya Bhadanta Aśvaghoṣa, Re-issued with additions by Chintaharan Chakravarti. Calcutta: Royal Asiatic Society of Bengal.

Shizutani Masao 靜谷正雄. 1979. *Indo bukkyō himei mokuroku* インド佛教碑銘目錄. Kyoto: Heirakuji shoten 平樂寺書店.

Siegel, Lee. 1987. *Laughing Matters: Comic Tradition in India.* Chicago: University of Chicago Press.

Silber, Ilana Friedrich. 1981. "Dissent through Holiness: The Case of the Radical Renouncer in Theravada Buddhist Countries." *Numen* 28, no. 2:164-193.

_______. 1995. *Virtuosity, Charisma, and Social Order: A Comparative Sociological Study of Monasticism in Theravafia Buddhism and Medieval Catholicism.* Cambridge: Cambridge University Press.

Silk, Jonathan A. 1996. "Notes on the History of the Yongle Kanjur." In *Suhṛllekhāḥ: Festgabe für Helmut Eimer*, ed. Michael Hahn, Jens-Uwe Hartmann, and Roland Steiner, Indica et Tibetica 28:153-200. Swisttal-Odendorf: Indica et Tibetica.

_______. 2008. *Managing Monks: Administrators and Administrative Roles in Indian Buddhist Monasticism.* Oxford: Oxford University Press.

_______. 2009. *Riven by Lust: Incest and Schism in Indian Buddhist Legend and Historiography.* Honolulu: University of Hawai'i Press.

_______. 2010. Review of *Übersetzungen aus dem tibetischen Kanjur: Beiträge zur Buddhismuskunde und zur zentralasiatischen Märchenforschung*, ed. Hartmut Walravens. Indo-Iranian Journal 53:65-70.

Singh, Madan Mohan. 1954. "Life in the Buddhist Monastery during the 6th Century B.C." *Journal of the Bihar Research Society* 40, no. 2:131-154.

Singh, Nagendra Kr., ed. 1999. *International Encyclopaedia of Buddhism*, vol. 71 (Tibet). New Delhi: Anmol Publications Pvt.

Sivaramamurti, C. [1942] 1998. *Amaravati Sculptures in the Chennai Government Museum.* Chennai: Thiru S. Rangamani.

Skilling, Peter, Jason A. Carbine, Claudio Cicuzza, and Santi Pakdeekham, eds. 2012. *How Theravāda Is Theravāda? Exploring Buddhist Identities.* Chiang Mai: Silkworm Books.

Skilton, Andrew. [1994] 1997. *A Concise History of Buddhism.* 2nd ed. Birmingham: Windhorse.

Spiro, Melford E. 1969. "Religious Symbolism and Social Behavior." *Proceedings of the American Philosophical Society* 113, no. 5:341-349.

_______. [1970] 1982. *Buddhism and Society: A Great Tradition and Its Burmese Vicissitudes.* 2nd expanded ed. Berkeley: University of California Press.

_______. [1984] 1986. "Some Reflections on Family and Religion in East Asia." In *Religion and the Family in East Asia*, ed. George A. De Vos and Takao Sofue, 35-54. Berkeley: University of California Press.

Stein, M. A. [1900] 1961. *Kalhaṇa's Rājataraṅginī: A Chronicle of the Kings of Kaśmīr.* 2 vols. Delhi: Motilal Banarsidass.

Steinkellner, E. 1994. "A Report on the 'Kanjur' of Ta pho." *East and West* 44, no. 1:115-136.

Steinthal, Paul, ed. [1885] 1948. *Udāna.* London: Oxford University Press.

Sternbach, Ludwik. 1965. "Forms of Marriage in Ancient India and Their Development." In *Juridical Studies in Ancient Indian Law*, ed. Ludwik Sternbach, 1:347-438. Delhi: Motilal Banarasidass.

Stoneman, Richard. 1995. "Naked Philosophers: The Brahmans in the Alexander Historians and the Alexander Romance." *Journal of Hellenic Studies* 115:99-114.

Strong, John. 1997. "A Family Quest: The Buddha, Yaśodharā, and Rāhula in the *Mūlasarvastivāda Vinaya.*" In *Sacred Biography in the Buddhist Traditions of South and Southeast Asia*, ed. Juliane Schober, 113-128. Honolulu: University of Hawai'i Press.

Stuart-Macadam, Patricia. 1995. "Breastfeeding in Prehistory." In *Breastfeeding: Biocultural Perspectives*, ed. Patricia Stuart-Macadam and Katherine A.

Dettwyler, 75-100. New York: Aldine De Gruyter.

Studholme, Alexander. 2002. *The Origins of Oṃ Maṇipadme Hūṃ: A Study of the Kāraṇḍavyūha Sūtra*. Albany: State University of New York Press.

Sueki, Yasuhiro. 2008. *Bibliographical Sources for Buddhist Studies from the Viewpoint of Buddhist Philology*. 2nd rev. and enlarged ed. Tokyo: International Institute for Buddhist Studies.

Tai, Yen-hui. 1978. "Divorce in Traditional Chinese Law." In *Chinese Family Law and Social Change: In Historical and Comparative Perspective*, ed. David C. Buxbaum, Asian Law Series 3:75-106. Seattle: University of Washington Press.

Takakusu Junjiro 高楠順次郎. 1896. *A Record of the Buddhist Religion as Practised in India and the Malay Archipelago* (A.D. 671-695) by I-Tsing. Oxford: Clarendon Press.

_______, ed. [1936~1940] 1970. *Nanden Daizōkyō* 南傳大藏經. Ritsuzō 律藏. 5 vols. Tokyo: Taishō shinshū Daizōkyō kankōkai 大正新脩大藏經刊行會.

Takakusu, Junjirō, and Makoto Nagai, eds. [1924] 1975~1976. *Samantapāsādikā: Buddhaghosa's Commentary on the Vinaya Piṭaka*. 8 vols. London: Pali Text Society.

Takakusu Junjiro 高楠順次郎 and Watanabe Kaikyoku 渡邊海旭, eds. 1924~1935. *Taishō shinshū Daizōkyō* 大正新脩大藏經. 100 vols. Tokyo: Taishō issaikyō kankokai 大正一切經刊行會.

Talbot, Alice-Mary. 1990. "The Byzantine Family and the Monastery." *Dumbarton Oaks Papers* 44:119-129.

Tambiah, Stanley Jeyaraja. 1984. *The Buddhist Saints of the Forest and the Cult of Amulets: A Study in Charisma, Hagiography, Sectarianism, and Millennial Buddhism*. Cambridge: Cambridge University Press.

Tanemura Ryūgen 種村隆元. 1993. "The Four Nikāyas Mentioned in the *Gaṇḍīlakṣaṇa* Chapter of the *Kriyāsaṃgraha*." *Indogaku bukkyōgaku kenkyū* 印度學佛教學研究 41, no. 2:40-42.

_______. 1994. "Kriyāsaṃgraha no shukke sahō Kriyāsaṃgrahaの出家作法." *Indo tetsugaku bukkyōgaku kenkyū* インド哲學佛教學研究 2:53-66.

Tatelman, Joel. 1998. "The Trials of Yaśodharā and the Birth of Rāhula: A Synopsis of Bhadrakalpāvadāna II-IX." Buddhist Studies Review 15, no. 1:3-42.

_______. 1999. "'The Trials of Yaśodharā': The Legend of the Buddha's Wife in the *Bhadrakalpāvadāna*." *Buddhist Literature* 1:176-261.

Thakur, Upendra. 1973. "Early Indian Mints." *Journal of the Economic and Social History of the Orient* 16, nos. 2/3:265-297.

Thanissaro Bhikṣuṇīkhu (Geoffrey DeGraff). 1994. *The Buddhist Monastic Code: The Patimokkha Training Rules*. Valley Center, CA: Metta Forest Monastery.

Thomas, Edward J. 〔1933〕 2002. *The History of Buddhist Thought*. 2nd ed. Mineola, NY: Dover Publications.

Tiyavanich, Kamala. 1997. *Forest Recollections: Wandering Monks in Twentieth-Century Thailand*. Honolulu: University of Hawai'i Press.

Tokuoka Ryoei 德岡亮英. 1960. "Indo bukkyō ni okeru buha no seiritsu ni tsuite: fūrauwarunā no kincho o yonde 印度佛教における部派の成立について·フラウワルナーの近著を讀んで." *Ōtani gakuhō* 大谷學報 40, no. 3:43-69.

Trenckner, V., ed. 1924~2011. *A Critical Pāli Dictionary*. Revised, continued, and edited by Dines Andersen, Helmer Smith, Ludwig Alsdorf, Kenneth Roy Norman, Oskar von Hinüber, and Ole Holten Pind. Copenhagen: Royal Danish Academy.

Tsomo, Karma Lekshe. 1996. *Sisters in Solitude: Two Traditions of Buddhist Monastic Ethics for Women; A Comparative Analysis of the Chinese Dharmagupta and the Tibetan MūlaSarvāstivāda Bhikṣuṇī Prātimokṣa Sūtras*. Albany: State University of New York Press.

Tsukamoto Keisho 塚本啓祥. 1996~2003. *Indo bukkyō himei no kenkyū* インド佛教碑銘の研究. 3 vols. Kyoto: Heirakuji shoten 平樂寺書店.

Tyagi, Jaya. 2007. "Organized Household Production and the Emergence of the *Sangha*." *Studies in History* 23:271-287.

Upasak, C. S. 1975. *Dictionary of Early Buddhist Monāstic Terms: Based on Pali Literature*. Varanasi: Bharati Prakashan.

Vaidya, P. L. 1961. *Mahāyāna-sūtra-saṁgraha, Part 1*. Darbhanga: Mithila Institute of Post-Graduate Studies and Research in Sanskrit Learning.

Vinayasūtra's Pravrajyāvastu Study Group. 2003~2011. "The *Pravrajyāvastu of the Vinayasūtra and its Vṛtti:* Sanskrit Text and Japanese Translation (1-7)." *Annual of the Institute for Comprehensive Studies of Buddhism Taishō University* 25 (2003): 44-93; 26 (2004): 54-73; 27 (2005): 50-76; 29 (2007): 26-65; 31 (2009): 83-125; 32 (2010): 48-84; 33 (2011): 65-104.

Virdi, P. K. 1972. *The Grounds for Divorce in Hindu and English Law: A Study in Comparative Law*. Delhi: Motilal Banarsidass.

Vita, Silvio. 2003. "Printings of the Buddhist 'Canon' in Modern Japan." In *Buddhist Asia 1: Papers from the First Conference of Buddhist Studies Held in Naples in May 2001*, ed. Giovanni Verardi and Silvio Vita, 217-245. Kyoto: Italian School of East Asian Studies.

Vogel, Claus. 1985. "Bu-ston on the Schism of the Buddhist Church and on the Doctrinal Tendencies of Buddhist Scriptures." In *Zur Schulzugehörigkeit von Werken der Hīnayāna-Literatur*, ed. Heinz Bechert, 1:104-110. Göttingen: Vandenhoeck & Ruprecht.

Vogel, Claus, and Klaus Wille. 2002. "The Final Leaves of the Pravrajyāvastu Portion of the Vinayavastu Manuscript Found Near Gilgit, Part 2: Nāgakumārāvadāna and Lévi Text, with Two Appendices Containing a Turfan Fragment of the Nāgakumārāvadāna and a Kučā Fragment of the Upasaṃpadā Section of the Sarvāstivādins." In *Sanskrit-Texte aus dem buddhistischen Kanon: Neuentdeckungen und Neueditionen 4*, ed. Jin-il Chung, Claus Vogel, and Klaus Wille, Sanskrit-Wörterbuch der buddhistischen Texte aus den Turfan-Funden 9:11-76. Göttingen: Vandenhoeck & Ruprecht;

Vogel, J. Ph. 1905~1906. "Epigraphical Discoveries at Sarnath." *Epigraphia Indica* 8:166-179.

Waldschmidt, Ernst. [1926] 1979. *Bruchstücke des Bhikṣuṇī-Prātimokṣa der Sarvāstivādins*. Kleinere Sanskrit-Texte Heft 3. Wiesbaden: Franz Steiner Verlag.

_______. 1980. "The Rāṣṭrapālasūtra in Sanskrit Remnants from Central Asia." In *Indianisme et bouddhisme: Mélanges offerts à Mgr Étienne Lamotte*, 359-374. Louvain-la-neuve: Université catholique de Louvain, Institut orientaliste.

Waley, Arthur, trans. [1943] 1980. *Monkey*. New York: Grove Press.

Wang, Bangwei. 1994. "Buddhist Nikāyas through Ancient Chinese Eyes." In *Untersuchungen zur buddhistischen Literatur*, ed. Frank Bandurski et al., Sanskrit-Wörterbuch der buddhistischen Texte aus den Turfan-Funden5: 165-203. Göttingen: Vandenhoeck & Ruprecht.

_______. 2005. "Rules and Practice in Buddhist Monastic Life in 7th Century India: A Textual Analysis of Yijing's Accounts." In *Im Dickicht der Gebote: Studien zur Dialektik von Norm und Praxis in der Buddhismusgeschichte Asiens*, ed. Peter Schalk, Max Deeg, Oliver Freiberger, Christoph Kleine, and Astrid van Nahl, 85-97. Stockholm: Uppsala Universitet.

Warder, A. K. 1972~2011. *Indian Kāvya Literature*. 8 vols. Delhi: Motilal Banarsidass.

Wayman, Alex. [1966~1968] 1997. "Parents of the Buddhist Monks." In *Untying the Knots in Buddhism: Selected Essays*, ed. Alex Wayman, 149-162. Delhi: Motilal Banarsidass.

Wickremeratne, Swarna. 2006. *Buddha in Sri Lanka: Remembered Yesterdays*. Albany: State University of New York Press.

Wijayaratna, Môhan. 1983. *Le moine bouddhiste selon les textes du Theravāda*. Paris: Éditions du Cerf.

_______. 1990. *Buddhist Monastic Life: According to the Texts of the Theravāda Tradition*. Translated by Claude Grangier and Steven Collins. Cambridge: Cambridge University Press.

_______. 1991. *Le moniales bouddhistes: Naissance et développement du monachisme féminin*. Paris: Éditions du Cerf.

_______. 2001. *Buddhist Nuns: The Birth and Development of a Women's Monastic Order*. Colombo: Wisdom.

Wilkinson, Endymion. 2000. *Chinese History: A Manual, Revised and Enlarged*.

Cambridge, MA: Harvard University Press.

Wilson, Elizabeth [Liz]. 1994. "Henpecked Husbands and Renouncers Home on the Range: Celibacy As Social Disengagement in South Asian Buddhism." *Union Seminary Quarterly Review* 48, nos. 3/4:7-28.

_______. 1996. *Charming Cadavers: Horrific Figurations of the Feminine in Indian Buddhist Hagiographic Literature*. Chicago: University of Chicago Press.

_______. 2013. *Family in Buddhism*. Albany: State University of New York Press.

Wilson, Frances. 1985. "The Nun." In *Women in Buddhism: Images of the Feminine in the Mahāyāna Tradition*, ed. Diana Y. Paul, 77-105. 2nd ed. Berkeley, CA: Asian Humanities Press.

Wilson, John Dover, ed. [1936] 1961. *The Tragedy of Hamlet, Prince of Denmark*. The Works of Shakespeare. 2nd ed. Cambridge: Cambridge University Press.

Wiltshire, Martin Gerald. 1990. *Ascetic Figures before and in Early Buddhism: The Emergence of Gautama as the Buddha*. Berlin: Mouton de Gruyter.

Woodward, F. L., ed. [1926] 1977. *Paramattha-Dīpanī Udānaṭṭhakathā (Udāna Commentary) of Dhammapālâcariya*. London: Pali Text Society.

_______, trans. [1932] 1960. *The Book of the Gradual Sayings (Anguttara-nikāya); or, More-Numbered Suttas: With an Introduction by Mrs. Rhys Davids*. Vol. 1. London: Published for the Pali Text Society by Luzac & Co.

Workman, Herbert B. [1913] 1962. *The Evolution of the Monastic Ideal from the Earliest Times Down to the Coming of the Friars*. Boston: Beacon Press.

Wu Yin. 2001. *Choosing Simplicity: A Commentary on the Bhikshuni Pratimoksha*. Translated by Jendy Shih. Edited by Thubten Chodron. Ithaca: Snow Lion Publications.

Wynne, Alexander. 2008. "On the Sarvāstivādins and Mūlasarvāstivādins." *The Indian International Journal of Buddhist Studies* 9:243-266.

Yamagiwa Nobuyuki 山極伸之. 2002. "*Ārāmika*—Gardener or Park Keeper? One of the Marginals around the Buddhist *Saṁgha*." In *Buddhist and Indian Studies in Honour of Professor Soda Mori*, 363-385. Hamamatsu: Kokusai bukkyōto Kyokai.

_______. 2004. "Ritsuzō ga shimesu biku to kazoku no kankei 律藏が示す比丘と家族の關係." In *Kazoku no arikata to bukkyō* 家族のあり方と佛教, ed. Nihon bukkyō gakkai 日本佛教學會, 49-64. Kyoto: Heirakuji shoten 平樂寺書店.

_______. 2007a. "Samantapāsādikā ga shimesu biku to shinzoku no kankei サマンタ・パーサーディカーが示す比丘と親族の關係." *Indogaku bukkyōgaku kenkyū* 印度學佛教學研究 55, no. 1:136-142.

_______. 2007b. "Vinaya Manuscripts: State of the Field." In *Indica et Tibetica: Festschrift für Michael Hahn Zum 65. Geburtstag van Freunden und Schülern überreicht*, ed. Konrad Klaus and Jens-Uwe Hartmann, Wiener Studien zur Tibetologie und Buddhismuskunde 66:607-616. Vienna: Arbeitskreis für Tibetische und Buddhistische Studien Universität Wien.

_______. 2009. "Indo buha bukkyō kyōdanron to ritsuzō no rekishi インド部派佛教教團と律藏の歷史" DLitt diss., bukkyō University.

Yamaguchi Zuihō 山口瑞鳳, et al., eds. 1977. Sutain shūshū chibettogo bunken kaidai mokuroku スタイン蒐集チベット語文獻解題目錄. Vol. 1. Tokyo: Tōyō bunko 東洋文庫.

Yao Fumi 八尾史. 2007. "'Konponsetsuissaiubu' to iu meishō ni tsuite「根本說一切有部」という名稱について." *Indogaku bukkyōgaku kenkyū* 印度學佛教學研究 55, no. 2:132-135.

_______. 2011. "The Story of Dharmadinnā: Ordination by Messenger in the *Mūlasarvāstivāda-vinaya*." Paper presented at Buddhist Nuns in India, University of Toronto, April 15-17, 2011.

Yotsuya Kōdō 四津谷孝道. 2004. "Chibetto bukkyō ni okeru keishō, sōzoku チベット佛教における繼承・相續." In *Kazoku no arikata to bukkyō* 家族のあり方と佛教, ed. Nihon bukkyō gakkai 日本佛教學會, 95-103. Kyoto: Heirakuji shoten 平樂寺書店.

Young, Serinity. 2004. *Courtesans and Tantric Consorts: Sexualities in Buddhist Narrative, Iconography, and Ritual.* New York: Routledge.

Yu, Anthony C. 1997. *Rereading the Stone: Desire and the Making of Fiction in* Dream of the Red Chamber. Princeton, NJ: Princeton University Press.

Yuyama, Akira. 1979. *Vinaya-Texte*. Systematische Übersicht über die buddhistische Sanskrit-Literatur 1. Wiesbaden: Franz Steiner Verlag.

Zacchetti, Stefano. 2005. *In Praise of the Light: A Critical Synoptic Edition with an Annotated Translation of Chapters 1-3 of Dharmarakṣa's Guang zan jing 光讚經, Being the Earliest Chinese Translation of the Larger Prajnāpāramitā*. Bibliotheca Philologica et Philosophica Buddhica 8. Tokyo: International Research Institute for Advanced Buddhology, Soka University.

찾아보기

【ㄱ】

가나나트 오베예세케레(Gananath Obeyesekere) 28, 30

가족 관계 49, 62, 65, 68, 75, 79, 83, 84, 86, 88, 94, 103, 118, 153, 154, 159, 162, 167, 229, 239, 308, 309, 312, 316, 317, 336

가족 친화적 325, 326

가족과 같이 출가 44, 146, 316

가족은 예외 139

가족적인 언어 71

갈마 48, 49, 136, 283

개빈 플르드(Gavin Flood) 29

개인 교사 301

결혼 111, 113, 114, 125, 231, 241

경계 44, 46, 78, 190, 228, 229, 248

경매 325

고등비평원리 56

고칼레(B. G. Gokhale) 26

공동 출가 143

공양물 237

공유 87, 103, 131, 185, 239, 268, 288

공적 이미지 41, 220, 323, 326

과부 70, 276, 307

교리 52, 103, 216

구애 213

구족계 수계 252, 256

구족계 64, 73, 83, 85, 113, 142, 159, 166, 180, 254, 258, 261, 264, 267, 270, 276, 291, 294, 307

그라노프(Granoff) 325

그레그 베일리(Greg Bailey) 28, 29, 70

근본설일체유부 49, 53, 56, 62, 124, 149, 160, 254, 259, 293, 297, 304, 337

『근본설일체유부율』 57, 58, 60, 61, 147

『근본설일체유부필추니비나야』 299

금석문 75, 87, 90, 103, 159, 161, 245, 309, 312

금욕 119, 167, 178, 224, 225, 229, 312

금욕주의 225, 237

금지 42, 83~85, 118, 139, 144, 159, 171, 172, 194, 207, 223, 251, 252, 254~256, 258, 267, 294, 302, 303, 311

기근 145

기독교 19~22, 78, 249, 313, 332, 333

기부 42, 90, 93, 103, 104, 159, 245, 309, 311, 325
기술 129, 130
길 위의 삶 35, 66, 75, 90, 91, 105, 108, 110, 118, 125, 149, 174, 181, 203, 249, 309
『까마수뜨라(Kāmasūtra)』 190

【ㄴ】
낙태 337, 338
남방상좌부 바라제목차 259
남방상좌부 19, 24, 26, 34, 36, 53, 56, 71, 124, 149, 160, 174, 254, 293, 297, 306
남방상좌부 율장 53
낭만적 22, 77, 80, 242, 313, 314
네와르 40, 167, 243
네팔 59, 247, 314, 315, 329
노예 61, 159, 227, 242

【ㄷ】
「닥키나비방가숫따(Dakkhiṇāvibhaṅga-sutta)」 327
대승경전 248
대중부 53, 56, 161, 184, 202, 220, 276, 289, 290, 292, 297
대중부-설출세부 290, 292
데오(S. B. Deo) 318, 321, 322
도교 107, 164
독신 79, 131, 144, 146, 165, 180, 217, 219, 224, 231, 233, 238, 242, 245, 249, 266, 268, 276, 305, 316, 317, 319, 324, 332, 335
동아시아 28
둔황 57, 59
『디뱌바다나(Divyāvadana)』 80

【ㄹ】
라다키 307
『라자따랑기니(Rājataraṅgiṇī)』 244
라트나 찬드라 아그라왈라(Ratna Chandra Agrawala) 241
랄스턴(W. R. S. Ralston) 235
레이코(Reiko Ohnuma) 29
레지널드 레이(Reginald Ray) 230
록힐(W. W. Rockhill) 297
루이 뒤몽(Louis Dumont) 157, 158
루퍼트 게틴(Rupert Gethin) 31
리비아 콘(Livia Kohn) 107
리스 데이비스(Rhys Davids) 161
리아 레이스(Ria Reis) 307
리즈 윌슨(Liz Wilson) 35, 36, 66
리처드 곰브리치(Richard Gombrich) 27, 245
리처드 살로몬(Salomon) 22
링갓(Lingat) 194

【ㅁ】
『마누법전』 194, 318
마라(Māra)의 딸 218
마리 지배스자르비(Mari Jyväsjärvi) 322
마이클 앨런(Michael Allen) 243
『마하승기율』 56, 60, 61, 149, 150, 155, 156, 187, 192, 290
『말라띠마드하바(Mālatīmādhava)』 189
『맛지마니까야(Majjhima-nikāya)』 327
매춘 160, 338
메이스필드(Masefield) 120
멜포드 스피로(Melford Spiro) 26, 66, 67, 106
명상 51, 63, 217, 220, 239
모니에르 윌리엄스(Monier-Williams) 25, 34, 36
모성애 86, 253, 272, 274, 276
몽골 40, 243, 314, 329
무사이프 마송(J. Mousaieff Masson) 106, 107
「무소의 뿔경」 26, 29, 31, 51
무소의 뿔이 가진 이상적인 불교 25

【ㅂ】
바라제목차 78, 82~84, 161, 247, 251, 253, 261, 292, 297, 303, 304
바샴(A. L. Basham) 103
반가족적 312
반사회적 27, 312
배우자 19, 26, 36, 37, 50, 72, 121, 123, 171, 174, 181, 190, 192, 195, 201, 203, 206, 222, 240, 248, 249, 317, 319, 325
백이갈마 17, 283
번역 25, 41, 56, 88, 263, 294
법 이론 251
법장부 49, 53, 56, 124, 149, 160, 161, 253, 254, 265, 269, 276, 293, 297, 304
법장부 바라제목차 256
베네딕트수도회가 만든 이상 21
베네딕트회 330
베르나르 포르(Bernard Faure) 28
『베싼따라 자따까(Vessantara Jātaka)』 325
변질 328
보시 68, 116, 117, 134, 146, 300, 301, 316, 327
부적절성의 원칙 50
부적절한 관계 47, 204
분리 107, 119, 140, 158, 201, 222, 282
불결 131, 132
불교 연구 20, 21, 38, 52, 68, 77, 328, 334

불교적 이상 329
『불설대승장엄보왕경(Kāraṇḍavyūha-sūtra)』 246
『불설호국존자소문대승경(Rāṣṭrapālaparipṛcchā-sūtra)』 246, 247, 326
붓다 까샤빠(Kāśyapa) 114
『붓다 생애(Life of the Buddha)』 319
브라만 151
브라만교 87
브라만 문헌 310
브라만법 191, 192, 194
『브르핫칼빠브하샤(Bṛhatkalpabhāṣya)』 322
비구니승가 18, 77, 83, 91, 94, 112, 136, 156, 205, 211, 223, 251, 260, 263, 265, 267, 268, 272, 273, 275, 276, 278, 282, 287, 295, 301, 302, 304, 311, 316, 323, 332
비구승가 65, 94, 180, 211, 263, 275, 332
『비나야수뜨라(Vinayasūtra)』 201
비난 41, 51, 80, 83, 130, 132, 133, 142~145, 147, 157, 181, 183~187, 189, 198, 205, 206, 215, 220, 233, 236, 237, 241, 244, 260, 265, 271, 273, 276, 286, 287, 293, 319, 320, 332, 336, 337
비드야 데헤지아(Vidya Dehejia) 101
비르디(P. K. Virdi) 192
비방가 82, 162, 163, 271, 293
비잔티움 22
『빠라맛타조띠까(Paramatthajotikā)』 31
빨래 214, 220

【ㅅ】

『사만따빠사디까(Samantapāsādikā)』 60
『사분율(Dharmaguptaka-vinaya)』 43, 45, 56, 60, 61, 147, 252, 264, 293
사회역사 52
사회적 비난 41, 42, 44
산스크리트 희곡 87, 165, 190
산실 291
살인 153, 154, 180, 255
상담 198
상좌부 149, 150, 202
상호작용 73, 90, 159, 336
생물학적 친족 163, 330
선술집 338
설일체유부 53, 56, 124, 149, 160, 161, 280, 283, 297
설일체유부 십송바라제목차계본 276
성년 182
성례 191
성욕이 가진 5가지 단점 112

성적인 관계 87, 125, 190, 334
성폭행 306
세리니티 영(Serinity Young) 33, 65
세탁 162, 221
소문 42, 146, 267, 319
쇠퇴 247
쇼펜(Gregory Schopen) 41, 324
수계 18, 35, 51, 79, 83, 85, 110, 143, 149, 159, 160, 168, 255, 257~260, 264, 271, 276, 292, 293, 305~307, 311
수계 금지 86
수도원 생활 21
수유모 비구니 271
수유하는 비구니 252, 316, 319, 320, 323
수잔나 엘름(Susanna Elm) 21
수정 216
수행자 부부 310
수행자 27, 29, 33, 40, 46, 50, 63, 75, 81, 91, 96, 99, 101, 114, 119, 121, 134, 145, 152, 164, 182, 204, 224, 250, 265, 315, 323
순례자 41, 62, 98, 212
『숫타니파타』 29
숭배자 98, 99
스도그 팰리스(sTog Palace) 개정판 179
스리랑카 40, 59, 167, 244
스카 본 히뉘버(Oskar von Hinüber) 60
스티븐 콜린스(Steven Collins) 105
승가 41, 53, 64, 74, 86, 90, 116, 132, 152, 160, 167, 217, 243, 252, 317, 327
승가 가족 312
식사 45, 46, 91, 113, 131, 132, 134, 153, 172, 204, 205, 309, 317
신체 257, 286, 324
실뱅 레비(Sylvain Lévi) 80
10가지 이익 42
『십송율』 56, 60, 61, 147, 284
십이군비구니 187

【ㅇ】
아동기 323
아동학대 145
『아르타샤스뜨라(Arthaśāstra)』 190, 195
악셀 마이클스(Axel Michaels) 33
안주 326
알란 콜(Alan Cole) 68~70, 72
앙드레 바로(André Bareau) 73
얀 낫티어(Jan Nattier) 50
양면성 184, 237
업보 316
업장 239
에티엔 라모뜨(Étienne Lamotte) 34,

311
엘리자베스 에벗(Elizabeth Abbott) 333
엘리자베스 윌슨(Elizabeth Wilson) 203
예쉐 팔모(Yeshe Palmo) 302
5가지 장점 112
오누마(Ohnuma) 65, 67, 307
『오분율(Mahīśāsaka-vinaya)』 18, 47, 56, 60, 61, 118, 147, 274, 293
올리벨(Olivelle) 158, 317~319
완성된 승가 61
왓튼(Watton) 수녀 331, 332
왕자 열 명(The Ten Princes 189
『우다나(Udāna)』 120
우마 차크라바르티(Uma Chakravarti) 33
우바새 46, 73, 211
우바이 43, 44, 72, 73, 211, 276, 279, 288, 337
워크맨(Herbert B. Workman) 313
위반 79, 84, 137, 159, 183, 217, 268, 287, 306, 332
위자야라트나(Wijayaratna) 34, 36
유머 204
유모 302
유용성 253, 303, 305, 330, 333
육군비구 176, 187, 208, 228, 236, 237
육아 29, 77, 208, 251, 252, 253, 279, 281, 283, 284, 287, 301, 303, 305, 307, 311
윤리 52
윤리적 315
율장 18, 40, 50, 53, 80, 125, 171, 216, 251, 282, 292, 305, 329, 333, 338
율장 구조 78
음식 79, 91, 117, 123, 131, 142, 148, 152, 197, 213, 270, 287, 298, 322
의무 65, 73, 124, 126, 165, 181, 184, 192, 200, 242, 248, 255, 283, 295, 310, 318
의무 위반 255
의정義淨 57, 161, 172, 179, 298
이상 23, 51, 166, 224, 230, 239, 242, 312, 315, 329
이상적 19, 21, 29, 37, 49, 52, 67, 115, 158, 328
이언 마벳(Ian Mabbett) 28, 29, 70
이유식 262
이집트 22
이혼 77, 166, 170, 175, 193, 201, 202, 203, 248
인공 남근 258
인도불교 연구 22, 303, 327, 334
일본 40, 57, 69, 73, 242
임신한 비구니 19, 44, 77, 215, 252, 271, 278, 303, 306, 319, 321~323, 326, 332, 335, 337

【ㅈ】

자이나교 189, 318, 319, 321, 323, 325
자일스 컨스터블(Giles Constable) 332
장 르클레르크(Jean Leclercq) 249
장인 81
장점 103
재가자 34, 40, 62, 69, 80, 95, 104, 133, 140, 151, 162, 184, 198, 204, 244, 252, 260, 270, 286, 302, 320, 337
전 아내 68, 170, 177, 248, 317
정액 215
젤너(Gellner) 243
존 보스웰(John Boswell) 78, 332
존 스트롱(John Strong) 73
종교 생활 21, 31, 38, 72, 258, 265, 269, 325
종교적 이상 64, 217, 237
종교학 74, 333
주거 공간 48, 263, 267, 282, 287, 322
중국 40, 69, 78, 161, 242
중매 76, 87, 165, 184, 187, 189, 198
중앙아시아 40, 87, 167, 240~244, 247, 314, 329

【ㅊ】

최소 나이 141, 143, 144, 149, 275, 323
추방 18, 37, 126, 216, 217, 303, 306, 320, 323, 326, 328, 333
취소 174, 191, 262
친척 17, 23, 64, 66, 70, 81, 91, 104, 122, 127, 130, 132, 139, 149, 160, 169, 220, 229, 274, 285, 288, 313, 317, 322, 330
7단계 목록 198
침묵 121, 272, 283, 285, 323

【ㅋ】

카르마 렉시 초모(Karma Lekshe Tsomo) 298, 304
카르마 케초 팔모(Karma Kechog Palmo) 302
카슈미르 167, 247
카슈미르왕들 연대기(Chronicle of the Kings of Kaśmīr)』 244
케인(P. V. Kane) 191
큰 발우 337

【ㅌ】

탁발 42, 47, 80, 91, 97, 101, 116, 117, 128, 131, 134, 135, 142, 145, 170, 204, 222, 232, 235, 237, 239, 260, 265, 299, 303, 320, 322
토마스 윌리엄(Thomas William) 161
퇴보 328
티베트 40, 69, 167, 243, 247, 314

【ㅍ】

파우스뵐(V. Fausböll) 24, 34, 36

팔리어 자료 334

『팔리율』 35, 54, 60, 74, 118, 126, 147, 293, 295, 333, 334

패트릭 올리벨(Patrick Olivelle) 32, 108

포기한 이상 247

「풍자 시가집(Garland of Satires)」 189

필리스 그라노프(Phyllis Granoff) 323

필립 알몬드(Philip Almond) 328

【ㅎ】

하르 다얄(Har Dayal) 319

하인츠 베헤르트(Heinz Bechert) 263

하트(H. L. A. Hart) 255, 265

허락 17, 19, 33, 48, 77, 84, 86, 111, 118, 122, 131, 135, 139, 170, 178, 181, 203, 217, 220, 235, 263, 268, 272, 275, 282, 295, 305, 310, 326, 334

허수아비 150

헤르만 올덴베르크(Hermann Oldenberg) 161

형법 255, 265

호너(I. B. Horner) 71, 222, 294

호튼 호지슨(Brian Houghton Hodgson 20, 45

혼인 관계 37, 72, 101, 165, 174, 180, 184, 191, 194, 195, 201, 203, 208, 248, 308, 316, 317

혼인한 비구 165~167, 207, 243

화지부 49, 53, 56, 124, 149, 160, 161, 220, 254, 259, 272, 275, 276, 280, 293, 297

효도 73

지은이 **쉐인 클라크**(Shayne Clarke)

캐나다 맥마스터 대학교 종교학과 부교수이다.
2006년 로스앤젤레스 캘리포니아 대학교에서 박사 학위 취득 전 뉴질랜드와 일본에서 아시아 언어, 불교학, 종교학을 공부하였다. 인도불교 율장을 중심으로 수행자 독신 생활, 유머가 하는 역할, 티베트불교에서 비구니 계보 확립을 둘러싼 문제 등을 연구하고 있다.

옮긴이 **임은정**

동국대학교 대학원 인도철학과 박사과정을 수료하였으며, 펴낸 책으로 『대승불교 흥기시대 인도의 사원생활』(역서)가 있다.

대원불교 학술총서 18 인도불교 사원 생활과 가족 관계

초판 1쇄 인쇄 2024년 7월 12일 | **초판 1쇄 발행** 2024년 7월 19일
지은이 쉐인 클라크 | **옮긴이** 임은정 | **펴낸이** 김시열
펴낸곳 도서출판 운주사
(02832) 서울시 성북구 동소문로 67-1 성심빌딩 3층
전화 (02) 926-8361 | **팩스** 0505-115-8361
ISBN 978-89-5746-783-1 93220 값 25,000원
http://cafe.daum.net/unjubooks ⟨다음카페: 도서출판 운주사⟩